U0661401

本书获广东省高水平大学建设项目
暨南大学“华侨华人与国际问题研究”学科组团建设经费资助

教育部人文社会科学重点研究基地
Key Research Institute of Humanities and Social Sciences at Universities

暨南大学华侨华人研究院
Academy of Overseas Chinese Studies in Jinan University

·世界华侨华人研究文库·

性别与移民社会

新马华人妇女研究（1929—1941）

范若兰　著

中国·广州

图书在版编目（CIP）数据

性别与移民社会：新马华人妇女研究（1929—1941）/范若兰著. —广州：暨南大学出版社，2019. 3
（世界华侨华人研究文库）
ISBN 978-7-5668-2554-4

Ⅰ. ①性… Ⅱ. ①范… Ⅲ. ①华人—妇女—研究—新加坡—1929—1941 ②华人—妇女—研究—马来西亚—1929—1941 Ⅳ. ①D634. 333. 9 ②D634. 333. 8

中国版本图书馆 CIP 数据核字(2018)第 300814 号

性别与移民社会：新马华人妇女研究（1929—1941）
XINGBIE YU YIMIN SHEHUI：XINMA HUAREN FUNU YANJIU（1929—1941）
著　者：范若兰

出 版 人：徐义雄
策划编辑：黄圣英
责任编辑：姜琴月　詹建林
责任校对：冯月盈　王燕丽
责任印制：汤慧君　周一丹

出版发行：暨南大学出版社（510630）
电　　话：总编室（8620）85221601
营销部（8620）85225284　85228291　85228292（邮购）
传　　真：（8620）85221583（办公室）　85223774（营销部）
网　　址：http：//www. jnupress. com
排　　版：广州市天河星辰文化发展部照排中心
印　　刷：广州市快美印务有限公司
开　　本：787mm×1092mm　1/16
印　　张：21. 5
字　　数：419 千
版　　次：2019 年 3 月第 1 版
印　　次：2019 年 3 月第 1 次
定　　价：95. 00 元

总 序

在20世纪，华侨华人问题曾经四次引起学术界关注。第一次是20世纪初关于南非华工的问题；第二次是“一战”后欧洲华工问题；第三次是五六十年代东南亚国家出现的“排华”问题；第四次则是80年代中国经济崛起与海外华侨华人关系的问题。每次华侨华人研究成为研究热点时，都有大量高水平研究著作问世。

进入21世纪以来，随着全球化进程的加速和中国国际化水平的提升，海外华侨华人与中国的发展日益密切，华侨华人研究掀起了新一轮高潮。华侨华人研究机构由过去只有暨南大学、厦门大学、北京大学、华侨大学等少数几家壮大至目前遍布全国的近百所科研院校，研究领域从往昔以华侨史研究为主，拓展至华人政治、华人经济、华商管理、华文教育、华人文学、华文传媒、华人安全、华人宗教、侨乡研究等涉侨各个方面，研究方法也逐渐呈现出多学科交叉的趋势，融入政治学、历史学、社会学、民族学、教育学、新闻与传播学、经济学、管理学、法学等学科方法与视角。与此同时，政府、社会也愈益关注华侨华人研究。国务院侨办近年来不断加大研究经费投入，并先后在上海、武汉、杭州、广州等地设立侨务理论研究基地，凝聚了一大批海内外专家学者，形成了华侨华人研究与政府决策咨询相结合的科学发展机制。而以社会力量与学者智慧相结合的华商研究机构也先后在复旦大学、清华大学等地成立，闯出了一条理论研究与社会实践相结合的华侨华人研究新路径。

作为一所百年侨校，暨南大学在中国华侨华人研究中具有特殊的地位。暨南大学创立于1906年，是中国第一所华侨高等学府。华侨华人研究是学校重要的学术传统和特色。早在1927年，暨南大学便成立了南洋文化事业部，网罗人才，开展东南亚及华侨华人的研究，出版《南洋研究》等刊物。1981年，经教育部

批准，暨南大学在全国率先成立华侨华人研究的专门学术机构——华侨研究所，由著名学者朱杰勤教授担任所长。1984年在国内招收首批华侨史方向博士研究生。1996年后华侨华人研究被纳入国家“211工程”1—3期重点学科建设行列，2000年获批教育部人文社会科学重点研究基地（华侨华人研究）。暨南大学于2006年成立了华侨华人研究院，并聘请全国政协常委、国务院侨务办公室原副主任刘泽彭出任院长和基地主任。2011年，学校再次整合提升华侨华人研究力量，将华侨华人研究院与国际关系学系（东南亚研究所）合并成立国际关系学院/华侨华人研究院，继续聘请刘泽彭同志出任华侨华人研究院院长和基地主任，由华侨华人与国际问题研究知名专家曹云华教授出任国际关系学院院长兼华侨华人研究院执行院长。同时，学校还加大科研经费投入，努力打造“华侨华人研究优势学科创新平台”。研究院在加强自身科研能力的基础上，采取以研究项目、开放性课题为中心，学者带项目、课题进院的工作体制，致力于多学科和国际视野下的前沿研究，立足于为国家的改革开放和现代化建设服务，为社会服务，为政府决策咨询服务，努力将之建设成为世界一流的学术研究机构和人才培养基地。

值华侨华人研究在中华大地百花齐放、百家争鸣之际，为进一步彰显暨南大学科研特色，整合校内外相关研究力量，发掘华侨华人研究新资源，推动华侨华人研究学科的发展，暨南大学华侨华人研究院在2012年推出了“世界华侨华人研究文库”。文库的著作多为本校优势学科的前沿研究成果，作者中既有资深教授、学科带头人，也有学界新秀。他们的研究成果从多学科视野探索了国内外华侨华人研究的一些新问题、新趋势，具有较高的学术价值和现实意义。截至2016年年底，文库已经出版三批23本，在华侨华人研究领域引起了不错的反响。

2015年6月，暨南大学入选广东省高水平大学重点建设高校，“华侨华人与国际问题研究”成为学校高水平建设重点支持的一个学科组团。为了进一步发挥暨南大学的华侨华人研究优势，学院决定继续组织出版这套丛书。丛书的经费来源从之前的“211工程”和暨南大学“华侨华人研究优势学科创新平台”变为广东省高水平大学建设暨南大学“华侨华人与国际问题研究”学科组团，编委会也随人员变动做了一些调整。

本套丛书的出版得到学校领导的大力关心与支持。国际关系学院/华侨华人研究院领导与部分教师特别是高水平大学建设学科组团中的华侨华人与跨国移民研究团队的教师们也付出了艰辛的劳动，他们在策划、选题、组稿、编辑、校对等环节投入大量精力。同时，暨南大学出版社对丛书出版也给予高度重视，组织最优秀的编辑团队全程跟进，并积极申报国家出版基金项目，获得立项资助。在此，我们对所有为本丛书出版付出宝贵心血与汗水的同仁致以最衷心的感谢！

在前面三批的总序中，我们表示“期盼本丛书的出版能在华侨华人研究领域激起一点小浪花”。现在看来，已部分达到了目的，尽管如此，我们仍坚持不忘初心，继往开来，汇聚国内外华侨华人研究的朵朵浪花，把这套文库办成展现全球华侨华人研究优秀成果的一个重要平台。

《世界华侨华人研究文库》编委会

2017 年 6 月

初版序言

余定邦

经过多年的努力，范若兰博士的新著《移民、性别与华人社会：马来亚华人妇女研究（1929—1941）》顺利出版了。它以社会性别为新视角，研究新马华人社会的妇女问题，此类著作在国内还比较少见，这是一件值得庆贺的事。

本书是有关新马华人社会史的专著。在总结前人研究成果的基础上，作者试图运用马克思主义、女性主义理论以及社会性别、阶级、差异等分析范畴来研究新马华人社会的妇女问题。社会性别这一概念，成为分析问题的范畴、研究问题的新视角。书中重点探讨了20世纪30年代经济、社会的重大变动对新马华人社会的影响，以及当时新马华人妇女的处境及其在当地华人社会发展中的作用。对新马华人社会发展过程中的移民、女子教育、妇女经济参与和社会参与、婚姻家庭模式的变化等问题做出性别的解释。书中还关注新马华人社会不同阶层、不同职业、不同知识背景的妇女的不同经历和呼声，提出建构新的平等的社会性别的问题。通过对比研究，揭示新马华人妇女在地域迁移和阶层流动过程中的地位变迁。作者对新马华人社会中妇女的地位和作用及其相关问题进行探讨，提出了自己的见解，富有学术意义。

通过分析，作者认为，在20世纪30年代，新马华人的社会性别变化处于萌动时期，男性在提倡提高妇女地位和改变传统社会性别观念中起着主导作用，妇女也发挥了一定的能动性。随着女子教育的发展和从中国南来女知识分子的增多，新马华人妇女已不再是被动的承受者，她们也加入到争取妇女解放的宣传行列。新马华人妇女在女子教育的发展、女子职业的拓展和抗日救亡运动中以及在改变传统的婚姻家庭模式等方面做出了自己的努力，在改变传统社会性别观念中发挥了积极作用。

作者还认为，新马获得独立后，社会性别建构进入新的时期。随着经济的发展、妇女教育水平的提高、社会参与的扩大，华人妇女在建构平等的社会性别观念中起着主导的作用，大大缩小了男女不平等的鸿沟。但是，妇女仍未能与男子达到真正的平等，妇女在受教育、择业、社会参与等方面仍处于次等的地位。只有男女双方共同努力，才能建构平等的、有利于两性发展的社会性别。

这是一本内容丰富、资料翔实的专著。为了更好地开展对新马华人妇女的研究，范若兰曾到新加坡收集资料，也去香港和内地各大图书馆查阅了相关资料。书中引用的中英文资料，不仅有清代和民国时代的官方档案，也有英国殖民部的档案、海峡殖民地年度报告、马来亚历年人口普查报告；不仅有中国人到新马的游记和考察报告，还有当时的中英文报纸杂志，新马各地会馆和学校记录以及纪念特刊，妇女的回忆录和口述史资料，新马出版的年鉴，等等。为了加深对学术史的了解，她还通过各种渠道，多方设法收集国内外有关新马华人的论著。她的认真治学精神，可见一斑。

历史事实说明，要真正确立社会性别的平等模式，实现真正的男女平等，还有一段路程要走。社会性别是分析、研究问题的新范畴和新视角，运用它来研究历史，也还有许多课题要做。范若兰博士有志研究妇女问题，并已取得了一定的成果，希望能再接再厉，潜心研究，争取有更多、更高水平的研究成果问世。

目　录

导 论

第一节 缘 起

一、被忽略的华人妇女史

新加坡和马来西亚曾经是英国的殖民地，统称英属马来亚[①]，其行政区划分成三部分：①海峡殖民地（Straits Settlements），1826 年设立，包括新加坡、马六甲和槟榔屿，这是英属马来亚政治、经济最发达的地区，也是华侨华人人数占多数的地区，华人通常称其为三州府；②马来联邦（Federated Malay States），1896 年设立，包括霹雳、雪兰莪、森美兰和彭亨，橡胶业和锡矿业最为发达，华人通常称其为四州府；③马来属邦（Unfederated Malay States），1914 年设立，包括柔佛、玻璃市、吉兰丹、吉打和登嘉楼，除柔佛外，其他四州经济发展较为落后，华人人口相对较少。

尽管中国人早在唐宋元明时期就移民马来半岛，[②] 但中国人大量移民新马是 19 世纪以后才开始的。18 世纪末 19 世纪初，英国殖民者占领了槟榔屿和新加坡，在随后的一百年中，又陆续将马来半岛其他地方纳入自己的殖民统治。英国

---

① 对英国人统治的这一地区的称谓主要有两种，一是英属马来亚，二是新马（或星马）。官方文件或一些研究著作将这一地区称为马来亚，如巴素（Victor Purcell）的 *The Chinese in Malaya*，也有不少华文研究著作或译著将这一地区称为新马，如崔贵强的《新马华人国家认同的转向 1945—1959》、颜清湟的《新马华人社会史》和《星马华人与辛亥革命》等。鉴于现在学界多以“新马”称之，本书主要采用“新马”这一称谓，但有时也用“马来亚”称之。

② 中国与马来半岛在隋朝以前就有贸易往来，唐朝以后，有少数中国人移居此地，元朝汪大渊在《岛夷志略》的“龙牙门”（今新加坡）条中指出：“门以单马锡番两山，相交若龙牙状，中有水道以间之。田瘠稻少。气候热，四五月多淫雨。俗好劫掠。昔酋长掘地而得玉冠。岁之始，以见月为正初，酋长戴冠披服受贺。今亦递相传授。男女兼中国人居之。多椎髻，穿短布衫，系青布捎。”“男女兼中国人居之”，说明在 14 世纪以前，新加坡有中国人居住。明朝跟随郑和下西洋的费信在《星槎胜览》中记述了他在马六甲看到的居民：“男女椎髻，身肤黑漆，间有白者，唐人种也。”当时中国人与当地妇女通婚，“间有白者”，就是他们的后代。

当局要进行殖民地开发，种植各种经济作物，开采锡矿，建设港口和道路等基础设施，都需要大量劳动力。此时中国华南地区人口膨胀、耕地不足、自然灾害和战乱频繁，使得人们愿意出洋谋生。在“推力”和“拉力”的作用下，中国人大量移民新马，移民以男性为主，在19世纪后半叶至20世纪20年代达到高潮。与此同时，亦有一些中国妇女出于与家人团聚和谋生的目的移民新马。但与男性移民不同的是，中国女性移民新马的高潮是在20世纪30年代。

华人在新加坡、马来西亚历史发展中起了重要作用，有关华人的大量研究著作已经充分论证了这一点，但在新马历史发展中亦发挥重要作用的华人妇女却没有受到应有的重视，从目前有关华侨华人史、移民史和新加坡、马来西亚史研究来看，华人妇女几乎被忽略了。当然，传统历史研究，无论是内容、断代还是史学类别，都是以男性的活动为依据，从男性角度出发，所以，“纵观各历史时期，妇女基本上被排除于战争、财富、法律、政府、艺术和科学的领域之外。作为史学家的男人们则认为恰恰是这些现象构成了文明，因而有了外交史、经济史、宪法史、政治史和文化史”①。在以政治史、军事史和经济史为主导的传统史学中，很难看到妇女的身影，因为上述领域是男性主导的地盘，史料记载也以男性的活动为主。

华侨华人历史尤其表现出忽视妇女的倾向，人们一般认为近代海外华人社会一向由男子占主导地位。在政治领域，他们是侨领；在经济领域，他们是成功的商人；在各种会馆中，他们包揽了主席、会长、董事等职务；在家庭中，他们是家长。妇女不是“重要人物”“成功人士”，被认为对历史发展无足轻重，所以，当人们从惯有的史学思维定式研究华侨华人史时，妇女自然被忽略。这种倾向在华侨华人人物辞典的编写中也反映出来，以新加坡学者柯木林主编的《新华历史人物列传》为例，该列传收入1819—1990年新加坡著名华人1 175人，据笔者不完全统计，女传主大约15人②，仅占1.2%。为什么收入该传的华人妇女如此之少？这与该传所定取舍历史人物的标准有关。在导言中，作者定下取舍历史人物的依据是：①对新加坡整体社会的发展有特殊贡献者；②对新华社会深具影响者；③重要社团及组织的发起人或首任主席；④著名工商企业创办人；⑤各个领域、行业中的领袖人物；⑥杰出的名人后裔；⑦历史过客；⑧名字被用作街道名者；⑨为有关社团推崇的人物；⑩热心社会公益者。③ 按照这样的标准，华人妇女很难被认为是“对新加坡整体社会的发展有特殊贡献者”，亦鲜有“著名工商

① ［美］琼·凯利—加多：《性别的社会关系——妇女史在方法论上的含义》，载王政、杜芳琴主编：《社会性别研究选译》，北京：生活·读书·新知三联书店，1998年，第84页。

② 因该书所列人物姓名后未标明性别，不能精确统计女性人数。

③ ［新］柯木林主编：《新华历史人物列传》，新加坡：教育出版私营有限公司，1995年，第1页。

企业创办人”，更缺乏“对新华社会深具影响者”，因此，只有极少数妇女如陈德娘（李俊源夫人）、殷碧霞（林文庆夫人）、杨喜娘（宋旺相夫人）因先后担任新加坡华人妇女协会会长和热心公益事业入传，刘韵仙、杨瑞初因长期担任女子学校校长入传，李珠娘因是新加坡首位华人女医生入传，阮碧霞（林义顺夫人）则因名字被用于街道名而入传。可以说，在男性中心论主导下，“传统的历史编纂不仅是由于无意，而且有时是系统地将妇女排除在‘普遍的’或‘总体的’历史之外”①。

二、为何研究新马华人妇女史?

正是由于男性中心论的影响，华人妇女消失在历史的视野之外，因而，我们对她们的生存状况模糊不清，对她们的能动作用知之甚少，对她们的历史更存有许多偏见。但新马华人妇女在社会历史发展中发挥了巨大作用，在重构华人社会性别中也发挥了能动作用，她们应该在历史研究中占有一席之地。因此，研究新马华人妇女史具有重要的学术意义和现实意义。

华人妇女史是新马华人史的重要组成部分。从 19 世纪上半叶起，随着新马经济发展和对劳动力的需求日盛，中国苦力劳工和商人大量进入马来半岛，19 世纪中叶后，随着晚清政府开放国人出洋和海外华人在居住地建基立业，越来越多的中国妇女随家人移民海外。作为妻子和母亲，她们带来华人家庭和社会的稳定；作为劳动者，她们为新马的经济发展和社会发展做出巨大贡献，也改变了华人社会的人口构成和性别关系。她们的历史融入新马华人奋斗史中，是新马华人史的重要组成部分。

华人妇女史是中国人国际移民史的一部分。近代以来，随着资本主义生产体系在全球的确立，移民浪潮也在各大洲展开。在“推力”和“拉力”的作用下，中国移民进入东南亚、美洲、非洲、大洋洲和欧洲以谋求新的生路。但我们要特别注意的是，中国男女移民时间和移民规模有很大差异，以往的移民史只是男性移民史，完全忽略了对女性移民史的研究。据朱国宏研究，中国海外移民史可分为五个时期：①自秦至隋——国际移民的发轫阶段；②唐宋元明——国际移民的自发阶段；③明末清初——国际移民的过渡阶段；④晚清时期——国际移民的高潮阶段；⑤民国时期——国际移民的持续阶段。② 这一分期基本符合中国男性移

① ［美］吉斯拉·鲍克：《妇女史和社会性别史：一场国际争论的多个方面》，载蔡一平、王政、杜芳琴主编：《赋历史研究以社会性别》，未刊本，1999 年。

② 朱国宏：《中国的海外移民—— 一项国际迁移的历史研究》，上海：复旦大学出版社，1994 年。

民特点，但并不完全适合中国女性人口的国际迁移，更不适合中国移民马来半岛的妇女。因为在发生中国人口国际迁移的第一、二、三阶段，也就是明末清初以前，中国海外移民中极少有妇女的身影。[①] 随着资本主义生产体系在全球的确立，殖民地迫切需要劳动力，大量苦力华工出洋谋生，亦有少量中国妇女随家人走出国门，1860 年晚清政府被迫允许中国男女合法出国，才真正开启了妇女出洋的大门。所以中国女性人口国际迁移发生于中国人口国际迁移史的第四和第五阶段，但与中国男性国际移民在第四阶段达到高潮不同的是，女性国际移民在第四阶段发轫，第五阶段才达到高潮。[②] 中国妇女移民新马的历史尤其反映了这一特点。因此，研究中国妇女移民新马的动机和模式，有助于中国人口国际迁移史的研究。

新马华人妇女史在海外华人妇女史中占有重要地位。在近代中国妇女海外移民和发展的过程中，新马华人妇女特别引人注目。一是由于她们人数众多。从近代中国女性移民海外的人数分布来看，新马是华人女性人数最多的地区之一，以 20 世纪 30 年代为例，1931 年马来亚人口普查华人女性人口是 578 037 人（参见本书第 71 页表 1－6），1930 年印度尼西亚人口普查华人女性人口是 465 515 人[③]，1929 年泰国华人女性人口为 131 510 人，1931 年缅甸华人女性人口为 66 545人。[④] 这是华人女性人口最多的几个国家，同期其他国家华人女性人口不超过 2 万人。[⑤] 可以说，在海外华人妇女中，新马华人妇女人数位居第一。二是由于她们在所在国华人人口中比例较高。还是以 20 世纪 30 年代为例，1931 年新

---

① 在 19 世纪中叶以前，据史载有极少数的妇女由于政治原因随家人出洋，一个记载是明万历年间，中国东南沿海的海盗林凤闻知闽粤两省将集中水陆军来攻，便决定远征菲律宾，他率船 62 艘，步卒 2 000 人，水兵 2 000 人，妇女 1 500 名，兵士中有许多是农民和手工匠人。他们希望能在菲律宾找到一块合适的地方，作久居之计。但西班牙殖民者击退了林凤军队，林凤撤退时，所乘 30 艘船都是小船，无法载走他带到菲律宾去的所有人，留下的都是妇幼和工匠，这些人为了生存，进入吕宋北部山区，与当地的伊戈洛特族人杂居。转引自陈台民：《中菲关系与菲律宾华侨》，香港：朝阳出版社，1985 年，第 94 页；黄滋生、何思兵：《菲律宾华侨史》，广州：广东高等教育出版社，1987 年，第 36 页。另一记载是清朝初年，清兵攻陷台湾，3 000 多名反清志士携同眷属，搭九艘船前往东南亚各地，其中三船到达吕宋，一船到暹罗（今泰国），三船到爪哇，另两船到马六甲。见陈春生：《丁未黄冈起义记》，《中华民国开国五十年文献》，（第一辑　第十三册），台北：正中书局，1964 年，第 488、489 页。此事真伪难辨，但很多史家认为是真实的。

② 范若兰：《近代中国女性人口国际迁移》，《海交史研究》2002 年第 1 期。

③ 温广益等：《印度尼西亚华侨史》，北京：海洋出版社，1985 年，第 188 页。

④ ［英］巴素著，郭湘章译：《东南亚之华侨》，台北：正中书局，1974 年，第 79、146 页。

⑤ 如 1930 年美国华人女性人口为 15 152 人，1933 年澳大利亚华人女性人口仅有 1 535 人，1930 年日本仅有华人女性 7 296 人，1936 年南非有 1 062 名华人女性。分别引自令狐萍：《金山谣——美国华裔妇女史》，北京：中国社会科学出版社，1999 年，第 146 页；黄昆章：《澳大利亚华侨华人史》，广州：广东高等教育出版社，1998 年，第 32 页；罗晃潮：《日本华侨史》，广州：广东高等教育出版社，1994 年，第 194 页；李安山：《非洲华侨华人史》，北京：中国华侨出版社，2000 年，第 246 页。

马华人妇女占华人人口的33.82%，印度尼西亚占39.1%（1933年），缅甸占34.3%（1931年），南非占36%（1936年），而美国只占20%（1930年），澳大利亚只占14%（1933年）。[①] 经过20世纪30年代的中国妇女移民潮后，1947年新马华人男女比例已接近平衡，妇女占华人人口的45.45%。三是由于她们在教育、经济和社会活动方面所表现出的能动性。新马华人妇女积极参与抗日救亡运动，开展妇女解放运动，女子教育也走在前列。因此，研究世界华人妇女史，就不能不研究新马华人妇女史。

研究新马华人妇女史对于深入研究新加坡和马来西亚历史也具有重要意义。新加坡和马来西亚是多元族群国家，马来人、华人和印度人是这两个国家的三大族群，其中华人人口在新加坡占76%（1980年），在马来西亚占34%（1980年）。研究新马的历史就一定要研究华人史，而作为华人史一部分的妇女史对于深入研究新加坡和马来西亚历史是不可缺少的。

三、为何研究20世纪30年代的新马华人妇女史?

从19世纪50年代第一个中国妇女出现在新加坡，到20世纪50年代移民基本终止，华人妇女在新马华人社会发展中扮演了积极的角色，发挥了巨大的能动作用，由于诸多条件限制，本书不可能研究一百年来的新马华人妇女史，只能做断代研究。本书选取20世纪30年代前后新马华人社会的历史作为研究对象，关注的重点是华人妇女在教育、经济参与、社会参与和婚姻家庭中的变化，以及在华人社会发展和性别关系变化中的作用。

两次世界大战之间的时期是新马十分重要的发展阶段，第一次世界大战刺激了新马华人经济的繁荣，华人在商业、橡胶业、航运业、制造业等行业取得长足发展，在“一战”及其以后的一段时期，新马经济发展到“二战”前的顶峰，中国移民也在20世纪20年代达到最高潮。但1929—1933年世界经济危机改变了这一切，新马经济发展势头放缓，华人社会发生了一系列变化，直到1941年底日本入侵新马。其实，这一时期的重要性已有学者注意到，林远辉、张应龙在《新加坡、马来西亚华侨史》中曾指出：“20世纪30年代是新加坡、马来西亚华侨发展史上一个非常重要的年代。”[②] 该书从人口变化、经济结构变化和工人运动等方面简单论证了20世纪30年代的重要性。笔者认为，20世纪30年代对华

① 令狐萍：《金山谣——美国华裔妇女史》，北京：中国社会科学出版社，1999年；黄昆章：《澳大利亚华侨华人史》，广州：广东高等教育出版社，1998年；罗晃潮：《日本华侨史》，广州：广东高等教育出版社，1994年；李安山：《南非华侨华人史》，北京：中国华侨出版社，2000年。

② 林远辉、张应龙：《新加坡、马来西亚华侨史》，广州：广东高等教育出版社，1991年，第357页。

人妇女也是特别重要的时期，某种程度上，正是由于妇女才带来新马华人社会的深刻变化。

发生于20世纪30年代前后的几件大事对新马华人社会产生了巨大影响，一是1929—1933年世界经济危机严重影响了新马殖民地经济发展，许多企业和商店破产，大量华工失业。二是1937年日本全面侵华，在抗日救亡的激励下，新马华人社会进行了前所未有的政治动员。上述事件对华人社会影响巨大，但这种影响对男女两性有所不同，经济危机导致的失业使殖民当局于20世纪30年代初制定移民政策，限制中国男性移民，但对中国妇女和儿童移民则不加限制，于是中国妇女在20世纪30年代得以大量移民新马，从而改变了以往华人人口构成和男女比例严重失衡的局面；同时经济危机导致的贫困和男性失业在迫使华人妇女进入劳动力市场的同时，也加剧了男性的焦虑和夫妻间的紧张关系；抗日救亡运动则最大限度地动员了华人，尤其是妇女，使她们前所未有地参与了社会和政治事务；这一时期女子教育继续发展以及妇女职业拓展，使华人社会的性别关系发生了一定变化，传统的男外女内、男尊女卑、男主女从等社会性别观念被挑战，男女平等、女子独立、自主婚姻等新的社会性别观念被建构，成为进步报章上的主流话语，而华人妇女在建构新的社会性别关系上发挥了一定的能动性。

20世纪30年代新马华人社会的历史表明，只有将华人妇女融入历史考察，才能更深入地研究华人社会公共领域和私人领域的一系列变化，更深刻地揭示20世纪30年代华人妇女在华人史上的转折地位，以及社会性别在其中的作用。

第二节　学术史：回顾与评价[①]

一、新马华侨华人妇女研究的发展

（一）初起（19世纪末—20世纪50年代末）

在英国统治马来亚的一百多年中，华侨华人研究已引起人们的兴趣，并出现多部研究著作，但在这些著作中，华人妇女的经历和生活很少被提及。

从当地研究著述看，有关新加坡早期华人历史的最重要的著作是出版于1923

① 有关新马华人妇女史的学术史详细述评，参见拙文：《新马华侨华人妇女史研究述评》，《华侨华人历史研究》2001年第2期。

年的一部英文著作——宋旺相的《新加坡华人百年史》[①]，作者用丰富的资料详细叙述了新加坡华人从开埠到20世纪初的历史，尤其对华人中的杰出人物着墨甚多。在论及华人妇女时，作者注意到一夫多妻制婚姻在中国与新加坡法律地位的不同问题、妓女问题和妇女教育问题。此外，宋旺相还描述了新加坡的杰出华人妇女，如李珠娘医生，她是新加坡华人妇女中第一个考取剑桥九号文凭（Senior Cambridge Certificate）而赴英国深造的妇女。但总的来说，这本书对华人妇女的描述是不完整的和零散的。

第二次世界大战后，华人的地位和作用进一步引起人们的兴趣，1951年巴素出版了他的研究东南亚华人的权威性著作——《东南亚之华侨》，系统研究了东南亚各国的华人状况，并在不少篇章中提及华人妇女人口、移民、受教育等情况，在写到新马华人妇女时，着重研究了女性人口的变化和女子教育，以及妓女、保良局和劳工问题。巴素将新马华人妓女的历史分为三个时期，第一时期是从开埠到1927年，妓女和妓院合法化时期；第二时期从1927—1930年，殖民地政府允许妓院合法存在，但禁止娼妓进入新马；第三时期从1930年起，殖民地政府禁止妓院和妓女。[②] 1967年巴素又出版了他的重要著作《马来亚华人史》，但他对华人妇女的论述没有超出上一本书的范围。[③]

华人婚姻家庭一直是西方人关注的重点之一，1957年著名人类学家弗里德曼（Maurice Freedman）出版了他的《新加坡华人的家庭与婚姻》，该书因为是以家庭和婚姻为主要研究对象，所以对华人妇女在家庭中的地位十分重视。作者注意比较新加坡华人妇女与中国本土妇女在家庭中的地位，他认为新加坡华人妾侍的地位比中国高，这实际上反映了中国与新加坡妻妾地位在法律上的不同。[④] 弗里德曼将华人妇女与中国本土妇女地位进行对比，对于揭示移民社会与妇女地位变迁的关系很有意义，但缺点在于他将中国妇女视为一个整体，不分地区、不分阶层、不分时段地与海外华人妇女对比，这种对比的结论可能会有偏差。

20世纪50年代还出现了运用实地调查的方法研究新加坡华人妇女的很有价值的论文，如《新加坡华人妇女之斋堂》（1954年）[⑤]，探讨新加坡华人女佣的生活和支持网络。而何仪婵（音译）的《广东家庭阿妈：华人妇女职业组织研究》（1958年）则调查了30名在新加坡从事家庭女佣职业的华人妇女，研究她

---

① ［新］宋旺相著，叶书德译：《新加坡华人百年史》，新加坡：新加坡中华总商会，1993年。

② ［英］巴素著，郭湘章译：《东南亚之华侨》，台北：正中书局，1974年，第483页。

③ PURCELL V. The Chinese in Malaya. Kuala Lumpur: Oxford University Press, 1967.

④ ［英］弗里德曼著，郭振羽、罗伊菲译：《新加坡华人的家庭与婚姻》，台北：正中书局，1985年，第57－58页。

⑤ TOPLEY M. Chinese women's vegetarian houses in Singapore. Journal of the Malayan branch of the royal asiatic society, 1954（27）.

们来新加坡谋生的原因、所从事的工作、对家庭经济的贡献，以及目前的生存状况。[①] 陈芷虹（音译）的《广府女建筑劳工：建筑业三水妇女群体研究》（1960年）通过调查和个案访谈的方式研究了在新加坡从事建筑业的25位来自于广东三水的妇女的移民原因、婚姻状况、文化程度、收入、与中国的联系等。[②] 以上三篇论文都是采用社会学方法实地调查，对于研究华人妇女移民模式和职业状况极有价值。

总的来看，这一时期华人妇女尚未被纳入华人史研究范围，与其说研究者关注华人妇女问题，不如说他们关注与妇女有关的社会问题，如妓女与秘密社会、拐卖妇女与性病问题有关。20世纪50年代出现的几篇用社会学方法研究华人职业妇女的论文第一次以华人妇女为研究主体，虽然单薄，但可称得上是华人妇女研究的先声。

（二）兴盛（20世纪60—90年代）

20世纪50—60年代马来亚和新加坡取得独立，有关新马华人研究的著作大量出现，20世纪70年代随着西方新女权运动的兴起和发展，妇女研究成为学术热点之一，用新的视角重新审视妇女在历史上的作用是妇女史研究的主要任务，华人妇女史研究在这样的学术背景下开始兴盛。

这一时期研究新马华人妇女的第一篇力作是林猷鹤的《进入海峡殖民地的中国女性移民》（新加坡《南洋学报》1967年第22卷），作者利用大量原始资料，研究了19世纪后半叶移入海峡殖民地中国女性移民的人数、移民方式和拐卖妇女问题。1980年马来西亚学者秦云凤（音译）发表了《19、20世纪到马来亚的中国女性移民》，探讨了广东丝业衰落、抗婚团体（自梳女）与女性移民马来亚的关系。但该文有一些失实之处，如她认为“19世纪马来亚的华人女性大部分由娼妓构成，但其他阶层的妇女，如劳工和农民也在这一时期从中国移来，在矿场找到工作”[③]。事实是尽管19世纪进入马来亚的中国妇女中娼妓较多，但她们并不占华人女性的绝大多数。以霹雳为例，1891年共有华人妇女4 687人，其中有923人是老鸨和妓女，淫业妇女只占华人妇女总数的20%。[④]作者还说“当

① HO I C. The Cantonese domestic amahs: a study of a small occupational group of Chinese women. The Department of Social Studies, University of Malaya, Singapore, 1958.

② TANG C H. The Cantonese women building laborers: a study of a group of San－Sui women in the building trade. Singapore: University of Singapore, 1960.

③ ［马］秦云凤著，高伟浓译：《19、20世纪到马来亚的中国女性移民》，《民族译丛》1988年第1期，第3页。

④ 《霹雳人口统计报告》（1891年），《霹雳政府官报》1891年第4卷第25期，第723页。

局……在1900—1927年间，准备使妓院合法化，故而娼妓要经过严格检查”[①]。事实是新加坡的妓院在1930年前一直是合法的，1927年殖民当局禁止娼妓进入马来亚，1930年取消妓院。此外，该文的一些观点也值得商榷，如作者认为“妇女是作为娼妓带进这个国家。她们被看成社会的‘渣滓’，……她们对国家的发展没有作出任何积极的贡献”[②]。其实，如果深入研究华人妓女的生活与经历，这个结论恐怕难以立足，日本学者对南洋姐（日本在南洋的妓女）的研究，尤其是对她们在经济上的贡献的研究应值得我们借鉴。

除上述论文外，有关华人妇女研究的专著也开始出现。20世纪70年代末，日本学者可儿弘明发表了他的力作——《近代中国的“苦力”和“猪花”》[③]，该书专门探讨晚清到民国时期经香港被拐卖出洋的中国妇女。作者利用香港保良局发现的大批原始书信材料和报告，并使用了《香港政府公报》（*Hong Kong Government Gazette*）、《香港行政管理报告管理》（*Hong Kong Administrative Reports*）、《香港会议文件》（*Hong Kong Sessional Papers*）、《香港船政司统计》和《香港和马来亚的妹仔》等档案资料，详尽分析了拐卖妇女、妓女和妹仔的问题。作者将被拐卖到海峡殖民地的“猪花”分为下列五种：一是自愿南航为娼妓者；二是因家贫，将亲生女儿直接卖往海外；三是拐匪在中国买女子带往海外转卖给当地人充作侍妾、娼妓、养女和妹仔；四是拐匪在中国利用诱拐、欺骗等手段掠卖女子运往海峡殖民地转卖；五是把在中国诱拐的幼女运到海峡殖民地，卖给当地作养女，长大后再转卖给妓院。[④] 应该说，这一分类是十分细致的。但该书也有个别史料错误，如作者引用英国驻厦门领事馆第一帮办温彻斯特的笔记说，1852年前后，每年在厦门收购100—200名天足女子运往海外。这与史实不符，温彻斯特的原文是中国“天足妇女一般是些可以买卖的奴婢。这类女子在本地可以随便买到，每年买一两百个装运出洋并不费事”[⑤]。温氏只是一种估计，但可儿弘明却将其误为事实了。作者还认为“在19世纪90年代开始的世界经济危机中，广东的蚕丝业从全盛期走向衰落……”[⑥]，这一看法与事实不符。据苏耀昌

① ［马］秦云凤著，高伟浓译：《19、20世纪到马来亚的中国女性移民》，《民族译丛》1988年第1期，第7页。

② ［马］秦云凤著，高伟浓译：《19、20世纪到马来亚的中国女性移民》，《民族译丛》1988年第1期，第7页。

③ ［日］可儿弘明：《近代中国的“苦力”和“猪花”》，东京：岩波书店，1979年。中译本为《“猪花”——被贩卖海外的妇女》（孙国群、赵宗颇译），郑州：河南人民出版社，1990年。

④ ［日］可儿弘明著，孙国群、赵宗颇译：《“猪花”——被贩卖海外的妇女》，郑州：河南人民出版社，1990年，第142-143页。

⑤ 陈翰笙主编：《华侨工出国史料》（第二辑），北京：中华书局，1980年，第15页。

⑥ ［日］可儿弘明著，孙国群、赵宗颇译：《“猪花”——被贩卖海外的妇女》，郑州：河南人民出版社，1990年，第214页。

的研究，广东缫丝业从19世纪80年代开始发展，到20世纪初发展到高潮，如蚕丝出口量1885—1890年为11 520担，1890—1895年为18 397担，1895—1900年为29 216担，1904年为37 436担。缫丝厂的数量从1890—1895年的36间增加到1904年的81间，缫丝工人从1890—1895年的17 820人增加到1904年的39 830人。[①] 事实上，广东缫丝业直到20世纪二三十年代才因世界经济危机而受到毁灭性打击，并导致大批失业的丝厂女工移民新马谋生。尽管有这些失误，但总的来说，这本书是研究中国下层妇女如何被拐卖出洋，尤其是妓女和妹仔等弱势人群的第一本专著，扎实的史料和细致的分析是这本书的主要特色和优点。中国学者罗晃潮的《“猪花”浅论》主要引用日本学者可儿弘明的《近代中国的“苦力”和“猪花”》的一些资料，指出海外华人妓女主要来自如下几个方面：①由于家贫或遭不幸而被卖身出洋的少女和幼女；②以掳掠或引诱的手段强卖或拐骗的女子；③自愿出洋为娼的妇女。[②]

如果说可儿弘明的著作主要是研究中国妇女如何被拐卖到海外的历史，那么詹姆斯·弗朗西斯·沃伦（James Francis Warren）1993年出版的《阿姑和南洋姐：新加坡妓女（1870—1940年）》则主要是研究新加坡华人妓女和日本妓女的生活和经历。[③] 詹姆斯·弗朗西斯·沃伦是澳大利亚学者，他一直对研究东南亚下层社会和妇女史有浓厚兴趣，在他看来，“大部分令人尊敬的东南亚历史学家们在他们的著作中既忽略了下层阶级的劳动妇女，也将她们的经历限制在历史的一个非常狭窄的领域内”[④]。从20世纪80年代起，他就从事海外华人劳工以及作为妓女与女工的华人和日本妇女的研究，到20世纪90年代，他完成了描述近代新加坡华人和日本妓女生活和经历的力作。该书共分两部分，第一部分是“新加坡的妓院和妓女”，探讨了中国和日本妇女为妓的原因，以及新加坡妓院分布、妓女人数和构成、殖民政府对妓院妓女的政策演变等。第二部分是“华人妓女和日本妓女的生活”，主要研究妓女的个人经历、妓院的日常生活、嫖客等内容。该书资料丰富，作者详尽利用了新加坡、马来西亚、英国和日本的档案资料，分析深入。过去论者大多只注意研究拐卖妇女、妓院妓女与秘密社会的关系，妓女与性病等问题，但该书作者深入到妓女生活和经历的内部，探讨妓院妓女与经济发展的关系。更难能可贵的是，作者还在附录中列出华人和日本妓女的姓名、年

---

① ［美］苏耀昌著，陈春声译：《华南丝区：地方历史的变迁与世界体系理论》，郑州：中州古籍出版社，1987年，第154页。

② 罗晃潮：《“猪花”浅论》，《暨南学报》1986年第4期，第82页。

③ WARREN J F. Ah ku and karayuki-san：prostitution in Singapore（1870 - 1940）. Singapore：Oxford University Press，1993.

④ WARREN J F. At the edge of southeast Asian history. Quezon City：New Day Publishers，1987：p. 150.

龄、籍贯、所属妓院及其主人、注册号码、年代及嫖客姓名、年龄、籍贯等详细资料，为进一步研究提供了极有价值的原始资料。

玛利亚·亚绍克（Maria Jaschok）和苏姗娜·迈耶斯（Suzanne Miers）主编的《妇女与中国父权制》是一部论文集，收入有关自梳女、童养媳、妹仔、妓女、移民的多篇论文，[①] 将中国广东珠三角、香港，新加坡和美国联系在一起，探讨中国父权制随着华人移民的流动，对华人社会和妇女的影响，其中数篇论文主要写新加坡华人妇女，如《新加坡华人妓女》《通过受害者的眼睛看妹仔：林秋美的故事》《新加坡政府保护妇女和少女政策的执行（1948—1966 年）》等，这部论文集形散而神不散，主题鲜明，视角独特，通过近代华人女性在不同社会的迁移，探讨其共性和差异。

除上述专论外，还有一些著作和论文也涉及华人妓女。颜清湟的《新马华人社会史》用较大篇幅研究新马华人妓女问题，该书对华人妓女和妓院的分析较为透彻，也高度评价了华人妇女在稳定华人家庭和形成华人社会中的作用。[②] 但该书对妓女着墨较多，对华人妇女没有深入研究。此外，黄贤强的《待沽妇女：十九世纪末期槟城的华人娼妓业》通过研究当时的中文报刊，勾勒出槟榔屿华人妓女的生存状况。作者对一般认为的妓院妓女与秘密社会有关系的观点提出疑问，“秘密社会对妓院的保护并不如通常所认为的那么有效。在很多案例中，是警察而不是秘密社会雇用的打手来妓院解决纠纷，并逮捕制造麻烦的人”。作者得出两点结论：“第一，秘密社会对妓院保护这一观点要重新考虑。第二，方言帮在红灯区没有意义。尽管大部分妓女是广府人，但她们为各方言帮提供服务，老鸨和妓女以挣钱为目的，她们不管是谁，只要给钱就行，并没有证据表明非广府帮的嫖客在槟城广府帮经营的妓院中受歧视。”[③] 这一观点与颜清湟在《新马华人社会史》中有关华人妓女只服务本方言群嫖客的观点并不一致。

应该说，由于妓女与犯罪和社会问题联系在一起，理所当然受到研究者的关注。但是，妓女毕竟只占华人妇女的极少数，华人妇女更多是作为家庭主妇、工人、教师和女佣立足于新马社会的。赖雅英的《农民、无产者和妓女：华人妇女在马来亚殖民地工作的初步考察》在某种程度上填补了这方面的空白。该书出版于 1986 年，是第一本专门论述新马华人劳动妇女的著作。赖女士生长于马来亚，祖籍海南，能说海南话和广州话，不识中文，自小接受马来文和英文教育，后在

① JASCHOK M，MIERS S. Women and Chinese patriarchy. Hong Kong：Hong Kong University Press，1994.

② ［澳］颜清湟著，粟明鲜等译：《新马华人社会史》，北京：中国华侨出版公司，1991 年。

③ WONG S K. Women for trade：Chinese prostitution in the late nineteenth century Penang，（新加坡）《南洋学报》1998 年总第 53 卷，第 178、182 页。笔者承蒙该文作者黄贤强博士惠赐大作及其他论文，特此致谢。

英国取得博士学位。这本著作是她的硕士学位论文。该书运用性别分析和阶级分析方法，主要探讨殖民地时代华人劳动妇女的职业和性别关系，论述了妓女、妹仔、锡矿女工、橡胶园女工和阿妈（女佣）的工作条件、经历和作用。作者一再强调在传统社会结构下，劳动力市场的妇女受性别和阶级的双重压迫，她们在锡矿和橡胶园只能从事无技术和低收入的工作，“这种次等的工作地位是由其作为女人的社会地位决定的”①。当然，该书的缺点也是显而易见的，作者由于没有使用中文材料和较少使用英文档案材料，主要利用的是第二、三手的英文资料和研究成果，这使得该书在内容、资料和分析方面都缺乏深度。但该书以华人劳动妇女为研究主体，第一次系统研究她们的生活和经历，这对于深入研究华人妇女是十分重要的。

新马的妈姐群体一直比较引人注目，她们与珠三角的自梳女有一定关联。陈印陶、方地的论文《广东省顺德县女性人口国际迁移的原因及其特征》，主要研究新马的妈姐。对顺德县归侨妇女的调查表明，在 319 个样本中，从新马回国者占 87.7%，女佣占 93.4%，大部分样本是 1920 年以后移民出国的，作者根据调查结果认为顺德缫丝业的衰退是促成失业女工移民的主要原因。② 中国香港学者叶汉明的《华南家族文化与自梳风习》《权力的次文化资源：自梳女与姊妹群体》是作者在调查顺德均安镇沙头乡新加坡女归侨的基础上写成的，有一些新的视角和资料。作者认为，“沙头妇女出洋可以说是个人自由的追求、姊妹情谊纽带、亲属网络和经济考虑等因素合力促成的”。更为可贵的是，作者认为新加坡沙头女佣在沙溪黄族同乡会成员中占大多数，“该会虽由男性主理，但在表决时，自梳女往往有人数上的优势”③。这与通常人们对妇女在宗亲会中没有地位的看法并不一致。安·魏（Ann Wee）的论文《老年妇女：从殖民时代到今天》通过调查新加坡华人老年劳动妇女的经历，注意到“广东丝区造就了一批独立妇女”④。肯尼思·高（Kenneth Gaw）的《上等仆人：远东广东阿妈传奇》不是一部学术著作，作者通过对中国香港、新加坡和马来西亚广东籍女佣的访问，揭示

① LAI A E. Peasants, proletarians and prostitutes: a preliminary investigation into the work of Chinese women in colonial Malaya. Singapore: ISEAS, 1986: p. 66. 笔者在新加坡东南亚研究院访问期间，赖女士为指导老师，并惠赐大作，特此致谢。

② 陈印陶、方地：《广东省顺德县女性人口国际迁移的原因及其特征》，《南方人口》1987 年第2 期。

③ 叶汉明：《华南家族文化与自梳风习》，载李小江等主编：《主流与边缘》，北京：生活·读书·新知三联书店，1999 年，第 95、97 页。

④ WEE A. Older women: from colonial times to present day//WONG A K, LEONG W K. Singapore women: three decades of change. Singapore: Times Academic Press, 1993: p. 190.

了她们的基本生活和工作情况。①

华文教育一直是华人研究的重点，华人女子教育也开始受到重视，郑良树在其专著《马来西亚华文教育发展史》（一、二册）中用翔实的史料论述了“二战”前华人教育的历史，并用一定篇幅论述了女子教育的发展。②克里斯汀·英格里斯（Christine Inglis）的《新加坡教师职业的女性化》论述了20世纪初以来新加坡的女教师和女学生情况，对研究华人女子教育大有帮助。③ 李元瑾的论文《新加坡海峡华人知识分子的女权与女学思想》论述了19世纪末20世纪初新加坡海峡华人知识分子对侨生女子教育和生活状态的关注，以及为促进女子教育所做的努力。作者指出以今天的眼光来看，“海峡华人知识分子的女权与女学思想不免有其局限性”，如强调女性的教育权和社交权，极少提到职业权；在女学方面，学习的内容偏重于家政，教育的目的是培养贤妻良母；这是由男性发起的妇女运动，真正的领导者和发言人都是男性，妇女较少参与；范围只限于海峡华人妇女而未论及新加坡所有妇女。④ 尽管如此，但从当时的客观环境考虑，海峡华人知识分子所倡导的女权和女学思想具有进步的和深远的意义。作者指出，海峡华人的妇女解放运动是19世纪东西方政治与文化相互撞击和汇合下的产物，在新加坡女子教育发展史上占有一席之地。同时，该时期也是新加坡女权运动的启蒙阶段。⑤ 应该说，李元瑾对于新加坡华人女权运动的研究是开拓性的，她对海峡华人知识分子在女子教育和女权运动中的作用的评价也是中肯的。

乔伊丝·拉伯拉（Joyce Lebra）和乔·包森（Joy Paulson）主编的《东南亚华人妇女》，是一本论文集，内容包括“到东南亚的移民”“妓女”“巴刹和服务业”“家庭主妇”“妇女教育”“现代职业中的妇女”“医学界的妇女”“家庭计划与人口政策”。该书作者于1976年12月—1977年1月访问了新马泰三国的一些华人妇女，加上一些二、三手资料，写成此书，内容比较零乱，议论也多属泛泛，更没有利用档案资料，远称不上是华人妇女研究的力作。该书作者在前言中也承认这一点：“作者不是东南亚华人研究的专家，也不是专门研究海外华人的。

① GAW K. Superior servants: the legendary Cantonese amahs of the far east. Singapore: Oxford University Press, 1988.

② ［马］郑良树：《马来西亚华文教育发展史》，吉隆坡：马来西亚华校教师会总会，1998年。

③ INGLIS C. The feminization of the teaching profession in Singapore//MANDERSON L. Women's work and women' roles: economics and everyday live in Indonesia, Malaysia and Singapore. Canberra: The Australian National University, 1983.

④ ［新］李元瑾：《新加坡海峡华人知识分子的女权与女学思想》，载杨松年、王慷鼎合编：《东南亚华人文学与文化》，新加坡：新加坡亚洲研究学会，1995年，第299页。

⑤ ［新］李元瑾：《新加坡海峡华人知识分子的女权与女学思想》，载杨松年、王慷鼎合编：《东南亚华人文学与文化》，新加坡：新加坡亚洲研究学会，1995年，第300－302页。

我们也不敢妄称对东南亚华人妇女问题有何权威见解。”①

笔者在《近代新马华人妇女概说》一文中将新马华人妇女分为五个层次：①从事工农业生产的劳动妇女；②被侮辱与被损害的妓女；③地位卑下的婢女与女佣；④精打细算的老板娘；⑤上流社会的华人妇女。② 但笔者忽略了受过教育的华人知识女性阶层，而且将妹仔与女佣地位等同也值得商榷。

对妇女问题的重视也导致这一时期以新马华人妇女为研究对象的学士学位论文开始出现，仅以新加坡国立大学和南洋大学为例，以中文和英文写作的荣誉学士学位论文就有多篇，如新加坡南洋大学历史系黄文贵的荣誉学士学位论文是《星华妇女与救亡运动（1937—1941）》，论述了抗日战争时期新加坡华人妇女组织起来，积极参加救亡运动，用募捐等方式支持祖国的抗战事业。③ 林少芬的《二十世纪初期新加坡华人妇女问题》探讨了妓女问题和妹仔问题，更利用报刊资料论述了新加坡华人社会关于妇女解放问题的讨论。④新加坡国立大学中文系廖慧敏的《战前时期新马华文报章妇女副刊研究（1937—1942）》选取“二战”前马来亚著名中文报刊如《新国民日报》《南洋日报》《星中报》《星洲日报》《总汇新报》等报的妇女副刊，研究了妇女副刊的意义、编排方式、所关注的问题等等，该文资料翔实，选题新颖，在华人妇女研究中具有重要意义。⑤ 用英文写作的学位论文《新加坡政治中的妇女（1945—1970）》论述了“二战”后新加坡华人妇女参政问题，⑥《新加坡华人离婚问题（1819—1960）》讨论了殖民地时代华人离婚问题，⑦《新加坡华人妇女地位变化（1819—1961）》探讨了一百多年来新加坡华人妇女职业和地位变迁。⑧

这一时期新马华人妇女研究取得较丰硕成果，在移民、女工、女子教育、妓女研究方面有不少专著和论文问世，新马当地学者和其他国家的学者是研究的主力，中国学者开始涉及这一领域，但人数较少，研究成果也较少。

---

① LEBRA J，PAULSON J. Chinese women in southeast Asia. Singapore：Times Books International，1980：p. vi.

② 范若兰：《近代新马华人妇女概说》，《华侨华人历史研究》1996 年第 1 期，第 56 – 57 页。

③ 黄文贵：《星华妇女与救亡运动（1937—1941）》，新加坡：南洋大学荣誉学士学位论文，1971 年，第 13 页。

④ 林少芬：《二十世纪初期新加坡华人妇女问题》，新加坡国立大学荣誉学士学位论文，1982 年。

⑤ 廖慧敏：《战前时期新马华文报章妇女副刊研究（1937—1942）》，新加坡国立大学荣誉学士学位论文，1995 年。

⑥ LIM S Y. Women in Singapore politics（1945 – 1970），新加坡国立大学荣誉学士学位论文，1984 年。

⑦ QUAH S K. Divorce among the Chinese in Singapore（1819 – 1960），新加坡国立大学荣誉学士学位论文，1989 年。

⑧ OOI Y L. The changing status of Chinese women in Singapore（1819 – 1961），新加坡国立大学荣誉学士学位论文，1988 年。

（三）深入（21 世纪以来）

承接 20 世纪 90 年代新马华人妇女研究的兴盛，21 世纪以来，新马华人妇女研究更加深入。

笔者的《移民、性别与华人社会：马来亚华人妇女研究（1929—1941）》是在博士学位论文基础上修改完成的,[①] 该书以社会性别为视角，研究 20 世纪 30 年代华人女性的移民、教育、职业、社会参与和婚姻家庭，不仅挖掘华人妇女对社会发展的贡献，还对华人社会进行社会性别解释，对既有框架进行质疑，提出新观点，被认为是华人妇女专题研究的力作。[②]但该书囿于史料局限，对新加坡华人妇女着墨较多，对马来亚其他地方关注较少。因为后续又发现了不少新史料，笔者认为有必要对该书进行修改。本书就是在《移民、性别与华人社会：马来亚华人妇女研究（1929—1941）》一书的基础上修订而成，增加对马来亚其他地方华人妇女的研究，增加新史料，尤其是当地华人报刊和殖民地档案资料。

除专著外，笔者还发表了不少论文，对华人妇女移民原因和类型进行探讨，如《允许与严禁：闽粤地方对妇女出洋的反应（1860—1949 年）》，以近代中国人出洋的两大省份——广东和福建为例，探讨了晚清和民国时期闽粤地方政府、士绅和宗族对随家人迁移的妇女、自主出洋的妇女和被拐卖出洋妇女的不同态度，指出伦理观念、经济利益和地理因素都影响到闽粤地方对不同方言群妇女出洋的态度。[③]《晚清中国妇女出洋与政府反应》探讨了晚清政府对妇女出洋的态度和政策变化。[④]《近代中国女性人口的国际迁移（1860—1949 年）》一文从宏观上梳理近代中国女性的数量、类型和流向。[⑤]

沈惠芬的《中国的留守妻子：福建移民东南亚的移民家庭（20 世纪 30—50 年代）》一书是在她的博士学位论文基础上修改而成的，作者运用档案、民国报刊、口述历史访谈、留守妻子传记及其他相关资料和研究成果，分析 20 世纪 30—50 年代福建华人家庭留守妇女的婚姻与生活，探讨移民对留守妇女婚姻生活的影响和华人家庭的两性关系。该书认为，受到国际移民和侨乡发展的影响和

---

① 范若兰：《移民、性别与华人社会：马来亚华人妇女研究（1929—1941）》，北京：中国华侨出版社，2005 年。

② 廖小健：《华侨妇女专题研究的力作——评范若兰博士的〈移民、性别与华人社会：马来亚华人妇女研究（1929—1941）〉》，《妇女研究论丛》2006 年第 2 期，第 77 页。

③ 范若兰：《允许与严禁：闽粤地方对妇女出洋的反应（1860—1949 年）》，《华侨华人历史研究》2002 年第 3 期。

④ 范若兰：《晚清中国妇女出洋与政府反应》，载广东华侨历史学会编：《广东侨史论丛》（第二辑），香港：香港荣誉出版有限公司，2001 年。

⑤ 范若兰：《近代中国女性人口的国际迁移（1860—1949 年）》，《海交史研究》2002 年第 1 期。

冲击，华人婚姻呈现出多元性。华人婚姻是中国传统父权制婚姻在国际移民过程中的变异体，保留了父权制婚姻的一些特征，同时国际移民重新分配了华人夫妇的社会经济和家庭责任，留守妇女往往要承担传统意义上属于丈夫的社会经济和家庭责任，她们的婚姻生活品质和生活也发生了变化。① 该书将侨乡与移民社会联系起来，探讨侨乡妇女，分析深入，资料丰富。作者还发表了多篇相关论文②，提升了侨乡妇女的学术研究层次。

马来西亚华人学者许仁强和邱吉寿的《槟榔屿保良局：华人妇女、妓女和福利组织》③ 一书，主要探讨槟榔屿保良局的发展史。槟榔屿保良局建于1888年，主要是为被拐卖的华人妇女和少女提供庇护。该书分析了华民护卫司、华人社会名流在这一问题上的合作，探讨早期华人社会的妓女、妹仔问题，并探讨随着马来亚独立，保良局在1945—1969年的新变化。

何德明的《凤飞：马来西亚华人女性先驱》是最近出版的一本描写马来联邦华人妇女的著作。④ 作者结合自己的家族史，描写华人与太平、华都牙也、务边、金宝、怡保等地发展的关系，重点叙述早期华人女性的身份与作用。如作者的曾祖母郭苏家是个寡妇，1892年带着两个孩子移民太平，在英国人家当佣人，不仅养活孩子，还送男孩到英校读书。后来她做生意发迹，购买太平两排店铺。该书梳理了早期华人女性在各行业的奋斗史，也有一些访谈和家族史料，但论述比较泛泛，并不是一本学术研究著作。

有关华人女工的论文，有吴佩瑾的硕士学位论文《建设或建构：以新加坡“红头巾”为例探讨女性与国家的关系》，是一篇探讨建筑女工“红头巾”的佳作。⑤ 作者访谈了11个新马“红头巾”，了解她们的移民动机、经历、职业和感受，作者还记录其他人对“红头巾”的看法和媒体的描述，并分析官方对“红头巾”的宣传和定位，进而探讨“红头巾”在新加坡国家建构中的作用。这篇论文对“红头巾”的探讨不是仅局限于对她们工作和勤劳的赞美，而是上升到探讨她们与国家的关系，因而大大提高了文章的分析深度。徐霞辉和蔡丽云的

① SHEN H F. China's left - behind wives: families of migrants from Fujian to southeast Asia, 1930s - 1950s. Honolulu: University of Hawaii Press, 2012.

② 沈惠芬：《华侨家庭留守妇女的婚姻状况——以20世纪30—50年代福建泉州华侨婚姻为例》，《华侨华人历史研究》2011年第6期；沈惠芬：《论华侨妻子番客婶的文学形象和史学意义》，《福建师范大学学报》2011年第4期；沈惠芬：《构建东南沿海侨乡女性生活史：侨批资料的价值与利用》，《福建论坛》2013年第4期；沈惠芬：《构建中国侨乡女性史：资料与方法的探讨》，《福建论坛》2015年第6期。

③ KEONG N K J, KHOO K S. The Penang Po Leung Kuk: Chinese women, prostitution and a welfare organization. Kuala Lumpur: Malaysian Branch of the Royal Asiatic Society, 2004.

④ HO T M. Phoenix rising: pioneering Chinese women of Malaysia. Ipoh: Perak Academy, 2015.

⑤ 吴佩瑾：《建设或建构：以新加坡“红头巾”为例探讨女性与国家的关系》，台湾清华大学硕士学位论文，2010年。

《广东三水籍赴新女华工“红头巾”研究》一文，分析了三水“红头巾”赴新加坡的原因、经济贡献和文化内涵，但论述比较单薄。[①] 马来西亚学者陈爱梅的《被遗忘的工作女性——经济大萧条时期的马来亚客家琉琅女》一文，从档案和访谈入手，梳理霹雳州华人女工在锡矿业从事的淘锡工作，探讨其劳动特色和经济贡献。[②]

勤劳的建筑女工——“红头巾”

图片来源：葛月赞：《新加坡图片史(1819—2000 年)》，新加坡：National Heritage Board，2000 年。

有关华人女子教育的论文，有黄贤强的《槟城华人妇女问题——以〈槟城新报〉之女子教育论述为中心》一文，主要分析 1912—1927 年《槟城新报》有关华人女子教育的报道，探讨当时华人社会对女子教育的态度。[③] 刘玉玲的《教

① 徐霞辉、蔡丽云：《广东三水籍赴新女华工“红头巾”研究》，《广州大学学报》2008 年第 10 期。

② ［马］陈爱梅：《被遗忘的工作女性——经济大萧条时期的马来亚客家琉琅女》，《华侨华人历史研究》2015 年第 2 期。

③ ［新］黄贤强：《槟城华人妇女问题——以〈槟城新报〉之女子教育论述为中心》，《马来西亚华人研究学刊》2004 年总第 7 期。

育家刘韵仙与新加坡女子教育研究》一文，介绍新加坡最著名的华人女教育家刘韵仙的生平，分析其教育理念及对女子教育和华文教育的贡献，该文资料较丰富，但结构松散，分析不够深入。①

华人婚姻研究的论文注重运用第一手资料。陈慧彬的《法律、公亲与跨国婚姻：中国福建与英属马来亚之间的“家庭事”（1855—1942年）》主要研究华人两头家和多妻制下的遗产继承问题，作者收集诉讼笔记等一手资料，深入分析殖民地法官、华人诉讼代理者、当事人围绕遗产问题展开的博弈。② 胡亚丽的《海峡殖民地婚姻立法考察（1867—1941年）》一文，利用海峡殖民地的立法委员会档案资料，梳理海峡殖民地各种成文法的制定过程，分析其特点和影响，尤其注重探讨华人婚姻法。③

还有一些论文研究的是以往较少关注的领域。如石沧金的《马来西亚华人妇女社团组织简析》一文，梳理了马来西亚华人妇女组织产生的背景和发展历程，并将“二战”后建立的华人妇女组织详细列表，分析其类型、内部机制、社会活动和影响，对于进一步研究马来西亚华人妇女组织有所助益。④ 林丽君的学士学位论文《从〈槟城新报〉看战前新马华人妇女生活》，以1920年、1930年、1940年三个年份的《槟城新报》为时间点，在收集有关女子教育、娼妓、女权、娱乐、言行等报道的基础上，分析“二战”前新马华人妇女的社会地位。⑤ 李雯的《身似断云零落——20世纪初期新加坡的妹仔》一文，运用英国和新加坡殖民地当局的文件集、国联报告书、时人论著、妹仔回忆录和访谈等资料，以社会性别为研究视角，探讨了20世纪初期新加坡华人社会中妹仔群体的历史际遇，展现性别、阶级、种族等多重因素在政治、经济、社会、文化层面的纠合。⑥

21世纪初，新马华人妇女研究似乎出现高潮，涌现出不少专著和论文，研究的广度和深度较前一时期都更上一层楼。新马本土学者和中国学者成为研究的主力，尤其是中国学者，运用中国史料、新马报刊、殖民地档案、访谈资料，探讨新马华人妇女史，以及她们与中国侨乡的联系，深化了新马华人妇女研究。

---

① ［新］刘玉玲：《教育家刘韵仙与新加坡女子教育研究》，新加坡国立大学荣誉学士学位论文，2002年。

② 陈慧彬：《法律、公亲与跨国婚姻：中国福建与英属马来亚之间的“家庭事”（1855—1942年）》，载黄宗智、尤陈俊主编：《从诉讼档案出发：中国的法律、社会与文化》，北京：法律出版社，2011年。

③ 胡亚丽：《海峡殖民地婚姻立法考察（1867—1941年）》，《南洋问题研究》2013年第3期。

④ 石沧金：《马来西亚华人妇女社团组织简析》，《东南亚研究》2005年第1期。

⑤ ［新］林丽君：《从〈槟城新报〉看战前新马华人妇女生活》，新加坡国立大学荣誉学士学位论文，2001年。

⑥ 李雯：《身似断云零落——20世纪初期新加坡的妹仔》，《华侨华人历史研究》2011年第1期。

二、成就与问题

新马华人妇女研究从20世纪初发轫，20世纪下半叶取得丰硕研究成果，到21世纪初进一步向广度和深度发展，可以说，中外学者对新马华人妇女史已作了不少开创性研究，在一些领域取得了重要成果。

华人妓女研究成果丰富。由于妓女问题与社会问题紧密相连，很多著作对华人妇女的研究是从妓女研究入手，在拐卖妇女问题、妓院、妓女的人数和分布、妓院与秘密社会的关系、性病问题、殖民政府对华人妇女的保护措施等方面都取得丰硕成果。可儿弘明的《近代中国的“苦力”和“猪花”》和詹姆斯·弗朗西斯·沃伦的《阿姑和南洋姐：新加坡妓女（1870—1940年）》代表了目前这一领域的最高水平。

华人女性职业研究也取得不少成果，主要表现在对“红头巾”、女佣的研究，“红头巾”的群体特征、职业特点与经济贡献都被一一展现，并上升到国家建构的层面进行分析。妈姐独特的自梳不婚习俗、移民原因、工作特点、收入、社会网络和与家乡的关系，也都是研究者所关注的。

华人女子教育取得较丰硕的研究成果。有关新马华人女子教育的发展、学校和学生数量、课程设置、著名女教育家等，都有一定的研究。

华人婚姻家庭研究较为丰富。家庭是“私人领域”，相对于“公共领域”（政治、经济、军事、文化等）而言，它更是华人妇女起主要作用的领域，除少数妓女和自梳女外，华人妇女的主要角色是母亲和妻子，目前对新马华人家庭婚姻史研究取得一些成果，包括侨乡婚姻、两头家婚姻、婚姻模式等。

华人妇女断代史研究取得突破。新马华人妇女史过去只是专题史，缺乏整体史和断代史研究，目前华人妇女断代史研究有较丰硕成果，以笔者的《移民、性别与华人社会：马来亚华人妇女研究（1929—1941）》为代表，该书全面论述和分析1929—1941年马来亚华人妇女的移民、教育、职业、社会参与、婚姻家庭的变化，填补了这一时期新马华人史研究的空白。

华人妇女研究的理论、方法和视角多样化。在华人妇女史研究专著和论文中，女性主义理论、社会性别视角、阶级分析方法被引入，将妇女与华人社会的发展密切联系在一起，并对新马华人史研究中既有的观点提出质疑，重新解释历史现象。以对新马华人社会特征研究为例，颜清湟认为19世纪新马华人社会有如下特征：第一，它是一个移民社会，有一个不固定的人口特征；第二，它是一个从属社会，从属英国的殖民统治，没有统治阶级；第三，它是一个城镇社会，因为不能拥有土地，没有形成庞大的农民阶级。[①] 笔者认为上述三点基本概括了19世纪新马华人社会的特征，但有一个很大的缺陷，就是忽视了性别比例不平衡问题，这其实也是华人社会的一个重要特征。男女比例不平衡对华人社会和妇女生存状况影响极大，从这一视角看华人社会，就能更好地诠释华人社会的一些现象：由于缺乏中国妇女，早期中国移民不得不与马来妇女结婚，形成峇峇社会和峇峇家庭；由于缺少妇女，华人社会黄赌毒和拐卖妇女盛行。另一方面，也由于缺少妇女，华人社会对女孩较为重视，不像中国农村经常发生溺死女婴的现象。

虽然新马华人妇女研究已取得一定成果，但与华侨华人史研究相比，妇女史研究一直处于边缘，与美国华人妇女史研究相比，新马华人妇女史研究更显单薄，因而无论从整体还是从个案研究上都还有很多空白，史料的发掘和整理也远远不够。这是一个学术积累和史料积累都较为薄弱的领域，研究中存在下述问题：

问题之一，缺乏对新马华人妇女史的整体研究。目前已有的研究只是专题研究和断代研究，如对华人女子教育研究、华人女工研究、婚姻家庭研究和华人妓女研究。但整体研究尚付诸阙如，我们不清楚从19世纪中叶中国妇女最早移民新加坡到20世纪中叶新马独立这一百年时间华人妇女的生存状况，缺乏对妇女史的整体研究将使新马华人妇女史和华人史存在很多空白，也就难以“重现”妇女的历史，更难以“重构”华人的历史。

问题之二，专题研究不够深入。尽管华人女子教育、华人女工、婚姻家庭、华人妓女研究取得一定成果，但许多重要的与妇女相关领域的研究失之浅显或空缺，表现在以下几方面：

华人女子教育研究有待深入。目前的研究缺乏华人女子教育史专著，主要以论文呈现，虽然对某一时期、某一地区、某一学校的女子教育研究比较深入，但对新马华人女子教育的发展趋势、规模、特点及女教育家、女学生的研究还有许多空白，研究也不够深入。

华人妇女的经济活动研究不足和不深入。新马华人妇女不仅是母亲和妻子，她们中一部分人同时也是自食其力的劳动者，她们的职业范围从教师、医生、职员、店员到农民、矿工、工人、女佣和妓女，她们对新马的开发和经济发展做出了不可磨灭的贡献。目前华人妇女职业研究成果主要是论文，对有些职业的研究较为薄弱，如女教师、女职员、橡胶女工、工厂女工等，尤其低估了华人妇女对

---

① ［澳］颜清湟著，粟明鲜等译：《新马华人社会史》，北京：中国华侨出版公司，1991年，第131页。

经济发展的贡献。

华人妇女的社团组织研究较少。20 世纪初以来，随着新马华人女性人口和比例的增加，以及受过教育的妇女增多，妇女日益觉醒，她们积极参与社会活动，在抗日救亡运动中，华人妇女全民动员，采取多种方式募捐支持祖国，但关于这方面的研究却寥寥无几。华人妇女参与社会除个人行为外，大都依托于妇女组织，华人妇女组织有“新加坡华人妇女协会”“基督教女青年会华人妇女部”，在抗战中成立的“妇女筹赈会”“星洲华人妇女会”“粤华妇女互助会”和“舞女协会”等组织，这些妇女组织在宣传和组织华人妇女运动和抗日救亡运动中发挥了积极作用，但迄今为止对这些组织的研究十分薄弱。

问题之三，史料发掘和整理不够。研究妇女史最大的困难之一是史料缺乏，目前已有的几本新马华人妇女史的英文著作不同程度地利用了殖民地官方档案、报告和人口普查资料，但中文资料，尤其是中文报刊、纪念特刊等史料几乎没有被利用。中文论著充分利用了中文资料，挖掘了不少史料，但对相关史料的整理不足。其实有关新马华侨华人妇女的史料十分丰富，而目前对其的发掘和使用并不充分（详见下文）。

第三节 理论、分析范畴与方法：从妇女史到社会性别史研究

一、社会性别与社会性别史

关于妇女的记载古已有之，[1] 以妇女为主体的妇女史写作则出现于 19 世纪以后，如美国的妇女史可追溯至 19 世纪中叶，中国的妇女史在 20 世纪初出现。[2] 但妇女史真正作为一个研究领域进入学术界，则始于 20 世纪 70 年代西方的新女权运动。女性主义者要求改变不平等的性别制度，在对以男性为中心的社会结构和价值观念进行猛烈批判的同时，向以男性为中心的学术话语发起挑战，并对各学科进行批判和重构。历史学是女性主义学者研究最早、用功最深的领域之一，正是为了探求妇女受压迫的历史根源和解放之道，女性主义者开始研究妇女史和

---

① 中国的《二十四史》有《列女传》，以忠、孝、贞为标准收入少数妇女。

② 美国学者 E. 艾丽的三卷本著作《美国独立战争中的妇女》出版于 1840—1850 年。早期中国妇女史代表作是陈东原的《中国妇女生活史》（商务印书馆，1928 年）、王书奴的《中国娼妓史》（商务印书馆，1934 年）和陈顾远的《中国婚姻史》（商务印书馆，1936 年）等。

重构历史。

最初的妇女史是“她史”（herstory），也被称为“填补史”或“添加史”，女性主义史学家们撰写历史上杰出的女性，以及妇女在重大历史事件中的作用，从而证明妇女与男性一样，在历史上起着同样重要的作用。此外，史学家们努力挖掘有关妇女的史料，将妇女的内容添加到历史中。“她史”的写作对确立妇女史在史学界的地位起到了重要作用，正是通过这些史学家的努力，深埋在历史底层的妇女开始浮出历史地表，妇女在历史变迁中的能动作用得到肯定，妇女史具有学术研究价值也被大部分学者接受。但是，“她史”也有局限性，正如美国华人学者鲍晓兰所指出：“一、在研究妇女在历史变迁中的能动作用时，过分的肯定往往使研究无法对历史做出公允的评价，常常出现凡是女性说的、做的都是正确的偏差。二、人为地将女性的生活与男性完全割裂开来研究，这种研究也是片面的，它无法有效地通过对比男女的生活找出形成社会性别差异的根源。”① 她还进一步指出，“填补史”是将妇女的生活简单地置于既定的史学框架中研究，对现存的历史，或是填补，或是批判，跳不出既定的框框，由于史学研究传统上是以男性为中心，因此“填补史”所提出的问题及所持的视角，未必适用于重建妇女史。

美国妇女史学家琼·凯利—加多（Joan Kelly-Gadol）也对将妇女“填补”到历史中来撰写妇女史的简单做法提出质疑。1976 年她在女性主义学术刊物《标志》（*Signs*）上发表了《性别的社会关系——妇女史在方法论上的含义》，这篇论文对妇女史和其他女权主义学术领域的发展产生了很大影响。她提出：“妇女史有两个目的：将妇女还原到历史中去；为妇女重建我们的历史。”要重建历史，就要从女性视角来重新审视历史，如果从女性角度出发，就不会认为“妇女具有同男人一样的历史、历史上重要的转折点对一个性别的影响与对另一个性别一样”。在她看来，“对妇女来说，雅典的所谓进步，意味着纳妾制和对公民妻子的幽禁；欧洲的文艺复兴，意味着使资产阶级的妻子们专事家务，以及对女巫愈演愈烈的跨阶级的迫害；法国大革命也明显地把妇女排斥于自由、平等、博爱之外。突然间，我们以新的双重视角来重新观察这些历史时期，眼前呈现的是不同的画面”②。

妇女史研究的进展使一些敏感的女性主义史学家意识到“填补史”难以使妇女史跳出主流历史的既定框框，女性视角的妇女史也难以描绘历史的全貌，女

① 鲍晓兰：《美国的妇女史研究和女史学家》，载鲍晓兰主编：《西方女性主义研究评介》，北京：生活·读书·新知三联书店，1995 年，第 77 页。

② ［美］琼·凯利—加多：《性别的社会关系——妇女史在方法论上的含义》，载王政、杜芳琴主编：《社会性别研究选译》，北京：生活·读书·新知三联书店，1998 年，第 83、85 页。

性主义历史学家希望找到更有效的系统理论来提升妇女史研究。1975 年纳塔利·戴维斯（Natalie Davis）提出研究两性历史："我认为，我们应该重视研究男女两性各自的历史，只重视对第二性的研究是远远不够的。我们的目的在于解释历史上两性及性别群体的含义；我们的目的还在于考察不同社会不同阶段中性别角色、性象征的发展变化，揭示其代表的含义以及它们如何作用以保持其社会规范或如何促进其变化的。"① 20 世纪 80 年代末，美国妇女史学家琼·W. 斯科特（Joan W. Scott）和吉斯拉·鲍克（Gisela Bock）提出将"社会性别"（gender）运用于历史研究。

"社会性别"是当代西方女性主义理论的核心概念，② 与性别（sex）相对，前者的定义是"社会性别是基于可见的性别差异之上的社会关系的构成要素，是表示权力关系的一种基本方式"③。社会性别不是与生俱来的，而是随着社会文化发展形成的对男女差异的理解，以及在社会文化中形成的属于女性或男性的群体特征和行为方式。性别则是指男女的生理性别。女性主义者批判的矛头最初对准"生物决定论"④，她们认为："女性扮演的性别角色，并非如以前的社会学家和心理学家所说，是由女性的生理所决定的，而是由社会文化规范的；人的性别意识不是与生俱来的，而是在对家庭环境和父母与子女关系的反应中形成的；性别意识和性别行为都是在社会文化制约中形成的；生理状况不是妇女命运的主宰，男女性别角色是可以在社会文化的变化中改变的。"⑤ 初期女性主义者没有用社会性别来区分性别，而是用性别角色（sex role）来指称社会对女性的规范，从 20 世纪 70 年代中叶开始，她们用社会性别来指称有关妇女的社会文化含义。

斯科特在 1988 年发表《社会性别：历史分析中一个有效范畴》一文，作者将"社会性别"作为分析范畴引入历史研究，社会性别、阶级和种族是研究妇女史的三个最重要分析范畴，她认为"社会性别"引入历史研究的意义在于，"将'社会性别'作为'妇女'的代名词，这表明，与妇女相关的信息亦与男子相关，对妇女的研究意味着对男子的研究。这种看法表明，女性世界是男性世界的一部分，它产生于男性世界，由男性世界所创造。这种看法否定那种将男、女历史分成不同领域的观点，它表明，孤立地研究女性，会强化这样的信念，即男

---

① DAVIS N Z. Women's history in transition: the European case. Feminist studies, 1976, 3 (3-4), p. 90.

② "社会性别"在中国也被译为"性别"，本书采用"社会性别"的译法。

③ 谭兢嫦、信春鹰：《英汉妇女与法律词汇释义》，北京：中国对外翻译出版公司、联合国教科文组织，1995 年，第 145 页。

④ 即贤妻良母的角色是由女人的生理差别所决定的，因此，性的差别决定了女人的从属地位。

⑤ 王政：《"女性意识""社会性别意识"辨异》，《妇女研究论丛》1997 年第 1 期，第 19 页。

性的历史与女性的历史毫不相干"[①]。吉斯拉·鲍克 1989 年发表《妇女史和社会性别史：一场国际争论的多个方面》，提出"要用包含社会性别的方法去做通史，……妇女史就是出色的社会性别史"。她指出，"妇女史关注的不仅仅是人类的一半，而是全部"。将社会性别概念引入历史研究，会引出新的问题和视角，"它是一种挑战传统史学性别盲点的社会文化反思的概念形式"，是"一种知识结构，一种思考和研究的方法，一种能帮助我们发现历史中被忽视的领域的分析工具"[②]。

20 世纪 90 年代，社会性别被普遍运用于历史研究，女性主义史学家对史学理论的探索进一步深入。她们注意到妇女并不是一个统一体，而是有差别的，如女工与女知识分子、女主人与女佣、黑人妇女与白人妇女等，妇女是属于多种社会范畴的——包括国家、地区、种族、阶级、宗教、性倾向、年龄等，把妇女间的"差异"作为女性主义史学的分析范畴，正是为了加深对历史和现状的认识，于是，"差异"概念也被引入妇女史研究。

二、社会性别对华侨华人史研究的意义

从"填补史"到社会性别史的发展历程表明，西方妇女史研究不断在探索新的理论、方法和视角，从而跳出传统史学的框框，"为妇女重建我们的历史"，进而重建两性关系的历史，重建历史话语体系。对中国妇女史研究而言，社会性别这一分析范畴也是一个非常有用的新视角，因为"妇女史是从性别的社会关系来重新审视历史，历史学所关注的性别关系就是一种社会关系，因此社会性别的概念使我们跳出单纯就妇女论妇女的局限，而将妇女作为与男性相辅相成相对相依的一种社会关系，并将这种关系延伸到社会关系的方方面面；妇女史不再是'添加'的成分，而是完整的中国历史的有机组成"[③]。

同样，将社会性别引入新马华侨华人史研究，也会为我们提供新的视角和分析范畴，同时，"阶级""差异"和"地位"在研究新马华人妇女的生存状况时也是有用的分析范畴，这些新视角和分析方法将有助于我们重新思考和评价下述问题：

第一，重大经济、政治事件对男女两性产生的不同影响。20 世纪 30 年代是

① ［美］琼·W. 斯科特：《社会性别：历史分析中一个有效范畴》，载李银河主编：《妇女：最漫长的革命——当代西方女权主义理论精选》，北京：生活·读书·新知三联书店，1998 年，第 156 页。

② ［美］吉斯拉·鲍克：《妇女史和社会性别史：一场国际争论的多个方面》，载蔡一平、王政、杜芳琴主编：《赋历史研究以社会性别》，未刊本，1999 年，第 202、204 页。

③ 杜芳琴：《中国社会性别的历史文化寻踪》，天津：天津社会科学院出版社，1998 年，第 7 页。

新马华人社会急剧变动的时代，一方面，1929 年开始的世界经济危机严重影响了殖民地经济发展，许多企业和商店破产，大量华工失业，导致英国殖民当局于 1931 年制定移民政策，限制中国男性移民新马，但对中国妇女和儿童移民则不加限制；同时经济危机导致广东大批丝厂倒闭，华南农村凋蔽，中国妇女大量移民新马，从而彻底改变了以往华人社会男女比例严重失调的局面，导致人口构成的一系列变化。经济危机在导致男性失业的同时，迫使妇女为弥补家庭收入的不足进入劳动力市场，引起男女职业构成的变化。经济不景气也影响到婚姻和家庭生活，贫困加剧了男性的焦虑和夫妻间的紧张关系，引发各种家庭冲突，使得家庭暴力增加，自杀人数增加，其中华人女性自杀者多于男性。另一方面，1937 年日本侵略中国激发了南洋华人的政治热情，在抗日救亡的激励下，新马华人社会进行了前所未有的政治动员，尤其是华人妇女，以多种方式参与筹款救亡活动，这一事件促使她们前所未有地参与了社会和政治事务。

第二，华人妇女在历史变迁中的双重角色，她们既是受害者（victim），同时也是施动者（agency）。新马华人社会是父权制社会，传统社会性别对男性的规范是修身、齐家、治国、平天下，最起码也是能挣钱养家，对妇女的规范则是三从四德，女性在这种社会性别模式下受到压抑。但她们也在反抗和斗争，通过教育、经济自立、罢工、不婚、社会活动，她们努力对抗父权制，对社会性别的重塑发挥了自己的能动性。由于教育和就业，华人妇女开始冲破传统观念。还有一些妇女孤身南来谋生，不仅经济自立，还寄钱回乡赡养父母和子侄，她们为自己的成就而骄傲。20 世纪 70 年代新加坡的一项调查表明，“所有在中国出生的老年妇女，大部分是文盲，但她们对于自己的成就非常骄傲”。但社会性别对男性的要求并没有改变，同一个调查表明，受访的华人男人常说自己是失败的，因为他们没有挣足够的钱结婚和建立家庭。[①] 从华人男女对自己不同的评价，我们可以看到社会性别规范所导致的评价差异，社会对男性的要求是成家立业，男子没达到这个要求，就觉得自己很失败，但一些华人妇女不再以女性的传统标准评价自己，而是以谋生和社会能力评价自己，反而为自己的成就骄傲。

第三，华人妇女的整体性和差异性。妇女是一个性别整体，“不论是作为被压迫的下层阶级的一员，还是作为统治阶级的一分子，一个妇女的地位总是和她所在的群体中的男性有着根本区别”[②]。这是我们将妇女作为一个整体进行研究的基础。但是我们也要注意到华人妇女之间的差异，不同阶层、不同职业、不同

① WEE A. Older women: from colonial times to present day//WONG A K, LEONG W K. Singapore women: three decades of change. Singapore: Times Academic Press, 1993: p. 190.

② 吉达·勒纳著，蔡一平译：《妇女史的挑战》，《世界历史研究动态》1991 年第 4 期，第 50 页。

教育背景的妇女的地位和生存状况是不一样的，这是我们尤其需要注意和探讨的问题。

第四，华人男女两性的关系。研究华人妇女还要以男性为参照坐标，研究两性在父权制社会的生存状况，以及在改变传统社会性别中既合作又对立的关系，这样才能书写两性的历史，书写完整的华人史。

在研究方法上，本书以史学方法为主，在现有文献的基础上，通过对文献的考辨、分析、综合，用口述史、社会史、移民史和比较史学方法研究华人妇女史，此外，还要借用其他相关学科的理论和方法，如社会学、人口学、经济学和教育学，研究新马华人妇女人口构成、女子教育问题、经济和社会参与问题。

认识到过去研究的成果与局限，本书运用女性主义理论以及社会性别、阶级与差异等分析范畴，希望在研究新马华人社会和华人妇女史时特别注意下述问题：

（1）探讨20世纪30年代新马经济、社会重大变革对华人社会的影响，尤其是对男女的不同影响；

（2）探讨新马华人妇女在这一时期所处境况及所发挥的作用；

（3）给新马华侨华人史一个性别解释，要将妇女的经历与男人的经历相比较，这样妇女史与华侨华人历史便有密切的关联；

（4）注意新马华人妇女的差异，引入不同阶层、不同方言群、不同职业、不同知识背景妇女的生活和声音；

（5）用比较的方法凸显20世纪30年代新马华人社会和妇女在历史长河中的地位变迁。比较的坐标有三，一个是时间坐标，将20世纪30年代华人妇女与10—20年代和40—50年代的华人妇女相比较；一个是性别坐标，华人妇女与男性相比较；一个是地域坐标，华人妇女与中国本土妇女相比较。比较的指标有四，即教育、经济参与、社会参与和婚姻家庭。通过这三个坐标和四个指标，揭示新马华人妇女在地域迁移和阶层流动过程中的地位变迁，以及华人社会性别关系的变化。

“历史不仅是男人的也是女人的经历。它不应仅仅用男性的或者似乎性别中立的视角来研究，而且要用女性的和含有社会性别的视角来研究。”① 妇女和男人一起创造了历史，只有将男人和女人同样作为历史的主人，同样作为衡量历史重要意义的尺度的历史，才是真正全面的历史。

---

① ［美］吉斯拉·鲍克：《妇女史和社会性别史：一场国际争论的多个方面》，载蔡一平、王政、杜芳琴主编：《赋历史研究以社会性别》，未刊本，1999年，第217页。

第四节 史料介绍与综述

对妇女史研究而言，最关键的问题是研究视角、理论重构和发掘史料。而史料搜集和分析是研究的第一步。为撰写本书，笔者先后到新加坡国立大学图书馆、新加坡国家图书馆、新加坡口述历史档案馆、新加坡东南亚研究院图书馆、中国国家图书馆、上海图书馆、香港大学图书馆、香港中文大学图书馆、广东中山图书馆、厦门大学南洋研究院、中山大学图书馆、中山大学历史系近代中国研究中心和中山大学东南亚研究所资料室寻访资料。在史料搜集过程中，笔者认为要特别注意下述三方面的史料，一是中国有关新马华人妇女的史料，二是新马当地有关华人妇女的中文史料，三是新马当地有关华人妇女的英文史料。

一、中国有关新马华人妇女的史料

中国是华人妇女的移出国，中国的社会经济状况、生活习俗和传统观念直接影响到华人妇女的移民模式和社会生活。而中国有关华人妇女的史料很少有人使用，如同深埋在地下的宝藏，有待人们去发掘。

（一）档案史料

1. 清代官方档案

已出版的《筹办夷务始末》（咸丰朝、同治朝）、《清季外交史料》，还有未出版的《外交部档·侨务招工类》《海关总署清档》以及上谕和奏稿等，涉及妇女出洋问题，其中部分与拐卖苦力和人口出洋有关的内容收入陈翰笙主编的《华工出国史料汇编》（第一辑）。此外，地方政府档案也涉及妇女出洋问题，广东省档案馆藏有一份光绪十八年（1892）广东巡抚部院发给琼海关税务司的照会，称接到驻新加坡总领事黄遵宪的禀报，有“华妇多带婴孩出洋售卖，甚至每船载至者有二三十人之多，询问原籍多隶东莞、香山、番禺等县，疑由各婴堂设法骗领等情”。经过调查，广东地方官指出，“缴并访闻有等蚁媒专向婴堂乳妇领取婴孩带往澳门、香港发卖，另养数年非转鬻外洋即遣作娼妓，并闻有等悍妇专在婴堂附近地方坐候，见人抱婴送堂，声言情愿抚养为女，起而截留抱送之人，不知底细亦即交付，而该婴未受婴堂之育遂遭转卖之惨”。因此“札饬广府、东莞各属，严行查禁，并饬令各善堂董事严禁，一面严密查拿此等拐匪到案讯究详办，并将婴堂经费筹足广为收养，此后倘查有在婴堂左近邀截送婴之人立即严拿

究办……”，并要求“贵税务司请烦查照，遇有此等拐匪出洋即行拿获，解送本道办理施行”。[①]这是一份十分珍贵的有关中国婴孩被拐卖出洋的史料，从中我们不仅可以看到驻新加坡总领事黄遵宪所描述的拐匪拐卖女婴到新加坡的方法和目的，也可看到广东地方政府对禁绝这种行为所采取的措施。

2. 民国官方档案

主要有政府部门的公报，如外交部出版的《外交公报》（月刊，1921 年创刊，北京）和《外交部公报》（月刊，1928 年创刊，南京）等。《外交部公报》主要发布政令、法令、统计，以及中国驻世界各地领事馆的报告，其中各领事馆的报告涉及较多华侨华人情况，它由两部分组成，一是领事馆人员对当地华侨华人经济、教育和生活状况的调查和观察，二是领事馆人员翻译所在国政府对华侨华人的调查和统计，包括人口、移民人数、职业、经济贸易等等。中国驻槟榔屿领事馆和新加坡总领事馆发回大量新马华侨情况报告，有少数报告涉及华侨妇女，如有关槟城华人接生妇的调查，详细标明她们的姓名、注册日期和籍贯。[②]还有《槟城华侨女子职业之概况》[③]，这对于研究槟榔屿华侨华人妇女职业情况很有价值。除中央政府公报刊载有关海外华侨情况外，地方政府公报，特别是闽粤两省政府公报也涉及移民、华侨和侨产保护、华侨教育等问题。如《广东省政府公报》就有保护妇女的法令。1930 年 7 月 7 日广东省政府训令民政厅筹划禁绝诱拐妇女（民字第三九四七号），指出：

> 据驻新加坡总领事呈称，本坡华侨，时有来馆报告妇女被人诱拐回国，及由国内拐带出洋情事，除与当地政府，随时接洽取缔外，拟请转行国内主管机关筹划根本禁绝方法等情，事关内政，相应抄录原呈函达查核办理，等因准此，查该总领事所拟查禁诱拐妇女出洋，或回国各办法，自为保护华侨，维持人道起见，事属地方行政范围，自应由沿海及沿边地方官署，随时严密查禁，酌量该地方华侨出入口情形，妥为办理，一面依照本部迭次通咨，切实举办华侨出入国登记，按月照部颁表式，填就华侨出国入国人数表，送部查考，以照慎重。……[④]

从该法令可看出民国政府对拐卖妇女出洋的态度和禁绝措施。尤为可贵的

---

① 广东省档案馆、广州华侨志编委会、广州华侨研究会、广州师范学院合编：《华侨与侨务史料选编》，广州：广东人民出版社，1991 年，第 16－18 页。

② 驻槟榔屿领事馆：《槟城及威省登记华人接生妇调查》，（南京国民政府）《外交部公报》1935 年第 8 卷第 7 号，第 154－155 页。

③ 驻槟榔屿领事馆：《槟城华侨女子职业之概况》，（南京国民政府）《外交部公报》1936 年第 9 卷第 3 号。

④ 《广东省政府公报》（第 106 期），1930 年 7 月 7 日。

是，该训令还附上新加坡总领事原呈，不仅详细报告了妇女被拐卖出洋为娼的情形，还建议了查禁办法：

①凡我国各口岸，遇有中外船只出入口时，应由该地海关，或警政机关，派妥员上船检查，遇有可疑之妇孺，随时送入官厅所设济良所，除确系失踪被拐，得由其亲戚取具保铺，准其领去外，余均收纳济良所教养，由该所负完全保护之责。②贩卖妇孺与娼寮，常有密切之关系，不禁娼则拐案仍无由在绝，果能全国实行禁娼，则鬻卖女子，以及种种诱拐案件，自可消弭……[①]

从总领事的建议思路看，民国政府受海峡殖民地政府保护妇女、设立保良局和取缔妓院的措施影响较大。福建也是华侨的祖居地，涉及华侨的政令也很多，1948 年侨委会电请令饬所属制止拐带少女到新加坡出卖，指出：

最近马来亚女工薪给甚高，小康之家无法雇用咸改用女童工以代之，是以女童工求过于供，一般投机分子利用鸨母在广州、汕头、厦门等地出其拐骗技术，尽量搜罗少女，仅以叻币十元之代价购买十二三至十四五岁的少女，设法办理出国手续，携带至新出卖，每名约得叻币一千元。查此案早被星洲移民厅揭破，最近在福利部周年报告中发表，此辈少女多为当地私娼购买，将沦于非人道境界，请转函有关机关设法制止。

9 月 30 日福建省政府就此电发出训令，要求“除分令所属遵照严格审查出国妇女并缴验结婚证书外，相应函请查照饬属防范制止”[②]。

（二）史料汇编

陈翰笙主编的《华工出国史料汇编》第一、第二、第五辑中的有关资料十分重要。第一辑是“中国官文书选辑”，收入少量与妇女出洋有关的奏折、上谕和法规。19 世纪 40 年代以后，中国妇女自愿或被拐出洋为娼的情况愈演愈烈，清朝官员中最早注意到拐卖妇女出洋的是林则徐，他在道光十九年（1839）五月十七日的奏折中指出，“臣等风闻夷船停泊海口，往往收买内地年未及岁之幼孩。……男少女多，殊堪骇异”[③]。但他不知道这些女孩被拐卖出国的用途。同

① 《广东省政府公报》（第 106 期），1930 年 7 月 7 日。
② 福建省档案馆编：《福建华侨档案史料》（下），北京：档案出版社，1990 年，第 1879 页。
③ 陈翰笙主编：《华工出国史料汇编》（第一辑　第一册），北京：中华书局，1984 年，第 5 页。

治五年（1866）十月二十五日两广总督瑞麟的奏折也指出“惟粤东近日诱拐人口出洋之案，层见迭出，甚至伙众设计诱及妇女、幼孩。一落外国火船，即带至香港、澳门等处，转贩诸岛，远涉数万里之外，莫可追寻”①。1855年在厦门发现一艘英国船装载了47个年龄七八岁的中国女孩，这个事件受到英国驻华领事的高度重视，有关这一事件的记录收录于《华工出国史料汇编》第二辑“英国议会文件选译”。② 1860年清政府允许中国劳工出洋，中国妇女也被允许出洋，有关这方面的法规收录于《华工出国史料汇编》第一辑，如中英北京《续增条约》第五款：“以凡有华民，情甘出洋，或在英国所属各处，或在外洋别地承工，俱准与英民立约为凭，无论单身或愿携带家属，一并赴通商各口，下英国船只，毫无禁阻。”③ 后来制定的招工章程也注意到劳工的家属问题，规定“如所招工人携带眷属，应将携有眷属妇女同往者，拨与相宜之屋，总要与无家眷之男人分拨住处，以免混杂”④。《华工出国史料汇编》第二辑对于研究中国妇女出洋十分重要，从中我们可以看到英国人对中国妇女的看法、为诱使中国妇女出洋所想的对策及所做的努力。《华工出国史料汇编》第五辑是“关于东南亚华工的私人著作”，其中记录1937年新马各地普遍发生工潮，亦有女工参加，而且工人提出女工的利益问题，如巴生树胶制造厂提出“女工因生产缺工，厂方要将其工职保留，惟该女工须向厂方请假”⑤。这对于研究女工的社会参与是十分重要的史料。

中国第一历史档案馆编的《清代中国与东南亚各国关系档案史料汇编》收录的有关中国外交官对妇女保护的史料十分珍贵，目前还较少人利用。晚清时期中国妇女被拐卖出洋为娼者甚众，外交官对她们进行了力所能及的保护，据1881年驻英使领报告，光绪五年（1879）新加坡胡领事（胡亚基）资助库平银四两三分二厘给被拐的广东东莞县民妇莫黄氏，遣其回籍。同年又拨银十两一钱六分给被拐的广东东莞县民妇招氏和黄氏二人，遣其回国。⑥ 此外，当地政府设立保良局保护被拐卖妇女，晚清领馆对此举极为赞赏，黄遵宪曾为保良局捐款，1907年新加坡总领事凤仪又代当地华商呈请清政府表彰七州府华民护卫司奚尔智，呈文指出：

① 陈翰笙主编：《华工出国史料汇编》（第一辑　第一册），北京：中华书局，1984年，第54页。

② 陈翰笙主编：《华工出国史料汇编》（第二辑），北京：中华书局，1984年，第107－137页。

③ 陈翰笙主编：《华工出国史料汇编》（第一辑　第一册），北京：中华书局，1984年，第12－13页。

④ 陈翰笙主编：《华工出国史料汇编》（第一辑　第一册），北京：中华书局，1984年，第124页。

⑤ 陈翰笙主编：《华工出国史料汇编》（第五辑），北京：中华书局，1984年，第62页。

⑥《1881年驻英使领报呈光绪五年十二月至六年十二月收支细数清册》，载中国第一历史档案馆编：《清代中国与东南亚各国关系档案史料汇编》（第一册），北京：国际文化出版公司，1998年，第219页。

查华人妇女最重名节，虽异方殊俗气不同，然永矢坚贞，以礼自守者，时有所闻。端赖长官为之维持，克全厥志。坡埠特设保良局一所，允妇女贫苦无依，不愿再适，节操可嘉，均为收养，以及妓馆藏蓄幼女，一经察出，发交该局，及时择配。内地匪徒拐诱子女来坡冒认亲属以图欺稀，该政务司于初到时亲自细诘，无不洞破诡谋，立置之法。又将子女安置备资，发遣内地，通知原籍，该亲承认骨肉既离使其复聚完全，善类尤多。外洋防疫最严，轮船抵坡，不论男女，例应官医察验方许登岸，前此并无女医，华妇实为不便。该政务司深悉华人妇女于廉耻一节大有关系，禀清大□准派女医到船，另在房舱验视，允诸曲，体人情，殊堪钦佩。①

呈文请朝廷为奚尔智“奖赏优等宝星”，从中我们可以看到新马华人对保良局和华民护卫司保护华人妇女的赞赏态度。

中国一些海外移民大省也选编了华侨华人档案史料，并收录有关华人妇女的档案资料，如广东省档案馆等单位合编的《华侨与侨务史料选编》，收录了晚清拐卖妇女出洋的史料以及民国时期广东省侨务政策、对华侨的保护和对华侨情况的调查，具有非常重要的史料价值。如1947年侨务委员会广东侨务处工作报告，详细报告了一年来的工作，其中包括经广州轮船码头的归侨人数（分性别统计）、出国和回国华人妇女的居住地和职业。② 近代中国人结婚以婚礼和证婚人为准，很少登记，这就使出国妇女的眷属身份难以确定，因为没有合法婚姻证书，妇女在各国海关屡受刁难。为此广东民政厅1933年5月18日发出第2140号训令，要求“饬知省内各地发护照机关，遇有人民请领护照倘系单独女子出洋者，务须注明所往地点，被访就之人及其关系等，以资证明”③。从中可以看到地方政府对妇女出洋所面临的特殊问题的关注。此外，福建省档案馆编纂的《福建华侨档案史料》（档案出版社，1990年）和广西华侨历史学会、广西侨务志编辑室合编的《广西籍华侨华人资料选编》（广西人民出版社，1990年）也有少量史料涉及新马华人妇女。

（三）近代中国人到新马的游记和考察报告

清代李钟钰的《新加坡风土记》记载了19世纪末新加坡华人妓院和妓女的

① 《光绪33年新加坡总领事凤仪代新加坡职商呈请奖新槟麻等七州府护卫华民政务司奚尔智的禀文》，载中国第一历史档案馆编：《清代中国与东南亚各国关系档案史料汇编》（第一册），北京：国际文化出版公司，1998年，第378－379页。

② 广东省档案馆等编：《华侨与侨务史料选编》（2），广州：广东人民出版社，1991年，第68－83页。

③ 广东省档案馆等编：《华侨与侨务史料选编》（2），广州：广东人民出版社，1991年，第234页。

盛况，“牛车水一带，妓馆栉比，闻注籍于护卫司之妓女，共有三千数百人，而此外之私娼女伶，尚不计其数。皆广州府人，或自幼出洋，或在坡生长者”[①]。这是研究19世纪末新加坡妓院和妓女情况经常被引用的资料。20世纪20年代以后，大批中国妇女移入新马，许多游记和考察报告也留下她们的身影。郑建庐的《南洋三月记》（中华书局，1935年）、黄强的《马来鸿雪录》（商务印书馆，1928年）、黄麟书的《考察南洋华侨教育意见书》（广东省教育厅，1935年）和宋蕴璞的《南洋英属海峡殖民地志略》（蕴兴商行，1928年）等描述了勤劳的华人女工留给他们的深刻印象，为我们提供了20世纪30年代前后中国人眼中南洋华人妇女的生活状况。云愉民在1931年出版的《新加坡琼侨概况》（海南书局，1931年）中详细记录了20世纪20年代初琼籍妇女出洋的遭遇。

（四）民国时报纸杂志发表的关于南洋华侨妇女的通讯和文章

由国民政府侨务委员会（1932年更名为中央侨务委员会）出版的刊物载有南洋华侨妇女的文章。如《侨务月报》1934年载文《南洋华侨妇女之现状及今后应有之觉悟》，但该文对南洋华侨妇女多所指摘，认为她们易于同化、耽于逸乐、依赖成性、自利心重、迷信神权等等，[②] 这其实是以偏概全，将少数上流社会妇女和土生妇女的习性扩大到所有华侨妇女身上。上海出版的《中央侨务月刊》1929年创刊号上发表了1928年由香港、厦门、汕头和海口赴新加坡的中国女移民人数，[③] 这是译自1928年海峡殖民地的年度报告。《女子月刊》刊登《南洋保良局制度与华侨妇女》一文，详细介绍了新加坡和槟榔屿保良局的经费使用情况、设备和对妇女的保护，文章也指出：“社会上一般人认为投身保良局的妇女是最可耻的，……有身家地位的人不会娶她们，就是引车卖浆者流，除非讨不起老婆又不惯独身的，也不愿意和她们结婚。”[④] 华侨妇女教育也是人们关注的重点，《中国与南洋》和《新宇宙半月刊》都曾发表这方面的文字。[⑤]此外，华侨妇女的职业状况也引起人们的注意，《华侨半月刊》1936年刊有刘犖夫的《华侨妇女生活》一文，详细介绍了新马华侨妇女的几种职业。广东省妇委会创办的《广东妇女》1941年第9、第10期发表《马华妇运的动态》指出，马华妇女积极参加救亡工作和宪政运动，并关心祖国的妇女运动。[⑥]

---

① （清）李钟钰：《新加坡风土记》。

② 魏振华：《南洋华侨妇女之现状及今后应有之觉悟》，《侨务月报》1934年第6期，第43－44页。

③ 《最近由各口岸赴星加坡华侨人数比较表》，《中央侨务月刊》1929年创刊号，插页图表。

④ 李词庸：《南洋保良局制度与华侨妇女》，《女子月刊》1936年第10期，第47页。

⑤ 《对于南侨女子教育之我见》《推广南侨女子教育之我见》，《中国与南洋》1921年11月和1922年7月；《华侨的女子教育》，《新宇宙半月刊》1935年第6期。

⑥ 杉木：《马华妇运的动态》，《广东妇女》1941年第9、10期。

此外，香港的英文档案对于研究新马华人妇女史也是必不可少的。由于香港是近代中国人尤其是广东、广西等地人出国的重要口岸，香港存有华人移民，包括妇女移民的大量原始资料。如《香港政府公报》《香港行政管理报告》《香港会议文件》和《香港船政司统计》，详细记录了从1860年到1939年历年经香港前往世界其他地方的移民人数、性别、职业、目的地等非常有价值的资料，更有价值的是，香港有从1865年到1891年诱拐、贩卖妇女儿童的犯罪事件的记录，这对于研究19世纪华人妇女移民史是非常重要的。日本学者可儿弘明利用上述香港的原始资料和香港保良局档案，写成《近代中国的“苦力”与“猪花”》一书，该书是研究近代华人妇女移民海外的一部力作。

使用中国有关近代新马华人妇女的记述，我们可以更好地解决下述问题：近代中国妇女移民新马与中国，尤其是华南地区的政治、经济状况的关系，中国官方和地方宗族对妇女出洋的反应及其对女性海外移民的影响，中国知识分子对移民妇女地位和生活状态的看法，华南地区妇女与新马华人妇女地位的比较，等等，从而研究移民妇女地位变迁的轨迹。这些史料是国外学者很少利用的，他们中的一些人利用新加坡和英国的英文档案史料研究新马华人妇女，但没有利用中国的史料，是他们研究的一个缺憾。

二、新马当地有关华人妇女的中文史料

（一）新马当地各种会馆记录和纪念特刊

1. 会馆章程和记录

血缘和地缘会馆是新马华人的重要社会组织，有关规定也涉及妇女。如青云亭和天福宫是早期新加坡福建华人的权威组织，“经它颁发的婚书，才是合法的婚配，天福宫严禁福建女子为妓，立法禁严，无人敢破坏”①。在19世纪末20世纪初新加坡繁荣的娼妓业中，从业者几乎全是广府妇女，而绝少闽南妇女，也许与会馆的权威有一定关系。

2. 纪念特刊

各种纪念特刊是研究华人妇女史的第一手资料。笔者1999年在新加坡短期进修期间，在新加坡国立大学中文图书馆发现一批华文女子学校的纪念特刊，这是研究新马华人妇女教育史的珍贵资料。现存最早的一本纪念特刊是1935年的《星加坡南洋女子中学校刊》，该刊详细记录了校史、学校章程、校董会规约、

---

① ［新］林孝胜等：《石叻古迹》，新加坡：南洋学会，1975年，第ii页。

学校组织行政大纲、学生通则、课程表等，还介绍了教务概况、训育概况、教师的学历、经历和到校时间，以及学校的收支情况，这对于研究“二战”前新加坡华人女子教育和女教师情况是非常重要的资料。[①] 其他学校纪念特刊尽管编写于“二战”后，但都详细叙述了校史、课程安排、规章、学生和教师情况等。其中1950年编写的《福建女学校三十周年纪念特刊》还附有本校教师所写的关于妇女教育的论文，从中我们可以看到女教师对于妇女地位和妇女教育的看法。[②] 郑良树、魏维贤编著的《马来西亚、新加坡华文中学特刊提要（附校史）》（吉隆坡，1975年）也收录了化南女校、坤成女校、协和女校、槟华女校、南华女校和中华女子中学纪念特刊和校史摘要，但内容过于简单。2008年是坤成女校建立100周年，该校出版《坤成百年校史汇编（1908—2008年）》,[③] 详尽收集有关建校、学校沿革、历任校长、学生回忆等史料，以及当时报刊对坤成女校活动的报道，是研究早期坤成女校的珍贵史料。

除了校庆纪念特刊外，还有一些社会团体、会馆和报社的纪念特刊具有重要的史料价值。如马六甲明星慈善社的《马六甲明星慈善社十周年纪念刊》（出版地不详，1933年）除罗列该社活动外，还有时论和马六甲华文学校的详细统计。星洲日报社出版的《星洲日报周年纪念刊》（新加坡，1930年）和《星洲日报二周年纪念特刊》（新加坡，1931年）刊载了知识分子对当地华人社会经济、生活、教育等方面问题的看法和评论，尤其珍贵的是南洋女校校长刘韵仙的两篇文章《华侨女子教育不发达之原因》和《最近星洲华侨教育界几个问题》，是研究南洋华侨女子教育和刘韵仙早期教育思想的珍贵史料。

（二）反映妇女自己心声的回忆录、口述记录和文章

1. 妇女的回忆录

历史上有关妇女的事迹记载很少，妇女自己能留下记录和声音的就更少。新马华人妇女留下少量回忆录和口述记录，如新加坡妇女林秋美（Janet Lim）的回忆录《为钱而卖》[④] 记载了她8岁（1932年）被人贩子卖到新加坡当妹仔，之后到保良局，到教会女校读书，再当护士及日本占领新加坡时的经历，这对于研究殖民地政府对妹仔的保护是十分重要的第一手材料，不少研究者利用林秋美的

---

① 目前新加坡国立大学中文图书馆还将“二战”前南洋女校、静方女校的多本校刊扫描制成电子版，置于“华文教育文献”，可方便地上网直接查阅。网址：https：//libportal. nus. edu. sg/frontend/ms/sea – chinese – historical – doc/main – contents/straits/sg/ch – education。

② 廖宝和：《论新妇女教育》，《福建女学校三十周年纪念特刊》，1950年，第125页。

③ 坤成百年校史编委会：《坤成百年校史汇编（1908—2008年）》，吉隆坡：坤成中小学暨幼儿园，2010年。

④ LIM J. Sold for silver. London：Collins，1958.

回忆录进行妹仔研究。此外，笔者还在新加坡国立大学中文图书馆发现一本南方晚报社 1952 年出版的征文集《我是一个职业女子》，其中收录了十多位职业妇女对自己职业的回忆和感想，她们中 60% 是教师，此外还有女裁缝三人，女秘书、女广播员、女店员、女胶工及女招待各一人。正如该书主编在“前记”中所说：“这里汇集的十五篇文章，大体都是在职业圈里以血泪相斗的写实故事。”[①]从这些回忆，我们不仅可以了解妇女从业的辛酸经历，还可以看到女性意识的觉醒。马来亚共产党领导人应敏钦的回忆录也有重要的史料价值，[②] 她回忆了自己接受教育、从事抗日活动、参加马共及革命斗争的经历，对于研究华人女性政治参与、马共历史十分重要。

2. *妇女口述史*

新加坡口述档案馆的口述访谈资料为我们留下了普通华人妇女的珍贵生活经历。1979 年新加坡国家档案馆成立口述历史组，1985 年改为口述历史馆。口述历史分几个主题，记录各种族的经历，既有知名人士，也有普通人。一个主题是“新加坡先驱人物”，很多杰出的华人企业家口述了他们的创业经历和理想，还有几个主题是“日本统治时期的新加坡”“正在消失的行业”“新加坡多元种族社会”等。尽管口述历史馆并没有专门的“妇女生活”这一主题，但其他主题记录了一些妇女的口述资料。笔者在新加坡访问期间，专门到新加坡口述历史馆查找资料，收获颇丰。华人妇女口述史的资料主要在“日本统治时期的新加坡”和“正在消失的行业”两个主题中，“正在消失的行业”记录了女佣、洗衣工、媒婆、接生妇、女伶的生活，从侧面反映了华人妇女的生活状况。如陈梅 1948 年与丈夫来到新加坡开洗衣店谋生，每天“早上凌晨两三点起床，晚上九点睡，两夫妻一起干，孩子任其吃睡”。她自述“很厌倦这一行，因为太累”，“连大便也要等到憋不了才去解决，不敢进厕所拖时间，很惨，工作又太多，儿女当时一个接一个哭，令人头痛”。[③] 在华人企业家的口述资料中，有对作为妻子和母亲的华人妇女的描述。由于妇女史资料的不足，很多妇女史家非常重视口述史资料，“作为恢复未见于历史文献记载的、非精英人群生活的历史经验的最佳方式之一，口述史在妇女史写作中具有重要作用”[④]。但从华人妇女史的研究来看，目前还很少有人利用口述档案，只有陈国贲和张齐娥的《出路——新加坡华裔企业家的成长》一书利用华人企业家的口述资料，其中描写了企业家的母亲和妻子

---

① 曾铁忱编：《我是一个职业女子》，新加坡：南方晚报社，1952 年，第 3 页。

② ［马］应敏钦：《应敏钦回忆录：战斗的半个世纪》，吉隆坡：策略资讯研究中心，2007 年。

③ 陈梅口述历史录音访谈文稿，编号 A001014/08。

④ ［美］埃米莉·霍尼：《寻找资料来源——罢工生活：口述史和记忆的政治学》，转引自蔡一平、王政、杜芳琴主编：《赋历史研究以性别》，未刊稿，1999 年，第 8 页。

对他们的影响。[①] 笔者和吴佩瑾利用口述资料，描绘华人劳动妇女职业和生活，以及参与抗日救亡运动的情况。

（三）新马当地的华文报刊

华文报刊是华人社会的三宝之一，是华人了解外部世界的窗口，也是华人社会的传声筒和信息平台。"二战"前新马各地发行了不少华文报刊，《叻报》（1887—1932 年）是新加坡最早的华文报纸之一，对当地华人妇女的情况有所反映，如 1888 年 6 月 25 日《叻报》发表《女学说》，1894 年 5 月 2 日发表《叻地宜兴女教说》，提倡女子教育，可惜该报于 1932 年停刊。《总汇新报》（1908—1946 年）是新加坡历史悠久的华文报刊之一；《南洋商报》创刊于 1923 年，是 20 世纪 30 年代新加坡最有影响力的报纸之一；《星洲日报》创刊于 1929 年，是 20 世纪 30 年代新加坡最负盛名的报纸之一；《槟城新报》（1895—1941 年）是发行于槟城的华文报纸。上述报纸发行时间长达数十年，内容编排有国际新闻、中国新闻、福建新闻、广东新闻、南洋新闻或外埠新闻、本埠新闻、文艺副刊等，当然还有大量广告。

有关华人妇女的活动是报道的内容之一。上述报纸在"本埠新闻"和"外埠新闻"版上事无巨细地报道当地妇女的新闻，有家庭问题，如妻子到法庭控告丈夫不付赡养费、丈夫殴打妻子、妻子私奔等，有治安问题，如强奸、拐卖、私娼等，还有女子教育、女子体育、妇女移民、妹仔问题、女子职业、失业和罢工问题、妇女参与筹款救亡活动等。这些内容是研究新马华人妇女的珍贵史料。

华文报纸的妇女副刊也是研究新马华人妇女的资料来源。20 世纪 30 年代新马华文报纸大都设有妇女副刊，如《南洋商报》的"今日妇女"，《星洲日报》的"妇女界"，《新国民日报》的"今代妇女"，《光华日报》的"妇女"，《星中报》的"妇女"，《总汇新报》的"妇女界"，等等。这类副刊关注妇女解放、妇女与抗日救亡运动、妇女经济自立和婚姻家庭等，发表了大量有关妇女问题的言论，是我们研究这一时期华人妇女解放运动和社会参与的重要资料。

（四）史料汇编

在新马当地出版的史料汇编中，亦可以找到华人妇女史的资料。新加坡最早的一部中文史料汇编是英属海峡殖民地公务员司（Civil Service）和贺尔

---

① ［新］陈国贲、张齐娥：《出路——新加坡华裔企业家的成长》，北京：中国社会科学出版社，1996 年。

(G. T. Hare) 主编的《三州府文件修集》，分三卷，共七章，有数百篇文献。[1]其中涉及华人妇女的有多篇，如第一卷第一章与第二章有两篇禀文《大英国署理叻屿呷三州府华民政务司正堂奚，有关三州府各娼院注册谕》《禀为暗设陷阱虐良为娼乞恩救援以维风化》与华人妓女有关，第二卷第三章与第四章有一篇《妇女出洋防弊新议》，这些都是研究早期新马华人妇女的重要史料。新加坡华人何德如为便于华人了解英国殖民地的法律条文，特翻译出版《海峡殖民地法律》第一册和第二册[2]，其中包括《保护妇女法律》(1914 年修改)，译者在翻译法律时，还加上自己的注解和案例。许云樵主编的《新马华人抗日史料(1937—1945)》也收入华人妇女参与抗日救亡运动的史料，如新山区华侨筹赈祖国难民分会妇女第一届职员表。[3] 还收入两篇专论《马华妇女救运工作的过去与未来》和《三年来马华妇女工作经验和教训》，以及一篇《筹赈运动中的卖花队》。[4] 但与新马华人妇女对中国抗日救亡运动的贡献相比，该史料集对妇女救亡活动的史料收入太少，妇女的一些重要活动并未收入。如对陈嘉庚领导的星华筹赈会下属的星华妇女筹赈会只字未提，对妇女的捐款数额也未列出，其实这些活动在当时的华文报纸上都有大量报道。

(五) 年鉴

新马当地编写的年鉴也有重要的史料价值。新加坡星洲日报社编辑出版的《星洲十年》，记录了 1929—1938 年新马政治、经济、社会、文化、市政等各方面的发展。编者认识到 20 世纪 30 年代是一大变革时代，主编关楚璞在序言中指出："……此十年之间 (1929—1938 年)，不特为世界文化之大改革时代，抑且为远东及我祖国政治社会各方面之大转变时代，……其反映于南洋群岛之经济社会文化各方面者，至为巨大，从而生息是间之华侨，更不免受其波动，而起变革，此诚一大转变之时代，为关心文化者所不容忽视者也。"[5] 该书的史料价值远远大于它的研究价值，对我们研究 20 世纪 30 年代新马华人社会的教育、经济、政治、文化等提供了较丰富的资料。傅无闷主编的《南洋年鉴》(南洋商报社，1939 年) 对 20 世纪 30 年代新马教育、经济等情况亦有详细统计。1951 年

---

① 对《三州府文件修集》的详细介绍可参见袁丁:《三州府文件修集初探》,《东南亚学刊》1999 年第 2 期，第 60 - 64 页。

② [新] 何德如译:《海峡殖民地法律(第一册、第二册)》，新加坡：星架坡启新公司，1915 年。

③ [新] 许云樵主编:《新马华人抗日史料(1937—1945)》，新加坡：文史出版私人有限公司，1984 年，第 81 页。

④ [新] 许云樵主编:《新马华人抗日史料(1937—1945)》，新加坡：文史出版私人有限公司，1984 年，第 105 - 111 页。

⑤ [新] 关楚璞主编:《星洲十年》，台北：文海出版社，1977 年，序言第 1 - 2 页。

新加坡南洋商报有限公司出版的《南洋年鉴》有新加坡和马来亚1947年人口普查资料，详细列出了1931年和1947年人口普查所得华人妇女的人数、年龄、婚姻状况、职业和受教育水平。

（六）碑铭

碑铭是研究华侨社会的重要实物资料，但它对妇女研究的史料价值还没引起人们的注意。陈育崧、陈荆和编著的《新加坡华文碑铭集录》中有关庙宇的碑铭对研究华人妇女的宗教信仰和宗教生活颇有价值。华人妇女对捐款兴建各类庙宇十分积极，如光绪六年（1880）重新迁建广福古庙时，就有林氏妇女捐款二元，周氏、梁氏、林氏、苏黄氏、梅黄氏、沈陈氏等14名妇女各捐一元。[①] 华人妇女对观音十分崇拜，对兴建观音庙也更为积极。光绪六年新建万寿山观音堂时，华人妇女捐款人数较多，款额也较大，从捐款人名单看，就有“林门何氏捐银二百四十元”“林门黄氏捐银二百元”，还有标明“信女许氏、宋氏、林氏捐银二十五元”等，兴建观音堂的捐款人中，妇女几乎占了一半。[②] 龙山寺因“素供观音大士，灵甲一郡”[③]，善男信女乐于捐献，尤其值得注意的是，捐献人大都是夫妻同捐，如蔡铨裕、张热娘捐一千元，章壬全、曾凤娘捐一千元，曾景尧、郭幼娘捐六百六十六元，邱益娘、章绸梅捐六百四十元，赵翁君、洪足娘捐五百七十元，白尾娘、郭启明捐五百五十五元，林秉茂、高勤娘捐五百元。[④] 除观音庙外，华人妇女还捐款兴建同乡会馆、公墓和公祠，但人数较少。

从上述介绍看，新马本土拥有丰富的华人妇女华文史料，但并没有得到充分利用。赖雅英的《农民、无产者和妓女：华人妇女在马来亚殖民地工作的初步考察》、詹姆斯·弗朗西斯·沃伦的《阿姑和南洋姐：新加坡妓女（1870—1940年）》等著作不仅没有使用中国文献，也没有使用新马本土的华文史料。只有颜清湟的《新马华人社会史》，黄贤强的《十九世纪末期槟城的娼妓与华人社会》《槟城华人妇女问题——以〈槟城新报〉之女子教育为论述中心》，笔者的《移民、性别与华人社会：马来亚华人妇女研究（1929—1941）》，廖慧敏的《战前时期新马华文报章妇女副刊研究（1937—1942）》，林丽君的《从〈槟城新报〉

① “重新迁建广福古庙捐题工金碑记”，［新］陈育崧、陈荆和编著：《新加坡华文碑铭集录》，香港：香港中文大学出版社，1970年，第115－132页。

② “皇清光绪六年新建万寿山观音堂壬辰年重修两次碑记”，［新］陈育崧、陈荆和编著：《新加坡华文碑铭集录》，香港：香港中文大学出版社，1970年，第144－148页。

③ “募建龙山社禅寺碑记”，［新］陈育崧、陈荆和编著：《新加坡华文碑铭集录》，香港：香港中文大学出版社，1970年，第164页。

④ “募建龙山社禅寺碑记”，［新］陈育崧、陈荆和编著：《新加坡华文碑铭集录》，香港：香港中文大学出版社，1970年，第165页。

看战前新马华人妇女生活》等少数著作和论文利用了当地华文报纸和史料研究华人妇女。

三、新马当地有关华人妇女的英文史料

(一) 官方档案和报告书

1. 官方档案

官方档案主要由英国殖民部档案（CO 编号）组成，其中 CO273 编号的档案为海峡殖民地档案，CO275 编号的档案为华民护卫司署档案，CO717 编号的档案为马来联邦档案，CO825 编号的档案为远东部档案。有相当部分档案涉及海峡殖民地拐卖妇女、妓院和妓女、秘密社会以及妇女与少女保护等问题。如编号为 CO273/91 的档案是 1869 年 2 月 24 日海峡殖民地总督向英国殖民部报告新加坡妓院情况。[①] 编号 CO825/21/3、CO825/21/4、CO825/24/9、CO825/27/6、CO825/39/6 的档案都是有关妹仔问题的调查。CO273/605/50049、CO273/634/50444、CO273/656/50444、CO273/667/50444 等编号的档案涉及妇女与少女保护法的讨论和修改问题。上述档案都制成了缩微胶片并编成目录。

2. 官方报告书

英国殖民当局的各种调查报告也是研究华人妇女史的重要史料。最重要的官方报告当属《海峡殖民地年度报告（1855—1941 年）》[*Annual Report of the Straits Settlements*（*1855 - 1941*）]，它报告当年海峡殖民地的政治、经济、教育、卫生、移民等各方面的情况，是研究华人妇女的重要史料。这套卷帙浩繁的报告已由罗伯特 · L. 加曼编辑并影印出版，共 11 卷。[②]

另一个重要的官方报告是《华民护卫司年度报告》（*Annual Report of the Chinese Protectorate*），报告当年华人社会的基本情况，包括移民、秘密社会、劳工、妇女和女童保护、保良局运作情况、华人咨议局等，是研究华人移民妇女和保良局不可缺少的史料。只是报告的内容和编排数年变化一次，给连续研究带来不便，如 1929 年以前《华民护卫司报告》有详细的中国移民出发地口岸、到达地口岸、人数、性别、方言群的详细统计，但 1930 年以后，只有到达人数和性别统计，没有离开口岸和方言群统计。

---

① 1868 年新加坡共有 349 所妓院，2 061 名妓女。Abstract of return of brothels and prostitutes of Singapore//Governor of straits settlement to colonial office，24，February 1869，CO273/91。

② JARMAN L. Annual reports of the straits settlements（1855 - 1941）. London：Archive Editions Limited，1998.

此外还有一些为特殊目的成立的委员会的报告，如1877年《奉命调查1870年第23号法令暨通常报称之传染病法令制订过程的委员会的报告》（*Report of the Committee Appointed to Enquire into the Working of Ordinance* XXIII *of 1870*, *Commonly Called the Contagious Diseases Ordinance*）提供了有营业执照的妓院和妓女统计。[①] 还有《性病委员会报告》（*Report of Venereal Disease Committee*），[②] 报告了新加坡的妓院和妓女数量，性病的范围及危害。20世纪30年代初，国际联盟组织调查亚洲的拐卖妇女问题，后发表《委员会关于东方拐卖妇女和儿童的调查报告》（*League of Nations*, *Report on the Commission of Inquiry into the Traffic in Women and Children in the East*, New York, 1933），其中大量涉及拐卖中国妇女和儿童的案件。[③]

1937年英国殖民当局发表的《香港和马来亚的妹仔》是一本官方报告书，由妹仔调查委员会在调查了香港和马来亚华人家庭中的妹仔现象后写成。调查委员会详细调查了香港和马来亚妹仔的状况，包括妹仔人数、来源、收入和生活遭遇等，以及中国人和英国人对妹仔制度的看法与理解。该书有很高的史料价值，尤其是书后的17个附录，录有有关妹仔的法律规定及妹仔的人数、年龄、出生地统计等重要资料。[④] 这是研究妹仔制度的第一手资料。

《马来亚高等教育报告》（*Higher Education in Malaya*, 1939）则是由英国殖民大臣任命的委员会在调查马来亚高等教育后提交的报告书，该报告详细描述了20世纪30年代爱德华医科大学和莱佛士学院教师和学生的种族、性别分布，还专门调查了女毕业生的职业情况，是研究华人高等教育的珍贵资料。

（二）人口普查报告

历年人口普查报告是重要的资料来源之一。人口普查是指英国殖民政府的官方人口统计报告，从1871年起，海峡殖民地一般每隔10年进行一次人口普查，即1871、1881、1891、1901、1911、1921、1931、1947年。马来联邦从1891年起进行人口普查，马来属邦从1911年起也进行人口普查。19世纪的几次人口普查报告比较简单，如1871年的人口普查仅录有性别和市、郊及海上的人口分布。1891年以后的人口普查列出了方言群，以后的人口普查报告都比较详细，从中我们可以得到有关新马华人的人口构成、婚姻状况、职业构成、教育水平等十分

---

① 《海峡殖民地立法委员会会议记录》（S. S. L. C. P.），1877年，附录七。

② Report of venereal disease committee, Council Paper No. 86, Proceedings of the Straits Settlements Legislative Council, 1923.

③ 中译本名为《东方各国禁贩妇女问题》（谢康译），日内瓦：中国国际印字局，1938年。

④ Report of Commission. Mui Tsai in Hong Kong and Malaya. London: H. M. Stationery Office, 1937.

详细而有价值的资料。

（三）当地英文报刊

当地英文报刊主要有《新加坡自由西报》（*Singapore Free Press*）、《海峡时报》（*The Straits Times*）、《海峡华人杂志》（*Straits Chinese Magazine*）等，对于妓女、婢女、拐卖妇女和女子教育问题都有报道和讨论。《新加坡自由西报》最早关注中国妇女移民问题，1853 年厦门一个商人带着家眷来到新加坡，这是中国妇女第一次来到新加坡，在新加坡引起轰动，《新加坡自由西报》最先发表了这一消息，并评论说："几个缠着小脚的中国夫人的出现引起某种轰动。"[①]新加坡女权运动的启蒙者是海峡华人林文庆夫妇、宋旺相、李俊源夫妇等，他们发表了大量文章宣扬侨生妇女的女权和女学，其主要阵地是《海峡华人杂志》。宋旺相在《华人妇女的地位》一文中描述了娘惹的生活状态，他以"无知""依赖""不自由"概括了娘惹的低下地位。[②]林文庆则强调女子教育的重要性，他认为："女子没有教育，就等于她们所属的那个民族，有一半人是处于无知和退化的状态，那个民族必因此而不会有很大的进步。"[③] 从他们的文字，我们可以看到 20 世纪之交侨生妇女的地位和生活状态。

从上述介绍看，中国和外国有关新马华人妇女的史料还是相当丰富的，而目前对其发掘和使用并不充分。一些外国学者虽然充分利用了英文史料，但囿于语言能力，对华文史料挖掘远远不够。如果研究华人妇女而不读华文史料，这个研究无论如何都有极大缺陷。同样，一些中国学者囿于语言和资料条件限制，在研究华人社会时，较少使用英文官方档案和报告，研究也存在诸多不足。

在努力发掘史料的同时，我们更要注意对史料的订正和解读。由于各种原因，如回忆人和游记作者记忆有误、转述错误与印刷错误等，有些史料存在错误，要认真核对。如在使用中国驻外领事馆的报告时要注意核查数据，最好与殖民地档案进行核对，1933 年《外交部公报》所载新加坡领事馆有关英校教师统计的两个表格中，很多数据不符。[④] 1934 年《外交部公报》所载《华侨在马来半岛中所操职业之分类及其约数表》，数据其实来自于 1931 年人口普查，但表中不仅数据错误极多，而且漏掉一种职业分类，这样的资料只能在与 1931 年人口普

---

① Singapore Free Press，1853 - 11 - 25.

② Song. The position of Chinese women. Straits Chinese Magazine，1897，3（1）：p. 1

③ LIM B K. Straits Chinese reform 3：the education of children. Straits Chinese Magazine，1899（11）：p. 103.

④ 驻新加坡总领事馆：《海峡殖民地之略历及近二十年来之政治经济统计简表》，（南京国民政府）《外交部公报》1933 年第 7 卷第 12 号，第 262 - 263 页。

查华人职业统计核对后才能使用。[①]

订正、考辨史料固然重要，更重要的是如何对史料进行解读，因为“妇女史不只是找出妇女史料，并将其填入父权制历史的空白之处，而是以其新的优势、新的方法对传统材料提出新的问题。男性中心的偏见不仅渗透于解释者的头脑，而且也渗透到史料之中。我们从传统史料了解到妇女的大部分材料是通过男人观察的透镜中折射出来的，妇女史学家必须对这种男性中心的偏见提出质疑，并且要用体现女性观点的原始材料来反驳这种偏见”[②]。在有关新马华人妇女的史料记载中，我们不难看到男性中心论的偏见，宋蕴璞在论及南洋女子工商学校学生演剧筹措学校经费时发出这样的议论：“惟余对学校演剧筹款，自根本上即反对之。盖学生即入学校，自宜专心致志以学业为唯一大事……故学生而为学校筹款……已不得谓之正当……演戏而出之女学生，乃不正之尤也。”[③] 在阅读报纸的法庭报道时，我们更要保持警觉，妇女当事人的陈述其实是记者的转述，加入了记者的价值判断，也许并不是妇女真实的声音和想法。

---

① 《华侨在马来半岛中所操职业之分类及其约数表》，（南京国民政府）《外交部公报》1934 年第 7 卷第 8 号，第 111 – 125 页。

② ［美］吉达·勒纳：《妇女史的挑战》，蔡一平译，《世界历史研究动态》1991 年第 4 期，第 51 页。

③ 宋蕴璞：《南洋英属海峡殖民地志略》，北京：蕴兴商行，1928 年，第 96 页。

第一章　妇女南渡：20 世纪 30 年代中国女性移民高潮

从中国人移民新马的历史来看，20 世纪 30 年代是一个重要时期。在 1929—1933 年世界经济危机打击下，新马经济衰退，失业严重，殖民地政府因此改变移民政策，对中国男性移民实行限制，与此同时，对妇女和儿童的移入不加限制（1938 年 5 月 1 日以前），于是，20 世纪 30 年代中国男性移民人数与过去相比大大减少，而女性移民人数和比例大大增加，在某些年份，甚至超过男性移民。经济危机和女性人口的增加引发新马华人社会一系列变化。

第一节　世界经济危机与新马移民政策变化

一、持续增大的“推力”：经济危机与日本侵华

1929—1933 年西方资本主义世界爆发了有史以来最严重的经济危机，影响所及，与之有经济联系的所有国家和地区都不能幸免。中国相对来说是个半封闭社会，与西方的经济联系不像马来亚那么密切，但在中国沿海地区和某些行业，如缫丝业、纺织业、榨油业、制糖业和茶业，因产品以外销西方国家为主，受世界经济变动影响较大。广东和福建地处沿海，也是中国海外移民最集中的省份，世界经济危机对这两省的影响，直接体现为导致向外移民的“推力”。

广东是中国缫丝业中心地区之一，其产品以外销美国为主，1923 年每担生丝价格为 2 420 元，1924 年以后美国进货商转向日本市场购买生丝，中国生丝价格直线下降，每担为 1 170 元。丝价下跌导致缫丝业不景和工价减少，如缫丝业大县顺德从事缫丝业的女工较多，1929 年工钱一再减少，“缫丝女工原来每工尚可得七八毫，现在只有二三毫，更有不论工之精拙，每日一律二仙，其待遇之苛刻，为各行所无”①。1930 年 10 月受经济危机和日本竞争的影响，中国生丝下跌

① 《缫丝女工生活之困苦》，《槟城新报》，1929 年 1 月 28 日。

到每担650元，1931年丝价略有回升，为每担900元。[①] 丝价的持续下跌导致广东缫丝厂大量破产，1929年广东珠三角地区有丝厂146家、丝车72 455台，到1932年下降到丝厂58家、丝车30 243台，1934年仅剩丝厂37家、丝车20 396台。[②] 也就是说，1934年广东丝厂数只有1929年的四分之一。丝厂大量倒闭使赖以维生的蚕农和工人生计艰难，养蚕工人和缫丝女工失业者近10万人，女工不得不到广州、香港、澳门等城市找工，但供过于求，失业女工陷于困境。[③] 出洋谋生成为另一条出路，许多失业的缫丝女工就是在这一时期移民到新马谋生。[④] 同时，广东经济不景气也使许多海外侨胞放弃了回家乡与家人团聚的愿望，“结果越来越多的广东移民也就不再指望回家定居，而是决定把他们的妻子儿女带往他们的移居地并在那里定居”[⑤]。

经济危机对福建的影响小于广东。福建出口产品主要是茶叶、蔬菜罐头、药材、水果、锡箔、神香等，如同缫丝业受到日本竞争而价格大幅下跌一样，茶叶出口也受到日治时期台湾茶叶的竞争。[⑥] 经济危机对南洋地区造成严重影响，间接影响到福建的经济。一是南洋经济不景气，华人购买力下降，影响福建的对外出口。二是侨汇下降，这使以侨汇为生的侨乡生活深受影响。但经济危机对福建移民的“推力”因素不像广东那样明显，真正强大的“推力”来自1937年日本侵华。

1937年日本发动全面侵华战争，战火很快从华北燃烧到全国，1938年5月厦门失陷，1938年10月广州失陷，1939年2月日军攻占海口。在此之前，日本飞机对上述地区狂轰滥炸，无数平民死亡，工厂、商店、房屋炸毁无数，人民流

---

① 广州市地方志编纂委员会办公室、广州海关志编纂委员会编译：《近代广州口岸经济社会概况——粤海关报告汇集》，广州：暨南大学出版社，1996年，第1084－1085页。

② 转引自陈慈玉：《近代中国的机械缫丝工业（1860—1945年）》，台北：台湾“中央研究院”近代史研究所，1989年，第182页。

③ 《蚕丝崩溃妇女失业日多》，《南洋商报》，1935年6月13日。

④ 许多研究表明经济危机与广东失业缫丝女工下南洋的关系。参见［美］苏耀昌著，陈春声译：《华南丝区：地方历史的变迁与世界体系理论》，郑州：中州古籍出版社，1987年，第200页；陈印陶、张蓉：《广东省台山、顺德两县女性人口国际迁移比较研究》，《中国人口科学》1989年第4期，第37页；陈印陶、方地：《广东省顺德县女性人口国际迁移的原因及其特征》，《南方人口》1987年第2期；叶汉明：《权力的次文化资源：自梳女与姊妹群体》，载马建钊等主编：《华南婚姻制度与妇女地位》，南宁：广西民族出版社，1994年，第86页。

⑤ 陈翰笙著，冯峰译：《解放前的地主与农民——华南农村危机研究》，北京：中国社会科学出版社，1984年，第121页。

⑥ 据当时人记载：“台湾茶业得到日本政府有力的后盾，所以运输便利，水脚轻微，汇水低廉，售价则及华茶之半数，即使品质不及华茶，惟其价廉胜于物美，终究易于推销。”以爪哇市场为例，中国茶进口额为803 000公斤，台湾茶进口额为1 449 051公斤。黄寄萍：《中国茶在爪哇市场的现状》，载《海外侨讯汇刊》，上海：暨南大学海外文化事业部，1936年，第188页。

离失所。[①]日本的战争暴行形成强大的“推力”，推动华南地区人民为避战火纷纷移民海外，这可从 1937 年出国人数突然增多反映出来。香港、汕头和厦门是中国人出洋的主要口岸，从这三个口岸的出境人数统计来看，1937 年经香港出境的中国移民为 232 325 人，比 1936 年（153 170 人）和 1935 年（149 515 人）要多出许多。[②] 1937 年经厦门出境的中国人为 100 360 人，比 1936 年（80 216 人）也多出许多。[③] 1937 年出境的中国人大大增多也与南洋经济好转、劳动力需求转旺有关（详见下文），但日军在华暴行无疑是迫使中国人迁移海外的主要因素。如 1937 年 11 月，广州某纱厂被日军炸毁，厂中女工全告失业。有一粤籍女工卫少珍，23 岁，有年迈老母，因为在粤谋生不易，来到南洋谋生。[④] 同样，日军 1939 年 2 月在海口登陆后，“妇女们为避免奸淫，其方法，就是逃，从沦陷区逃到非沦陷区，由非沦陷区逃到广州湾、南洋，在逃的旅途上，是历尽千辛万苦，有钱的钱花了整千，始得逃到南洋来，穷人家就只能逃到半途，进不能、退不得，饿死病死，不知道有多少人。……”[⑤]

二、逐渐消失的“拉力”：20 世纪 30 年代新马经济状况

1929 年 10 月爆发的经济危机引发资本主义国家持续多年、范围甚广的经济萧条。新马作为英国的殖民地，其经济与西方经济密切联系在一起，因此，世界经济危机也引起新马经济的衰退，其经济发展可分为萧条、复苏、衰退三个阶段。

1. 萧条阶段（1929—1933 年）

马来亚经济是典型的殖民地依附型经济，经济危机对其的直接影响首先表现为对外贸易额的急剧下降。1929 年经济危机尚未影响到新马，其商品输入额为 898 567 千元，输出额为 931 130 千元，到 1933 年，输入额下降到 362 473 千元，输出额下降到 404 631 千元（参见表 1 - 1），比 1929 年下降了一半多。

---

① 仅 1938 年 2 月 4 日一天，日军就出动 85 架飞机轮番轰炸广州，这次轰炸持续了十多天，炸死广州市民 7 000 余人，摧毁大批商店和民房，造成许多家庭人亡家破。章伯峰、庄建平主编：《抗日战争　第七卷　侵华日军暴行日志》，成都：四川大学出版社，1997 年，第 439 页。

② 转引自［日］可儿弘明著，孙国群等译：《“猪花”——被贩卖海外的妇女》，郑州：河南人民出版社，1990 年，第 257 页。

③ 厦门市志编纂委员会、厦门海关志编委会：《近代厦门社会经济概况》，厦门：鹭江出版社，1990 年，第 441 页。

④ 《广州南来女工被迫为娼》，《星洲日报》，1938 年 4 月 26 日。

⑤ 翁凤莲：《一个女难胞访问记》，《星洲日报》，1939 年 12 月 6 日。

表 1－1　新马进出口贸易额统计

（单位：千元）

年份	海峡殖民地		马来联邦		马来属邦		总计	
	输入	输出	输入	输出	输入	输出	输入	输出
1929	815 385	757 069	79 737	156 678	3 445	17 383	898 567	931 130
1930	640 737	571 129	72 099	85 162	3 277	14 923	716 113	671 214
1931	410 245	381 311	45 407	40 301	1 965	8 216	457 617	429 828
1932	348 980	327 013	28 712	31 740	2 686	7 548	380 378	366 301
1933	330 661	346 974	29 555	45 795	2 257	11 862	362 473	404 631
1934	427 848	458 906	39 791	86 366	3 795	23 220	471 434	568 492
1935	435 330	473 819	39 612	80 907	3 968	29 274	478 910	584 000
1936	465 263	515 583	44 159	88 600	3 478	34 585	512 900	638 768
1937	628 326	703 344	64 956	141 758	5 170	60 004	698 452	905 106
1938							559 410	581 554
1939							628 141	750 194
1940							830 254	112 816

资料来源：①关楚璞主编：《星洲十年·经济》，台北：文海出版社，1977 年，第 427 页。
②《南洋年鉴》，新加坡：南洋报社有限公司，1951 年，乙第 107 页。
③《星洲日报》，1941 年 6 月 8 日。

贸易额下降主要受橡胶和锡出口减少影响。橡胶和锡是马来亚支柱产业，在出口中占大头，马来亚橡胶和锡高度依赖美国市场，向美国出口的橡胶占橡胶出口总量的三分之二或五分之四，锡占二分之一或三分之二。[①] 经济危机时期，美国汽车工业衰退，导致生产汽车轮胎所需的橡胶价格大跌，锡价也大幅下跌（参见表 1－2），1929 年橡胶每磅平均价格在 0. 35 元，1932 年跌到 7 分钱（6 月份最低价仅为 5 分），同时期锡价从每担 104. 32 元跌到 69. 75 元。橡胶业和锡矿业是马来亚经济的主要支柱，也是华人资本和就业人数最集中的行业，橡胶价和锡价急剧下跌导致橡胶园和锡矿场大量倒闭，进而引发其他行业如银行业和商业的不景气。据 1931 年新加坡报穷司宣布的破产案件，超过 100 万元以上资产的破产者 1 家，10 万元以上 100 万元以下资产的破产者 5 家，5 万元以上 10 万元以下的破产者 12 家，1 万元以上 10 万元以下资产的破产者共 42 家，破产者中

① ［英］W. G. 赫夫著，牛磊等译：《新加坡的经济增长》，北京：中国经济出版社，1997 年，第 74 页。

55% 是华人。[①] 著名华人大企业家陈嘉庚的众多企业就是在经济危机时倒闭的。

表 1－2　马来亚橡胶和锡价格表（1929—1938 年）

（单位：元）

年份	橡胶每磅平均价	锡每担平均价
1929	0. 35	104. 32
1930	0. 19	72. 71
1931	0. 10	60. 27
1932	0. 07	69. 75
1933	0. 10	99. 96
1934	0. 21	114. 43
1935	0. 20	110. 86
1936	0. 27	100. 55
1937	0. 32	119. 79
1938	0. 24	95. 43

资料来源：关楚璞主编：《星洲十年·经济》，台北：文海出版社，1977 年，第 496 页。

橡胶价和锡价的大幅下跌引致种植园和矿场倒闭或减产，也导致工人大量失业。橡胶园的工人减少一半，1930 年橡胶厂振成丰倒闭，它的橡胶园“有四千名胶工顿告失业”[②]。锡矿工人失业更为严重，1929 年 12 月马来联邦锡矿工人有 144 468 人，到 1932 年 4 月，只剩下 49 444 人，余皆失业。[③] 在槟城，“本屿在 1932 年一年来大小商店倒闭者不下百间，……椰胶园丘，绿荫在望，惟蔓草丛生，各园主以土产无价，只雇一二人看守，而所有割草工作停顿，工人一律辞退”[④]。据海外同志社特派员调查，1931 年 1 月马来亚失业华工已有四五十万。[⑤] 失业华工生活无着，只能露宿街头。“有很多的人，不特衣食无着，甚至连睡觉的地方也没有，有时在僻静的骑楼底下偷睡着，即被马打（警察）用那无情的

① 叶绍纯：《从几种统计数字上来观察南洋华侨的苦况（三）》，《南洋情报》1933 年第 1 卷第 5 期，第 184 页。

② 杨进发著，李发沉译：《陈嘉庚：华侨传奇人物》，新加坡：八方文化企业公司，1990 年，第 82 页。

③ 叶绍纯：《从几种统计数字上来观察南洋华侨的苦况（三）》，《南洋情报》1933 年第 1 卷第 5 期，第 183－184 页。

④ 叙华：《槟榔屿华侨社会生活片面观》，载《马六甲明星慈善社十周年纪念刊（下编）》，1933 年，第 111 页。

⑤ 《马来亚失业华工四五十万》，《槟城新报》，1931 年 1 月 31 日。

哭丧棒在头上乱扑。”[①] 为减少失业引起的震荡，殖民地政府出资将失业华工和印度工人分别送回中国和印度，1931 年 5 月仅经香港遣返回国的华人劳工就有 8 211人。[②] 可以说，在经济危机期间，新马的“拉力”不复存在，1931 年回国的华人首次超过进入的华人（参见表 1－3）。

表 1－3　来自中国和回中国的新马华人移民统计（乘船，包括一等、二等和统舱客）

年份	移入（人）	移出（人）	移民差额（人）
1929	289 237	170 373	＋118 864
1930	232 002	202 840	＋29 162
1931	83 474	218 059	－134 585
1932	33 534	282 779	－249 245
1933	32 243	89 337	－57 094
1934	113 513	71 150	＋42 363
1935	150 879	73 127	＋77 752
1936	154 709	84 907	＋69 802
1937	251 510	70 100	＋181 410
1938	109 744	56 594	＋53 150
1939	43 206	32 656	＋10 550
1941	20 139	21 931	－1 792

注：1941 年移民数字为 1—6 月数据。

资料来源：JARMAN L. Annual reports of the straits settlements（1855－1941），Volume 9－11. London：Archive Editions Limited，1998. 1932 年移入数字引自［英］W. G. 赫夫著，牛磊等译：《新加坡的经济增长》，北京：中国经济出版社，1997 年，第 404 页。1939、1941 年数字引自 FREEDMAN M：《新加坡华人的家庭与婚姻》，台北：正中书局，1985 年。

2. 复苏阶段（1934—1937 年）

1934 年以后新马出现经济复苏的迹象，其直接表现为橡胶价和锡价都有所回升（参见表 1－2），这种复苏与国际经济好转有关，也与国际组织干预有关。为了避免恶性竞争，国际锡业委员会（International Tin Committee）以限产提高锡价，1933 年规定全世界锡产量为 84 673 吨，其中马来亚的产量为 23 926 吨，

① 陈破浪：《土产低底后的华侨出路》，载《星洲日报二周年纪念特刊》，新加坡：星洲日报社，1931 年，第 125 页。

② 实业部劳动年鉴编辑委员会编：《民国二十一年中国劳动年鉴》，台北：文海出版社，1990 年，第 292 页。

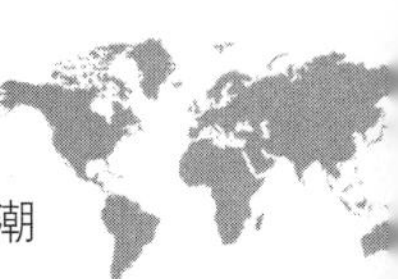

1934 年规定全世界锡产量为 107 706 吨，马来亚为 36 385 吨。[①] 1934 年成立的国际橡胶委员会（International Rubber Regulation Committee）更在协调世界橡胶产量和价格方面发挥了重要作用。[②] 这些努力使得橡胶价和锡价缓慢回升，1934 年每磅橡胶价为 0. 21 元，1937 年回升到 0. 32 元，锡价回升更快，1934 年每担为 114. 43 元，1937 年达到 119. 79 元，超过了 1929 年的价格。橡胶价和锡价回升带动马来亚对外贸易的缓慢恢复，1934 年马来亚对外贸易输入额为 471 434 千元，输出额为 568 492 千元，1937 年输入额上升到 698 452 千元，输出额上升到 905 106 千元（参见表 1 – 1）。

经济复苏更带动对劳动力的需求，有报纸载文《树胶价涨声中，马来亚工人感觉欠缺，当地政府已准园主雇用大批华工》[③]，于是一些公司回中国招募工人，如关丹暮娘公司在橡胶价和锡价回升后先后三次派人到中国招工，[④] 经济萧条时期回国的华人重新返回，1934 年后进入新马的华人再次多于离开的人数（参见表 1 – 3）。

3. 衰退阶段（1938—1941 年）

新马经济在经过 1934—1937 年短暂的复苏后，1938 年重新恶化，橡胶和锡价格再次下跌，橡胶跌到每磅 0. 24 元，锡跌到每担 95. 43 元（参见表 1 – 2），于是橡胶园主和矿场主只好减产或停工，工人又开始大量失业。[⑤] 1939 年橡胶和锡价一度回升，但经济衰退的局面没有扭转，一直持续到 1941 年底日本入侵新马。

三、新马移民政策变化及其对中国移民的影响

（一）移民政策的改变

20 世纪 30 年代新马经济不景气导致殖民地政府改变移民政策，其变化趋势是从不限制变为限制男性移民入口，最后发展到限制女性移民入口。

---

① ［新］关楚璞主编：《星洲十年·经济》，台北：文海出版社，1977 年，第 316 页。

② 国际橡胶委员会制定了 1934—1938 年世界橡胶产量，马来亚的份额是所有国家和地区中最高的。详见关楚璞主编：《星洲十年·经济》，台北：文海出版社，1977 年，第 341 页。

③ 《益群日报》，1934 年 4 月 24 日。

④ 据《星洲日报》（1934 年 11 月 12 日）报道，该公司第一批和第二批共招到工人 242 人，其中男工 147 人，女工 68 人，小童 27 人。

⑤ 当时报纸有大量这方面的报道，如《小锡矿场多数停工下，矿工惨遭失业》，《星洲日报》，1938 年 3 月 5 日。《失业狂潮再袭马来亚》（《星洲日报》，1938 年 3 月 25 日）报道鞋业工人共 1 500 人，失业者占一半以上。

20 世纪 30 年代新马移民政策变化与经济发展状况密切相关，亦可分为三个阶段。

1. 初步限制阶段（1930 年 8 月—1933 年）

1929—1933 年经济危机引发的企业倒闭和失业狂潮导致的第一个后果是殖民当局修改移民政策。1929 年以前，殖民当局对移民基本没有任何限制，因为殖民地蓬勃发展的经济需要大量劳动力。[①] 但经济危机结束了这一切，大量失业工人成为政府的负担，政府出资将中国和印度工人送回各自的祖国。同时，为了限制新移民进入，殖民当局于 1930 年颁布《移民限制法令》（*Immigration Restriction Ordinance*），宣布从 1930 年 8 月 1 日起对进入殖民地的男性新移民进行名额限制，每月限额为 6 016 人，[②] 因为移民中华人最多，所以《移民限制法令》虽未明确种族限制，但主要限制的是华人。“尽管政府公开否认，但它私下承认这一立法只是为了限制华人移民。”[③] 1931 年 1—9 月，男子移民限额为每月 5 238人，10—12 月，每月移民限额为 2 500 人。[④] 1932 年 1—7 月，对中国男性移民的配额是每月 2 500 人，8—12 月每月是 1 000 人。[⑤]

2. 限制放宽阶段（1933 年 4 月 1 日—1938 年初）

1933 年 4 月 1 日，殖民政府颁布《外侨法令》（*Aliens Ordinance*）代替《移民限制法令》，尽管《外侨法令》针对的是所有外国人，但由于移民中以华人最多，所以华人受移民政策的影响最大。该法令根据经济情况和劳动力需求，随时调整移民限额。1933 年全年，政府规定每月华人男性新移民限额为 1 000 人。[⑥] 1934 年以后，随着新马经济复苏，殖民政府对男性新移民的限额有所增加，1934 年 1—4 月华人移民配额仍为每月 1 000 人，5—6 月上升到每月 2 000 人，7 月上升到每月

---

① 仅有的几次限制，一次是在 1914 年，由于第一次世界大战引起马来亚失业增多，1914 年华人移民被限制在 12 000 人，1915 年限制放松，是年 8 月恢复正常。另一次限制发生在 1918 年，是年香港爆发脑脊髓膜炎，为防止疫情蔓延到马来亚，殖民地政府限制经香港的移民，但很快解除限制。JARMAN L. Annual report of the straits settlements（1914）. London：Archive Editions Limited，1998：p. 574. Annual report of the straits settlements（1918）. London：Archive Editions Limited，1998：p. 208.

② JARMAN L. Annual report of the straits settlements（1930）. London：Archive Editions Limited，1998：p. 551.

③ ［英］W. G. 赫夫著，牛磊等译：《新加坡的经济增长》，北京：中国经济出版社，1997 年，第 147 页。

④ JARMAN L. Annual report of the straits settlements（1931）. London：Archive Editions Limited，1998：p. 620.

⑤ JARMAN L. Annual report of the straits settlements（1932）. London：Archive Editions Limited，1998：p. 65.

⑥ PURCELL V. The Chinese in Malaya. Kuala Lumpur：Oxford University Press，1967：p. 203.

3 000人，[①] 8 月起直到 1936 年，华人男性移民限额为每月 4 000 人，1937 年 2 月 1 日华人男性移民限额提高到每月 5 000 人，4 月 1 日起又提高到每月 6 000 人。[②] 1938 年由于锡和橡胶价格下跌，经济又陷入不景气，失业人数增多，政府又降低移民配额，从 1 月起，华人男性移民限额减少到每月 3 000 人。[③]

3. 全面限制阶段（1938 年 4 月 1 日—1941 年底）

1938 年新马经济进一步恶化，就业形势严峻，殖民政府预计劳工失业人数将达 20 000 人，因此大大减少移民输入，规定自 1938 年 4 月 1 日起，华人男性移民限额为每月 500 人，同时宣布从 1938 年 5 月 1 日起，对华人女性移民也实行限制，每月限额为 500 人，[④] 也就是说，从 1938 年 5 月 1 日起，华人移民配额为每月1 000 人，男女各为 500 人，这一限额一直持续到 1941 年底日本入侵新马。[⑤]

20 世纪 30 年代殖民地移民政策的改变最初是针对华人男性移民，直到 1938 年 5 月才对华人女性移民进行限制，为什么过去不限制女性移民，有学者简单地归结为是“为了更好地掠夺、剥削妇女儿童的廉价劳动力”[⑥]，既然是为了剥削妇女的廉价劳动力，那么为什么后来又限制妇女人口呢？可见，上述解释过于简单。实际上，殖民地政府从不限制到限制华人男性移民是由于经济的原因，那么，从不限制到最终限制华人女性移民则是出于性别与经济的双重考虑。新马华

① JARMAN L. Annual report of the straits settlements（1934）. London：Archive Editions Limited，1998：p. 363.

② JARMAN L. Annual report of the straits settlements（1937）. London：Archive Editions Limited，1998：p. 203.

③ JARMAN L. Annual report of the straits settlements（1938）. London：Archive Editions Limited，1998：p. 342.

④ 殖民地政府规定，自 1938 年 5 月 1 日起，无论任何轮船公司，及任何船主，其每一艘船，不能在一个月中，输入海峡殖民地之外侨，超过 25 名。据《星洲日报》1938 年 3 月 31 日报道，各轮船公司的移民限额如下：

轮船公司	男	女
鸭家	100	100
渣甸	75	75
中暹	30	30
太古	155	155
和丰	60	60
荷兰	80	80

⑤ 1939 年底由于橡胶和锡价格回升，马来亚经济有所好转，对劳动力需求上升，中华总商会曾向殖民地政府提出增加华侨移民配额，但被政府拒绝。

⑥ 林远辉、张应龙：《新加坡、马来西亚华侨史》，广州：广东高等教育出版社，1991 年，第 353 页。

人性别比例一直严重失衡，华人男性远远多于女性，性别比例严重失衡容易引起一系列“黄赌毒”等社会问题，殖民当局认为“妇女的流入会从物质上有助于殖民地安宁，（因为）中国人天性驯良，他们会在自己妻子和孩子的包围下，安分守己，和睦相处”[①]。因而对华人女性移民一直采取鼓励的政策。随着20世纪30年代华人男性移民的相对减少和妇女的大量移入，以及自然繁衍，华人社会男女比例不平衡的现象大大缓和，更重要的是，经济危机在导致男性大量失业的同时，也迫使妇女进入劳动力市场以补贴家用，她们的工资较男工低廉，雇主更愿意雇佣女工从事低技术或无技术工作。殖民政府发现妇女在与男性争夺劳动力市场本来就不多的职位，加剧了失业危机，于是，政府最终改变了对中国女性移民不加限制的移民政策。

（二）对中国移民的影响：一个性别视角的分析

经济危机和移民政策变化对华人移民新马的人数和性别产生了很大影响。

1. 华人移入新马的人数锐减

关于20世纪30年代中国人移民新马的统计数字十分混乱，有的著作将进出新马（包括经新加坡、槟城到荷属东印度、暹罗、印度等地）的华人都统计在内；[②] 有的将通过海陆空进入新马的华人都统计在内；有的只统计了统舱客；还有的只统计了从新加坡上岸的中国人。只有弗里德曼在移民统计时详细列出经中国、荷属东印度、暹罗、印度等地进出的华人。统计方法的不一致导致移民数字不准确，不能真实反映中国人移民新马的实际情况。

笔者认为，移民统计应确立两个标准：①乘船往返的华人，因为华人到新马的主要交通工具是船。移民统计不应包括从陆地和空中来的华人，因为从陆地进入新马的华人主要来自暹罗，乘飞机进入新马的华人主要来自欧美，他们不能反映直接的移民情况。②到达和返回的口岸：进入新马的口岸为新加坡、槟榔屿和斯威特港（Port Swettenham），这是20世纪30年代华人乘船进入新马的口岸；返回的口岸为香港、汕头、厦门和海口，因为上述四个口岸是闽粤两省移民出发和返回的口岸。严格限定这几个口岸，就能尽量排除经新加坡前往荷属东印度、印度或中国各口岸的过路华人。

① VAUGHAN J D. The manners and customs of the Chinese. Kuala Lumpur：Oxford University Press，1977：p. 33.

② 如 Victor Purcell 的 *The Chinese in Southeast Asia*（Oxford University Press，1965）和李亦园的《一个移植的市镇——马来亚华人市镇生活的调查研究》（正中书局，1985年）所列华人前往马来亚和归国的数字，其实使用的是从荷属东印度、暹罗、印度和中国等地进入的华人和从马来亚前往上述地区的华人人数统计，并不是真正移入或移出马来亚的华人。

笔者依据《海峡殖民地年度报告》，将 1929—1938 年从中国口岸乘船（包括一、二等舱乘客和统舱客）往返新加坡、槟榔屿和斯威特港的中国移民列表。表 1－3 显示，经济危机初起时，殖民地经济尚未受到影响，1929 年移民人数尽管比 1927 年经济发展最高峰时有所下降（1927 年移入人数是 359 262 人），但还保持着较高势头，1930 年经济不景气开始显现，回国人数增多，到 1931—1933 年经济不景气狂扫新马，中国移民锐减，同时移出人数剧增，每年高达几十万人，这三年是中国移民新马史上第一次出现出超。到 1934 年后新马经济略有复苏，移民人数又开始增加，尤其是 1937 年经济形势较好，加之日本侵华的影响，移民人数达到 20 世纪 30 年代的最高点。1938 年后新马经济进入衰退，移民人数重新减少，这一状况一直持续到 1941 年底太平洋战争爆发和日军入侵新马，中国移民完全终止。

如果说 20 世纪 20 年代是中国人移民新马的高潮时期，那么 30 年代移民浪潮受到经济危机和移民政策的影响而进入低潮，即使在 1937 年移民人数最高点时，也未恢复到 20 年代的水平，可以说，30 年代中国人移民新马的势头完全改变。当然，30 年代经济危机对中国移民的影响不仅出现在新马，其他东南亚国家也因经济不景气和失业加剧而实行更严格的移民政策，导致中国人移民东南亚的浪潮受到遏制。正如郭梁在研究 20 世纪 30 年代经济危机的影响时指出，“由于经济危机期间东南亚经济恶化以及随之而来的社会动荡，失业华人人数空前增加，使得东南亚各国纷纷改变或修改以前的华人政策，严格限制中国移民入境，同时排斥境内的华人。马来亚、暹罗、菲律宾、荷属东印度在这一时期纷纷出台限制中国移民的政策，并终于阻遏了 20 世纪前 30 年中出现的中国移民浪潮”①。

2. *女性移民的增加*

如果仅从不分性别的统计数据来看，上述结论对中国移民总体趋势的把握基本正确，对移民的主体——男性移民趋势的把握也是准确的，但是，如果详细分析移民的性别构成，我们就会发现，上述说法并不符合中国女性移民新马的历史趋势。事实上，尽管中国女性移民的身影在 19 世纪中叶已出现在新加坡，而且在 19 世纪下半叶起女性移民人数逐年增加，但她们的人数和比例很低。1881—1890 年和 1891—1900 年，进入新马的中国妇女分别为 43 485 人和 91 047 人，仅占移民人口的 3. 39% 和 5. 19%。② 进入 20 世纪后，女性移民的人数和比例有所上升，1901—1910 年每年移民新马的成年妇女超过万人，占成年移民的比例平

① 郭梁：《东南亚华侨华人经济简史》，北京：经济科学出版社，1998 年，第 118 页。

② LIM J H. Chinese female immigration into the straits settlement，1860－1901，（新加坡）《南洋学报》1967 年总第 22 期，第 99 页。

均为7%以上。[①] 1911—1920年平均每年进入新马的成年女性人数为两万人左右，占成年人的比例为10%—19%。[②] 20世纪20年代是新马殖民地经济发展的高潮时期，移民人数也达到高潮，中国女性移民的人数和比例都较以前大为提高，每年进入新马的女性移民人数少则上万，最多有五万多，女性占成年移民的比例从13%到18%不等。[③]

1929—1933年经济危机和殖民政府移民政策的改变确实对中国移民影响极大，但对男女移民的影响完全不同，《移民限制法令》和《外侨法令》限制的是华人男性"新客"的移入，而对妇女和儿童不加任何限制，这就导致20世纪30年代移民新马的华人女性迅速增加（参见表1－4）。1929年和1930年经济危机的影响尚未显现，中国男性移民以及随丈夫或家人迁移的女性移民都比较多，但成年女性移民只占成年移民的18.98%和22.19%。1931—1933年经济危机的结果开始显现，移民人数锐减，女性移民也大幅下降，但男性移民下降更多，所以女性移民在移民中的比例加大，从25.91%上升到37.70%。1934年以后，女性移民人数持续上升，占成年移民比例也呈上升趋势，1934年为36.33%，1935年为32.08%，1936年为41.51%，1937年为48.67%，1938年成年女性移民超过成年男性移民，占57.84%。

表1－4　从中国（包括香港）乘船进入海峡殖民地的华人人数

年份	成年男性	成年女性	儿童（12岁以下）	总计	成年女性占成年人数的百分比（%）	每1 000名男性对应的女性移民
1929	200 330	46 930	41 977	289 237	18.98	227
1930	150 665	42 968	38 369	232 002	22.19	282
1931	52 312	18 296	12 866	83 474	25.91	340
1932	18 941	8 652	6 141	33 734	31.36	462
1933	13 535	8 191	6 062	27 788	37.70	605

① JARMAN L. Annual report of the straits settlements（1901－1910）. London：Archive Editions Limited，1998：pp. 274，81，554.

② JARMAN L. Annual report of the straits settlements（1911－1920）. London：Archive Editions Limited，1998：pp. 554，76，133，188，277，477.

③ JARMAN L. Annual report of the straits settlements（1921－1928）. London：Archive Editions Limited，1998：pp. 626，126，263，391，527，659，153，306.

（续上表）

年份	成年男性	成年女性	儿童（12 岁以下）	总计	成年女性占成年人数的百分比（%）	每 1 000 名男性对应的女性移民
1934	52 023	29 678	17 163	98 864	36. 33	570
1935	81 775	38 621	21 496	141 892	32. 08	472
1936	69 558	49 362	24 141	143 061	41. 51	779
1937	99 698	94 548	44 860	239 106	48. 67	1 004
1938	31 152	42 748			57. 84	1 372

资料来源：JARMAN L. Annual reports of the straits settlements（1855 – 1941），Volume 9 – 11. London：Archive Editions Limited，1998.

1937 年是女性移民最多的一年，成年女性为 94 548 人，一方面由于这一年是经济危机以来新马经济发展最好的一年，需要劳动力，中国男女移民大量增加，[①] 另一方面由于日本全面侵华，人们为避战火纷纷下南洋。当时报纸报道，1937 年抗日战争爆发后，从“祖国战区逃难来槟之同胞，前日登岸，共 1 397 人，以女性为多”[②]。1938 年华人女性移民尽管人数比 1937 年减少（这是由于 1938 年 5 月 1 日起每月限入男女各 500 人），但移民人数首次超过男性移民，这是因为 1938 年 3 月政府预先公布将要对女“新客”实行限制后，许多并不想移民或抱犹豫态度的妇女最终下决心下南洋，她们要抓住限制实施前的最后时机，以免以后难以移民，于是 1938 年 5 月 1 日前中国妇女蜂拥南来。据当时报纸报道：“我国妇女近日南来之数额，突破数年来之录，每由厦门、汕头、香港、琼州抵埠之轮船，至少有妇女孩童五百名，而每月由祖国南来之载客轮船，则有十余艘，其南来数目足可惊人矣。”[③] 估计，每月抵新加坡的华人妇女为8 000人。[④]

除了“推力”“拉力”因素和殖民地政府的移民政策影响外，轮船公司和水客也对妇女移民新马起了推动作用。当移民政策规定对华人男“新客”进行限额后，各轮船公司面临因乘客减少而收入下降的问题，因此他们将目标对准不受配额限制的女乘客和旧客，采取两项措施吸引乘客。一是对女乘客和旧客实行优惠船票，如 1934 年从香港乘船到新加坡，新客 60 元，女客和旧客各 30 元；从

① 当时报纸经常登载这方面的消息，如 1937 年 4 月 9 日有千余名男女华工抵达槟城，大部分是妇女。《槟城市景繁荣下之好象征》，《槟城新报》，1937 年 4 月 10 日。

② 《在祖国战区逃难来槟之同胞》，《槟城新报》，1937 年 12 月 20 日。

③ 《限制妇女进口前夕，南来妇女日众》，《星洲日报》，1938 年 3 月 21 日。

④ 《中日战争以来我国妇女抵星每月多至八千》，《南洋商报》，1938 年 3 月 21 日。

汕头乘船，新客70元，女客和旧客各50元；从厦门乘船，新客80元，旧客和女客各70元。[①] 二是前往海峡殖民地的客船经纪人卖一张限额船票时，要搭配三四张非限额船票，也就是要搭配三四个妇女或旧客，才能赚钱，于是水客极力鼓动妇女来马，说新加坡找工如何容易，挣钱如何多，一些妇女听信其言，愿意到新马谋生，于是1938年5月以前，中国妇女移民新马的人数达到高点。

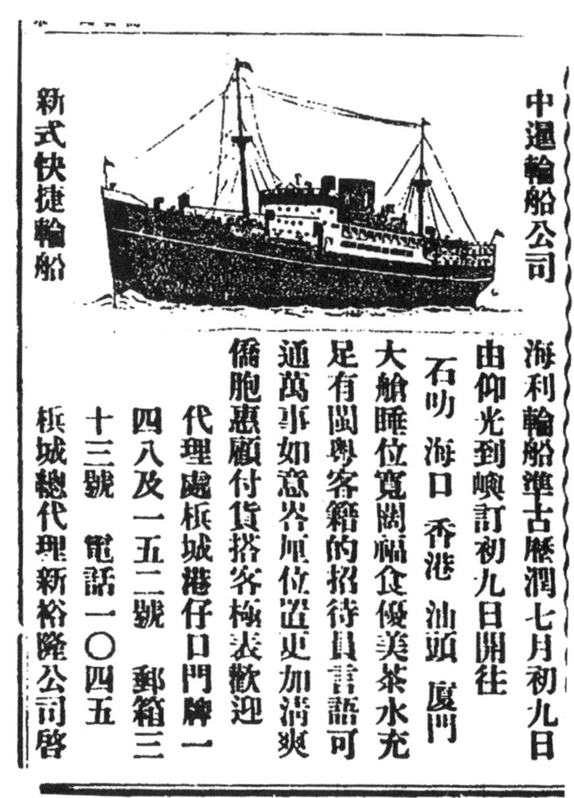
中暹輪船公司
新式快捷輪船
海利輪船準古歷潤七月初九日
由仰光到嶼訂初九日開往
石叻 海口 香港 汕頭 廈門
大艙睡位寬闊福食優美茶水充
足有閩粵客籍的招待員言語可
通萬事如意各廂位置更加清爽
僑胞惠顧付貨搭客極表歡迎
代理處檳城港仔口門牌一
四八及一五二號 郵箱三
十三號 電話一〇四五
檳城總代理新裕隆公司啓

图1-1 20世纪30年代中暹轮船公司广告

图片来源：《槟城新报》，1938年9月7日。

① 中国驻槟榔屿领事馆：《海峡殖民地华工入境之情况》，（南京国民政府）《外交部公报》1934年第7卷第7期，第45页。

第二节　中国女性移民模式与经历

我们从总体上分析了新马经济和移民政策的变化，以及这些变化对中国男女移民的不同影响。但我们更想知道的是，作为个体的妇女为什么要移民新马？她们在移民过程中有什么遭遇？与男性移民有什么不同的经历？

一、女性移民动机与模式：主动、依附与被动

关于近代中国女性移民海外的动机和方式，不同移入地和不同时期有很大差别。令狐萍认为移民美国的中国妇女有三种，一是随家人移民；二是通过奴隶贸易偷渡入美国，这主要是被拐卖为娼的妇女；三是女留学生，以学生身份进入美国。[①] 这三种移民模式如果用于研究移民美国的中国妇女，也许是适用的，但并不适用移民新马的中国妇女。赖雅英认为移民新马的中国妇女可分为两种类型，第一种是自愿者，主要包括男性移民的妻子和亲戚，以及单身女性；第二种是不自愿者，包括妓女和妹仔。[②] 笔者认为这种分类方法过于简单，没有区分自主移民和依附移民，也就不能更好地阐明中国女性移民的动机和模式。笔者认为近代中国女性国际迁移可分为三种模式，即依附迁移型、主动迁移型和被动迁移型。依附迁移型主要是指随丈夫和家人迁移，或出洋与丈夫以及亲人团聚者；主动迁移型是指出于谋生或自立的需要而独自移居国外者；被动迁移型是指违背本人意愿的移民，主要是被人口贩子拐卖出洋的中国妇女和少女。[③]

移民美国的中国妇女与移民新马的中国妇女有很大不同，前者大都是依附迁移型移民，根据美国移民局的统计，1898—1908 年间进入美国的数以千计的中国妇女中，90% 以上是赴美与丈夫或父亲团聚的商人的妻女。[④]而同时期移民新马的中国妇女只有一半是依附迁移型移民。香港船政司曾对经香港出洋的中国妇女的身份进行统计（参见表 1 –5），尽管这一统计没有区别移民妇女的目的地，但从移民目的地统计可知，1906 年经香港出洋的中国成年女性共 7 923 人，其中前往海峡殖民地者有 7 871 人，占 99. 3%；1907 年经香港出洋的中国成年女性共

① 令狐萍：《金山谣——美国华裔妇女史》，北京：中国社会科学出版社，1999 年，第 34 –39 页。

② LAI A E. Peasants, proletarians and prostitutes: a preliminary investigation into the work of Chinese women in colonial Malaya. Singapore: ISEAS, 1986: pp. 15 –17.

③ 范若兰：《近代中国女性人口国际迁移》，《海交史研究》2002 年第 1 期。

④ 转引自令狐萍：《金山谣——美国华裔妇女史》，北京：中国社会科学出版社，1999 年，第 10 页。

10 904 人，其中前往海峡殖民地者有 10 824 人，占全部的 99.2%；1920 年经香港出洋的成年女性 13 768 人，去海峡殖民地的有 11 924 人，占 86.6%，[①] 因此该统计可视为移民新马的妇女身份统计。20 世纪 20 年代初出于“与丈夫或家人同行”或“投靠丈夫、亲戚”目的而出国的妇女约占 50%。同时，因谋生而出洋的妇女也占 40% 以上，她们主要是女佣、女农民、女矿工、女裁缝、妓女等。

表 1－5　中国成年女性移民（16 岁以上，香港出发）的身份构成

身份	1906 年		1907 年		1920 年	
	人数	占比（%）	人数	占比（%）	人数	占比（%）
与丈夫或家人同行	2 468	22. 25	1 698	20. 98	2 839	21. 92
投靠丈夫、亲戚	3 588	32. 35	2 539	31. 37	4 286	33. 09
女演员	8	0. 07	5	0. 06	4	0. 03
理发师	14	0. 13	19	0. 23	54	0. 42
尼姑	14	0. 13			5	0. 04
算卜者	1	0. 01				
农民、矿工	25	0. 23	11	0. 14	366	2. 83
妓女	822	7. 41	577	7. 13	1 198	9. 25
教师	1	0. 01		0. 01	1	
学生	1	0. 01				
女佣	3 533	31. 85	2 619	32. 36	2 833	21. 87
裁缝	616	5. 55	626	7. 73	732	5. 65
厨师					633	4. 89
总计	11 091	100. 00	8 094	100. 00	12 951	100. 00

资料来源：［日］可儿弘明：《近代中国的“苦力”和“猪花”》，东京：岩波书店，1979 年，第 211 页。

到 20 世纪 30 年代，中国移民新马的妇女与 20 世纪初相比又有所变化，主动迁移型妇女大大增加，依附迁移型妇女仍占相当多数，而被动迁移型妇女大大减少。

（一）主动迁移型妇女

主动迁移新马的中国妇女可分为三种：

一是为谋生而移民。由于经济危机引起的中国华南地区缫丝业衰退，以及农村生活艰难，失业女工和贫穷农妇大量涌向新马，从当时的记载和后来的回忆来

① 转引自［日］可儿弘明：《近代中国的“苦力”和“猪花”》，东京：岩波书店，1979 年，第 246、251 页。

看，移民妇女大多是为谋生而南渡，很多人还是自主而行。如 1934 年 4 月 20 日一艘抵达槟城的轮船，载有 300 余名女工，她们大都来自东莞，年龄最大不过 40 岁，因国内生活困难，相率南来寻找工作。当时报纸指出，妇女南来船费便宜，又不受移民条例限制，“是以妇女工人一时潮水般涌来”①。南来女工如此之多，也引起殖民官的注意，有史料指出“她们的年龄由 18 岁到 40 岁，她们异口同声地说，她们寡妇。毫无疑问，按照旧的习惯，总是丈夫出国挣钱，然后把钱送回中国赡养他的妻子和家庭；现在却正相反，妻子出国为留在中国的丈夫和家庭挣钱。在 1934—1938 年这五年当中，有十九万以上的中国妇女统舱船客移往新马。这些妇女大多数是农村妇女，或是工人，她们到橡胶工业、锡矿业、建筑工业和工厂里去工作”②。这段史料被广泛引用，但我们应该对中国妇女所声称的她们都是“寡妇”提出疑问，事实上，这些妇女有些是寡妇，有些是自梳女，也有丈夫在家乡、自己出洋谋生者，她们的移民动机主要是：①因为家贫而南渡谋生。何仪婵（Ho It Chong）20 世纪 50 年代在新加坡对女佣群体的调查表明因家贫而出洋谋生是妇女迁移的重要原因。有一位在新加坡做女佣的明姐就是因为家贫来到新加坡，她是顺德人，在中国时她和丈夫都劳动，但连饭都吃不饱。据她说，村里的妇女不仅要做家务，也要做田里活。当孩子会走路时，她决定离开家到新加坡，因为在新加坡能挣钱养家，“这是我们那里的习俗：妇女离开家找一份工作养活家庭”。为什么男人不出来，她解释说，“因为男人要顾家”。③ 陈印陶在顺德所做的新加坡女归侨调查表明，大部分人出洋是因为外国挣钱多。④ ②因为婆婆虐待而出洋。有一位名叫宋姐的新加坡女佣 16 岁就在家乡结婚，四年生了三个孩子，婆婆对她很不好，她一天到晚在干活，没有喘息的机会，于是她决定离开家到外面找工，丈夫不同意，她就用自己的积蓄，先去香港，然后与亲戚一起来到新加坡，先干苦力活，之后才当妈姐（女佣）。⑤ ③丈夫去世，为养活家人而南来谋生。廖阿太（音译）和刘阿瑶（音译）都是广东人，她们在丈

---

① 《昨日鲤门号轮船抵屿载有三百余名女工登岸》，《槟城新报》，1934 年 4 月 21 日。

② BLYTHE W L.《马来亚华工》，转引自陈翰笙主编：《华工出国史料汇编》（第五辑），北京：中华书局，1984 年，第 184 页。

③ HO I C. The Cantonese domestic amahs：a study of a small occupational group of Chinese women. Singapore：The Department of Social Studies，University of Malaya，1958：p. 53.

④ 陈印陶、张蓉：《广东省台山、顺德两县女性人口国际迁移比较研究》，《中国人口科学》1989 年第 4 期，第 38 页。

⑤ HO I C. The Cantonese domestic amahs：a study of a small occupational group of Chinese women. Singapore：The Department of Social Studies，University of Malaya，1958：p. 55.

夫死后到新加坡谋生，干过不少苦力活。①

二是为独立和抗婚而出洋。这类妇女主要在自梳女和“不落家”群体中表现最为明显，② 她们中一些人出身于较富裕的家庭，主动出洋并不是由于贫困，而是为了自立和见世面。很多自梳女在中国就是自食其力者，她们当丝厂女工和女佣，有很强的独立性。叶汉明对顺德沙头村冰玉堂姐妹的调查表明，她们并非都是由于经济理由赴新加坡，而是为了要“自主自立”，她们表示自己很好胜，要自食其力，又渴望见见世面，故坚持出国独立谋生。③ 笔者在新加坡口述历史档案馆所见的梁燕玉口述档案也证明了这一点，梁燕玉 1900 年生于广州，没受过教育，她说自己喜欢独立，“譬如说我喜欢出国，我就出国，东南西北，我又去上海，上海太冷了，我不喜欢”。她在 24 岁时和几个女孩一起来到新加坡，初来时做女佣，后来做媒婆为生，终身未嫁。④ 像梁燕玉这样并非家贫出洋的人，都遭到家人的反对，梁燕玉父亲不许她去新加坡，因为新加坡名声不好，是“老举埠”⑤。广东珠三角地区有不少年轻姑娘因不愿嫁人而远走南洋，沙头村有一位名黄合葵的少女 1934 年随堂姑到新加坡，她之所以远行，是因为“我不想出嫁，我看到我母亲在家中没有地位，被姑妈们管制。不断地生孩子，而孩子又不断地死去，身心受到的伤害是常人难以想象的。我生性爱自由，不愿受束缚。我在家做姑娘，只要听说邻近的村镇有什么热闹，我都要去看。所以我决定不嫁，而逃避出嫁的唯一出路就是去新加坡”⑥。还有一位名麦棣的妈姐也是为逃婚而来新加坡，她生于顺德，“当听到有人要替我做媒时，我就怕得不得了，所以就索性南来谋生”⑦。

---

① Leow Ah Thai 和 Low Ah Yew 个案访谈，载 KAYE B. Upper nankin streets Singapore：a sociological study of Chinese households living in a densely populated area. Singapore：University of Malaya Press，1960：pp. 230 - 233.

② 自梳女和“不落家”是广东珠江三角洲地区特殊的妇女群体，自梳女自己梳起头发，终身不嫁，“不落家”的妇女名义上嫁人，但不在夫家居住。有关这一群体的研究，参见 STOCKARD J E. Daughters of the Canton delta：marriage patterns and economic strategies in south China（1860 - 1930）. Stanford，California：Stanford University Press，1989. SANKAR A P. The evolution of sisterhood in traditional Chinese scoiety. Ph. D. University of Michigan，1978. TOPLEY M. Marriage resistance in rural Kwangtung//WOLF W，WITKE R. Women in Chinese society. Stanford，California：Stanford University Press，1975. 叶汉明：《华南家族文化与自梳风习》，载李小江等主编：《主流与边缘》，北京：生活·读书·新知三联书店，1999 年。陈遹曾、黎思复、邬思时：《自梳女与不落家》，载广东省政协文史资料研究委员会编：《广东风情录》，广州：广东人民出版社，1987 年。

③ 叶汉明：《华南家族文化与自梳风习》，载李小江等主编：《主流与边缘》，北京：生活·读书·新知三联书店，1999 年，第 95 页。

④ 梁燕玉口述访谈记录，新加坡口述历史档案馆，编号：A000505/08。

⑤ “老举”，广府话，意为“妓女”。

⑥ 黄合葵口述访谈记录，记录人屈宁、高丽。黄合葵 1915 年生于广东顺德均安镇沙头村，父亲做缫丝生意，家庭富有。1934 年到新加坡做女佣为生，终身未嫁。75 岁回故乡养老。黄合葵的访谈由广东省妇女干部学校屈宁和高丽提供，在此特致谢意。

⑦ 叶宝莲：《梳不尽的岁月——二位妈姐的故事》，（新加坡）《联合晚报》，1984 年 3 月 22 日。

自主型女性移民方式，以链条式移民为主，家人、亲戚、朋友在她们决定南渡时起很大作用。黄合葵说："我们村子里的姑娘很多都到新加坡打工，有姑姑带侄女去的，也有姐姐带妹妹去的，更多的是同房的姐妹约好一起去。因为我们村去的人很多，抵达后，能得到先去新加坡的姐妹们的帮助，很快找到工作。如果一时找不到工作，她们会接济后去的姐妹，解决暂时的吃宿问题。"[①] 梁秀琦（音译）到新加坡谋生就是跟同乡一起来，"我家是织丝的，但生意不好，我决定出外找工，正好邻村我的一个姐妹从新加坡回来，给我讲了新加坡的情况，她要返回时，对我说如果我想去，可以跟她去新加坡，我乐于去。我们从村子到广州，然后到香港，再从那里到新加坡。我们从轮船经纪人那里买到船票"[②]。链条式迁移对女性移民的迁入地和职业选择有很大影响，如三水妇女在建筑业找到立足之地，红头巾的形象成为三水建筑女工的标志；顺德妇女多移居新马较大城市，且多操女佣业为生。陈印陶等人的调查表明，顺德妇女出洋是"经同乡、亲属提携，单个或几个一起外出，属链条式，职业目标明确。如沙头乡 19 位归侨出国，靠亲戚迁出者 12 人，由在外同乡牵引者 6 人，经人介绍者 1 人，职业全部为家务工"[③]。

图1－2　20 世纪 30 年代乘船进入新加坡的中国女性

① 黄合葵口述访谈，屈宁、高丽记录。

② GAW K. Superior servants：the legendary Cantonese amahs of the Far East. Singapore：Oxford University Press，1988：p. 83.

③ 陈印陶、方地：《广东省顺德县女性人口国际迁移的原因及其特征》，《南方人口》1987 年第 2 期，第 41 页。

三是知识妇女。在1906年的女移民中，女教师只有一位，但到20世纪30年代，移民妇女中女教师人数大大增加，这与新马华人女子教育发展、女教师需求增加有关。20世纪20年代和30年代新马华文教育发展较快，需要大量合格的、能说中文的教师，于是校董事会在报纸上刊登广告，招聘华校校长和教师。据陈谷川20世纪20年代末对南洋报纸招聘校长和教师的广告统计，招聘女校长的广告有4则，男校长的广告有13则，招聘女教师的广告有2则，男教师的广告有7则，对女校长的要求是：①高师或高中以上之资格；②富有办学经验；③中文纯熟；④各科优长。[1] 对女教员的要求是高中或师范毕业，能用中文教学（参见图1－3）。

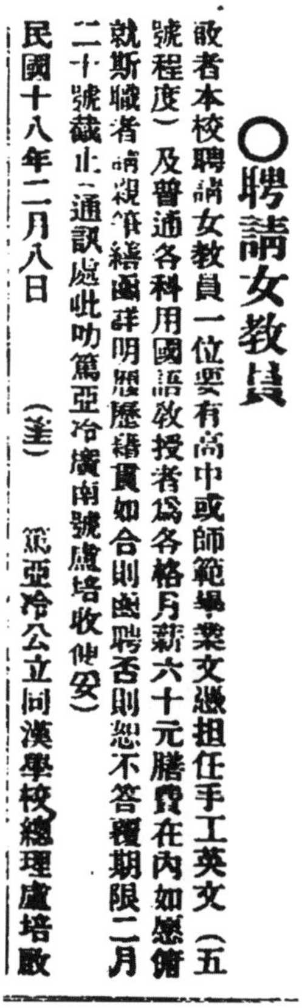

○聘請女教員

啟者本校聘請女教員一位要有高中或師範畢業文憑担任手工英文（五號程度）及普通各科用國語教授者爲合格月薪六十元膳費在內如戀備就斯職者請親筆繕函詳明履歷籍貫如合則函聘否則恕不答覆期限二月二十號截止通訊處此叻篤亞冷廣南號盧培收便妥）

民國十八年二月八日　（圭）　笨亞冷公立同漢學校總理盧培啟

图1－3　聘请女教员广告

图片来源：《新国民日报》，1929年2月8日。

① 钱鹤编：《南洋华侨学校之调查与统计》，上海：暨南大学南洋文化事业部，1930年，第558－559页。

新马华校不仅女校需要女教师，男校也聘用女教师，20 世纪 30 年代中期吉隆坡华校女教师几占一半。[①] 从新马华文女校教师来源看，大部分女教师来自中国，如吉隆坡坤成女校，1933 年共有 13 位教师，其中来自中国者有 9 位。[②] 1935 年新加坡南洋女中的教师共 23 人（包括少数男教师，参见表 2 – 13），其中籍贯非闽粤两省的教师共 9 人，籍贯为闽粤两省的 14 人，教员中 16 人毕业或肄业于中国的燕京大学、中山大学、金陵大学或师范院校等，1 人毕业于日本的大学，其余 6 人毕业或肄业于本地的莱佛士学院、新加坡美以美英文学校或南洋女中等。他们中除 3 人是 20 世纪 20 年代到该校任教的外，其他人都是在 20 世纪 30 年代进入该校。[③]新加坡另一所著名女校——静方女校 1938 年共有 17 名女教师，其中 11 人毕业于中国的大学或中学，1 人毕业于英国的大学（参见表 2 – 14）。这些知识妇女的到来，不仅充实了华文女校的师资队伍，而且为马来亚华人妇女解放运动的宣传、开展带来了新的活力。

（二）依附迁移型妇女

依附迁移型妇女仍占相当多的人数，她们要么随丈夫到新马谋生，要么因丈夫事业有成而安家在此，要么是丈夫多年未归，只好出洋寻夫。一般来说，丈夫是商人的妇女，基本都是依附迁移型，如姜氏，福建惠安人，其夫在槟城做小本生意，她决定南渡与丈夫团聚，于是丈夫为她办理好一切出国手续，她与母亲带着五个孩子来到槟城，每天操劳，一方面照顾孩子做家务，一方面帮助丈夫经营面摊生意。[④]

还有不少妇女，丈夫下南洋后多年不回国，也不汇款，她们就出洋寻夫。一位名杨阿通（音译）的妇女 20 岁与丈夫在广东结婚，儿子六个月时，丈夫前往新加坡谋生，说几年后就回来，但一去未返。她 35 岁时（1934 年）到新加坡寻夫，发现丈夫另娶了女人，还生了两个孩子。她只好做女佣为生，偶尔去看看丈夫。[⑤]

妇女在出洋寻夫时发挥了自己的能动性。对于贫苦的妇女来说，寻夫与谋生是相关联的。一位中国南来的作者在船上遇到一位妇女，他以生动的笔墨记下自

---

① 《吉隆坡华侨女子之新风尚》，《总汇新报》，1935 年 7 月 19 日。

② 坤成百年校史编委会：《坤成百年校史汇编》（1908—2008 年），吉隆坡：坤成中小学暨幼儿园，2010 年，第 62 – 63 页。

③ 《星加坡南洋女子中学校刊》，新加坡：南洋女子中学，1935 年，第 129 – 130 页。

④ 吴佩瑾：《建设或建构：以新加坡“红头巾”为例探讨女性与国家的关系》，台湾清华大学硕士学位论文，2010 年，第 34 – 36 页。

⑤ Yong Ah Tong 口述访谈，载 KAYE B. Upper nankin streets Singapore：a sociological study of Chinese households living in a densely populated area. Singapore：University of Malaya Press，1960：pp. 240 – 241.

己的亲身经历：

> 1931 年我从厦门到南洋，乘坐统舱。有一位年轻的少妇占领了一张席子的地位，一个随嫁的油漆红箱和一只小木桶。……她是一位少妇，脸孔是粗黑的，双手是结茧的，我看出她是一位农村来的少妇，但她始终只是一个人，……我问她："你怎么一个人呢?"她就反问道："一个人过不得番吗？你怎么也是一个人呢?"
>
> "我去槟榔屿找爸爸的，而且我是位男子啦!"
>
> 于是这位少妇就生气地叫道："看吧！我带着这双手了!"
>
> 自然，我早就注意到她的手，那是一双会创造的手。
>
> "一个女人出门总不方便吧?"
>
> 我同情地问她，她并不生气："现在我敢对别人说话了，没有人会追上我了。"
>
> 原来，她是从泉州的家庭里逃出来的，她的丈夫去南洋好几年，近年来信息都没有了，她受不了婆婆的气，就决心出走。
>
> "要是找不到你的丈夫呢?"
>
> 她就睁着眼，生气地叫道："看吧，我带着这双手了!"①

从这段真实的记载我们可以看到，这位泉州妇女在家乡就是一个劳动者，她不愿受婆婆的气，自作主张南渡寻夫，对前途她并不悲观，因为她有劳动能力，即使找不到丈夫，她也能自己谋生。

（三）被动迁移型妇女

被动迁移型妇女的人数较 19 世纪末 20 世纪初大大减少，这与殖民地政府努力打击拐卖活动有很大关系。19 世纪末广东拐卖妇女和少女出洋盛行，新加坡是拐卖人口的最大集散地，"新加坡是中国妇女被卖到东南亚为妓的中心，这个港口城市分布的人口贩子不仅要把女孩子卖到柔佛和马来联邦，还要把她们卖到暹罗、婆罗洲和荷属东印度"②。据估计，海峡殖民地妓院中 80% 的妓女是被拐

① 马宁：《南洋风雨》，桂林：椰风出版社，1943 年，第 1－2 页。

② WARREN J F. Ah Ku and Karayuki－san：prostitution in Singapore. Singapore：Oxford University Press，1993：p. 70.

卖来的。①

海峡殖民地政府为消除社会罪恶和保护被拐卖的妇女和少女，采取了一些措施。19 世纪 80 年代中国香港和新加坡等地设立保良局，收容被拐卖的妇女、愿意从良的妓女和受虐待的妹仔。1887 年殖民地政府制定《妇女和少女保护条例》（*The Protection of Women and Girls Ordinance*），规定华民护卫司有权搜查任何可疑的房子、船和妓院，该条例历经多次修改（1890、1914、1925、1927、1930 年），目的是制止拐卖妇女和少女、强迫妇女为妓等事的发生。除搜查房子、妓院和妓女注册等方法外，每个在新加坡、槟榔屿等港口上岸的中国妇女都被带到华民护卫司署，接受问话，手续符合、有人担保的妇女可上岸，有可疑的妇女被送往保良局，以便进一步审查。1935 年英国妹仔调查委员会专门观察了两艘抵新轮船上中国妇女和少女被检查的全过程，“有妇女和儿童同行的乘客被带到检查官面前，然后把他们隔开问话，一个成年妇女和她带的女孩所说年龄不一样，还有一个妇女说她带的女孩是她女儿，但长得不像，而且说不出女孩的举止特征，……我们认为极少有人能逃避检查官的明察秋毫”②。确实有不少被拐妇女或有疑问的妇女被检查出来，被送往保良局。

殖民地政府打击拐卖妇女之事不可谓不力，法律不可谓不严，也确实有效减少了犯罪，但仍有少女被拐卖到新加坡，如 1930 年粤妇李亚容携带两名少女来到新加坡，后被查出涉有逼良为娼之事。③ 1932 年一个名林秋美的 8 岁汕头女孩被一个女人拐卖到新加坡，秋美后来回忆，在上岸前，这个女人对她说：“记住我告诉你的话!”她又回忆道：“是的，我记着，我要告诉任何问我话的人，这个女人是我的姑姑。……这个女人带了五个女孩和两个男孩，据说男孩是这个女人的儿子，但她对待他一点也不比我们好。”她们顺利通过检查上岸，这几个女孩都被卖掉，林秋美以 250 元的价格被卖给一华人家当妹仔。④

为什么被拐女子能通过检查官的严查？这是因为很多女孩开始根本不知被骗，就按拐子的吩咐回答检查官的问话，得以上岸。而且某些时候检查制度并没有得到严格执行，甚至有些年份没有检查，所以 20 世纪 30 年代拐卖妇女的罪行仍难以禁绝，被拐卖的少女要么被卖为妹仔，要么被迫当私娼。1937 年新加坡审理一起拐带为娼案，清楚地还原了如何欺骗、如何拐卖的全过程。被骗者杜琼

---

① Memorandum on Brothel Slavery, Proceedings of the Legislative Council, Straits Settlement, 1899, 转引自 LIM J H. Chinese female immigration into the straits settlement, 1860－1901,（新加坡）《南洋学报》1967 年总第 22 期，第 80 页。

② Report of commission. Mui Tsai in Hong Kong and Malaya. London：H. M. Stationery Office, 1937：p. 89.

③ 《两少女被诱南来，抵叻后被逼当娼》，《总汇新报》，1930 年 9 月 10 日。

④ LIM J. Sold For silver, London：Collins, 1958：pp. 15, 40.

（33岁）、梅琼（21岁）、陈兰（19岁）、谭玉（18岁）同在广州福兴祥织布厂工作，结拜为姐妹。张桃为梅琼大姨妈，经常对她们说新加坡谋生容易，工资高，她们相信了，随张桃于1936年12月5日抵达新加坡，入住旅店后，张桃当晚便将三位年轻的卖出，杜琼不见同伴，一再追问，张桃支吾以对。17日又来一老年侨生妇，与张桃用广州隐语交谈。没承想杜琼原在广州与江湖人同住，懂得这些隐语，知道是出卖自己。下楼时，杜琼抓住张桃，大呼“救命，拐带来叻逼为当娼”，有两个路人带杜琼到警局报警，张桃等被捕，后被法庭判决入监狱六个月，罚250元。①

二、人在旅途：妇女南渡的经历

经过七天七夜的航行，终于到达了新加坡。船靠岸了，码头上熙熙攘攘，人群中有蓝眼睛、黄头发的白人；有牙齿雪白，皮肤黝黑的黑人；也有皮肤和我一样的黄种人。我眼花缭乱，每个细胞都在抽缩紧张着，一切都是那么陌生，令人窒息。我如在梦中，迷迷糊糊，踉踉跄跄地随着人群踏上了新加坡的码头。②

这是一个名叫廖冰的中国少女初踏上新加坡的感受，相信对于大部分目不识丁、从未出过远门的中国妇女来说，出洋之旅充满着焦虑和惶恐。

20世纪40年代以前，从华南到南洋，是一段漫长的、充满风险的旅途，对于妇女来说，尤其如此。她们要先从家乡到达出洋口岸——香港、厦门、汕头、海口，入住旅馆，购买到海峡殖民地口岸的船票，在环境恶劣的船上度过5—8天，忍受晕船和只看到茫茫大海的焦虑，上岸后先被送到检疫所检查，如果被怀疑患有传染病，会被送到棋樟山（新加坡）进行数天的检疫和观察，没有问题才被放行。同时，华民护卫司署对中国妇女上岸时严加盘查，以杜绝拐卖妇女事件，每名妇女都要接受问话，包括姓名、年龄、跟随何人、何人但保、到新目的、意欲何往等问题，如有可疑，便被送往保良局，直到担保人来接，方可离开。

混乱的社会治安和漫长的旅途，对于缺乏社会阅历的妇女来说，真是极大的考验，她们经常陷入欺骗和拐卖的陷阱。如海南琼东县有两妇人，要到新加坡寻夫，她们随身带有港币510元、国币420元、光洋20元，先到香港再转船前往

① 《羊城织布厂四女工受骗来星后迫使为娼》，《南洋商报》，1937年1月20、24日。

② 廖冰：《奔向延安　奔向革命》，载《中华文史资料文库·华侨华人编》（第19辑），北京：中国文史出版社，1996年，第229页。廖冰，亦名廖冰清，1917年生于广东大埔，1930年随父兄来到新加坡，先入侨星平民子校读小学，后入南洋女中读中学，1938年回国，奔赴延安，成为革命队伍中的一员。曾任中国科学院干部局副局长、院直属党委副书记。

新加坡。在琼籍人开的旅店住宿时，水客符某得知她们带有巨款，心生歹意。他花言巧语，骗得二妇信任，又帮忙订赴新加坡船票，又说带着巨款恐有遗失，劝二妇将巨款交他代存，以防不测。又说赴新加坡必须入住其他旅店上船，将二妇带入一广帮旅店。二妇不知是骗局，均听命于他。符某骗得巨款，还不知足，又与另一水客密谋，要将二妇拐带到上海，卖入妓院。所幸此事被一琼人发觉，将符某拘捕告官。①

另一位粤妇遭遇欺骗的命运更惨。她是粤人李某之妻，因与丈夫离别甚久，南来寻夫。在船上结识一水客，该水客自称认识其夫的一个好友，会带她寻夫，该妇以为遇到贵人，对他十分信任。下船后水客先带她到一旅店居住，随后带来一个男子，称其即是丈夫好友，第二天会带她前往峇株巴辖寻夫，实际上该男子将她以 250 元卖给一鸨母，逼她接客，李妻沦为娼妓。一日李某路过这个旅店，看见该妇颇似其妻，但不能确认，于是装成嫖客，与该妇谈天。问其姓名，报以假名，但乡音一样，对家乡事对答如流，李某试探，"你还认得我吗?"妇答"认得一些"，言毕放声大哭。李某悲愤填胸，带上妻子上警局报案。②

下南洋的妇女心中充满焦虑和惶恐，她们与丈夫多年分离，聚少离多，彼此的感情十分淡漠，她们不知道丈夫会怎样对待她。而海上旅行数天，看不到陆地，只看到茫茫大海，船上环境恶劣，加上晕船，都增加了妇女的焦虑，引发悲剧。一个因焦虑而自杀的悲惨事件发生在 1938 年 4 月新马全面限制移民前夕，一位来自海南的 42 岁区氏农妇在赴新加坡的船上跳海自杀。区氏丈夫王琼树在柔佛某黄梨厂割梨，收入甚微，个人生活都不够，故出洋十多年从未汇款回家，也未回过家。而区氏因丈夫南来十余载不归家，又无子女，有人就建议她去寻夫，尤其是从 5 月起马来亚将限制妇女入口，这一消息经广泛宣传，有意南下的妇女都争先恐后，要赶上最后一班车。区氏因此也急于寻夫，未征得丈夫和大伯的同意，就带一个侄子乘南美轮南下。在船上，她非常忧郁，一路沉默寡言。船上闷热，她随手拾起一扇拂凉，此扇为邻客所有，邻客说她是贼，双方争吵起来，有好事者恫吓她"凡有盗贼行为者，轮到星洲时，必被政府拘禁监狱"，也有的说："既未获丈夫同意南来之妇女，必遭打回头。"区氏从未出过门，对殖民地的一切全然不懂，听到众人这样说，信以为真，惶恐不安，自言自语"非死不得"等话，最后在抵达新加坡前一天跳海自杀。③

从这个悲惨的故事，我们可以看到，区氏是一个目不识丁的妇女，对新马一

① 《由琼逃出两难妇来星寻夫在港遇骗》，《南洋商报》，1939 年 12 月 6 日。
② 《峇株巴辖一粤妇南来被水客拐卖为妓》，《南洋商报》，1936 年 10 月 5 日。
③ 《一琼妇南来寻夫，从舱船跳海自杀》，《星洲日报》，1938 年 4 月 25 日。

无所知，对即将到来的新生活感到一片茫然；她与丈夫十多年未见，丈夫也不曾寄钱养家，夫妻关系名存实亡，她对于丈夫是否接纳她并无把握；船上的恶劣环境和争吵加剧了她的焦虑，最终导致她跳海自杀。

另有一个自杀个案，有一闽南妇女嫁与蔡姓青年为妻，婚后丈夫即南来，在新加坡当包工头，并娶一粤女当小星（妾），“蔡妻闻讯，虽不赞成，但木已成舟，亦无可如何矣”。夫妻离别十三年，直到 1937 年在丈夫和族人的劝说下，蔡妻决定到新加坡与丈夫团聚，并让妹夫陪同。在船上，有一老媪对蔡妻说粤女嫉妒心极强，往往用“贡头”（符咒之类）毒害大妻，还举了许多例子，蔡妻听了，十分忧虑，一日在船上失踪（估计是跳海自杀）。[①]

翻看中国妇女下南洋的故事，可发现有两个机制发挥了重要作用，一个是殖民地的华民护卫司署和保良局，一个是中国的水客机制。

华民护卫司署对制止拐卖妇女的犯罪行为和帮助妇女发挥了积极作用，但对妇女的审查有时也加剧了她们的紧张和焦虑，甚至引起悲剧。前文已指出，殖民政府为杜绝拐卖妇女现象，制定了《妇女和少女保护条例》，华民护卫司署对抵达海峡殖民地口岸的妇女严加盘查，如有可疑，便送往保良局。对于大部分没见过世面的中国农村妇女来说，洋大人的问话使她们害怕，各种检查使她们感到羞辱。据 1929 年中国驻新加坡总领事馆报告：“三等统舱搭客并不须查验。惟对于我国妇孺颇为注意，船一抵岸，即由华民政务司署派员上船，凡属三等统舱妇孺皆令集合一处，并送司署检查后（否则须有大商店担保）始能自由。此固由于华人之不良分子向有贩卖妇孺之案件发生，当地政府为保护侨民，杜绝奸犯起见，而施此严格之检查也，然往往有良家妇女或因节俭或困于经济而乘统舱者，受此拘束，引为奇辱。”[②]

1934 年后，对中国妇女的检查趋于严格，有疑问的妇女被送到保良局，保良局查实她的身份，由可靠的担保人保出后，保良局还要核查一段时间，以确保该妇女没有被拐卖或被迫从事不道德的事。如黄合葵的一个堂妹在她之后来到新加坡，“船靠岸后，不准自由上岸，被新加坡警方关进保良局，找人担保后才能出来”。一个名雷怀欢（音译）的妈姐的经历可以使我们了解保良局的运作方式：“我 1936 年上岸，被华民护卫司署一个官员招见，有一个华人为他翻译，他问我是否有人接，我说姑姑要来接我，但她没来。我拿出她的照片，她没来。于是我被送到保良局，穿上保良局的衣服，像其他女孩一样做家务。还好，带我来

① 《一闽妇千里寻夫突然失踪》，《星洲日报》，1937 年 6 月 2 日。

② 中国驻新加坡总领事馆：《我国侨民近年南来之人数及登岸时之情形》，（南京国民政府）《外交公报》1929 年第 2 卷第 7 期，第 145 页。

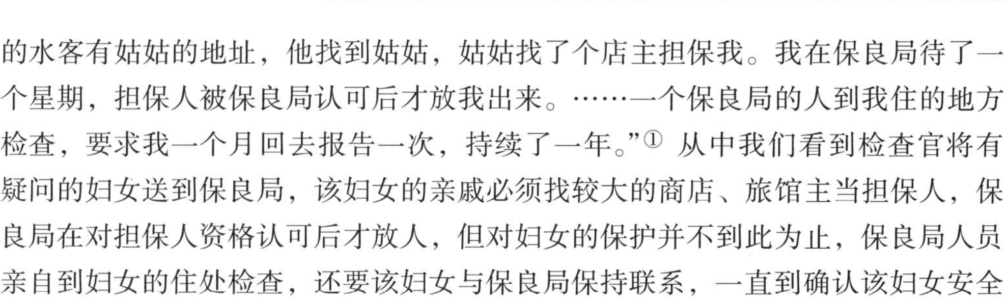

的水客有姑姑的地址，他找到姑姑，姑姑找了个店主担保我。我在保良局待了一个星期，担保人被保良局认可后才放我出来。……一个保良局的人到我住的地方检查，要求我一个月回去报告一次，持续了一年。”[1] 从中我们看到检查官将有疑问的妇女送到保良局，该妇女的亲戚必须找较大的商店、旅馆主当担保人，保良局在对担保人资格认可后才放人，但对妇女的保护并不到此为止，保良局人员亲自到妇女的住处检查，还要该妇女与保良局保持联系，一直到确认该妇女安全才结束双方的关系。

可以说，华民护卫司署和保良局制度确实有效地保护了一些妇女免遭厄运。但一些对保良局一无所知、对海外生活前景充满担忧的妇女，对被送到保良局感到恐惧，甚至走上不归路。一位名叫何秀的来自中国农村的 28 岁妇女，在华民政务司问话时，被认为可疑，送往保良局。何秀甚为忧愁，俟其在新加坡做女佣的姐姐何兴闻讯来接她时，她竟已悬梁自杀。[2]

水客机制则是通过侨汇、侨批和移民，建立了南洋与侨乡的联系网络。以往研究中，人们只关注其在侨汇中的作用，其实，在妇女移民过程中，水客也发挥了非常重要的作用。一是吸引、鼓动妇女南下找工。前文已指出，因为殖民政府对男新客进行名额限制，轮船公司需要多售女客和旧客船票，于是水客极力鼓动妇女南渡，说新加坡找工容易，当保姆，一月能挣 20 多元，平常佣妇，亦可得 20 元左右，不及数年，便可回国，安享天年，很多妇女受水客鼓励纷纷南渡。[3] 二是带领妇女南下，将其送到丈夫或家人处。因为旅途凶险，很少妇女单身无人陪伴南下，她们要么由家人陪同，要么找水客带领。付费方式有多种，有一种是水客全包，包括在船上的饮食。

绝大部分水客以信誉为经营之本，无论汇款还是带人，都尽心尽责，完成客户的托付，但也有少数无良水客，成为拐卖妇女的帮凶或元凶。有些水客拐卖少女到新马为妓，有些妇女因还不起水客代付的船票和饮食费用，被迫为娼。[4] 如 1936 年有一广府少女林二银年仅 18 岁，在家乡听信水客的话，被水客带到新加坡，不料水客竟将她强奸，还要让她当私娼。她抵死不从，乘水客不备，逃出虎口，流落街头，后被警察拘捕，在法庭上，她泪如雨下，泣不成声，向法官讲述了自己的悲惨遭遇。[5]

---

① GAW K. Superior servants：the legendary Cantonese amahs of the Far East. Singapore：Oxford University Press，1988：p. 84.

② 《一粤女南渡，在保良局自杀》，《星洲日报》，1937 年 10 月 19 日。

③ 《胶锡回涨华工入口禁例解决，妇女受水客鼓励纷纷南渡》，《槟城新报》，1937 年 3 月 30 日。

④ 《大可注意之水客行业，专引诱年青妇女南来》，《南洋商报》，1936 年 4 月 11 日。

⑤ 《林二银受骗南来案》，《星洲日报》，1936 年 7 月 17 日。

第三节　新马华人人口构成的变化

一、性别与人口构成

20 世纪 30 年代经济危机和移民政策对华人社会发展产生了深远影响，其中最直接的影响是新马华人人口构成和性别构成的改变。[①] 与 19 世纪下半叶和 20 世纪初相比，20 世纪 30 年代新马华人人口增长和性别构成出现新的变化和特点。

20 世纪 30 年代中国妇女移民高潮导致新马华人女性人口增长快于男性人口增长。在 1920 年以前，移民新马的中国人 90% 以上是男子，女性移民极少，1920 年后，中国女性移民日益增多，女性增多的直接后果是华人女性人口增长快于男性，加速了华人人口的自然繁衍。20 世纪 30 年代中国女性移民数量急剧增加，根据表 1-6 计算，1921 年华人女性人口数比 1911 年多了 1.80 倍，1931 年比 1921 年多了 1.78 倍，到 1947 年，华人女性人口比 1931 年增加了 2 倍多，而同期华人男性人口只增加了 1.26 倍。华人女性人口的大幅度提高很大程度上应归于 20 世纪 30 年代的女性移民高潮，以新加坡为例，1921 年新加坡华人出生于外国[②]的男性为 175 958 人，1931 年为 188 035 人，增长率为 7%，1947 年出生于外国的男性下降到 165 854 人，下降率为 13%，而同期出生于外国的华人女性分别为 61 852 人、83 753 人、126 561 人，[③] 增长率为 35% 和 51%，这表明，虽然女性移民人数不及男性，但女性人口一直呈增长趋势，尤其是在 1931—1947 年移民增长最快。

---

① 本节主要使用马来亚 1911、1921、1931 和 1947 年人口普查资料，20 世纪 30 年代华侨人口构成和性别构成变化主要从 1931 年和 1947 年人口变动数字得出，严格说来，这一数字反映的是 20 世纪 30 年代和 40 年代的情况，但考虑到 1942—1945 年日据时期移民终止，1945—1947 年虽有一小的移民高潮，但与 20 世纪 30 年代相比，已属强弩之末，所以这一数字基本能反映 20 世纪 30 年代的移民和人口增长情况。

② 不包括出生于马来亚的华侨，但包括出生于中国和其他国家的华侨，从移民情况看，所谓“外国”主要指中国。

③ State of Singapore. Report on the census of population 1957. Singapore, p. 46.

表 1－6　新马华人人口增长（1911—1947 年）

（单位：人）

地区	1911		1921		1931		1947	
	男	女	男	女	男	女	男	女
新加坡	166 057	58 173	220 307	101 268	265 618	158 175	387 883	342 250
槟榔屿	77 401	32 805	86 113	47 121	101 429	68 556	128 079	119 287
马六甲	29 974	6 120	33 563	12 290	42 573	22 729	51 630	44 514
霹雳	183 621	35 814	165 089	62 513	221 495	111 089	242 954	201 555
雪兰莪	124 638	26 534	122 001	48 725	154 465	87 040	196 044	166 666
森美兰	36 965	3 878	53 694	11 525	68 360	24 011	64 960	49 446
彭亨	21 827	2 460	27 830	6 424	37 662	14 629	56 875	40 454
柔佛	56 914	6 633	79 209	18 188	158 488	56 769	202 615	152 155
吉打	28 750	4 996	47 492	11 984	53 787	24 628	65 431	50 497
吉兰丹	7 225	2 619	9 497	3 378	12 029	5 583	13 031	9 907
丁加奴	3 259	910	6 167	1 158	10 468	2 892	9 507	6 357
玻璃市	1 319	308	2 701	901	4 564	1 936	6 872	4 916
总计	737 950	181 250	853 663	325 475	1 130 938	578 037	1 425 881	1 188 004
男女合计	919 200		1 179 138		1 708 975		2 613 885	

资料来源：新马历年人口普查。

随着华人女性人口增长快于男性人口增长，20 世纪 30 年代新马华人男女性别比例趋于接近。19 世纪下半叶，新马华人男女比例严重失衡，这一情况直到 20 世纪初仍没有根本改变（参见表 1－7），1911 年马来亚 1 000 个华人男子中，妇女只有 311 人，1921 年上升到 430 人，1931 年缓慢上升到 535 人。随着 20 世纪 30 年代中国女性大量移民新马，妇女人数急剧上升，反映在 1947 年人口普查中，每千名华人男子对应的是 817 名妇女，男女性别比例接近平衡。从地区分布来看，新加坡、槟榔屿、马六甲、霹雳和雪兰莪等州由于经济发达，华人人口最多，相应地，华人妇女在上述地区比例也较高，尤其是海峡殖民地华人女性人口比例最高，而霹雳和雪兰莪由于 19 世纪末和 20 世纪初以来锡矿业和橡胶业的发展，华人妇女大量就业于这两个行业，使得 20 世纪 30 年代这两州的华人妇女人数和比例迅速增加。到 1947 年，槟榔屿华人男女性别比为 1 000：931，马六甲为 1 000：862，雪兰莪为 1 000：850，新加坡为 1 000：819，男女性别比例接近平衡，而吉打、吉兰丹和登嘉楼（旧称为丁加奴）等州华人人口少，经济也不发达，华人妇女相应也较少。

表 1－7　新马华人两性比例变化（男＝1 000 人）

年份	新加坡	槟榔屿	马六甲	霹雳	雪兰莪	森美兰	彭亨	柔佛	吉打	吉兰丹	丁加奴	玻璃市	总计
1911	408	424	204	195	213	105	113	116	172	362	279	233	311
1921	489	551	367	379	397	215	231	230	250	360	190	333	430
1931	584	678	536	502	564	351	389	358	458	464	279	424	535
1947	819	931	862	830	850	761	711	751	772	760	669	715	817

资料来源：《南洋年鉴》，新加坡南洋报社有限公司，1951 年。新加坡，乙第 21 页；马来亚，丙第 28－29 页。

二、性别与方言群

新马华人人口和性别构成存在地区分布不平衡的同时，也存在方言群分布不平衡。华人主要分为闽南人、广府人、客家人、潮汕人和海南人，最大方言群是闽南人，其次是广府人、客家人、潮汕人，海南人最少。华人妇女移民模式以依附迁移型为主，与各方言帮男性移民的流向、分布和规模互为表里，但又有所区别。

在 1929 年以前，进入海峡殖民地的中国妇女以广府妇女最多，闽南妇女第二，客家妇女第三，潮汕妇女第四，海南妇女最少。只有 1923—1926 年闽南妇女移民人数位居第一，其他年份都是广府妇女移民人数最多。1929 年，广府妇女移民新马人数为 15 757 人，闽南妇女为 10 872 人，客家妇女为9 545 人，潮汕妇女为 7 558 人，海南妇女最少，只有 2 933 人（参见表1－8）。

表 1－8　进入海峡殖民地的中国成年妇女移民人数（方言群）

年份	闽南		潮汕		广府		客家		海南	
	新加坡	槟城	新加坡	槟城	新加坡	槟城	新加坡	槟城	新加坡	槟城
1920	8 503	1 516	1 394	222	9 214	1 273	327	233		
1921	7 649	1 239	2 709	544	13 110	2 559	5 252	325	3	
1922	5 797	1 121	2 650	615	6 416	1 296	3 322	506	28	
1923	7 067	1 558	4 056	1 066	6 876	1 285	4 268	504	29	
1924	9 875	1 960	3 412	1 228	8 987	1 782	5 102	570	379	
1925	14 224	1 998	3 221	879	7 168	1 248	3 834	492	1 556	189
1926	22 073	2 635	4 214	1 120	15 030	2 228	7 894	589	651	96

（续上表）

年份	闽南		潮汕		广府		客家		海南	
	新加坡	槟城	新加坡	槟城	新加坡	槟城	新加坡	槟城	新加坡	槟城
1927	11 920	1 859	8 923	1 873	23 903	3 759	13 278	965	753	88
1928	10 059	1 807	13 215	3 808	17 226	2 987	10 350	1 524	4 676	297
1929	10 872		7 558		15 757		9 545		2 933	

注：①1929 年以前，《华民护卫司年度报告》有详细的中国移民出发地口岸、到达地口岸、人数、性别、方言群的统计，但 1929 年以后，只有到达人数和性别统计，没有离开口岸和方言群统计。

②中国移民主要从新加坡、槟城和马六甲港口进入，但从马六甲上岸的中国女性移民极少，可以忽略不计。

资料来源：Annual report of the Chinese protectorate，1920（Co. 275/103），1921（Co. 275/105），1922（Co. 275/107），1923（Co. 275/110），1924（Co. 275/112），1925（Co. 275/114），1926（Co. 275/117），1927（Co. 275/119），1928（Co. 275/121）1929（Co. 275/124）。

广府人并不是新马华人第一大方言群，为什么广府妇女移民新马人数最多？这与下列因素有关：①主动迁移型移民以广府妇女居多，她们承担起养家的责任。广府妇女在生产和支撑家庭上起重要作用[①]，当在国内难以维持生计时，一些妇女就到新马挣钱养家，因此，不依托于丈夫或家人移民的广府妇女比例较高。当 1929—1933 年世界经济危机导致广东蚕丝工业衰退、农村生活困苦时，广府妇女以更大规模到新马谋生。②珠江三角洲地区因缫丝业发达形成独特的自梳女和“不落家”习俗，自梳女的自立能力和较少受家庭羁绊使她们更容易出洋。她们在国内是农民、女佣或缫丝女工，到新马后大都当女佣和女工为生。[②]③地理因素。广府地区与香港毗邻，香港又是晚清、民国时期中国人出洋的最大口岸，一方面对广府妇女出洋十分方便，另一方面对犯罪分子拐卖妇女也十分方便，19 世纪下半叶到 20 世纪上半叶，香港和新加坡拐卖中国妇女十分猖狂，被

① TOPLEY M. Marriage resistance in rural Kwangtung//WOLF W，WITKE R. Women in Chinese society，Stanford，California：Stanford University Press，1975：p. 21.

② 如刘卿施，1912 年生于广东西樵，自梳女，20 多岁来新加坡，在中国时做缫丝女工，丝业衰退后只身与同乡南来，当佣为生。刘卿施口述访谈记录，新加坡口述历史档案馆，编号：A000837/02。

拐妇女以广府妇女居多，因此新马各大城市妓院中的华人妓女多为广府人。[①]

闽南和潮汕妇女的移民模式主要是随丈夫或家人迁移，即依附型移民，闽南和潮汕传统观念较强，对于妇女出洋可能发生的拐卖之事，更为在意，地方政府对妇女出洋有所限制。1919 年，“南安、永春两地，连年战乱，侨商携眷南渡者，指不胜屈，不逞之徒，乘此机会，而奸拐民妇者，亦屡见颇闻。陈知事以是关系于地方治安前途，昨特详请总司令核准出示禁妇女渡洋，倘有特别事故，亦应由家长呈报公署存案，领给护照，方肯放行”。[②] 闽南妇女自主出洋者有之，但不及广府妇女。潮汕传统性别观念十分顽固，强调男外女内，男主女从，妇女较少出洋。加之潮汕男子在海外经商，比较富裕，多采取两头家制度，妻子留在家乡照顾父母，也有人等站稳脚跟后，方接妻子南下团聚，所以潮汕自主下南洋谋生的妇女极少，远远不及广府妇女。

海南妇女移民人数最少，这当然与海南华人人口少有关，更与海南禁止和限制妇女出洋的传统有关，特别值得深入研究。1920 年以前，海南社会严禁妇女出洋。与商品经济发达的闽粤地区相比，海南处于更封闭的社会，琼人对宗族、村庄或乡里的族规民约的认同远远高于对国家法规的认同。男尊女卑、男外女内、男女大防等观念根深蒂固，对妇女出洋这种违背祖制和性别规范的事，海南地方宗族、海外琼侨会馆和一般民众反对最为激烈，“自民十（1912 年）以前，妇人出洋，悬为厉禁，以其宗法思想丰富，故守男治外女治内之古训，并且恐其妇女出洋，被人诱拐，沦为娼妓，与体面有攸关，其禁律之严，古今中外，罕有其匹”[③]。

严禁并不能完全阻止海南妇女出洋，在 1920 年以前，还是有极少数海南妇女南渡新加坡。据云愉民记载，最早进入新加坡的海南妇女是吴氏——陈姓海南人之妻，大约在 20 世纪初。但从新加坡华民护卫司年度报告来看，最早来到新加坡的海南妇女是 1891 年的无名氏。此后，1892 年、1896 年、1898 年到 1910 年，大部分年份都有 1—3 个海南成年妇女进入新加坡，1896 年甚至有 13 位。

---

① 李钟钰说 19 世纪 80 年代新加坡妓女私娼“皆广府人，或自幼卖出洋，或在坡生长者”（《新加坡风土记》，新加坡：南洋书局有限公司，1947 年）。20 世纪 20 年代黄强在吉隆坡看到“妓女来自广州香港”（《马来鸿雪录》，上海：商务印书馆，1928 年）。据一份 1883—1938 年华人注册和不注册妓女的不完全统计表明，31 名妓女中，闽南籍妓女只有 2 人，其余都是广府人。WARREN J F. Ah Ku and Karayuki – san：prostitution in Singapore，1870 – 1940. Singapore：Oxford University Press，1993：pp. 391 – 392.

② 《妇女渡洋须慎》，《新国民日报》，1919 年 10 月 1 日。

③ 云愉民：《新加坡琼侨概况》，海口：海南书局，1931 年，第 14 – 15 页。

1910—1919年，进入新加坡的海南妇女略有增加，有些年份甚至有30多位。[①]

因为海南严禁妇女出洋，违背这一禁令的妇女将受到严惩，所以1920年以前，进入新加坡的海南妇女都设法隐藏自己，她们也许敢对海关官员报出自己的方言群身份，但绝不敢对琼人暴露自己的身份，这可以解释为什么华民护卫司报告能够记录19世纪90年代已有海南妇女进入新加坡，而云愉民的研究却说第一位进入新加坡的海南妇女是20世纪初来的吴氏，实乃吴氏是第一个暴露身份的海南妇女。当年吴氏与丈夫陈某一起来到新加坡，为避免被海南人认出，夫妻俩并不敢住在一起，吴氏先与一广府妇女同住数月，稍识粤语，混为广妇。但不久后吴氏与广妇发生口角，广妇便趁着琼州会馆开会时，到会场揭发吴氏。“而一般侨众聆此消息，莫不瞠目裂眦，摩拳擦掌，纷纷按扯（址）前往该处，将吴氏拥到会馆，捆缚于石柱旁边。一时拳足交加，唾骂齐来，想地狱残酷之刑，不是（足）过也。风声所播，继续来凌辱者，前拥后挤，门限为穿，而饮泣残喘，奄奄一息之弱妇，半日一夜伴于无情之石柱，实有求死不得之叹，岂能望庆生还。”[②] 从吴氏所遭遇的残酷对待，可见一般琼侨反对妇女出洋的激烈程度。最后，还是华民护卫司出面，解救了吴氏。

随着琼侨在新马立足和拓展事业，到1920年前后，越来越多海南商人和知识分子主张开放妇女出洋。在新加坡华民护卫司的帮助下，琼帮妇女受到保护，才能随丈夫或家人出洋。1920年琼籍商人郭镜澄携其夫人从中国香港到新加坡，“先发电新加坡各友至轮迎接，并通知华民政务司与警察厅长亦莅声助庆，……自是以后，不独商店东家携眷南渡，即一般工人，莫不鸳鸯一对，翩翩来矣”[③]。郭开定（琼侨领袖郭新之子）的访谈可与这段记载相互印证：“政府让妇女出国，但海南侨领不让来，认为这些妇女是乡下婆，来了没面子。”“后来有钱的琼州人，如龙道舜带妻子来，我祖父带八叔的母亲来，以后琼州女人来多了。”[④] 从上述史实可知，海南妇女在1920年后已获准出洋，李亦园的“1930年以前海南人大致皆禁止妇女随其家中男人南迁”的说法不确。[⑤]

---

① Annual report of the Chinese protectorate, 1889 (Co. 275/36), 1890 (Co. 275/40), 1891 (Co. 275/42), 1892 (Co. 275/45), 1893 (Co. 275/47), 1894 (Co. 275/49), 1895 (Co. 275/50), 1896 (Co. 275/53), 1897 (Co. 275/55), 1898 (Co. 275/57), 1899 (Co. 275/59), 1990 (Co. 275/61), 1910 (Co. 275/84), 1911 (Co. 275/87), 1912 (Co. 275/89), 1913 (Co. 275/91), 1914 (Co. 275/94), 1915 (Co. 275/96), 1919 (Co. 275/101).

② 云愉民：《新加坡琼侨概况》，海口：海南书局，1931年，第23－24页。

③ 云愉民：《新加坡琼侨概况》，海口：海南书局，1931年，第25页。

④ 郭开定口述历史录音访谈文稿，新加坡口述历史档案馆，编号：A000238/09。

⑤ 李亦园：《一个移植的市镇——马来亚华人市镇生活的调查研究》，台北：正中书局，1985年，第207页。

虽然1920年后海南妇女被允许出洋，但单身女子出洋仍受到严禁，而且到达新加坡的海南籍妇孺要有大商店、大旅馆担保才能上岸。[①] 20世纪30年代海南因兵乱匪祸，加之新马对妇女移民不加限制，海南妇女南来人数较前增多，有些妇女南来前未得到丈夫允许，有些陷入困境，引发了一些社会问题，如生活困难、离婚、私逃、卖淫、自杀等，这触动了琼侨社会脆弱的神经和底线，认为有必要限制妇女南来。1935年4月22日，南洋英属琼州会馆联合会在新加坡开会，提出《改善琼帮妇女南来》议案，要求妇女南来要事先得到丈夫的准许，由丈夫申请琼州联合会出具证明。[②] 这个议案的核心是将妇女南来的决定权交给丈夫，如果妇女未得丈夫同意，不得南来，办理出洋手续和购买船票要以丈夫的书证为据。于是，广东侨委会特致函海口侨委会，规定从1936年6月1日起，"凡琼崖妇女出国，无论欲往何埠，当有亲属为之保护，且需其夫主或琼州会馆，或公所等团体，致函侨务处证明，始准南来"[③]。海口侨务处还就此事通函各地琼侨，南洋琼州联会接函后转往英属各琼会。[④]

从闽粤不同方言群妇女移民模式和规模可见，探讨影响中国女性国际迁移的因素，不仅要考虑经济因素及与男性迁移规模与分布的关系，还要考虑方言群、移出地风俗和性别观念的影响。

无论如何，各方言帮妇女移民规模和模式的差别，最终对新马不同方言帮人口的性别构成产生巨大影响。从各方言群男女性别比来看，广府人性别比最高。1921年人口普查表明，广府人男女性别比为1 000：419，闽南人为1 000：394，客家人为1 000：324，潮汕人为1 000：232（参见表1－9）。1931年闽南人性别比最高，为1 000：620，广府人为1 000：581，海南人最低，仅为1 000：151。但20世纪30年代女性移民浪潮大大提高了各方言群的性别比，广府人性别比提高最快，为1 000：960，其中新加坡的广府妇女甚至超过广府男子，比例为1 000：1 219，闽南人性别比上升为1 000：864，客家人上升到1 000：831，潮汕人为1 000：797，海南妇女人数仍然最少，但增长迅速，性别比例上升到1 000：554。

---

① 《海南妇孺自由登岸，七月十三日起取消担保》，《叻报》，1929年7月16日。

② 《南洋英属琼州会馆联合会第五次常务会议议决各要案》，《南洋商报》，1935年4月23日。

③ 《琼侨妇女出国，今后将不得自由》，《星洲日报》，1936年6月16日。

④ 《广东侨委会限制琼崖妇女出国》，《槟城新报》，1936年6月18日。

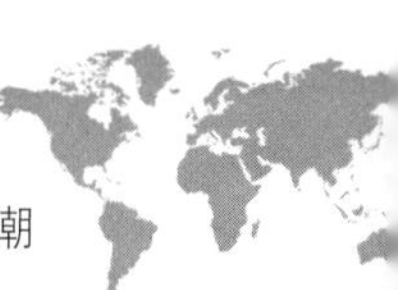

表 1－9　新马华人各方言群两性比例（男＝1 000 人）

年份	闽南	广府	客家	潮汕	海南
1921＊	394	419	324	232	
1931	620	581	526	472	151
1947	864	960	831	797	554
其中新加坡	886	1 219	768	825	557

＊1921 年数字不包括吉兰丹、登嘉楼和玻璃市三州。

资料来源：①NATHAN J E. The census of British Malaya. London: Dunstable and Watford, 1922, p. 48.

②［英］巴素著，郭湘章译：《东南亚之华侨》，台北：正中书局，1974 年，第 396 页。

新加坡之所以出现广府妇女多于同方言群男子的现象，是因为新加坡经济发达，找工容易，成为广府妇女主动移民的集中地。一些职业几乎成为广府妇女的专属，如女佣、女建筑工、女理发师和妓女等，因此新加坡广府帮妇女多于同籍男子也就不奇怪了。

三、女性人口增加对华人社会的影响

20 世纪 30 年代中国妇女的大量移民导致新马华人人口迅速增加，男女性别比例日益接近，这对新马华人社会的发展产生了深远的影响。著名学者颜清湟在研究 19 世纪新马华人社会时，就高度评价了华人妇女在新马华人社会形成中的作用，他认为到 19 世纪末，女性移民增加，对新马华人社会的形成起了极其重要的作用。

首先，它稳定了华人社会。越来越多的中国妇女的到来，意味着在这块新土地上建立了越来越多的核心家庭。由于有妻子在身边，定居者不再像以前那样去寻花问柳；他们在心理上和社交上更为稳重。他们的妻子在新土地上则肩负起传宗接代的重任；同时协助丈夫经营生意，共同制定拓展计划。由于有妻儿在旁，定居者可以享受到天伦之乐，海外华人社会也因此变得更为稳定。其次，中国妇女的到来，使得原先在华人男性移民与马来女子之间的通婚的趋向得以阻遏。其结果，是形成了一个仍保留着种族和文化特征的稳定的华人社会。[①]

① ［澳］颜清湟著，粟明鲜等译：《新马华人社会史》，北京：中国华侨出版公司，1991 年，第 10 页。

颜氏的这段论述十分精辟。那么，当20世纪30年代中国妇女以比19世纪末大得多的规模和快得多的速度移民新马时，她们对华人社会的影响也远远大于以往任何时候。

其一，20世纪30年代中国妇女的大量移民使新马华人社会最终从移民社会转向定居社会。移民社会指以暂时居留者为主，而定居社会则以永久居留者为主。20世纪30年代新马华人妇女增多意味着家庭增多、儿童增多、当地出生人口增多，从1921年和1947年新马人口普查来看，1921年出生于新马的华人只占华人人口的22.0%，华人社会还是一个标准的移民社会，但到1947年，当地出生的华人已占华人人口的62.5%（参见表1－10），华人人口构成也趋于年轻化和低龄化。当地出生人口越多，就越增加了定居的倾向，尽管此时新马华人社会仍是移民社会，但定居社会的条件已经成熟，并在20世纪50年代最终转化为定居社会。

表1－10　出生于新马的华人（1921—1947年）

地区	出生于新马的华人人数			占华人人口总数的百分比（%）		
	1921	1931	1947	1921	1931	1947
马来亚联邦	178 503	383 172	196 089	20.9	29.9	63.5
新加坡	79 686	150 033	437 243	25.1	35.6	59.9
总计	258 189	533 205	633 332	22.0	31.2	62.5

资料来源：［英］巴素著，郭湘章译：《东南亚之华侨》，台北：正中书局，1974年，第395－396页。

其二，20世纪30年代中国妇女的大量移民使新马成为海外华人妇女人数最多、比例最高的社会①，不仅导致华人社会最终形成，也使新马成为海外华人社会中保持最完整中华文化的社会。一个社会的基本核心是稳定的家庭，家庭不仅保持人种的繁衍，而且保持该人种所赖以生存的文化的延续，新马华人妇女就起了这样的作用。她们养育孩子，操持家庭，并以自己的言行举止，将中国文化和

① 美国1940年华人妇女为20 115人，占华人人口的25.9%；澳大利亚1947年华人妇女为2 550人，占27.9%；印度尼西亚1930年华人妇女为465 515人，占39.1%；菲律宾1939年华人妇女人数为27 480人，占23.4%；泰国1947年华人妇女为340 739人，占40.8%；日本1937年华人妇女为15 526人，占31.3%。马来亚1947年华人妇女人数为1 188 004人，占华人人口的45.45%，是海外华人妇女人数和比例最高的地区。分别引自令狐萍的《金山谣——美国华裔妇女史》（第146页），黄昆章的《澳大利亚华侨华人史》（第194页），温广益等的《印度尼西亚华侨华人史》（第188页），黄滋生等的《菲律宾华侨史》（第313页），巴素的《东南亚之华侨》（第79、145－146页）。

伦理观念点点滴滴灌输给孩子。而且中国妇女的大量移民也有效阻止了华人与其他族群妇女结婚[①]，因此在海外华人社会中，新马华人社会是同化率最低的，这有助于新马华人社会保持最完整、最纯粹的中华文化。

其三，中国女性移民的大量增加有助于提高新马华人妇女地位，改变传统的性别关系。直到 20 世纪上半叶，新马华人社会还是一个传统而保守的社会，人们普遍认为妇女应该遵循三从四德，妇女极少接受教育，也极少有就业机会。随着女子教育的发展和 20 世纪 30 年代女性移民的大量进入，华人妇女进入从劳工到专业技术人员的很多职业领域，积极参与经济和社会活动，她们在社会变迁中所发挥的能动性不仅提高了妇女的社会地位，也在某种程度上改变了传统的社会性别。这是我们在后面各章将深入探讨的内容。

① 尽管华人与马来人的不同宗教信仰确实阻止了双方的婚姻，但新马华人女性人数众多是阻止异族通婚的一个重要因素。

第二章　女子教育：社会性别变化的基石

新马华人女子教育主要包括两个部分：英文教育和华文教育。[①] 英文教育先行一步，在19世纪中叶出现，19世纪末和20世纪初得到发展；华文教育则发端于20世纪初，20世纪30年代取得长足进展。在新马华人女子教育史上，20世纪30年代是一个重要的时代，女子教育的数量和质量都大大提高，表现在接受教育的女学生人数增多，还表现在女子接受更高一级教育的机会也增多。女子教育为华人女性争取经济自立、社会参与和改变社会性别关系奠定了基石。

第一节　新马华人女子教育的发展

一、早期新马华人女子教育

（一）华人女子教育的开端：1800—1907年

新马华人女子教育发端于教会，早在19世纪上半叶，新加坡就出现教会办的女子学校，据说最早的华人女子学校是1825年英国女子格兰脱小姐（Miss Grant）开办的，[②] 此说未得到确证。宋旺相认为，新加坡华人女校始于19世纪30年代，由伦敦布道学会（London Missionary Society）的Mrs. Dyer创办，也有

---

① 别必亮在《承传与创新：近代华侨教育研究》一书中将华侨教育等同于华文教育，而且用了不少篇幅说明华侨教育和华人教育的区别（河北教育出版社，2001年，第2页），其实，“华侨”与“华人”概念之分别在1949年后才出现，在该书所研究的近代（1840—1949年）并不存在华侨与华人的区别，因为清政府和国民政府在国籍法上都以血统主义为原则，所有在外国出生的中国人都是华侨。笔者同意周聿峨对华侨教育的定义：“华侨教育是侨居他国的中国公民所接受的教育，它既包括以华文华语为媒介的教育，也包括以英语及其他语言为媒介的教育。在战前，华侨教育以华文华语为媒介的教育为主，这是人们用‘华侨教育’称谓战前华文教育的原因。”（周聿峨：《东南亚华文教育》，广州：暨南大学出版社，1996年，第3页）但我们并不能就此将华侨教育完全等同于华文教育，更不能忽略英文教育。而目前关于华侨教育的研究实际上只是单一的华文教育研究，基本上忽略了英文教育和教会教育。

② 何晓夏、史静寰：《教会学校与中国教育近代化》，广州：广东教育出版社，1996年，第221页。

人认为新加坡最早的华人女校是1842年戴亚牧师夫妇建立的圣玛格烈女校。[①] 第一间政府办的女校是莱佛士女校，1844年建立，招收各族群学生，教育内容侧重宗教和道德教育，据总督报告“这是一间为贫困的新教女孩所设立的教育和宗教训练学校，……同时，也招收那些家长有能力支付全部或部分教育费的女孩”。早期莱佛士女校发展缓慢，在建立的最初三十年，学生人数从未超过100人。[②] 1854年罗马天主教会的玛蒂拉、格丹等修女建立了圣婴女校，1862年，该校有145名学生，其中82名完全由修女资助。[③] 19世纪80年代后，又有几所教会女校陆续开办，有1888年建立的英淡女校、1889年建立的黄飞女校、1893年建立的圣安娜学校和1894年建立的美以美女校等。上述学校的语言主要是英语，学习内容偏重宗教，学生主要是欧洲人、欧亚混种、华人和马来人，华人女生人数较少。

新加坡第一所由华人专为华人女子创办的学校是1899年建立的华人女校。由海峡华人知识分子宋旺相、林文庆等人倡导建立。他们最早认识到女子教育的重要性，1897年林文庆指出：“我们的妻子将是子女们的母亲，她们掌握着塑造我们民族命运的力量。所以无论如何，我们应当善待她们，授之以礼，给予接受体育和智育的同等机会。”[④] 在与康有为、梁启超等维新派人士的接触中，华人知识分子进一步认识到女子教育对强种强国和保持中华文化传统的意义。邱菽园指出，由于国人“求偶于斯，滋族于斯，华巫通偶，由来久矣……其子幼与母习，天性少成，与母亲即与父疏……久而久之，女与父殊，子与母习，移华而巫，尽变种质……今欲匡政之，数百年之妆饰语言习尚仪节，实难猝移，亦不得尽人而移，况在妇女辈为尤甚，则莫若先兴女学。目下沪上有创设女学堂之举，效西国教法，浅而易入，教中国文字，切而可行，无事家四库之精微，惟在识三从之大义，易于男学”[⑤]。1899年6月在海峡华人宋旺相、林文庆、邱菽园等人的积极倡导和募捐下，第一所新加坡华人女子学校建立，该校招收对象是海峡华人女孩，教授华文、英文、数学、缝纫刺绣、家政等课。第一批入学的学生只有7人，在以后的几年中，女校发

① 魏维贤、德瑞等：《新加坡一百五十年来的教育》，新加坡：新加坡师资训练学院，1972年，第14页。

② 魏维贤、德瑞等：《新加坡一百五十年来的教育》，新加坡：新加坡师资训练学院，1972年，第19页。

③ 魏维贤、德瑞等：《新加坡一百五十年来的教育》，新加坡：新加坡师资训练学院，1972年，第16页。

④ LIM B K. Our enemies. Straits Chinese magazine，1897，1（1）. 转引自李元瑾：《林文庆的思想——中西文化的汇流与矛盾》，新加坡：新加坡亚洲研究学会，1990年，第66页。

⑤ 转引自余定邦：《邱菽园、林文庆在新加坡早期的兴学活动》，未刊论文，第4页。承蒙我的导师余定邦教授提供其未刊论文，特此感谢。

展缓慢，1901 年平均注册人数为 64 人，平均在籍人数为 54 人，到 1909 年女校建立已有 10 年，学生人数仍未超过百人。①

图 2-1　新加坡华人女子学校

图片来源：［新］宋旺相著，叶书德译：《新加坡华人百年史》，新加坡：新加坡中华总商会，1993 年。

从 19 世纪中叶到 20 世纪初，可以说是新马华人女子教育的发轫期，教会女校在这一时期占主导地位，为海峡华人女子打开了知识大门。尽管这一时期接受教育的华人女子为数甚少，但还是有少数华人女性通过教育提高了自身能力。如李俊源夫人陈德娘（1872—1978 年）就读于美以美女校，后来一直热心社会工作，她捐钱设立接生妇奖学金，鼓励华人妇女学习新法接生，1917 年她与林文庆夫人殷碧霞（1884—1972 年）等人发起成立新加坡华人妇女协会，并任第一任会长。宋旺相夫人杨喜娘 1903 年毕业于美以美女校，积极参加社会活动，历任新加坡救世军秘书、新加坡华人女子英文学校董事，并加入新加坡华人妇女协会。郑连德夫人陈朝娘肄业于莱佛士女校，曾在美以美女校教书，1916 年加入新加坡基督教女青年会，1917 年加入新加坡华人妇女协会，兼任秘书。因她热

① 转引自李元瑾：《新加坡海峡华人知识分子的女权与女学思想》，载杨松年、王慷鼎合编：《东南亚华人文学与文化》，新加坡：新加坡亚洲研究学会，1995 年，第 291-292 页。

心服务社会，被英国殖民当局任命为保良局局绅，在新马华人抗日救亡运动中，她是新加坡华人妇女筹赈会委员。李珠娘是华人女校的学生，是第一个考试通过剑桥九号文凭的华人女性，后来成为马来亚第一个华人女医生。

（二）华人女子教育的初步发展：1908—1929 年

1907 年晚清政府颁布《奏定女子师范学堂章程三十六条》和《女子小学章程二十条》，将女子教育正式纳入教育体制，这对中国已发展了数年的女子教育实践是一个肯定也是一个促进。在中国的影响下，海外华人社会也兴起开办女学的热潮，1908 年第一所华文女子学校——坤成女校在吉隆坡建立，创办人是吴雪华女士和时任尊孔学校校长的钟卓京及其日籍夫人，招收 18 名女生。[1] 这是迄今所知新马最早建立的华文女子学校。1911 年华侨女校在新加坡建立，主持人为黄典娴。[2] 黄典娴是新马华侨妇女界闻人，早年热心女子教育，是早期女子教育的开路人，“当时华侨风气未开，所有女子，仍然是土耳其式的女子，半步不出闺门，所以学生寥寥无几人。黄典娴为创办人而兼校长，不特无半点灰心，而筹划进行，改良方案，事事躬亲力行。果然风气渐开，学校林立，从前之‘孤立无声援’的，现在‘随处皆附义之师’了。来学者众，房舍不敷，又再扩张，如是者已三次，其成绩之优美可想”[3]。同年，在孙中山的影响下，另一所华人女校——中华女校在新加坡建立，创办人为郑聘庭和潘兆鹏。此后新马各地华人女子学校纷纷建立，据表 2－3 不完全统计，20 世纪前二十年共建有 17 所女校，其中一些女校如南洋女校、崇福女校、南华女校、化南女校、培德女校、坤成女校、霹雳女子学校后来成长为著名的女校。

20 世纪 20 年代女子教育取得初步发展，表现在女学校数量大大增加，新增 20 余所，福建女校、静方女校、协和女校等就是在这一时期建立。如静方女校建立于 1928 年，其前身是养正学校的女子部，因业主将房子撤回，女子部不得不搬回男校，由于殖民政府教育条例规定男校不得招收 12 岁以上的女生，董事们担心此举违背教育条例，便决定于 1928 年春季开学前裁撤女子部。女生们听到此消息，担心无学可上，上书请愿，但董事们不允。张兆兰先生看到此情景，出面组织女子专校，容纳女子部之女生，1928 年 1 月 20 日筹办，同年 2 月 13 日

---

① 坤成百年校史编委会：《坤成百年校史汇编》（1908—2008 年），吉隆坡：坤成中小学暨幼儿园，2010 年，第 27 页。

② 关于华侨女校成立时间有很大争议，有人认为建立于 1905 年，郑良树曾认同这一说法，后来又认为华侨女校建于 1911 年。［马］郑良树：《新马华社早期的女子教育》，《马来西亚华人研究学刊》1997 年第 1 期，第 48 页；［马］郑良树：《马来西亚华文教育发展史》（第一分册），吉隆坡：马来西亚华校教育总会，1998 年，第 239 页。

③ 梁绍文：《南洋旅行漫记》，上海：中华书局，1924 年，第 53 页。

开学，筹备时间仅三星期，静方女校诞生。①

与此同时，女校的规模也有所扩大，各校学生人数不断增加，20 世纪 20 年代增加到几十人甚至上百人（参见表 2 - 3）。

图 2 - 2　20 世纪 20 年代崇福女校初高级毕业生及全体教师合影

资料来源：LIU G. Singapore：a pictorial history 1819 - 2000. Singapore：National Heritage Board and Editions Didier Miller ，1999.

这一时期华人女子教育可以说是在夹缝中求生存，尽管知识分子和少数侨领认识到女子教育的重要性，但华人社会大部分人对女子教育并不重视，大商人愿意捐款给男校，而不愿捐给女校，当时人观察："南洋资本家捐款公益事业可分为两派，一派是新派，受过西洋文化的洗礼，新兴的资本家，经济力量较弱，他们的款只捐到新的学校或革命一类的事。旧派大都是老资本家，崇拜孔子，喜捐孔教会、佛教孤儿院、尊孔学校，而对于女校、男女同校的学校则不愿捐款。"② 一般人家不愿

① 《静方女学校校刊》，新加坡：静方女学校，1930 年，第 1 页。

② 刘薰宇：《南洋游记》，上海：开明书店，1930 年，第 44 页。

送女儿上学，女校面临经费拮据、校舍破烂和生源不足等问题。20 世纪 20 年代梁绍文访问培德女校，看到“那所培德女学，更是令人灰心！办了好几年，总是几个学生，弄得有神无气的样儿”。后来聘到刘韵琴女士当校长，局面才有所改观。刘韵琴乃江苏人，曾到日本留学，回国后当过记者，后来到新马从事女子教育。为了动员更多的女生入学，她“时常到女生家长面前，联络他们的感情，使他们知道女子教育的好处，开迪他们的风气，居然从几个学生加到几十个，又从几十个加到一百几十，于是培德女学从此蒸蒸日上，一年进步一年了”①。

二、20 世纪 30 年代华人女子教育的发展

经过 20 世纪 20 年代的初步发展，新马华人女子教育在 20 世纪 30 年代进入新的发展时期，表现在女子教育从数量和质量上都有较大提高，笔者试从教育规模和教育级别两方面加以论述和分析。

（一）教育规模：学校和学生数量的增长

1. 英文学校和学生

新马的英文学校主要分政府办和教会办两种，政府办的学校经费由政府支出，教会办的学校享受政府津贴。从英文学校数量看，男校多于女校，而且男校的增长速度快于女校，1921 年海峡殖民地和马来联邦共有英文男校 59 所，女校 23 所，1931 年英文男校增加到 73 所，女校增加到 28 所。② 男校大部分是政府所办（1931 年政府办男校为 44 所，教会办的只有 29 所），但女校绝大部分是教会所办，政府办的只有 2 所，即位于新加坡的莱佛士女校和位于槟城的圣乔治女校。这些学校都享有政府津贴，所以发展较快，莱佛士女校、修道院女校、美以美女校发展成中小学校。③

因资料难觅，我们不清楚 20 世纪 30 年代历年新马英文女校精确的数量、学校名称和学生人数，笔者估计新马英文女校有 30 所左右，见其名者录于下（参见表 2 - 1）。

① 梁绍文：《南洋旅行漫记》，上海：中华书局，1924 年，第 152 - 153 页。

② WONG F H K, HEAN G Y. Official reports on education in the straits settlements and the Federated Malay States 1870 - 1939. Singapore: Pan Pacific Book Distributors, 1980: p. 116.

③ 参见《南洋年鉴》，新加坡：南洋报社有限公司，1951 年，乙第 29 页。

表 2－1　20 世纪 30 年代新马英文女校名录（不完全）

学校名称	主办机构	地址	学生数（年份）
莱佛士女校（Raffles Girls' School）	政府办	新加坡	
美以美女校（Methodist Girls' School）	美以美会	新加坡	150（1900 年）
The Church of England Zenana Missionary Society		新加坡	300（1934 年）
修道院女校（Girls' Convent School）	天主教	新加坡	
黄飞女校（Fairfield Girls' School）	美以美会	新加坡	
中华女校（Chinese Girls' School）	教会	新加坡	
修道院女校（Girls' Convent School）	天主教	槟榔屿	
圣乔治女校（St. Georges' Girls' School）	政府办	槟榔屿	400 多人
修道院女校（Girls' Convent School）	天主教	马六甲	400 人左右
苏腾女校（Suydam Girls' School）	美以美会	马六甲	400 人左右
美以美女校（Methodist Girls' School）	美以美会	吉隆坡	
美以美女校（Methodist Girls' School）	美以美会	雪兰莪巴生	
修道院女校（Girls' Convent School）	天主教	吉隆坡	
修道院女校（Girls' Convent School）	天主教	雪兰莪巴生	
圣玛丽女校（St. Mary's Girls' School）	圣公会	吉隆坡	
英华女校（Anglo－Chinese Girls' School）	美以美会	霹雳怡保	
修道院女校（Girls' Convent School）	天主教	森美兰芙蓉	

资料来源：①关楚璞主编：《星洲十年》，台北：文海出版社，1977 年。
②《南洋年鉴》，新加坡：南洋报社有限公司，1951 年。

英文学校实行男女分校，但根据海峡殖民地政府的学校普通章程，12 岁以下男女学童可以同校，所以假若附近没有女校，小学阶段女生可以插入男校学习，当然也有男童进入女校学习，但中学阶段则实行男女分校，另外教会学校实行严格的男女分校。也有少数英文学校试行男女同校，录取女生，如槟城两间英文学校录取了女生，她们都是著名律师的女儿。[①]

在英文学校学生中，各族群学生都有，但以华人学生最多，20 世纪 30 年代进入英文学校的华人学生比 20 世纪 20 年代大大增加，从海峡殖民地英文学校学生统计看（参见表 2－2），各族群学生基本上呈逐年增长趋势，只有 1933 年因经济危机影响，学生人数略有下降。华人男生从 1921 年的 9 981 人增加到 1937 年的17 792

① 一位是华人律师林清渊的女儿，一位是华人律师吴源的女儿。《本屿两英校破除旧制度，特取女生实行男女同学》，《槟城新报》，1937 年 12 月 4 日。

人，增长了 1.78 倍，华人女生从同期的 2 507 人增加到 6 844 人，增长了 2.73 倍，女生人数少于男生，但增长速度快于男生，1938 年英文学校华人学生人数有所下降，但女生在华人学生中的比重从 20% 上升到超过 30% 。选择上英文学校的华人女子绝大多数是海峡华人，还有极少数出生于中国的女子，她们通常在中国已接受了中等教育，来到新马后没有合适的学校，就进入英文学校补习英文。[①] 还有一小部分是孤儿，先被保良局收养，长大后，被送入英文学校。如第一章提到的林秋美被人贩子从中国拐卖到新加坡当妹仔，她被保良局解救，1934 年在她 10 岁时被保良局送到教会学校（The Church of England Zenana Mission School）读书，秋美发现这所学校有 300 多个女生，大部分是华人，像她一样的孤儿还有不少。[②] 1940 年 1 月槟城保良局也送 5 名少女进入圣乔治女校读书。[③]

图 2－3　20 世纪 30 年代圣婴女校（Convent of the Holy Infant Jesus）的课外活动
图片来源：KHOR N. Chinese women：their Malaysian journey. Petaling Jaya：MPH Pub. , 2010.

① 蒋淑娟：《英文学校的中国女生》，《星洲日报》，1939 年 6 月 14 日。
② LIM J. Sold For silver，London：Collins，pp. 61－63.
③ 《槟城保良局幼女五名送入英校肄业》，《星洲日报》，1940 年 1 月 27 日。

表 2－2　海峡殖民地英文学校的学生人数（族群与性别）

年份	欧洲人		马来人		华人			印度人		华人女生占所有女生百分比（%）
	男	女	男	女	男	女	女生占比（%）	男	女	
1921	1 235	1 249	1 114	18	9 981	2 507	20. 07	1 062	166	63. 63
1926	1 387	1 339	1 716	47	11 402	3 515	23. 56	1 169	271	67. 96
1927	1 602	1 355	1 859	68	11 727	3 642	23. 70	1 401	326	67. 56
1928	1 405	1 421	2 107	80	12 236	3 843	23. 90	1 633	349	67. 50
1929	1 457	1 474	1 996	93	12 536	4 110	24. 69	1 310	431	67. 48
1930	1 512	1 409	1 999	108	12 673	4 255	25. 13	1 819	586	66. 92
1931	1 611	1 552	2 037	116	12 676	4 646	26. 82	1 937	586	67. 33
1932	1 662	1 580	2 015	138	13 066	4 812	26. 91	1 891	630	67. 20
1933	1 699	1 506	1 559	123	12 223	4 718	27. 85	1 828	667	67. 26
1934					11 881	4 896	29. 18			
1935					16 707	6 065	26. 63			
1936					16 985	6 429	27. 46			
1937					17 792	6 844	27. 78			
1938	1 440	1 422	1 285	185	12 444	5 404	30. 28	2 197	994	67. 75

资料来源：①中华民国驻新加坡总领事馆：《海峡殖民地之略历及近二十年来之政治经济统计简表》，《外交部公报》1934 年第 7 卷第 8 号，第 264 页。

②杨建成主编：《英属马来亚华侨》，台北："中华学术院"南洋研究所，1986 年，第 53 页。

③Annual report on the social and economic progress of the people of the Federated Malay States, 1938, London: H. M. S. O. imprint 1932－1939: p. 169.

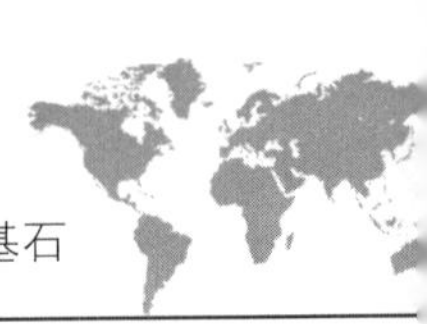

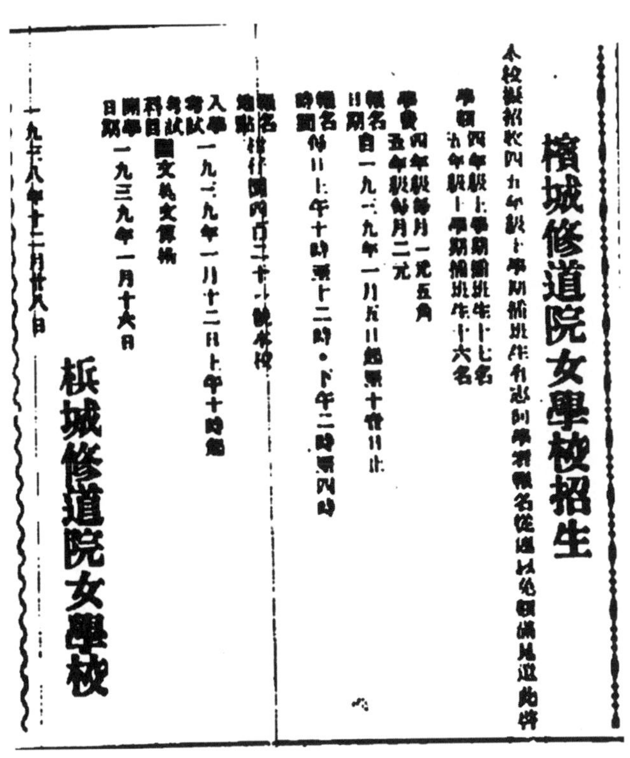

檳城修道院女學校招生

本校擬招收四五年級上學期插班生有志到學者報名從速以免額滿見遺為荷

學額　四年級上學期插班生十七名　五年級上學期插班生十六名

學費　四年級每月一元五角　五年級每月二元

報名日期　自一九三九年一月五日起至十四日止

報名時間　每日上午十時至十二時・下午二時至四時

入學考試　一九三九年一月十二日上午十時起

考試科目　國文英文算術

開學日期　一九三九年一月十六日

一九三八年十二月廿八日

檳城修道院女學校

图 2－4　槟城修道院女学校招生广告

图片来源：《槟城新报》，1939 年 1 月 8 日。

2. 华文学校和学生

华文女校在 20 世纪 20 年代迅速增加，到 30 年代无论在量上还是质上都取得更大发展。从女校数量上看，据不完全统计，1941 年以前新马华文女校累计有 50 余所（参见表 2－3），成立于 20 世纪 20 年代以前的有 10 多所，20 年代建立的女校数量最多，有 20 余所，30 年代建立的女校数量最少，只有不到 10 所，但我们不能就此认为 30 年代女子教育发展不如 20 年代，其实恰恰相反，30 年代女子华文教育规模大大超过了 20 年代，这主要不是表现在女校数量上，而是表现在学校规模和学生人数增长上。在 20 年代以前，女子教育规模很小，每个女校学生数量一般只有数十人，20 年代女生有所增长，大部分学校仍是数十人，少部分学校女生超过 100 人（南洋女校、崇福女校、福建女校、爱群女校、霹雳女子中小学校、坤成女校等），到 30 年代，很多著名女校的学生数都超过数百人，甚至上千人。一般女校也有学生上百人（参见表 2－3）。

表 2－3　新马华文女校名录（不完全统计，1941 年以前）

地区	学校名称	开办年份	创办人	沿革	历任校长	教师人数（年份）	学生人数（年份）
新加坡	中华女校	1911	郑聘庭、潘兆鹏	初名中华女子学堂，1925 年改为中华女子学校，1940 年设立高师	阮翅、刘稚玲、汪玉聪	11 人（1933） 31 人（1938）	数十人（1911） 400 余人（1934） 800 余人（1939）
	华人女校	1911	黄典娴		黄典娴		
	崇福女校	1916	福建会馆	幼稚园、完全小学，1931 年倡国语教学，首先在崇福女校实行	吴德贤、林芳兰	15 人（1933） 25 人（1938）	270 人（1929） 350 人（1933） 650 人（1938）
	崇本女校	1916		原名育德女校，1917 年改名崇本女校	黄怡耀夫人、彭梦民、方文均	14 人（1938）	50 余人（1920 年前） 100 余人（1929） 371 人（1938）

（续上表）

地区	学校名称	开办年份	创办人	沿革	历任校长	教师人数（年份）	学生人数（年份）
新加坡	南洋女校	1917	张永福、陈楚南、庄希泉	1930 年设立高中，更名为“南洋女子中学校”，设立三三制高初级中学	余佩皋、伍绛宵、彭梦民、刘韵仙	23 人（1934） 33 人（1938）	约百名（1917） 180 人（1927） 377 人（1934） 580 人（1938）
	南华女校	1917	熊尚文	完全小学，1918 年办师范班，1939 年办四年制简易师范科	吴木兰、王祖蕴、姚楚英	10 人（1933） 20 人（1938）	数十人（1920） 200 余人（1932） 300 余人（1939）
	瑯环女校	1922		完全小学	黄敬文	4 人（1929）	62 人（1929）
	大德女校	1923			向少贞	2 人（1929）	30 人（1929）
	群英女校	1926			陈素英		46 人（1929）
	街余女校	1927			吴婉娴	2 人（1929）	50 余人（1929）
	静方女校	1928	张兆兰、宁镜澜	完全小学、师范	陈如葆、杨瑞初	12 人（1933） 20 人（1938）	200 余人（1933） 246 人（1938）
	志钊女校	1928			周惺华	1 人（1929）	25 人（1929）
	圣尼古拉女校	1933	教会	完全小学、1938 年设立简易师范	Solang Felix、李芳济		40 余人（1933） 100 人（1936）
	圣婴女校	1934	天主教				
	辅女学校	1934					
	南洋女子体育专门学校	1929			丁巧英	9 人（1929）	96 人（1929）
	义安女校	1940					

（续上表）

地区	学校名称	开办年份	创办人	沿革	历任校长	教师人数（年份）	学生人数（年份）
槟城	璧如女校	1912	梁璧如、谢梦池			4 人（1914）	112 人（1914）
	务内女校	1915	吴志德			2 人（1917）	60 人（1917）
	中华女校	1922	杨汉翔、梁金盏		林秀杰	3 人（1926）	150 人（1926）
	福建女校	1920	陈新政、林如德	1927 年设立三年制师范，1932 年改为四年制师范，共有三个分校	朱素英、张清和、杨和林、廖宝和、朱月华	7 人（1927） 21 人（1929） 49 人（1938）	120 人（1922） 330 余人（1927） 2 980 人（1938）
	协和学校	1928	教会、邵清浩、郑珍恩	先设立幼稚园，1929 年设立初小、高小，1936 年设立幼儿师范，1939 年设立初中	林素莲、夏国恩、黄则吾、刘萃瑾、刘英	21 人（1938）	300 余名（1935） 450 人（1938）
	圣心女校	1929	教会	完全小学		4 人（1929）	64 人（1929）
	毓南女校	1918		完全小学	李素芬	4 人（1926）	130 人（1926）
	华人公立女校	1921		完全小学	李金陵	4 人（1926）	80 人（1926） 100 人（1929）
	辅友女校	1931	辅友社	小学，后增设师范班	曾桂英	7 人（1931） 18 人（1938）	100 余人（1931） 400 余人（1938）
	坤仪女校	1922			利翰英	1 人（1926）	20 余人（1926）
	慕真女校	1921 年前					
	南洋女子工商学校	1923			黎绶荣	5 人（1926）	70 余人（1926）
	坤德女校	1924			鲍坤鹏	2 人（1926） 3 人（1929）	10 余人（1926） 38 人（1929）
	圣心女校		教会				

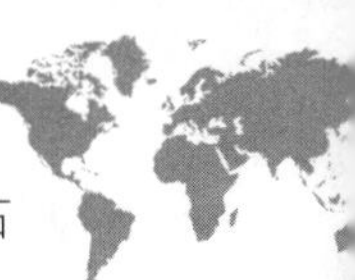

（续上表）

地区	学校名称	开办年份	创办人	沿革	历任校长	教师人数（年份）	学生人数（年份）
马六甲	培德女校	1917	周英美、沈鸿柏	完全小学	刘韵琴、朱亚照	8 人（1934） 19 人（1938）	166 人（1934） 438 人（1938）
	四维女校						
	谦光女校	1926	温咏苹		温咏苹	1 人（1929）	55 人（1929）
柔佛	化南女校	1918		1922 年首届高小毕业，1923 年办简易师范班，1929 年设立初中部	周美玉、洪斌、朱亚照、李佩光、李宝星、文曼魂、鲁永贞、李超群	26 人（1938）	400 余人（1929） 650 人（1938）
	爱群女校	1923		原为正修学校女子部，1927 年改为爱群女校	徐毓惠	6 人（1928） 14 人（1938）	100 余人（1928） 380 人（1938）
	居銮中华女校	1926		1937 年增办初中			
雪兰莪	坤成女校	1908	钟卓京、张郁才、吴雪华	1908 年设立初小，1917 年设立高小，1925 年办初中，1936 年办简易师范，1940 年办高中	钟卓京、廖冰筠、沙渊如	3 人（1908） 8 人（1918） 13 人（1933） 31 人（1939）	18 余人（1908） 200 余人（1918） 200 余人（1933） 600 余人（1939）
	吉隆坡中华女校	1925	洪进聪、洪启读	完全小学		7 人（1929）	160 人（1929）

（续上表）

地区	学校名称	开办年份	创办人	沿革	历任校长	教师人数（年份）	学生人数（年份）
雪兰莪	巴生中华女校	1918	林诗义、林亨仕		武元章	4人（1933）	100人（1933）
	坤维女校				朱□		
	培德女校	1922	李少玲	完全小学	曾铭岩	8人（1929）	220人（1929）
	柏荣女校						
霹雳	勤业女校	1916					
	霹雳女子中小学校	1917	周文煌、林成就、梁南	初成立时名中华女校，1918年易名为俊修女校，1921年易名为新中华女校，1922年易名为怡保女校，1933年设立初中，易名霹雳女子中小学校	曾介民、黄湘珩、刘梅、林芳兰、林玮	9人（1929） 20余人（1934）	300余人（1918） 700余人（1934）
	金保女校			完全小学		6人（1929）	127人（1929）
	秀琼女校	1924	私立	完全小学		1人（1929）	30人（1929）
	三民女学	1928		完全小学		6人（1929）	147人（1929）
森美兰	坤华女校	1917					
	育德女校	1929	黄湘珩		黄湘珩	2人（1929）	60人（1929）
	坤维女校	1927			伍永宽	2人（1929）	92人（1929）
吉打	中华女校						

资料来源：①郑良树：《马来西亚华文教育发展史》（第一、二分册），吉隆坡：马来西亚华校教师会总会，1998年、1999年。

②郑良树、魏维贤编著：《马来西亚、新加坡华文中学特刊提要》，吉隆坡：马来亚大学中文系，1975年。

③《星加坡南洋女子中学校刊》，新加坡：南洋女子中学，1935年。

④《福建女学校三十周年纪念特刊》，新加坡：福建女学校，1950年。

⑤《霹雳女子中学创校卅周年纪念特刊》，霹雳：霹雳女子中学，1962年。

⑥《新加坡南华女子中学校五十周年纪念暨游艺会特刊》，新加坡：南华女校，1966 年。

⑦郑建庐：《南洋三月记》，上海：中华书局，1935 年。

⑧［新］关楚璞主编：《星洲十年》（文化）（新加坡：星洲日报社，1940 年），台北：文海出版社 1977 年影印版。

⑨宋蕴璞：《南洋英属海峡殖民地志略》，北京：蕴兴商行，1928 年。

⑩黄麟书：《考察南洋华侨教育意见书》，广州：广东省教育厅，1935 年。

⑪陈子实：《马来半岛华侨文化教育概观》，载傅无闷《星洲日报二周年纪念刊》，新加坡，星洲日报社，1931 年。

⑫钱鹤编：《南洋华侨学校之调查与统计》，上海：暨南大学南洋文化事业部，1930 年。

⑬《星洲静方女学校筹款建校及概况特刊》，新加坡：静方女学校，1938 年。

⑭坤成百年校史编委会：《坤成百年校史汇编(1908—2008 年)》，吉隆坡：坤成中小学暨幼儿园，2010 年。

在研究华文女校时，我们要注意女校的学生并不都是女生，也有少部分男生，因为殖民地政府允许 12 岁以下男女同校，还有不少华文学校本身就是男女混校，以 1934 年马六甲华文学校为例，是年马六甲共有 37 所华文学校，其中男校 23 所，女校 1 所，男女同校 13 所。[①] 尤其是私立学校和规模小的学校，大都是男女同校。即使中学也有男女同校的，如巴生的国民学校（中学）就有女生，霹雳的兴中学校（中学）也有女生。[②]

20 世纪 30 年代华文学校的女生人数较 20 世纪 20 年代有很大增长，1928 年海峡殖民地和马来联邦共有华文学校学生 43 961 人，其中女生为 9 917 人，占学生总数的 22. 56% 。[③] 1934 年女生增加到 14 315 人，占学生总数超过 25% ，1938 年女生人数上升到 24 889 人，女生占学生总人数的比例也超过 27% （参见表 2 - 4）。从 1928 年到 1938 年 10 年间，华文学校女生人数增长了 2 倍多。

① 《马六甲明星慈善社十周年纪念刊》，1933 年，第 132 - 137 页。

② 陈子实：《马来半岛华侨文化教育概观》，载傅无闷：《星洲日报二周年纪念刊》，新加坡：星洲日报社，1931 年，丁第 79 页。

③ 钱鹤编：《南洋华侨学校之调查与统计》，上海：暨南大学南洋文化事业部，1930 年，第 534 页。

表 2－4　海峡殖民地和马来联邦华文学校学生（1931—1938 年）

年份	海峡殖民地			马来联邦		
	男生	女生	女生占百分比（%）	男生	女生	女生占百分比（%）
1931				14 394	4 488	23. 77
1932	16 533	5 495	24. 95	14 384	5 446	27. 46
1933	18 376	6 477	26. 06	16 475	5 795	26. 02
1934	21 451	7 423	25. 71	18 852	6 892	25. 84
1935	24 178	8 308	25. 57	21 706	7 822	26. 49
1936	26 985	9 674	26. 39	24 998	8 828	26. 10
1937	29 673	10 620	26. 37	28 855	10 845	27. 32
1938	34 373	12 794	27. 12	32 272	12 095	27. 26

资料来源：①杨建成主编：《英属马来亚华侨》，台北："中华学术院"南洋研究所，1986 年，第 53 页。

② Annual report on the social and economic progress of the people of the Federated Malay States, 1935. London: H. M. S. O. imprint 1932－1939.

需要指出的是，华文女校尽管晚于英文女校出现，但其发展快于英文女校，无论是学校数量还是学生数量，华文女校和女生都多于英文女校，以女生人数最多的 1937 年为例，是年海峡殖民地英文女校女生共 6 844 人，而华文女校女生为 10 620 人（参见表 2－2 和 2－4）。

（二）教育级别：从小学到大学

20 世纪 30 年代新马华人女子教育发展的另一个标志是教育级别的提升，即从原来只有小学教育发展到中学和大学教育，师范教育、职业教育和业余教育也有所发展。

1. 小学教育

新马的英文和华文女校大都是小学，有些是初级小学，有些是完全小学（包括初小和高小）。接受华文和英文教育的华人女生大部分是小学生，从 1938 年海峡殖民地和马来联邦津贴华文学校（中学和小学）学生统计看，女生共 14 821 人，其中小学女生占女生总数的 92. 8%，同年津贴华文小学男女学生共 47 411 人，女生只占 29%。[①]

① ARRIFFIN J. Women and development in Malaysia. Petaling Jaya: Pelanduk Publication, 1992: pp. 58－59.

2. 中学教育

新马的英文中学出现较早，英文女子中学大约在20世纪初出现，华文中学出现于1919年，为华侨中学，但华文女子中学直到1930年才出现，为南洋女校。

最先出现的是初中教育。坤成女校1925年设立初中，化南女校1929年设立初中，霹雳女校1933年设立初中，协和女校1939年设立初中。设立高中的女校较少，1930年南洋女校设立高中，1940年坤成女校才设立高中。

女子学校设立初中和高中，是女子教育发展的需求。20世纪20年代初新马几乎没有华文女子初中，小学毕业的女生面临失学。1922年坤成女校举行毕业礼时，一女生李月梅代表学生发言，她感谢老师的栽培，也说到现在小学毕业了，没有中学可读，面临失学，十分伤心，言及此处，泣不成声。校长教师"亦有感于吾侨女学未能完备，致使女学生虽抱有向学热诚，却无书可读，不禁亦悲从中来"，于是教师学生，哭作一片。一位校董起立发言，做出承诺，"诸君立此求学宏愿，鄙人竭力提倡，务期中学速于成立，俾遂诸位热心向学之志"①。于是坤成女校1925年设立了初中部。当初中学生毕业时，她们又面临没有高中可读的困境，1930年坤成女校22周年纪念会上，学生代表吴志云发言表示，该校只有初中，有志向学者，初中毕业时，或因经济压迫，或因其他种种问题，不能回国升学，希望能设立高中。② 当时新马华文学校女生初中毕业想继续升学者，要么去新加坡南洋女校读高中，要么回国升学。

① 《为求学痛哭途穷》，《叻报》，1922年7月13日。

② 《坤成女学校二十二周年纪念会并游艺会志盛》，《益群日报》，1930年9月16日。

图2－5　20世纪20年代南洋女校的毕业生

图片来源：LIU G. Singapore：A Pictorial History 1819 － 2000. Singapore：National Heritage Board and Editions Didier Miller，1999.

女子中学的设立为有志于接受高一级教育的华人女子提供了机会，提升了女子教育水平，但20世纪30年代华人女子中学教育尚处于起步时期，华文女子中学极少，接受中学教育的华人女子也少，能最终学成毕业的就更少。以南洋女校为例，1934年初中毕业生为19人，1935年为26人，第一期高中班招生仅7人，1934年毕业时仅剩3人，1935年毕业生只有2人。[①] 如静方女校，1934年初中师范毕业生11人，1人升学，1935年毕业生6人，1人升学，1936年毕业生7人，2人升学，1937年毕业生12人，2人升学。[②] 到1938年，海峡殖民地和马来联邦津贴华文中学共有女生1 066人，[③] 相对于同龄的华人女性，接受中学教育，尤其是高中教育的华人女子实在是太少了，新马华人女子中学教育的普遍发展是在“二战”以后才实现的。[④]

① 《星加坡南洋女子中学校刊》，新加坡：南洋女子中学，1935年，第144－145页。

② 《星洲静方女学校筹款建校及概况特刊》，新加坡：静方女学校，1938年，第41页。

③ ARRIFFIN J. Women and development in Malaysia. Petaling Jaya：Pelanduk Publication，1992：p. 59.

④ 20世纪40年代末，马来亚的华文女子学校大都设立了中学，除南洋女校和霹雳女中外，尚有南侨女中（1947年）、南华女中（1949年）、中华女中（1951年）、福建女校（1945年）等。

3. 大学教育

20 世纪 30 年代新马华文教育的最高级别是中学，但英文教育出现大学，新马有两所高等院校，都在新加坡，一是爱德华七世医科大学，一是莱佛士学院（1928 年建立），两所学校注册学生很少，女生更是凤毛麟角（参见表 2－5），1930—1937 年每年接受高等教育的女生不超过 60 人。女生大部分是华人，据英国殖民地部任命的马来亚高等教育调查委员会报告，1938 年莱佛士学院共有 18 名女生，其中华人女生 11 人，印度女生 3 人，欧亚裔女生 4 人，没有马来女生。[①] 能接受大学教育的华人女生几乎全部出身于海峡华人家庭。[②]

表 2－5　新马高等院校和学生人数（1930—1937 年）

年份	爱德华七世医科大学		莱佛士学院	
	男	女	男	女
1930	103	11	116	12
1931	124	11	108	15
1932	128	14	104	15
1933	133	18	71	30
1934	158	20	58	22
1935	156	26	57	22
1936	179	35	65	20
1937	156	24	131	26

资料来源：关楚璞主编：《星洲十年·文化》，台北：文海出版社，1977 年，第 647、648 页。

4. 师范教育

华人女子教育面临三大问题，一是生源，二是师资，三是经费。为解决师资问题，在华文女校开办伊始，女子师范教育就随之兴起。南洋女校 1917 年建立，同年设立师范班，1919 年第一届师范生毕业。南华女校 1918 年设立简易师范班，二年制，培养小学教师。[③] 中华女子学校 1934—1941 年设立简易师范班，1940—

① Colonial Office. Higher education in Malaya: report of the commission appointed by the secretary of state for the colonies. London: H. M. S. O. , 1939: p. 23.

② 后来成为李光耀夫人的柯玉珠就出身于海峡华人家庭，她毕业于美以美女校，1939 年进入莱佛士学院学习。李光耀：《李光耀回忆录：风雨独立路 1923—1965 年》，北京：外文出版社，1998 年，第 36 页。

③ 《新加坡南华女子中学校五十周年暨游艺会特刊》，新加坡：南华女子中学，1966 年。

1941 年设立高级师范班。[①] 几乎有点规模和名气的女子学校都设有师范班，区别只是初级师范还是高级师范而已，除上述学校外，设有女子师范的学校还有静方女校、福建女校、协和学校、辅友女校、化南女校、坤成学校和霹雳女子中小学校。

女子师范附设在女子学校之内，是新马华人教育的一个特色，当时一些人对此很不理解，担任福建会馆教育科指导员的周廷珍就批评道："英属还有一种畸形学制，女子中学都称'师范班'。新加坡埠，女子师范共有五所之多，不知者以为新加坡女子教育极发达，其实除一二校学生较多外，其余师范班生只十余名，都附设于小学内，点缀门面罢了。"[②] 女子师范之所以附设于女子学校内，主要是生源和经费问题，华人学校都是自办，只有部分学校享有政府津贴。如果专门建立一所华人女子师范学校，一恐没有那么多生源，二是没有经费。而殖民地政府对马来人教育大力扶持，除建立马来男校和女校外，还专门办了一所马来女子师范学校，对华文教育则较少支持。需要指出的是，周廷珍的批评反映的是 1930 年以前新加坡华文女校师范班的情况，并不是 20 世纪 30 年代的情况，有人却不加以时间说明，就拿来引用，说"在英属马来亚侨校中，女子中学都被称为'师范班'，新加坡一埠就有 5 所华侨女子师范，在这 5 校里除一二校学生较多外，其余师范班学生只有 10 余名，师范班都附设于小学内"[③]。此段引文没有注明出处，但从其内容一看便知是引自周文，这会使人误以为"二战"前新马华人女子师范教育就是如此。其实 20 世纪 30 年代新马华人女子师范教育有所变化，首先表现在女子中学并不都是"师范班"，南洋女校就设有初中、高中和师范班，其次师范班也不再是"点缀门面罢了"，从南洋女校高级师范班和静方女校初级师范班所设课程来看（参见表 2－6、表 2－7），不仅设置了中学生所必修的国文、算学、历史、地理、化学、物理、生物学等课，还设置了师范生所必修的教育学课程，如教育概论、教育心理、教育测验及统计、小学教材研究、小学行政等课程，这是非常完备的师范教育，绝不是"点缀门面"，所以师范毕业生后来成为新马华文学校女教师的重要来源之一。可以说，女子师范教育的发展为华校培养了师资人才。

① 《中华中学创校八十周年纪念特刊（1911—1991）》，新加坡：中华中学，1991 年。
② 周廷珍：《南洋英荷属华侨教育实况》，《教育杂志》1931 年第 23 卷第 5 号，第 106 页。
③ 别必亮：《承传与创新：近代华侨教育研究》，石家庄：河北教育出版社，2001 年，第 81－82 页。

表 2－6　南洋女校高中师范科必修科课程表（1935 年）

课程	第一学期	第二学期	第三学期	第四学期	第五学期	第六学期
国文	6	6	4	4	4	4
公民	1	1	1	1		
算学	5	5	4	4		
历史	2	2	3	3		
地理					4	4
生物学	3	3				
物理					3	3
化学			3	3		
英语	5	5	4	4	4	4
社会学及社会问题			2			
伦理学	2					
教育概论	2	2				
教育心理			2	2		
教育测验及统计					3	
小学教材研究					2	2
小学教学法			2	2		
小学行政		2				
健康教育				2		
体育	2	2	2	2	2	2
音乐	2	2	2	2		
应用工作	2	2	1	1		
应用音乐					1	1
应用家事			1	1		
应用美术	2	2	1	1		
实习					4	4
共计	34	34	32	32	27	24

注：表中数字为每周教学的小时数。

资料来源：《星加坡南洋女子中学校刊》，新加坡：南洋女子中学，1935 年，第 22 页。

表 2－7　静方女校师范部课程表（1938 年）

课程	第一学年		第二学年		第三学年		第四学年	
	第一学期	第二学期	第一学期	第二学期	第一学期	第二学期	第一学期	第二学期
公民	1	1	1	1	1	1	1	1
国语	7	7	7	7	6	6	6	6
英语	6	6	6	6	6	6	4	4
算学	6	6	6	6	6	6	1	1
历史	2	2	2	2	2	2		
地理	2	2	2	2	2	2		
生理卫生	1	1						
动植物学	3	3						
理化			2	2	2	2		
国音	1	1						
美术	1	1	1	1	1	1	2	2
劳作	2	2	1	1	1	1	2	2
音乐及习琴	2	2	2	2	2	2	2	2
体育	2	2	2	2	2	2	2	2
教育概论			2	2				
心理学			2	2				
教育心理					2	2		
小学各科教学法及教材研究					3	3		
教育测验及统计							2	2
小学行政							3	3
实习							9	9
每周教学总时数	36	36	36	36	36	36	34	34
每周课外运动	10	10	10	10	10	10	10	10

注：表中数字为每周教学的小时数。

资料来源：《星洲静方女学校筹款建校及概况特刊》，新加坡：静方女学校，1938 年，第 6 页。

此外，20 世纪 30 年代还出现华人女子职业教育和义务（免费）教育，位于槟城的南洋女子工商学校是这一时期唯一的一所女子职业学校，义务学校有胡文虎 1935 年开办的“星洲民众义务学校”，上不起学的华人女子在这所学校的小学部和夜学女子部学习。[①] 限于资料和篇幅，本书不对上述两种教育作进一步论述。[②]

第二节　社会性别与教育

一、英文女校与华文女校

新马英文女校与华文女校有很大差别，除了发展时间不同和学生人数不同外，最大的差别是教育内容不同。

英文女校除两所是殖民政府办的外，其他都是教会设立。官办女校按英国教育规定，课程设置有英语、数学、历史、地理、家政等，教会女校的课程设置则更重视宗教和家政的学习，早上的课从祈祷开始，读《圣经》并讨论，然后上课，课程有英文、数学、圣经、历史、地理等。教会学校特别重视女生的家政训练，有些学校甚至还开了一门婴儿喂养课，教女生们怎样照顾和喂养婴儿。[③]

华文女校课程设置基本上是按照当时中国政府教育部颁布的课程标准设置的，但又由于本地和本校的情况而有所不同。1929 年中国教育部颁布《小学课程暂行标准》，规定初小和高小要设置党义、国语、社会、自然、算术、工作、美术、体育、音乐等课程，学时不等。[④] 参照教育部的课程设置标准，华文女校也设立国语、算学、公民、常识、音乐、美术、体育等课程，但又与中国教育部要求有所不同，以南洋女校小学课程（参见表 2 - 8）为例，该校根据本地实际情况，取消党义课，加上学时颇多的英语课。此外，与英文女校不同的是，在小学未开设家政课程。

---

① ［新］关楚璞主编：《星洲十年》，台北：文海出版社，1977 年，第 679 - 687 页。

② 有关这方面的研究请参见［马］郑良树：《马来西亚华文教育发展史》（第二分册），吉隆坡：马来西亚华校教师会总会，1998 年，第 358 - 364 页。

③ 这是 The Church of England Zenana Missionary Society 的课程，见 LIM J. Sold for silver. London：Collins，1958：pp. 65，81.

④ 参见［马］郑良树：《马来西亚华文教育发展史》（第一分册），吉隆坡：马来西亚华校教师会总会，1998 年，第 342 页。

表 2-8　南洋女校完全小学课程表（1935 年）

课程	初级小学				高级小学	
	一年级	二年级	三年级	四年级	一年级	二年级
国语	390	420	480	480	420	420
公民	30	60	60	60	60	60
算术	390	360	360	360	390	360
历史	常识 180	常识 180	常识 180	常识 180	90	90
地理					90	90
自然					90	90
卫生					90	90
英语	60	360	360	360	360	360
工作	60	60	60	60	60	60
美术	60	60	60	60	60	60
音乐	60	60	60	60	60	60
体育	60	60	60	60	10	10
共计	1 290	1 620	1 680	1 680	1 780	1 750

注：表内数字表示每周教学的分钟数。“共计”行重新计算后填入。

资料来源：《星加坡南洋女子中学校刊》，新加坡：南洋女子中学，1935 年，第 21 页。

英文女校与华文女校课程之所以如此不同，在于它们培养学生的目的不同。英文学校的目标是培养忠诚于英王和殖民地所需的政治、经济、教育人才，教会学校的目的是传播知识，培养服从上帝、传播福音的人才；华文学校的目的是培养忠诚于中国、服务社会、传播中华文化的人才。对于女子教育而言，英文女校和教会女校更重视女子的家政学习，要将她们培养为未来的好母亲和好妻子，所以不太重视培养她们的社会活动能力。英文（教会）女校的学生大都是家境富裕的海峡华人家庭出身，一些女生没有远大的志向，读书只是为学点英语，增加将来嫁人的资本，因此她们“只顾享乐不求实学，她们的人生观是及时行乐，所以每天胡闹不读书，留级也不在乎，只要不被学校革退，便心满意足，每天上几个钟头课，下午便谈论衣服装饰问题，以及某某人的恋爱经”。英文女校还有一些女生出身贫寒，受教会资助才能读书，她们“在学校专心向学，终日埋头读书，任何课外活动都不参加，所注意的仅是课本而已，她们不喜欢谈恋爱，心目中的将来，即希望做一个传教师或教员之类”①。林秋美所在的教会女校的学生

① 蒋淑娟：《英文学校的中国女生》，《星洲日报》，1939 年 6 月 14 日。

要干所有的家务，如清洗、做饭等，为了在8点上课之前做完家务，女生们5点起床，做家务、祈祷，8点上课，下午1点下课，午饭之后做作业。星期天是"礼拜日"，要严格遵守，女生们唯一能阅读的书是《圣经》，看小说或其他课外书被认为是错的，[①] 更谈不上参加社会活动，她们唯一能去的地方是教堂。英文学校的女生能说一口流利英语，但不会说汉语，更不关心中国的事务和社会活动。

相比之下，华文女校更注重培养女生的学习能力和社会活动能力，尤其是新马最著名的华文女校——南洋女校在这方面更是典范。

二、华文女校个案研究

（一）刘韵仙与南洋女校

在新马华文女子教育史上，南洋女校是值得用浓重的笔墨大书特书的，它的办学成就、它对华人女子教育的影响，在新马甚至南洋都位居首位，而南洋女校能有如此大的成就，又与她的校长——刘韵仙女士密不可分。

南洋女校创办于1917年8月，首任校长是余佩皋女士，1921年她因反对殖民地当局《学校注册条例》而被迫回国，[②] 此后南洋女校发展缓慢，校长变换频繁，1921—1927年历经六任校长，当时南洋女校在同类女校中并不出色，直到1927年5月刘韵仙被聘为南洋女校校长，局面开始改观。刘韵仙（1901—1975），祖籍江西吉安，生长于湖南，肄业于燕京大学，曾任缅甸《晨报》记者、古巴《民声日报》编辑，1927年经欧洲来新加坡，被聘为南洋女校校长，从此她的命运与南洋女校紧紧联系在一起，直到1966年退休。

刘韵仙性格豪爽，做事干练，她不仅是一个教育家，也是一个社会活动家。姚楠认为刘韵仙在新加坡华人社会"有点像国内的金陵女子大学校长吴贻芳女士那样受人尊敬"[③]。

---

① 这是 The Church of England Zenana Missionary Society 的学校生活，见 LIM J. Sold for silver. London：Collins，1958：pp. 63 – 68.

② 余佩皋女士是马来亚华侨女子教育的先驱人物，1920年她和庄希泉等人领导反对殖民地当局的《学校注册条例》，庄被驱逐出境，作为庄的妻子，余也被迫离开新加坡。关于余佩皋在这次斗争中的作用，详见梁绍文：《南洋旅行漫记》，上海：中华书局，1924年，第38 – 40页。［马］郑良树：《马来西亚华文教育发展史》（第二分册），吉隆坡：马来西亚华校教师会总会，1998年，第125 – 143页。

③ 姚楠：《星云椰雨集》，新加坡：新闻与出版有限公司，1984年，第161页。

图 2－6　南洋女校校长刘韵仙

图片来源：《星加坡南洋女子中学校刊》，新加坡：南洋女子中学，1935 年。

作为一个女教育家，刘韵仙对南洋女校和华人教育的贡献主要表现在下述方面：

第一，在教育理念上。

首先，刘韵仙认为男女教育是平等的。20 世纪 30 年代初，华人社会大部分人认为女子教育不如男子重要，女子只要认识几个字就行了，刘韵仙则认为："男女同是人，男子应该走向光明的大道，女子也应该。男子应该有民族思想，有国家观念，女子也应该。男子应该有独立的能力，女子也应该。所以男女教育平等，差不多是天经地义。"①

其次，刘韵仙认为华侨女子教育是国民教育的一部分。一般支持女子教育的人士多以培养贤妻良母宣传女子教育的重要性，刘韵仙也认为"女子是国民之母，女子身心的发达与否，和国家乃至民族，有极大关系"②。但她并没有将女子教育仅停留在培养贤妻良母上，而是要将女子培养为社会人，也就是对国家民族有用的人，拥有独立人格的人。南洋女校的宗旨体现了这一理念："本校根据现行学制，参酌海外侨情，以提高道德、锻炼体力、开发智慧、陶冶美感、发扬民族精神、培养女子独立能力为宗旨。"该校还拟定了训育方针，对其宗旨做了进一步说明："修养德性——使学生具有高尚纯洁的人格，温柔敦厚的性情；致

---

① 刘韵仙：《华侨女子教育不发达之原因》，《星洲日报周年纪念刊》，新加坡：星洲日报有限公司，1930 年，F19 页。

② 刘韵仙：《华侨女子教育不发达之原因》，《星洲日报周年纪念刊》，新加坡：星洲日报有限公司，1930 年，F19 页。

力学业——使学生具有爱好学问的志趣，砥砺切磋的精神；锻炼体魄——使学生具有尚全健美的体格，奋发有为的精神；尊重群治——使学生具有服从团体的精神，服务群众的观念；崇尚美感——使学生具有爱好艺术的倾向，欣赏美术的能力。"① 从南洋女校的训育方针和所设课程来看（参见表2-6、2-8和2-9），南洋女校的目标是将女生培养为有高尚人格、热爱学习、有健康体魄、参与社会、崇尚美感的人，而不仅仅是贤妻良母，因此针对女生的"家事"课只在初二开设一节，其他课程与男校基本相同。

再次，刘韵仙特别强调学生智德体美的全面发展。她认为华侨女生因为环境的关系，大都从小便养成极无聊的虚荣心，"学生入校，有志刻苦读书者，为数极少，大多数以求学为择婿之工具……华侨女学生，因为好虚荣心的结果，对于求学目的，既不明了，遂无高尚的志趣。什么男女平等、什么女子应该服务社会，任你怎样灌输，总是格格不相入"②。鉴于此，刘韵仙特别强调培养学生的志向和志趣，强调学生要认真读书："有用功的先生，则学生不会懒惰；有用功的学生，则先生不会懒惰。"③ 在她的领导下，南洋女校学习风气很浓，学习成绩在女校中拔头筹，在男校中也名列前茅。南洋女校还重视培养学生的经济独立能力和演讲能力，④ 因此南洋女校学生多次在华校中文演讲比赛中获得小学组和中学组冠军或亚军。刘韵仙对体育特别强调，她认为："吾中华民族向来有东方病夫之丑称，实缘吾民族向来不知注重体育，故精神萎靡，体格衰弱，外人乃敢以此相讥也。"而在传统社会性别观念的作用下，华人女子体育更不发达，于是在主政南洋女校后，她力倡女子体育，"予以南洋华人体育，正在萌芽时代。尤其是女子体育，以风气关系，非急行提倡不可，乃将现所主办之南洋女校，首开第一次之常年运动会。而侨界中少数眼光不远之流，及学界中胸怀不宽之辈，反以天天在运动场上，不注重读书相讥。其实读书与运动，不特不相害，而且相成"⑤。可见刘韵仙的眼光和见识之高。在刘韵仙的极力倡导下，南洋女校的体育运动蓬勃开展，体育人才层出不穷，在新加坡召开的历届篮排球比赛中，南洋女校尽获女子组冠军。在1931年第

---

① 《星加坡南洋女子中学校刊》，新加坡：南洋女子中学，1935年，第6、39页。

② 刘韵仙：《华侨女子教育不发达之原因》，《星洲日报周年纪念刊》，新加坡：星洲日报有限公司，1930年，F22页。

③ 《教育家刘韵仙女士》，载宋哲美主编：《星华人物志》（第一集），香港：东南亚研究所，1969年，第86页。

④ 南洋女校校训对中学生的要求有经济自理能力和经济独立能力，"有用正确文学做演讲词的能力"等。《星加坡南洋女子中学校刊》，新加坡：南洋女子中学，1935年，第46-47页。

⑤ 刘韵仙：《最近星洲华侨教育界几个问题》，载傅无闷：《星洲日报二周年纪念刊》，新加坡：星洲日报社，1931年，丁122-123页。

一届马来亚华人运动大会上，星洲女子代表队获冠军，女选手共 23 人，南洋女校占 14 名。1933 年马来亚华人第二届运动会星洲女子代表队仍获冠军，30 名女选手中，南洋女校占 15 名。[①] 所以，南洋女校校史骄傲地记上一笔“本校在马来亚体育界中遂露头角”[②]。

图 2 – 7　1930 年南洋女校的运动健将。后排左一为刘韵仙校长聘请的课外运动义务指导郑皆得先生

图片来源：《南洋八十：承先启后》，新加坡：南洋女子中学，1997 年。

第二，在华人教育行政和管理上。

新马华人教育没有统一的组织和管理，刘韵仙指出华人教育不统一将引起很多弊端，“南洋华人各校，向来各自为政，无丝毫联络，不特课程、编制教材，彼此不相闻问，教育者自身，无彼此研究学理、贡献心得、联络感情之机会，即学生之观摩、切磋，以及成绩之比较，智力之测验，亦从未举行”[③]。鉴于华校的松散妨碍华文教育的提高，刘韵仙主张华校教育行政统一，“苟我教育界中人，能鉴于统一之利，涣散之弊，抱定同一宗旨，破除一切成见，共同组织一中心机关，举全坡大小华校，均受其指挥，则事权统一，支配得均，常务之进行，如身

① 《星加坡南洋女子中学校刊》，新加坡：南洋女子中学，1935 年，第 73 – 74 页。

② 《新加坡公立南洋女子中学校校刊》，新加坡：南洋女子中学，1948 年，第 2 页。

③ 刘韵仙：《最近星洲华侨教育界几个问题》，载傅无闷：《星洲日报二周年纪念刊》，新加坡：星洲日报社，1931 年，丁 121 页。

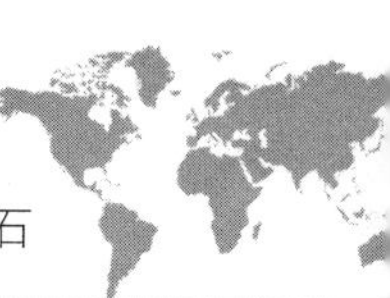

之使臂，臂之使指，事半功倍之效，立刻可见也”①。为了实现华校行政的统一，提高学生教育水平，1930 年刘韵仙与林则扬（工商补习学校校长）、黄肖岩（福建会馆教育科主任）提议建立会考制度。新加坡华文小学第一届会考于是年 12 月在工商补习学校举行，刘韵仙任主考官，参加的学校有南洋女校、工商补习学校及福建会馆下属的道南学校、爱同学校和崇福女校。第二届会考时成立“新加坡华人小学联合会考考试委员会”，林庆年为委员长，刘韵仙、黄肖岩等人为委员。以后华校会考逐年举行，参加会考的学校逐年增加，逐渐扩大到初中，成为定制。② 可以说，刘韵仙在促进华文教育统一上发挥了一定作用。

第三，在办学能力上。

南洋女校能发展为著名的女校，刘韵仙更是功不可没，她的教育理念使南洋女校超出贤妻良母的定位，成为智德美体全面发展的学校，而她的活动能力更使南洋女校的硬件设施也在女校中首屈一指。在南洋女校扩大校址、添置设备需要经费时，刘韵仙校长更是发挥积极的能动作用，她的活动能力极强，为南洋女校筹集到巨额捐款，1930 年迁新校址时，除胡文虎捐款外，刘韵仙也亲自到中马和北马募捐。1931 年 7 月，她来到槟城募款，顺便招收高中学生，她特别致函《槟城新报》，指出女学重要，但现在马来亚只有女子初中和小学，要上高中只能回国升学，困难重重，“或厄于家庭，或困于经济”。所以要扩大招生，扩充校舍，呼吁援助。③ 她在槟城募款成绩极佳，之后又到怡保募款，成绩亦佳。这一趟中马、北马之行，共募得叻币 17 000 余元，购得武吉知马区肯士路六英亩土地连洋楼一座为新校址，并购得校车一部，接送学生。为了建设图书馆，刘韵仙又率领南洋女校篮球、排球和羽毛球队，远征暹罗、槟城、棉兰各地，与当地球队比赛，同时募捐，共得叻币 7 000 余元，加上其他捐款，建起完备的图书馆和理化实验室。到 1942 年初日本入侵新加坡前，南洋女校不再是 20 世纪 20 年代末局促于租来的狭小校舍的女校，而是成为拥有巍峨的校舍、图书馆、完备的理化实验室、动植物标本室、校车、大钢琴等硬件设施的南洋女中，加上良好的学风，南洋女校成为新马最著名的几所华校之一。

刘韵仙在华人女子教育上的贡献在“二战”前已得到认可。1940 年中国政府以刘韵仙任职十余年，苦心经营，成绩斐然，特颁奖状，以示策励。新加坡只

---

① 刘韵仙：《最近星洲华侨教育界几个问题》，载傅无闷：《星洲日报二周年纪念刊》，新加坡：星洲日报社，1931 年，丁 122 页。

② 第三届会考时，因考试题有抵触殖民地政府的内容，引起殖民地政府提学司不满，负责出试题的黄资旦等人被驱逐出境，以后会考制度停止三年，后由殖民地政府提学司主办，在形式上由中国领事馆共同办理。《新加坡南洋女子中学五十周年纪念特刊》，新加坡：南洋女子中学，1966 年，第 25 页。

③ 《星洲女校校长刘韵仙抵屿》，《槟城新报》，1931 年 7 月 7 日。

有刘韵仙一人获此殊荣，当时中西报纸纷纷刊登这一消息，并加以评论。[①]

但日军入侵打断了南洋女校蓬勃发展的进程。1941 年 12 月太平洋战争爆发，南洋女校的校车、校舍均被英军征用，学生“遂于仓促间休学，全校图书、仪器、校具、文件，全部未及搬迁。次年二月中旬，新加坡沦于日军之手，本校创办人、校董、校长、校友及全校师生二十余年苦心经营得来的校产，至此全部荡然丧失”[②]。马来亚其他华校也面临同样的命运，华文教育完全中止。1945 年日本投降后，南洋女校在刘韵仙的领导下复校，发展到一个新的阶段。她对女子教育的贡献为她赢得 1958 年英女王颁发的勋章，1967 年她又获得新加坡总统颁发的公共勋章。[③]刘韵仙对华人女子教育的贡献受到后人极高评价：“校长刘韵仙，为南洋华侨教界之领导人物，南洋女校有今日之地位，大半得力于她的领导。”[④]还有人说：“她四十年如一日，为女子教育事业，贡献出了全部的精神和体力，为女子教育事业开拓了一条路向。眼看着当前女子教育，在这个年轻的国度里蓬勃地长成，开着灿烂的花朵。刘校长四十年的努力和自我牺牲，是不会没有代价的。”[⑤] 刘韵仙被誉为“南中之母”“华教之光”，她当之无愧。

（二）其他著名女校和女校长

除了南洋女校和刘韵仙外，“二战”前新马还有一些著名女校和女校长，著名女校有中华女校、崇福女校、静方女校、南华女校、福建女校、化南女校、坤成女校和霹雳女子中小学校。著名女校长有芙蓉育德女校校长黄湘珩、静方女校校长杨瑞初、中华女校校长汪玉聪、坤成女校校长沙渊如等，有关她们的资料很少，我们只能从零星的记载勾勒出她们的教育理念。黄湘珩女士在辛亥革命后来到南洋，投身女子教育，她历任太平家修女学，怡保女学，金保女学，巴生中华女学，实吊远南华女校，芙蓉坤华，育德女校的校长，为华人女子教育做出毕生努力。她认为教育就是陶行知先生所说的“手脑并用”，而女子教育除设立必修课程外，“尤其应注意家事，刺绣、缝纫、烹饪等科，对于训练学生必先使她们守纪律，养成勤俭习惯”[⑥]。可以说黄湘珩特别重视女子的家政学习和训练。

杨瑞初（1909—1984），广东番禺人，毕业于中山大学，曾任教广州女子师范，

---

① 《新加坡南洋女子中学五十周年纪念特刊》，新加坡：南洋女子中学，1966 年，第 27 页。

② 《新加坡南洋女子中学五十周年纪念特刊》，新加坡：南洋女子中学，1966 年，第 27 页。

③ 《教育家刘韵仙女士》，载宋哲美主编：《星华人物志》（第一集），香港：东南亚研究所，1969 年，第 88 页。

④ 李锐华：《马来亚华侨》，台北：自由中国出版社，1954 年，第 112 页。

⑤ 《教育家刘韵仙女士》，载宋哲美主编：《星华人物志》（第一集），香港：东南亚研究所，1969 年，第 90 页。

⑥ 玉华：《黄湘珩女士访问记》，《星洲日报》，1939 年 6 月 25 日。

1937 年经广东省教育厅推荐，出任静方女校校长，1945 年后掌南华女校，对华人女子教育做出巨大贡献。杨瑞初有丰富的教育经验，做事极为认真，说话极有条理，在她领导下，静方女校有较大变化，初级师范由三年改为四年，采用最新教学方法，亦重视体育训练。她也参与社会活动，在 1937 年新加坡妇女庆祝“三八”妇女节大会上，杨瑞初上台发言，从历史、性质、目的三方面，详细而严谨地介绍“三八”妇女节。[①] 有人曾将她与刘韵仙比较，“星洲算得上精明能干的女校长是刘韵仙和杨瑞初。你见到刘韵仙，立刻觉得她的锋芒四射，不是等凡人物，杨瑞初初看去，外表平庸、和蔼，说话条理清楚，之外，就像没有什么特征似的。但是，她的精明能干绝不下于刘韵仙，她的锋芒，是不外露的”[②]。

图 2－8　静方女校校长杨瑞初

图片来源：《星洲静方女学校筹款建校及概况特刊》，新加坡：静方女学校，1938 年。

沙渊如（1907—1987），江苏江阴人，上海大同大学毕业，曾任宁波进德女校校长，广西省立第二女子中学幼稚师范主任，1933 年出任坤成女校校长，一直担任到 1951 年（其间有半年时间由陈玉华掌校）。沙校长掌校期间，坤成女校得以发展，1936 年设立四年制简易师范班，1940 年开办高中。沙渊如以严厉著称，严格要求学生遵守纪律，刻苦学习，注重良好校风的培养，“校方唯一在乎的是纪律与校规。坤成校规严格，绝不容学生越雷池半步。在沙渊如时代，在她

① 《新加坡破题儿第一遭　热烈纪念“三八”妇女节》，《总汇新报》，1937 年 3 月 9 日。

② 《南华女校》，《南侨日报》，1947 年 2 月 22 日。

与兼任舍监的陈玉华教师管制之下的寄宿生只准顺从，纵使不满亦不能吭声反抗"①。在她治下，"学生循规蹈矩，成绩斐然"。"二战"后复校，沙渊如仍出任校长，为坤成女校的发展立下汗马功劳，被认为是"坤成早期校长中对学校贡献最大，居功至伟的一位"②。她后来还积极参与吉隆坡华校教师公会（教总）的活动，支持林连玉领导的维护华教运动，对华教运动贡献极大，林连玉指出，沙渊如是"最大的动力，如果当时没有她，吉隆坡教师公会的成就，会大大逊色"③。

图 2－9　坤成女校校长沙渊如

图片来源：KHOR N，ed. Chinese women：their Malaysian journey. Petaling Jaya：MPH Pub.，2010.

三、华文男校与华文女校

20 世纪 30 年代新马华人教育取得长足进展，但在发展的背后，我们也注意到不论是华文男校还是女校，大都面临着共同的问题，即经费不足，无固定的教育基金；学校管理不力，办学者——校董与校长、教师不能很好合作。女校在某些问题上比男校面临更多的困难。

---

① 坤成百年校史编委会：《坤成百年校史汇编·下册》（1908—2008 年），吉隆坡：坤成中小学暨幼儿园，2010 年，第 105 页。

② 坤成百年校史编委会：《坤成百年校史汇编·上册》（1908—2008 年），吉隆坡：坤成中小学暨幼儿园，2010 年，第 118 页。

③《教总 33 年》，吉隆坡：马来西亚华校教师会总会，1987 年，第 2 页。转引自坤成百年校史编委会：《坤成百年校史汇编·上册》（1908—2008 年），第 118 页。

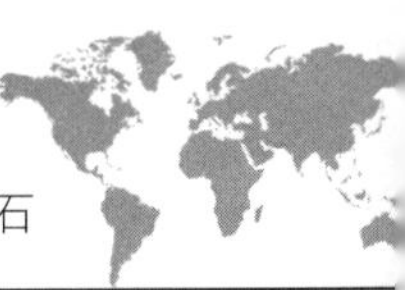

（一）经费不足问题

与政府办学校不同的是，华文学校的经费主要靠常捐、月捐、特别捐和学费，经费来源不固定，当1929—1933年经济危机来临时，华校的学费和捐款都大大减少，学校普遍陷入危机中，[①] 据黄麟书1933年（或1934年）考察南洋华人教育所见，“近年华侨经济，因受世界不景气之影响，定期认捐，逐渐减少；临时劝募，亦属无多。而学生家长因无力供给学费，不得已令其子弟停学者，又与日俱增；其幸得入学之贫苦儿童，又多请免半费或请免全费；以致学校经常收入，较前锐减。此次视察所至，各侨校之缩少班额，裁减人员，降低薪给，停止购置者，比比皆是，几无一校不在经济困厄之中”[②]。在经济危机的影响下，不少学校停办，学生数量减少。[③] 华文女校也面临同样的困境，1931年，南洋女校经费难，请求福建会馆津贴。[④] 其他女校更是困难，“……南华女学，旧教职员欠薪不发外，新教职员薪金仅发六成，尚且不能按时照交。如中华女学，屋租积欠已近一年，欠教职员薪不足，且欠及佣妇工人之薪金，其困难可知”[⑤]。即使1934年经济略有好转后，华校经费不足也一直是困扰不少学校的难题，如1934年马六甲华文学校共37家（最多不过40家），学生总数2 030人左右，全年的教育经费约4万元，平均每个学生仅21、22元。[⑥]

女校经费比男校更少，各方面条件多比不过男校，这与侨领们在教育上的重男轻女思想有关。刘韵仙指出：“董事先生们对于女学校，总不及对于男学校那样努力。拿新加坡来做例，新加坡男学校，如华侨中学、如养正、如道南都有自建的校舍。女校除南华外，都是由租赁而来。所租校舍，多系私人住宅，不适学校之用，尽人皆知。校具的设备，女校亦决非男校之比。就我现在所主办的南洋女学，和华侨中学比较，一样有三百余学生，一样是中等程度之学生少，不及中等程度之学生多，而把本校校舍和中华校舍比较，令人有感于男女教育平等之说，真是徒托空言。至于校内设备，中华尚有些不完备的科学仪器、参考书籍，本校则除了几张破

---

① 《不景气中学校经费陷于绝境》，《槟城新报》，1931年5月6日。

② 黄麟书：《考察南洋华侨教育意见书》，广州：广东省教育厅，1935年，第3－4页。

③ 1930年海峡殖民地和马来联邦共有华校716间，1931年减少到657间，学生人数从45 018人减少到39 662人，据《星洲十年·文化》所录各州华校历年统计表计算。

④ 《南洋女校经费难》，《槟城新报》，1931年6月17日。

⑤ 刘韵仙：《最近星洲华侨教育界几个问题》，载傅无闷：《星洲日报二周年纪念刊》，新加坡：星洲日报社，1931年，丁第119页。

⑥ 林世明：《马六甲的华侨教育》，《马六甲明星慈善社十周年纪念刊》，1933年，第131页。

烂不堪的桌椅和粉牌以外，其余什么都没有!”[①] 华侨中学和南洋女校同属福建会馆，经费设备有天壤之别。同样，吉隆坡的坤成女校和尊孔学校亦属一个董事会，尊孔学校校舍巍峨，坤成局促于一居民房中，陈子实在调查华校时看到这种情形，不禁感叹道：“男女教育之物质上享受不平等，有如是夫！有如是夫!”[②]这种情况长期没有改观，1936 年，坤成女校仍面临校舍不足的困难，“惟本校近年来以学生陡增，校舍虽由楼屋三间扩至五间，人数由 204 人增至 388 人，而年来以限于学额，向隅失望者，每学期恒以百计。……深望董部诸公，努力提倡，使本校校舍，速底于成，则不特本校之幸，抑亦我华侨女子教育前途之幸也”[③]。

为解决经费不足，女校采取多种办法。

一是呼吁华侨社会各界慷慨捐助。芙蓉育德女校校长黄湘珩曾在《叻报》发表启事，历数办学之艰难、经费之短绌，呼吁社会各界给予援助。这是女校艰难办学的真实写照，全文如下：

> 湘珩前□长芙蓉坤华女校，□因兹校于民国十七年宣告停办，以致百余学子，求学无门，湘珩为女界教育前途计，不忍彼等中途辍学，故竭其绵薄，□□育德女校。成立以还，将届几载，对于成绩方面□未敢自诩，而一般学子，不致有向隅之叹，则堪告慰于吾侨也。惟是经费支绌，倒闭时虞，无米之炊，巧妇束手，兼之年来学生愈增，而经费愈困，每月收入学费仅得百元，支出则在三百以上，似此入不敷出，维持乏术，不得已将学生员工成绩品，携往各处分售，□将所得，藉资维持，然寓卖物于筹款，事虽属于创见，呼将伯于穷途，计缄出非得已，愿我华侨□心志士，念教育事难为□举，概解□囊以相资，则嘉□士林，仁风远被，岂第育德莘莘学子之幸，抑亦吾侨女学之光也，幸邦人君子，起而动之。[④]

二是向殖民地政府申请津贴。1929 年圣婴华文男校（教会学校）首开向殖民地政府申请津贴之先河，女校则是静方女校最先获得政府津贴，以后其他学校顶不住经济危机的压力，也纷纷申请，1932—1935 年新加坡有 10 所华校接受政府津贴，1936 年增加到 34 所，1941 年增加到 49 所。[⑤] 刘韵仙最初还对华校向殖

---

① 刘韵仙：《华侨女子教育不发达之原因》，《星洲日报周年纪念刊》，新加坡：星洲日报有限公司，1930 年，F20 页。

② 陈子实：《马来半岛华侨教育概观》，载傅无闷：《星洲日报二周年纪念刊》，新加坡：星洲日报社，1931 年，丁 71 页。

③ 《吉隆坡坤成女子学校概况》，《益群日报》，1936 年 12 月 10 日。

④ 《芙蓉育德女学校校长黄湘珩启事》，《叻报》，1930 年 4 月 16 日。

⑤ 《南洋年鉴》，新加坡：南洋报社有限公司发行，1951 年，乙 45 页。

民地政府申请津贴颇有微词，[①] 但很快南洋女校也加入申请教育津贴的行列。

三是为筹集学校经费，各学校演剧筹款，女校在这方面更是走在前列。新加坡女子体育专门学校、静方女校、南洋女校等学校经常靠演剧、办手工展览、体育比赛等方式筹款。过去人们曾对女学生演剧多所指责，如宋蕴璞 20 世纪 20 年代末考察南洋时看到女学生演戏筹款，表示反对意见：“惟余对学校演剧筹款，自根本上即反对之。盖学生即入学校，自宜专心致志以学业为唯一大事……演戏而出之女学生，乃不当之尤也。”[②] 他出于男女大防，反对女学生演戏。但到 20 世纪 30 年代，人们对女学生为筹学校经费而演剧已视为平常事，女校经费始终不足，女校演剧筹款几成常态，报纸经常报道女校演剧筹款新闻。[③]

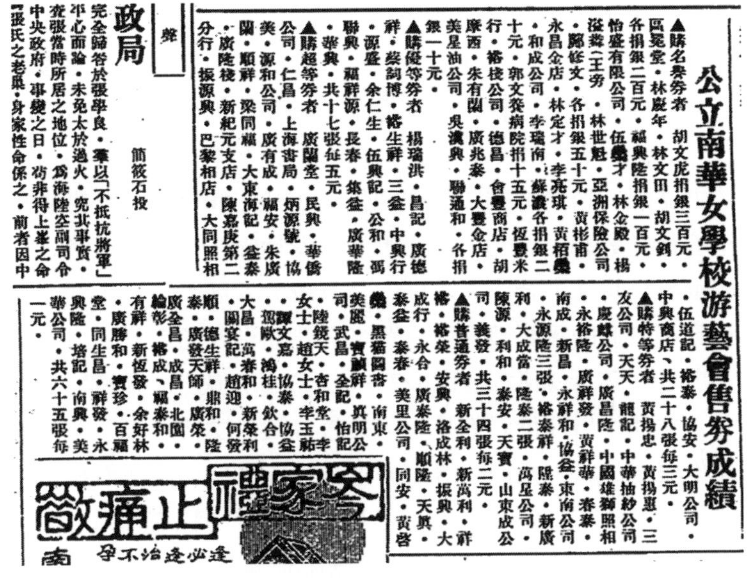

公立南華女學校游藝會售券成績

▲購名譽券者 胡文虎捐銀三百元・區冕堂・林巖年・林文田・胡文釗・各捐銀二百元・福興隆捐銀一百元・

图 2-10 1934 年南华女校举办游艺会筹款成绩

图片来源：《总汇新报》，1934 年 1 月 6 日。

① 刘韵仙说：“查第二次全国教育会议，议决华侨教育计划，曾通过侨校不得受外国政府津贴之明文。……今年来星洲华校，以经济困难之故，而有违背祖国教育计划学校法令之举，此风之开，实吾侨教育界中人所认为极大歉疚之事也。”刘韵仙：《最近星洲华侨教育界几个问题》，载傅无闷：《星洲日报二周年纪念刊》，新加坡：星洲日报社，1931 年，丁 120 页。

② 宋蕴璞：《南洋英属海峡殖民地志略》，北京：蕴兴商行，1928 年。第 96 页。

③ 《坤成女校演剧筹款，各商家踊跃报效》，《槟城新报》，1929 年 9 月 27 日；《吉礁华南女校师生，前晚登台筹经费，成绩可观》，《槟城新报》，1932 年 12 月 12 日；《福建女校学生，在万景戏院献艺筹经费》，《槟城新报》，1932 年 12 月 24 日；《星洲公立南华女学校游艺筹款宣言》，《总汇新报》，1932 年 7 月 7 日；《公立南华女学校游艺筹款宣言》，《总汇新报》，1934 年 1 月 6 日。

（二）学校管理问题

新马华人学校管理由校董事会和校长负责，校董事会聘任校长和教师，无论是校长还是教师都是一年一聘。通常学校董事都是商人，他们对教育是门外汉，[①] 但对于校长和教师却有决定权，这种权力结构有很大的弊端，校长与董事容易发生冲突，校长更换频繁，教师队伍不稳定。很多华人学校长期发展缓慢的一个主要原因是频繁更换校长，女校也面临同样的问题。如化南女校早在1929年就设立了初中部，但在20世纪30年代没有什么起色，原因之一就是频繁更换校长，1930—1941年化南女校先后有9位校长，每任校长基本上任期一年，其中还有几位是代理校长。[②] 南洋女校在刘韵仙掌校之前也是频繁更换校长，导致其发展缓慢。此外，董事们对于女子教育的态度也影响到女校的发展，刘韵仙认为，大部分董事热心办学，但对女子教育不重视，因为董事们"多少也免不了有点传统的观念，总以为女子教育，不及男子的重要。因此办女子教育，总不及办男子教育那样热心。办男学校总晓得积极进行，办女学校却只是得过且过。……南洋是经济势力支配一切的地方，学校的校长对外不能活动，董事先生们对于女子教育，既抱着这样的态度，女子教育怎能够发达呢"[③]。

但如果校董与校长通力合作，学校就会有较大发展。还以南洋女校为例，刘韵仙充分认识到董事们的重要性，她与董事会建立良好的合作关系。在刘韵仙掌校时期，校董事会主席是李振殿（1927—1932）、林庆年（1932—1948），名誉主席是胡文虎，这几位男性侨领都是对华人教育大力支持之人，南洋女校能发展成当时最好的华校之一，与他们的努力分不开。李振殿为南洋女校出力良多，所以当李振殿1932年辞去主席职务时，南洋女校师生"因感李先生之热心毅力，自动集资建纪念亭一座，名曰'振殿亭'，以志景仰"[④]。胡文虎捐巨款建校，为南洋女校发展打下基础。1930年他在《星洲日报》撰文，提议南洋女校建校舍，并首捐5 000元，在他的倡导下，校董事会成立"增办高中购置校舍筹款委员

---

① 当时人指出："有些校董连中国字也不认得，当然是莫名其妙，什么也不懂，又好干涉学校的行政；有些则头脑太简单，没有办事的能力，其佳者或因商务忙碌，无暇兼顾；乡土观念太重，如闽广常因小故闹意见；有些学校，每到总理一换，教员不管好不好，也随之改组……"梅梅：《南洋华侨教育概观》，载傅无闷：《星洲日报二周年纪念刊》，新加坡：星洲日报社，1931年，丁53页。

② 《中化中小学五十周年纪念特刊》，1962年。中化中小学是原中华学校与化南女校合并而成。载［马］郑良树、［新］魏维贤编：《马来西亚·新加坡华文中学特刊提要（附校史）》，吉隆坡：马来亚大学中文系，1975年，第21页。

③ 刘韵仙：《华侨女子教育不发达之原因》，《星洲日报周年纪念刊》，新加坡：星洲日报有限公司，1930年，F19页。

④ 《星加坡南洋女子中学校刊》，新加坡：南洋女子中学，1935年，第3页。

会”，最终校迁新址，学校更名为“南洋女子中学校”。1933 年因学生增多，校舍不够，董事会函请胡文虎捐校舍四间，胡文虎到校参观，看到南洋女中无大礼堂，不仅捐建大礼堂，还捐建校舍八间。胡文虎在南洋女校发展中“厥功诚不可没”①。林庆年任职期间，组织“清理校债委员会”，1938 年还清全部校债，学校的各种费用都由董事会筹募，林庆年发挥了很好的组织和推动作用。刘韵仙校长与校董们通力合作，南洋女校得以迅速发展，可以说，南洋女校的发展是男性和女性合作的结果。福建女校的发展也得益于稳定的领导，“学校之能有如是发展，固由于社会人士之爱护，而历年主持校务首长之少有更易，使能专心于预定计划之实施，亦为最大原因”②。20 世纪 30 年代福建女校只经历了两位教务长（“二战”后该校始设校长），即廖宝和与朱月华。稳定的领导带来稳定的教育方针、计划和合作关系，这是南洋女校和福建女校迅速发展的一个重要原因。

图 2－11　20 世纪 30 年代南洋女中校景

图片来源：《星加坡南洋女子中学校刊》，新加坡：南洋女子中学，1935 年。

---

① 《新加坡南洋女子中学五十周年纪念特刊》，新加坡：南洋女子中学，1966 年，第 25、26 页。

② 《福建女学校三十周年纪念特刊》，新加坡：福建女学校，1950 年，第 8 页。

华文男校和女校在经费和管理上面临的一些共同问题，是殖民地环境和华人社会的特点造成的，殖民地政府过去对华校不闻不问，后来则加强政治上的控制，但在财政资助上始终较少。华人社会商人任校董，且内部分为方言帮，人事纠纷加上经济不景气，造成华校经费不足和管理混乱，这是男校和女校所面临问题的共同之处。

（三）课程设置和教育内容

新马华文学校基本上按中国教育部的规定再辅以殖民地的实际情况设置课程，男女华文学校课程大体上是一样的，以初中为例，1938 年钟灵中学（男校）初中课程设有英文、国文、算学、历史、地理、理科、图画、尺牍、英文簿记和体操等课，华文女校课程设置基本与男校相同，如南洋女校（1935 年）也设有国文、算学、英文、历史、地理、体操等课程（参见表 2 -9），但不同的是，钟灵中学设有较多的英文课及英文簿记，特别强调英语学习，体现其培养学生的目标是使学生成为银行、工厂和公司职员。而南洋女中的英文课和理化课少于钟灵，亦未设英文簿记课，但图画、音乐、生理卫生课多于钟灵，还设了钟灵所未有的家事和工作课，可以说南洋女中培养学生的目标一是使学生德智体美全面发展，二是培养学生成为贤妻良母。从两校课程差异可以反映出华人社会对男女教育的要求不同，对男生的要求至少是将来有挣钱养家的能力，因此多设英文、簿记等适应殖民地商业社会的课程，对女生的要求是读书、识字、明事理、会持家，因此除设一般知识课程外，还要设家事等课。南洋女中在新马诸多女校中是最注重培养女学生社会能力的学校，尚且如此，其他女校更注重家政训练也就不足为奇了。

表 2 -9　钟灵中学（男校，1938 年）和南洋女中（1935 年）初中课程表

学校	年级	英文	国文	算学	历史	地理	理科	生物	图画	尺牍	英文簿记	公民	生理卫生	家事	工作	音乐	体操	总计
钟灵中学	一	10	7	6	2	2		2	1	1		1	1			1	1	35
	二	10	7	7	2	2	4		1	1		1					1	36
	三	10	8	6	2	2	4				3						1	36
南洋女中	一	6	6	6	2	2	3		2			1	2		2	1	1	34
	二	6	6	6	2	2	3		2			1		1	2	2	1	34
	三	6	6	6	2	2	3		2			1			2	2	1	33

资料来源：①［马］郑良树：《马来西亚华文教育发展史》（第二分册），吉隆坡：马来西亚华校教师会总会，1998 年，第 328 页。

②《星加坡南洋女子中学校刊》，新加坡：南洋女子中学，1935 年，第 22 页。

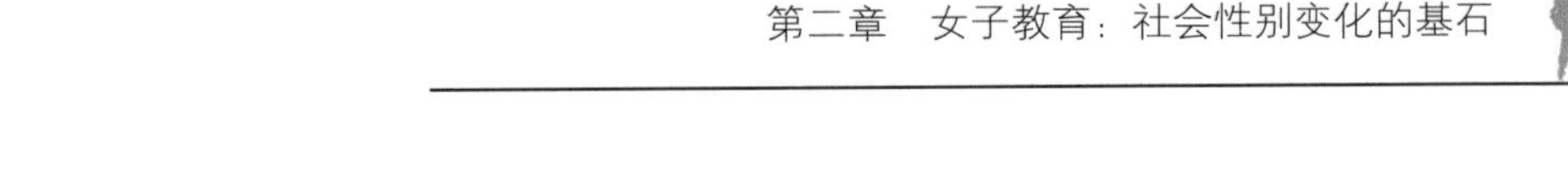

四、社会性别与教育差异

华文男校和女校在经费、管理和课程设置上的差异只是社会性别差异的一小部分，更大的差异也是显而易见的，即男校的数量远远多于女校，男生的人数大大多于女生，这种情况在英文学校中同样存在，这反映了什么问题？应该说，华人男女在教育上的性别差异反映了华人社会不平等的社会性别传统。20 世纪 30 年代新马华人女子教育处于承上启下的地位，相对于 10 年代和 20 年代，30 年代华人社会对女子教育的认同增多，女子受教育的人数也大大增加，但相对于后来的 50 年代和 60 年代，大部分华人对女子教育的观念仍是保守的，我们可以从以下两个方面来分析这一问题。

（一）华人社会精英对女子教育的定位

从 19 世纪末到 20 世纪 30 年代，华人精英一直大力提倡女子教育，许多女校的建立就是男性精英倡导和身体力行的结果，如林文庆、宋旺相和邱菽园等人 1899 年创办新加坡第一所华人女子学校，还有中华女校、南洋女校、南华女校等也是男性精英建立的。陈嘉庚、胡文虎等人更是捐巨资兴办女校，琼侨领袖郭新在家训中也主张“家中各大小要勤奋向学，每位男女至少应受中等教育”①。但这些华人精英对女子教育的出发点是利于社会和家庭，定位主要是培养贤妻良母，林文庆认为“况乎人种强弱之原，童孩智愚之故，家门戾顺之道，风欲贞淫之端，胥于彼妇之一身判之。谁无爱女，谁无佳妇。苟习礼而明诗，申礼防以自持，无亦极人生之美遇乎。……不佞今敢正告我同胞华族之在本坡者曰，女学堂之设，凡以为女孩计，即以为本坡之人士计，并以为本坡人士之继继绳绳永无穷期者计也”②。陈嘉庚经常在演说中提到女子教育：“居今时世，非但男儿当受教育，女子亦当受教育。在浅识之人，多云女子受教育，乃为他姓造福，而不知未嫁之前，能教育其弟侄，既嫁之后更能顾爱父母家以及造成女子自身之幸福也。”③他们都是从国家、民族、家庭的利益出发提倡女子教育，这几乎也是所有男侨领和男性知识精英支持女子教育的本意。一般男性知识分子对女子教育的定位也是适应家庭和丈夫的需要，有一位海峡华人医生向英文报纸写信，认为男女不应受相同教育，因为“……现代教育，女子不能与异性共享家庭幸福。盖现代女子心偏重于虚荣方面，彼欲与异性同站于

① 郭开定口述历史录音访谈，新加坡口述历史档案馆，编号 A000238/09。

② 林文庆：《募创星架坡女学堂缘起》，《知新报》，1899 年 5 月 20 日。

③ 陈嘉庚：《南侨回忆录》，长沙：岳麓书社，1998 年，第 289 页。

水平线上，出外谋生，故对于家庭幸福，完全不顾”。所以要为女子设立适于女性的教育，培养她们的家庭观念，不可有两性的平等教育，“故女性应受适当学识：将来为丈夫在事业上、交际上及家庭中，尽责互相帮助”[①]。可以说，当时华人社会精英提倡女子教育的目的大都着眼于贤妻良母和相夫教子。

但像刘韵仙这样的杰出女教育家更注重培养女子的社会能力和社会责任，而不仅仅是将女生培养成贤妻良母。怡保有三位女教师刘□、何慧瑛和欧阳少烈想在尚未有女子中学的怡保建立女子初级中学，她们在宣言中指出：“欲实现男女平等，又决非空谈可及，而提倡女子教育，尤为重要。盖必有完备之女子教育，方能使女子智识提高，能力增进，与男子平衡发展，并驾齐驱，共谋社会人群之幸福也。”[②] 她们进行女子教育的目的是女子通过教育“与男子平衡发展，并驾齐驱”。静方女校校长杨瑞初要将学生培养成全面发展的人，学校制定的“好学生信条”突出体现了这一点：

（1）尊重：尊敬国家，尊重国旗、党旗及校旗，爱护学校，尊重师长及尊长，尊重同学及朋友，尊崇人格及真理；

（2）忠诚：对国家要忠心、爱国，对人要忠实诚恳，对事要热心、负责；

（3）勤勉：求学做事，都要刻苦有恒，爱惜光阴，勤力孜孜，奋勉实行；

（4）卫生：身体、衣服、住所。须洁净，起居有时，饮食有节，凡衣食住行等项，均须力求合于摄卫养生之道；

（5）互助：竭力为社会国家服务，帮助他人，维持公益，宜兴良友，共图互助；

（6）亲爱：爱人群，爱国家，爱学校，爱家庭，爱护有利于人类之一切生物；

（7）勇敢：做事求学，有大无畏之精神，勇往前进，任事果决，能坐言起行，且不以成败而挠其心；

（8）快乐：心常愉快，时露笑容，常求正当娱乐，常具正当思想，每日宜有适当愉快之游息，以养成活泼快乐之态度，积极乐观之人生；

（9）俭朴：节省无用费用，多买有益书籍，凡起居服饰，均须节约俭朴；

（10）整肃：一切动作言行，务求循规蹈矩，一切集合秩序，务必整齐静肃；

（11）谦恭：对师长、尊长、同学、人群均要有礼貌，态度谦和、恭敬，受人忠告，要虔心接纳；

（12）信义：对人要践守信约，对事要主持正义。[③]

---

① 《侨生对女子教育之意见，不主张男女共受相同教育》，《叻报》，1932 年 2 月 1 日。

② 《闻有一枝鲜花长出来　女子初级中学在三十万侨众中还是创见》，《叻报》，1932 年 1 月 15 日。

③ 《星洲静方女学校筹款建校及概况特刊》，新加坡：静方女学校，1938 年，第 20 页。

曾任福建女校教务长（校长）的廖宝和主张“新妇女教育”，她认为“女子读书，虽则一样同男子必须接受书本知识，但除此而外，还得接受一个新的观念形态，这观念形态，就是明确地告诉我们：现阶段的女性必须造成一种完整的人格，由此为基础争取女子已经埋没了的幸福”。教育应使妇女“觉悟过去妇女地位之沦落，而设法去提高它，觉悟过去妇女之被人视为玩物，而思有以洗脱其耻辱；觉悟过去妇女之自私自利，少有注意到社会生产事业，而毅然起来纠正；觉悟未来女性在新时代中所扮演的角色，而先谋本身之锻炼”①。廖氏的这篇言论发表于 1950 年，但相信其思想早就形成，并在她的教师生涯中灌输给学生。

从上述言论，我们可以看到男性精英与女教育家在女子教育理念上的根本区别，一个是从民族和男性利益出发，女子教育是为了更好地培养孩子、照顾家庭，进而促进民族强盛；一个是从民族和女性利益出发，女子教育是为了女性的自立和人格的完整，进而更好地服务于社会。

（二）普通民众对女子教育的期望

经过 20 世纪 10 年代和 20 年代的宣传和努力，到 30 年代一般华人大众对女子教育比较认可，有能力的家长愿意送女儿到学校读书，甚至读中学，因此有人认为，“在男女受教育问题上，华侨学生家长较国内要开明一些，在侨校中女孩上学校读书十分普遍”②。这只是一个笼统的看法，进一步分析，一般华人大众对女子教育的态度可分为三种：

第一种人是积极支持。他们本身大都受过教育，深知教育对一个人的重要性，因此不仅让女儿读小学，还让女儿读中学，他们对女儿教育期望较高，如吴庄卿的父亲吴樵云是中医，他支持女儿接受教育和参加“精武体育会”，所以吴庄卿能毕业于南华女校师范班，后来成为教师。③

第二种人在有能力的时候也支持女儿受教育，但对女儿教育期望甚低。他们觉得女儿上几年学，认几个字，就可以了，不必受太多的教育，而且他们送女儿进学校有非常功利的目的，一个在南洋执教多年的教师丘秋声就指出：“南洋华人女子之进学校，可谓无真正目的，她们的父母送她们进学校的原因：①是因为家里小孩太多，把她送进学校，可以减少许多麻烦；②是因为近代青年男性的普遍心理，都满望着娶一个曾受过教育的女子，不愿意讨一个无知识的老婆，她们父母的心理，大都有了这种倾向，才把她送进学校去受些教育，希望将来能得一

① 廖宝和：《论新妇女教育》，《福建女学校三十周年纪念特刊》，新加坡：福建女学校，1950 年，第 125 页。

② 别必亮：《承传与创新：近代华侨教育研究》，石家庄：河北教育出版社，2001 年，第 149 页。

③ 吴庄卿口述访谈文稿，新加坡口述历史档案馆，编号 A000384/07。

位金龟佳婿，并不是为着社会国家的前途的真正目标。”① 这部分华人占一半多，因此华人女子受小学教育相对多些，能上中学的人就寥寥无几。当然那个时代不仅华人女子上中学者极少，即使男孩能上中学者也很少。过去大部分华人认为小学教育已足够，中学教育没什么用处。② 20 世纪 30 年代华人男子受中学教育者略有增加，但绝大部分华人不认为女子上中学有什么必要。有一个名赵丽娥的女子在圣尼古拉女校上小学，在中华女校上中学，但父亲对她读中学不感兴趣，也不支持，所以她中学没读完就辍学了。③

第三种人反对女子受教育。这部分人通常是年纪较大、思想守旧的文盲，占华人相当人数，他们认为女儿将来是人家的人，不必受太多教育。陈亚宋（1927 年生于新加坡）在崇福女校读到三年级，父亲想让她继续读书，祖母认为女孩子认几个字就行，不用读太多书，她自己对读书也无所谓，便停学在家做家务。④ 李阿毛（1929 年生于新加坡）的祖母就总是说“送女孩子上学没用，她们一结婚就成了人家的人，有什么必要教育女孩子”，所以李阿毛直到 10 岁才上学，只上了一年，就因父亲失业而辍学了。⑤

尽管赞成女儿上学的华人占一半多，但真正有机会上学的女子不及学龄女子的一半，据 1936 年统计，海峡殖民地华人 6—12 岁年龄组上华文学校的入学率男生为 59.8%，女生为 22.3%，12—18 岁年龄组男生入学率为 3%，女生为 2.2%，6—17 岁年龄组读英文学校的男生比率为 21.7%，女生仅为 9.5%。⑥ 为什么大部分华人赞成女儿上学，但实际上华人女子入学率很低，入读英校的华人女子更少于华校？这主要是由于经济原因。新马大部分华人是苦力、小职员和小店主，他们克勤克俭，生活并不富裕，如果要让每一个孩子上学，将是一笔不少的支出。1934 年以前，英文学校小学生注册费男生一年 30 元，女生一年 24 元，1934 年 1 月后，男生和女生一年的注册费同样为 36 元，华文学校的学费比英校

---

① 丘秋声：《华侨的女子教育》，《新宇宙半月刊》1935 年第 11 号，第 60 页。

② 吴毓双：《中学教育与南洋》，《南洋商报》，1929 年 1 月 1 日。

③ 赵丽娥口述访谈文稿，新加坡口述历史档案馆，编号 A000398/07。

④ 陈亚宋口述访谈文稿，新加坡口述历史档案馆，编号 A000467/05。

⑤ 李阿毛口述访谈，载 KAYE B. Upper Nankin Street Singapore: a sociological study of Chinese households living in a densely populated area. Singapore: University of Malaya Press, 1960: p. 235.

⑥ MANDERSON L. Women's work and women's roles: economics and everyday live in Indonesia, Malaysia and Singapore. Canberra: The Australian National University, 1983: p. 223, table 12 · 5. 郑良树以华人儿童与全部华人人口之比计算出 1931 年新加坡儿童受学率为 2.9%、马六甲为 2.5%，槟城为 3.8%，雪兰莪为 2.8%，霹雳为 2.7%，森美兰为 1.8%，得出华人子弟受学率很低的结论。［马］郑良树：《马来西亚华文教育发展史》（第二分册），吉隆坡：马来西亚华校教师会总会，1998 年，第 357 页。笔者认为这种统计方法不如儿童入学率（入学儿童与同龄儿童人数之比）更能反映华人社会的教育水平，因为前者包括了所有成人和学龄前儿童，对于评估某一年龄段儿童受教育水平是不科学的，而入学率则能更真实反映儿童受教育水平，这也是教育学通用的统计方法。

便宜，一般一年为5—10元。[1] 除学费外，学生还要交体育费、图书费、实验费，住宿学生要膳费和住宿费等，著名的华校收费比一般华校更高，如南洋女校初小学生每月学费2元，一年24元，每年体育费5角，图书费5角。教育级别越高，收费越贵，到初中时，南洋女校学生所需费用如下：①入学时缴保证金5元，毕业时退还，中途辍学不退；②每月学费3元，以12个月算；③体育费每年2元；④图书费每年1元；⑤理化实验费每年2元；⑥住宿学生每月宿费4元，膳费每月7元5角，洗衣费每月2元，自己洗衣交水炭费5角；⑦乘坐校车者每月交费3元。[2] 粗算一下，一个住宿生的费用一年约为200元，这在20世纪30年代的新加坡是一笔很大的数字，一般人家难以承受。尽管学校也有半费或免费名额，但很少，因此收入不高的家长即使认识到女儿应当受教育，但当经济条件不许可时，只能优先保证儿子上学，或让女儿在费用相对较低的华文学校上几年学，一有困难，最先辍学的也是女儿。潘会扬对“二战”前潘家村的回忆也证明了这一点：

> （父母）本身没有受教育，他们都希望子女能够受一点教育啦。不过因为家庭环境不好，每个都是先把男的送去读书，女的做后补，有机会的话，经济能力允许（父母）才会把女儿送去读书。我记得当时我们读书的时候只有四个是女生……廿多个学生只有四个女生，其中一个女生是族长的女儿。[3]

社会性别对华人女子受教育程度和受教育内容产生了深刻影响。大部分华人提倡女子教育是为了培养贤妻良母，女子教育的定位是辅助男子，是次等的，这就导致对男女教育要求的不同。20世纪30年代新马华人社会对男子教育的期望从高处说是齐家治国平天下，从低处说是能挣钱发财光宗耀祖，所以华人对男孩教育还是较女孩重视得多，很多男孩上午读英校，下午读华校，或读几年英校，再读几年华校，华文男校也大大加强了英文、国文、算学、簿记等实用内容，以期男孩以后能更好地在社会上立足。而女子教育的目的是培养能更好教育子女、帮助丈夫的贤妻良母，这种教育理念虽比过去的“女子无才便是德”已前进了一大步，但对女子教育期望远远低于男子，这使得华人女子受教育人数远远少于男子，受教育内容也更注重家政等与持家有关的内容。

---

① JARMAN R L. Annual reports of the straits settlements（1855－1941）. Volume 11. London: Archive Editions Limited, 1998: p. 141.

② 《星加坡南洋女子中学校刊》，新加坡：南洋女子中学，1935年，第16－17页。

③ ［新］林孝胜编：《潘家村史》，新加坡：亚洲研究会，1991年，第55页。笔者在新加坡时拜访林先生，蒙林先生惠赠此书，特此致谢。

第三节　教育的影响：社会性别变化的基石

尽管20世纪30年代华人女子教育与男子相比还差得很远，但从纵向比较来看，女子教育较之20年代以前有很大进步，而且这一时期的女子教育对华人社会变革、女子自身发展以及社会性别变化产生了重要影响。

一、提高新马华人女子教育水平

1921年即使在城市，华人妇女每1 000人中只有120人识字，海峡殖民地还不到100人（参见表2-10）。1931年新马每1 000名华人妇女中，识字人数仅为97人，经过20世纪30年代女子教育的发展，1947年妇女识字人数增长到188人，其中15岁以上年龄组识字人数从105人增加到208人。[①] 如果从1947年华人各年龄组识字率分析，我们更能看到30年代华人女子教育发展的影响。在1947年新马华人妇女各年龄组中，15—19岁年龄组和20—24岁年龄组是识字率最高的，分别为35.8%和32.5%，[②] 这些女性基本是在30年代接受教育，由此可见30年代新马华人女子教育发展对提高女子教育水平的作用。

表2-10　新马华人识字率（每1 000人）

年份	性别	新加坡	槟榔屿	马六甲	马来联邦	马来属邦	总计
1921	男	487	524	452	520	454	487
	女	96	87	84	194	139	120
1931	男	389	448	428	468	379	422
	女	113	119	85	103	65	97
1947	男	483	（马来亚联合邦）495				492
	女	176	193				188

注：1921年数字为城市人口的识字率。

资料来源：①NATHAN J E. The census of British Malaya. London：Dunstable and Watford，1922.

②VLIELAND C A. British Malaya：a report on the 1931 census and certain problems of Vital Statistics. London，1932.

③［英］巴素著，郭湘章译：《东南亚之华侨》，台北：正中书局，1974年，第400页。

---

① ［英］巴素著，郭湘章译：《东南亚之华侨》，台北：正中书局，1974年，第399-400页。

② SMITH T E. Population growth in Malaya：a analysis of recent trends. London：Royal Institute of International Affairs，1952：p. 67.

但与男性相比，女性教育水平还差得很远，1931 年华人每 1 000 名男性中识字人数是 422 人，女性只有 97 人，到 1947 年男性中识字人数是 492 人，女性仅为 188 人（参见表 2－10）。1947 年所有年龄组华人男子识字率都超过 50%，但华人女子各年龄组识字率都没有超过 50%。

二、培养以女教师为主的职业妇女

20 世纪 30 年代新马华人女子教育的发展，提高了女性教育水平，扩大了华人妇女的职业领域，尤其是为英文学校和华文学校输送了女教师。

20 世纪上半叶，华人女校除面临经费和管理问题外，还面临教师缺乏的问题。30 年代初华校教师几乎都来自国内，从静方女校 1929 年女教师来源看，是年该校共有 8 名教师，只有 1 人毕业于本地学校，1930 年该校共有 9 名教师，全部毕业于中国的大学和中学，无一位本地学校毕业（参见表 2－11）。1933 年坤成女校教师共 14 人，毕业于中国大学和中学者共 11 人，只有 3 名教师毕业于本地学校，其中 2 名毕业于坤成女校（参见表 2－12）。

表 2－11　1929 年、1930 年静方女学校教员姓名及学历

1929 年		1930 年	
姓名	学历	姓名	学历
陈葆如（校长）	北平燕京大学毕业	陈葆如	北平燕京大学毕业
吴德贤	江苏省立第二女师毕业	傅瑞卿	浙江女子师范毕业
吴之藩	北平国立工业大学毕业	吴之藩	北平国立工业大学毕业
蔡子重	天津圣功女子师范毕业	梁凤屏	广东岭南大学毕业
卢希兰	广州女子职业学校毕业	蔡子重	天津圣功女子师范毕业
简幻若	广州培道女子中学毕业	简幻若	广州培道女子中学毕业
何志坤	广州女子体育学校毕业	何志坤	广州女子体育学校毕业
何熙	南洋女学毕业	卢希兰	广州女子职业学校毕业
		英蕴廷	北平协和幼稚师范毕业

资料来源：《静方女学校校刊》，新加坡：静方女学校，1930 年，第 11 页。

表 2－12　1933 年坤成女学校教员名录

姓名	籍贯	性别	履历
沙渊如	江苏	女	上海大同大学毕业，曾任宁波进德女校校长，广西省立第二女子中学幼稚师范主任
陈洁	江西	女	湖南省立高级中学毕业，国立中央大学肄业。曾任教湖南省立第二中学、周南女学
陈玉华	湖南	女	湖南长沙湖湘女中毕业。曾任教湖南定庆爱莲女师，湘乡第一女校等
吴瑞英	浙江	女	上海东方大学高级师范科毕业。曾任教福建泉州华侨女中，北婆罗洲亚庇中华学校、明德学校、怡保公立女校
聂叔平	广东	女	天津女子师范毕业。曾任教广东南海坤娴女校、崇德女校、达才女校
刘修梅	广东	女	上海神州女校文科毕业。曾任教荷属廖岛端本学校
黄瑞兰	广东	女	上海神州女校初中毕业
曾启群	广东	女	官立师范毕业。曾任教巴生中华女校、暗邦安邦学校、吉隆坡培德学校
伍慧玉	广东	女	官立师范毕业。曾任教芎蕉园新民学校
叶瑞瑚	广东	女	坤成女校初中毕业
严秋容	广东	女	坤成女校初中毕业，官立师范修业
谭瑞莲	广东	女	美以美女校九号毕业
唐㮓	湖南	女	长沙衡粹女校图书科、自治女校刺绣科毕业。曾任教自治女校、萍乡县立女中
许瑞燕	广东	女	上海培成女校初中毕业，爱国女校体专肄业。曾任教麻坡化南女校

资料来源：坤成百年校史编委会：《坤成百年校史汇编·下册》（1908—2008 年），吉隆坡：坤成中小学暨幼儿园，2010 年，第 143 页。

20 世纪 30 年代新马女子教育发展，毕业女生大都以教师为职业选择。以南洋女校为例，1920—1929 年初中师范毕业生共 44 人，其中 20 人当教师。1930—1935 年初中师范毕业生共 116 人，其中 33 人当教师。1934 年和 1935 年高中师范毕业生共 5 人，有 4 人当教师。① 再以静方女校为例，1930—1937 年共毕业 54 名师范生，

① 《星加坡南洋女子中学校刊》，新加坡：南洋女子中学，1935 年，第 132－143 页。

其中当教师者最多，共27人，占所有毕业生的50%。[①] 而从其第一届（1938年）校友会名单来看，共有校友68人，当教师者为32人，商界7人，报界1人，产科1人，赋闲9人，家务9人。[②] 英文女校的毕业生也首选当教师，如20世纪30年代莱佛士学院毕业了39名女生，对其毕业后去向的调查表明，有6人继续深造，26人当教师，6人婚后放弃教职，1人无业。[③] 通常莱佛士学院、美以美女校毕业生在华校或英校教授英文，华文女校毕业生则教国文、算学和其他课程。

20世纪30年代中期和后期，新马华人女校尽管仍是中国毕业的女教师居多，但本地毕业生也开始更多地进入教师行列。1935年南洋女校共有23名教师，毕业于中国各级学校和外国学校的共有17人，占74%，新加坡本地学校毕业生才6人，（参见表2－13）。因为招聘教师困难，一些男性知识分子到学校义务上课，不支薪水。如郑绍崖先生担任高中国文教员一学期，郭金洪、陈祖训担任教育学心理学教员一学期，刘韵仙的丈夫、《星洲日报》主笔（后任《南洋商报》主笔）傅无闷先生从1931年起一直负责国文、历史、伦理学、人生哲学等课程的讲授。[④] 1938年静方女校教师共20人，13人毕业于中国，7人毕业于本地学校，其中2人毕业于静方女校，1人毕业于南洋女校，4人毕业于英文学校（参见表2－14）。

表2－13　南洋女校教职员一览表（1935年）

姓名	籍贯	资格	经历	职务	到校日期
刘韵仙	江西吉安	北平燕京大学肄业	曾任湖南湘潭三育学校教员、《缅甸晨报》总编辑、古巴《民声日报》编辑	校长兼训育主任	1927年
蓝彦哉	湖北黄陂	国立武昌师范大学毕业	曾任师大附中教师、巴生中路国民学校校长	教务主任、小六级任	1933年
李金煌	广东惠阳	湖南省立第一师范毕业、国立劳动大学土木工程系肄业	曾任雪兰莪中华学校教员、加央干吃养志学校校长	秘书、中三级任	1931年
吴祖谦	福建晋江	上海圣约翰大学毕业	曾任泉州培元两级中学英文主任、鼓浪屿慈勤两级中学英文主任	高中部英文教员	1935年

① 《星洲静方女学校筹款建校及概况特刊》，新加坡：静方女学校，1938年，第41页。

② 《星洲静方女学校筹款建校及概况特刊》，新加坡：静方女学校，1938年，第41页。

③ COLONIAL OFFICE. Higher education in Malaya：report of the commission appointed by the secretary of state for the colonies. London：H. M. S. O.，1939：p. 25.

④ 《星加坡南洋女子中学校刊》，新加坡：南洋女子中学，1935年，第3页。

（续上表）

姓名	籍贯	资格	经历	职务	到校日期
郑绍崖	福建同安	日本东京日本大学社会科毕业	曾任《仰光日报》记者、《星洲日报》记者	高中国文教员	1935年
罗若雪	广东大埔	国立中山大学文科肄业两年	曾任新加坡陂道南学校教务主任三年	小学部主任、中二下级任	1935年
郑秉三	福建莆田	上海大厦大学高等师范毕业	曾任莆田中学校教务主任	中一上级任	1935年
张育明	辽宁法库	金陵大学农学院肄业	曾任芙蓉振华学校教员	中二上级任	1935年
刘道南	江西永新	江西心远大学本科肄业	曾任暹罗宋艾巴里善民学校及暹京中山女学校教务主任	中一下级任	1935年
姚廉	湖南湘潭	湖南福湘女中师范科毕业	曾任湘潭道光女校教员	小学部训育主任	1927年
李谷华	湖南长沙	湖南私立衡粹女学图画刺绣二科毕业	曾任衡粹女学刺绣科教员	舍监	1935年
林密斯	广东潮州	莱佛士大学三年级肄业		英文教员	1935年
张长信	湖南武冈	湖南省立第一女子师范毕业、国立劳动大学肄业	曾任湖南第一女师附小教员、汉口私立方城学校教员	事务主任小四级任	1935年
黎谨英	广东梅县	本校师范部毕业		小一级任	1931年
张秀松	江苏宜县	上海东南体专毕业	曾任吉隆坡坤成女校体育教员三年	体育主任	1932年
佘赛凤	广东	本校师范部毕业		庶务会计小二级任	1928年
张秀莺	福建南靖	新加坡美以美英文学校毕业	曾任新加坡扶来英校教员	英文教员	1932年
徐君濂	上海	上海新华艺术专门学校毕业	《星洲日报》图画记者	美术教员	1933年

（续上表）

姓名	籍贯	资格	经历	职务	到校日期
赵碧玉	广东	本校高中师范科毕业		小三下级任	1935 年
郑皆得	福建	上海复旦大学商科毕业		课外运动指导	1930 年
李汉英	广东	广州培道女校高中毕业	曾任暹京中山学校教员	幼稚园主任	1935 年
陈琼璋	福建	本校高中师范科毕业		小三上级任	1934 年
傅无闷	福建	北平财政专门学校毕业	曾任厦门鼓浪屿中学教员、《星洲日报》主笔	历史伦理学教员	1931 年

资料来源：《星加坡南洋女子中学校刊》，新加坡：南洋女子中学，1935 年，第 129－131 页。

表 2－14 1938 年静方女校教师一览表

姓名	性别	籍贯	学历及经历	到校日期
杨瑞初	女	广东番禺	广东中山大学毕业，曾任教广州女子师范，在职十年	1937 年 1 月
刘璧如	女	四川巴县	南京金陵女子文理学院毕业，曾任湖州湖郡女塾教员，成都华美女高中校长，新加坡南洋女中教员	1936 年 7 月
伍坤维	女	广东台山	广州真光女子中学毕业，岭南大学修业，曾任教香港养正中学、梅芳中学、香港岭东中学、新加坡南华女校	1937 年 1 月
董家杰	女	广西苍梧	广州女子师范学校毕业	1935 年 7 月
刘雪桢	女	广东中山	广东省立第一女子师范学校毕业，曾任职广东省教育厅，广东省立女子师范学校附小	1937 年 1 月
陈式衡	女	广东增城	广州女子师范学校毕业	1935 年 7 月
茹瑜贞	女	广东新会	广东省立第一女子师范学校毕业，曾任教防城县第一女子小学、东莞县幼稚园、新会县第五区景彝小学、广州市第二十四小学	1937 年 1 月

（续上表）

姓名	性别	籍贯	学历及经历	到校日期
张英秀	女	广东英德	广东省立第一女子师范学校毕业，曾任教香港仰光女学校、嘉谟学校、台山瑞芬小学、开平第二小学、合浦第三中学附小	1938 年 1 月
陈淑贞	女	福建晋江	新加坡静方女学校毕业，曾任教新加坡崇本女学校	1937 年 1 月
黄素琼	女	福建思明	福州华南女子中学毕业，曾任教厦门青年会艺术专门学校、大同学校女子公学	1930 年 8 月
张英粹	女	广东英德	广东省立第一女子师范学校毕业，曾任教广东省立女师附小、广州第七十一小学、开平第二小学、合浦第三中学附小	1938 年 1 月
梁醒群	女	广东梅县	新加坡静方女学校毕业	1938 年 7 月
郭淑庄	女	广东澄海	英国剑桥学校九号毕业，曾任教居銮中华女学校	1938 年 1 月
李玉瑛	女	广东番禺	新加坡美以美英文女校九号毕业，曾任教新加坡励明学校	1938 年 1 月
胡齐眉	女	福建	新加坡美以美英文女校九号毕业	1938 年 1 月
朱丽	女	广东南海	广州女子中学毕业，曾任教广州私立剑雄女校	1937 年 8 月
邱鸣权	女	福建海澄	新加坡南洋女中毕业，曾任教新加坡南洋女中、南华女校、中华女校及金保公立女学校	1930 年 7 月
张长江	男	安徽颍上	中央国立体育专门学校毕业，日本文部省体育研究所研究生。曾任上海第一届学生集中训练团体育指导，中国国体专校体育教员	1938 年 10 月
曾国锋	男	福建思明	新加坡英文商科毕业。现任新加坡华侨银行职员，养正校友会总务	1937 年 9 月
梅中超	男	广东台山	台山端芬高级小学修业。曾任新加坡《南洋总汇新报》职员，梅氏书室文书	1938 年 1 月

资料来源：《星洲静方女学校筹款建校及概况特刊》，新加坡：静方女学校，1938 年，第 38 - 40 页。

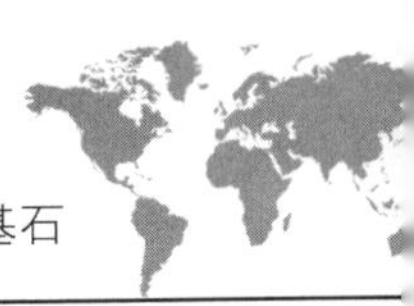

图 2－12　1938 年静方女校全体教师合影

图片来源：《星洲静方女学校筹款建校及概况特刊》，新加坡：静方女学校，1938 年。

20 世纪 30 年代女子教育发展使华校师资力量大为改观，这可以从 40 年代和 50 年代教师来源的变化看出。1948 年南洋女校教师共 54 人，毕业于中国和外国学校的教师共 29 人，占 53.7%，其余教师都是本地学校毕业。① 其他女校本地毕业的教师更多，1950 年福建女校教师共 54 人，来自中国的教师只有 18 人，占 33%，其他都毕业于新马的学校，其中 27 人毕业于福建女校，9 人毕业于本地英文学校。② 南洋女校、南华女校、坤成女校、福建女校、莱佛士学院、美以美女校等中学和办有师范班的女校是提供女教师的主力，新马华校本地女教师大都来自这些学校。③

三、提高华人女性社会参与能力

华人女子教育培养了学生的自主意识、民族认同、女权觉悟，大大加强了她们参与社会活动的能力。

① 《新加坡公立南洋女子中学校校刊》，新加坡：南洋女子中学，1948 年。

② 《福建女学校三十周年纪念特刊》，新加坡：福建女学校，1950 年。

③ 南洋女校、福建女校、南华女校、中华女校等学校教师学历统计表明了这一点。参见《新加坡公立南洋女子中学校校刊》，新加坡：南洋女子中学，1966 年；《福建女学校三十周年纪念特刊》，新加坡：福建女学校，1950 年；《南洋女校新阵容》，《星洲日报》，1941 年 2 月 14 日；《中华女校新阵容》，《星洲日报》，1941 年 2 月 19 日。

尽管华人社会对女子教育的期望是贤妻良母，但在教师的培养下，学校还是成为华人女生学习知识、树立抱负、培养能力、养成社会责任感的场所，尤其是南洋女校，学生的社会责任感最强，最爱参与社会活动。廖冰初入南洋女校时，"……沉默寡言，生活圈子很狭小。……不久，发现班上有几位同学很有正义感，表现进步，我开始和她们接近。当我向她们倾吐了对现实的不满，讲述了我的困难处境，我是个童养媳等后，她们不仅没有歧视我，而是报以同情、支持，鼓励我和婆家作斗争。每到周末或假日，她们就设法把我接出去。这时，我有了新朋友、新伙伴。不久我又参加了学联组织，继续开展进步活动"[①]。南洋女中的学习生活开阔了廖冰的视野，为她今后参与社会活动打下基础。卢本立夫人张潄珠肄业于康芳英文女校，后又入南洋女校读书，抗日救亡运动时任新加坡华人妇女筹赈会英文秘书。

华文学校培养的学生对自己的祖国——中国更关注，养成民族主义觉悟。许多女生从没有回过中国，只是知道祖籍在何地而已，中国对她们来说是陌生的。但在学校她们学国语，读中国的教科书，看华文报纸和杂志，师从中国来的老师，大部分老师思想进步。通过学习，她们对中国不再陌生，她们知道中国发生的每一件大事，知道中国进步作家和作品，她们关心中国的事务，并卷入一些政治活动。[②] 每当中国发生灾害、外敌入侵时，华校女生积极参与筹赈活动，如1931 年中国发生水灾，新马各地华人纷纷筹赈救灾，坤成女校也举办游艺会筹赈，尤其当 1937 年日本入侵中国时，南洋社会掀起抗日救亡运动，民族主义热情高涨，华校女学生成为新马华人妇女抗日救亡运动的中坚力量，参与种种筹赈和宣传教育工作（参见第四章）。相比之下，英文女校和教会女校不关注中国，像圣婴女校在抗日救亡运动中没有组织任何活动。[③]

学校教育也培养了女学生的女权意识，女教师和女学生成为新马华人妇女运动的中坚力量。如 1929 年坤成女学校学生自治会设立女子义务夜校，其宗旨是：以实践普及教育，救济一般失学之青年女子，提倡妇女识字运动。女学生们在招生宣言中指出，中国文化落后，华侨教育水平更落后，女性受教育率极低，"简直地百个女子中没有五个女子有受教育的机会与可能"，虽然有少量女校，但都是收费与日学性质，只有富有和空闲的女子才有受教育机会，一般贫民女子，因为无钱和为生计奔忙，无读书机会。现在时代变了，"女子无才便是德"的圣训

---

① 廖冰：《奔向延安　奔向革命》，《中华文史资料文库·华侨华人编》（第 19 辑），北京：中国文史出版社，1996 年，第 230 页。

② 1932 年 12 月一些华侨为反对殖民地政府限制移民条例，准备游行抗议，被殖民当局发现并逮捕，被捕的人中包括 29 名华文学校学生，内有 3 名女生和一个女教员。《星洲日报》，1932 年 12 月。

③ 吴庄卿口述访谈文稿，新加坡口述历史档案馆，编号 A000384/07。

已被抛弃，“近年来我们女性已有了做‘人’的觉悟，妇女运动的波潮是在逐渐的涨高”，“我们认为，倘若此后我们女性的智识程度不提高，教育不谋普及，男女平等与平权听起来是这般的优美，但将来是永不会实现的两种空虚的幻想”。[①] 这些女生在男女平等思想的激励下，设立妇女义学，就是为贫民女子提供受教育机会，普及女子教育。还有不少女学生也办有妇女识字班，推动女子教育普及。

1933 年坤成校友会也是在妇女运动的背景下成立的，校友发言时，刘秀兰女士激情演说，勉励会友从速做起，脚踏实地，做一番轰轰烈烈的事业，为人群谋利益，为妇女做先驱。另一会友林如兰女士发表演说，“论述妇女解放之基础，力言妇女对妇运应有之认识，及应有之毅力，语气豪迈”[②]。从 1937 年起，新马各大城市华人妇女界都会举行盛大集会庆祝“三八”妇女节，华校女生出席大会，华校女校长上台发表演说，阐述“三八”妇女节的来历及妇女解放的意义，这些活动推动了新马华人妇女运动的发展（参见第四章）。

教育不仅提高了华人妇女的教育水平，而且扩大了她们的职业范围，培养了她们的经济自立能力，提高了她们的社会责任感和参与社会的能力，也唤醒了她们的自主意识，这些都是改变传统社会性别观念、提高妇女地位的基石，所以林秋美在回顾自己的教育时，感慨地说：“我希望再学五年，教育不是万能的，因为即使一个有良好教育的人，如果没有实际能力、个人品德和抱负，他也不能取得大的成功，但是教育是最重要的基础之一，没有教育，一个人的工作和职业就会有更多的困难。”[③]

最后，笔者用南洋女校校歌作为本章的结束，这首 20 世纪 30 年代的校歌充满远大志向和时代精神，女学生们要“追赶光明”“改造畸形社会”。

我们跟时代进行，
高唱谐和的歌音，
五育平均齐发展，
堂堂地做个完人，
共同努力追赶光明，

① 《坤成女校学生之社会报务》，《益群日报》，1929 年 8 月 27 日。转引自坤成百年校史编委会：《坤成百年校史汇编·下册》（1908—2008 年），吉隆坡：坤成中小学暨幼儿园，2010 年，第 130 – 131 页。

② 《坤成校友会成立典礼　各校友踊跃发言　来宾多加勉励　妇女团结之征兆》，《益群日报》，1933 年 5 月 6 日。

③ 林秋美 1939 年从教会学校毕业，在学校度过了五年半学习生活。LIM J. Sold for silver. London：Collins，1958：pp. 85 – 86.

改造畸形社会锻炼身心。
我南洋桃李成荫，
我南洋校誉光荣，
在太平洋的西岸，
在印度洋的东滨，
共同努力振起精神，
巩固文明基础锻炼身心。[①]

① 《南洋女校校歌》，《新加坡南洋女子中学校刊》，新加坡，1935 年。

第三章 自立与养家：新马华人妇女的经济参与

中国妇女移民新马的目的之一是谋生，她们的经济参与率一直较高，并不断拓展职业领域。1929—1933 年世界经济危机导致企业倒闭和工人大量失业，华人女工也承受失业痛苦，同时，为养家糊口，更多的华人妇女被挤压进劳动力市场，她们中的一部分从事工人、女佣、小贩、矿工、建筑工、教师等职业，另一部分进入因经济危机而产生的新职业，如女招待和舞女等。华人妇女以自己的辛劳，不但实现了经济自立和养家糊口，也为新马经济发展做出巨大贡献。

第一节 华人妇女行业分布与职业拓展

一、华人妇女的行业和职业变化

早在 19 世纪下半叶，新马华人妇女已进入劳动力市场，但当时妇女所能从事的职业极少，新加坡 1871 年人口普查表明，有职业的妇女为 4 000 多人，她们是：650 名制裙工、550 名女佣、240 名织补工、215 名编筐工、400 名小贩、500 名渔妇，职业未分类的妇女有 1 653 人，脚注说这类妇女主要是妓女。[①] 上述职业统计未区分族群，华人妇女的职业主要是女佣、小贩和妓女，当时新加坡大部分妓女是华人。1868 年新加坡有 349 间妓院，据官方统计妓女有 2 061 人，其中华人妓女为 1 644 人，占 79.8%。[②] 1906 年马来联邦共有妓女 3 647 人，其中华人妓女为2 323

① MCNAIR J F A. Report of the census officers for the straits settlement of Singapore 1871. Straits settlement press, 1872. 转引自 WONG A K, LEONG W K. Singapore women: three decades of change. Singapore: Times Academic Press, 1993: p. 176.

② APPENDIX N. Abstract of return of brothels and prostitutes of Singapore // Governor of Straits Settlement to Colonial Office, 1869-02-24, CO273/91.

人，占妓女总数的63.7%。[①] 新马华人妓女几乎都来自香港、澳门和广东。

19世纪末20世纪初，随着马来亚两大支柱产业锡矿业和橡胶业的发展，华人妇女的职业领域扩展到锡矿工和橡胶工，但人数较少。马来亚早在19世纪后半叶已成为世界最大的产锡地，其产量占世界一半以上，而且经营锡矿者多为华人。[②] 华人妇女大约在20世纪初开始从事锡矿工作，其人数可以从淘锡工的数量推算，因为只有华人妇女从事这一工作。殖民地政府第一次向妇女发出淘锡纸（dulang pass）是在1907年，1908年发放淘锡纸数量是8 278张，1915年是15 859张，1920年是12 867张，[③] 这说明当时以淘锡为生的华人妇女有上万名。橡胶工也是20世纪初华人妇女群体中的新兴职业。新马橡胶业在20世纪初迅速发展，[④] 华人妇女成为橡胶园中的割胶工、除草工和种树工。[⑤]

制造业女工也在20世纪初出现，但人数极少，1921年人口普查表明制造业女工人数为3 564。这一时期华人妇女从事人数最多的职业仍是女佣，为13 215，还有小贩1 884人，另外还有2 488名华人妇女是小店主或经理。此外还出现227名女教师，5名女公务员、90名女文秘人员（参见表3－2）。

20世纪30年代，新马华人妇女参与经济活动的规模和形式与过去相比都有较大变化，职业空间进一步拓展。

---

① MANDERSON L. Sickness and the state：health and illness in Colonial Malaya（1870－1940）. New York：Cambridge University Press，1996：p. 171.

② 参见林远辉、张应龙：《新加坡、马来西亚华侨史》，广州：广东高等教育出版社，1991年，第158－169页。

③ JACKSON R N. Immigrant labour and the development of Malaya（1785－1920）. Kuala Lumpur：Government Press，1961：p. 146.

④ 英国在1895年制造了第一辆汽车，此后汽车业迅猛发展，带动了对橡胶需求的增长，马来半岛气候适合橡胶树的生长，殖民者和华侨富商纷纷经营胶园，从而使马来半岛成为举世闻名的盛产橡胶之地。1897年马来亚橡胶种植面积只有345英亩，1910年增至547 250英亩，1920年达到2 206 750英亩，1940年更达到3 412 084英亩。橡胶产量也迅速增长，1905年马来亚橡胶出口欧洲的只有175吨，1914年便增加到4.8万吨，成为世界第一，1920年增加到17.7万吨，占世界橡胶产量的一半以上。BARLOW C. The natural rubber industry：its development，technology and economy in Malaysia. Kuala Lumpur：Oxford University Press，1978：p. 444. 傅无闷编：《南洋年鉴》，新加坡：南洋商报社，1939年，子91页。

⑤ 遗憾的是，1921年马来联邦人口普查未区分橡胶园就业者与其他种植园就业者，我们不知道在橡胶园工作的华人妇女的具体人数，但在种植园工作的华人妇女数为14 291，其中大部分为橡胶园工人。NATHAN J E. The census of British Malaya 1921. London：Dunstable and Watford，1922.

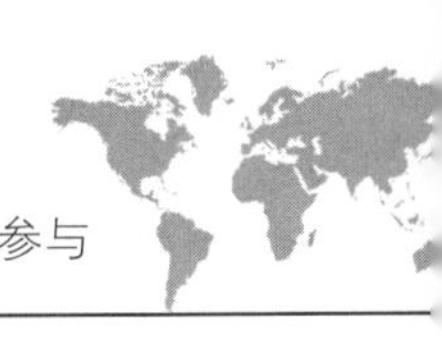

图 3－1　割胶女工

图片来源：［马］徐威雄、张集强、陈亚才等编，陈耀宗译：《移山图鉴：雪隆华族历史图片集》，吉隆坡：华社研究中心，2012 年。

（一）华人妇女的行业分布

20 世纪 30 年代华人女性经济参与人数急剧增长（参见表 3－1）。1921 年人口普查表明，新马参与经济活动的华人妇女共 63 757 人，占华人劳动者的 8.37%，1931 年人口普查的结果表明就业华人妇女共 85 637 人，占华人劳动者的 9.1%。10 年间仅增加一万多人，占劳动者的比例仅增加 0.7 百分点，说明 20 世纪 20 年代华人妇女就业人数增长缓慢。但 20 世纪 30、40 年代华人妇女经济参与人数急剧增长，1947 年人口普查表明参与经济活动的华人妇女人数为 179 930人，比 1931 年增加了一倍多，占全部华人劳动者的比例上升至 18.37%。

20 世纪 30—40 年代，华人妇女在各行业的人数和比例都有较大增长，华人就业人数最多的是种植业，其中又以橡胶业从业人员最多，1931 年该行业华人妇女为 20 822 人，占该行业人数的 11.28%，1947 年该行业华人妇女上升到 50 309人，占该行业人数的 29.63%。新马华人在服务业就业人数位居第二，1931 年共有 133 431 人，其中华人妇女为 24 759 人，占 18.56%，1947 年就业于服务业的华人男性比例有所下降，而妇女人数进一步上升，所占比例也提高到 29.95%。就业人数位居第三的是商业及金融业，女性从业人数从 1931 年的5 346 人增加到 1947 年的 12 987 人，在该行业的比例也从 3.64% 上升到 8.29%。华人妇女在制造业的人数增长最快，从 1931 年的 2 698 人上升到 1947 年的12 346人，增长了 4 倍多，所占比例也从 2.94% 上升到 8.99%。此外，随着产业结构变化，1931—1947 年华人在建筑业和矿业从业人数下降，妇女在上述行业就业人数也呈下降趋势。

表 3－1　新马华人行业分布（1921、1931、1947 年）

行业	1921 年				1931 年				1947 年			
	男（人）	女（人）	妇女占该行业的百分比(%)	妇女占女子就业的百分比(%)（15 岁以上）	男（人）	女（人）	妇女占该行业的百分比(%)	妇女占女子就业的百分比(%)（15 岁以上）	男（人）	女（人）	妇女占该行业的百分比(%)	妇女占女子就业的百分比(%)(15 岁以上)
农业	238 428	23 539	8. 98	10. 86	292 193	38 968	11. 77	10. 42	285 124	90 243	24. 04	16. 0
其中橡胶业					163 725	20 822	11. 28	5. 57	119 466	50 309	29. 63	8. 91
矿业	69 149	8 312	10. 73	3. 84	73 027	9 211	11. 20	2. 46	24 609	7 301	22. 88	1. 25
其中锡矿	63 417	8 064	11. 28	3. 69	63 762	8 905	12. 25	2. 38	21 517	4 356	16. 83	
制造业	75 735	3 564	4. 49	1. 64	89 206	2 698	2. 94	0. 72	124 963	12 346	8. 99	2. 15
建筑业	9 864	187	1. 86	0. 09	15 020	1 244	7. 45	0. 32	7 513	262	3. 37	0. 04
交通运输通讯业	66 097	32	0. 05	0. 01	59 228	140	0. 24	0. 04	54 264	579	1. 06	0. 1
商业及金融业	105 029	4 841	4. 41	2. 23	141 539	5 346	3. 64	1. 43	143 625	12 987	8. 29	2. 3
服务业	77 208	20 521	20. 99	9. 47	108 672	24 759	18. 56	6. 62	114 736	48 049	29. 95	8. 52
其他	56 542	2 761	4. 66	1. 27	76 443	3 271	4. 10	0. 87	44 727	8 163	15. 43	1. 48
无业	150 511	262 237	63. 53		265 136	491 161	64. 94		479 619	1 008 516	67. 77	
其中家庭主妇		150 323	100. 0	69. 36					5 379	440 609	98. 79	78. 1
其中学生	36 071	10 026	21. 75						237 277	121 468	33. 86	

（续上表）

行业	1921 年				1931 年				1947 年			
	男（人）	女（人）	妇女占该行业的百分比(%)	妇女占女子就业的百分比(%)（15 岁以上）	男（人）	女（人）	妇女占该行业的百分比(%)	妇女占女子就业的百分比(%)（15 岁以上）	男（人）	女（人）	妇女占该行业的百分比(%)	妇女占女子就业的百分比（%）(15 岁以上)
总计	848 563	325 994	27. 75		1 120 464	576 798	33. 98		1 426 456	1 188 211	45. 44	
15 岁以上人口	827 836	216 730	20. 75		901 274	374 097	29. 33		640 239	564 112	46. 84	

资料来源：①NATHAN J E. The census of British Malaya 1921. London：Dunstable and Watford，1922.

②VLIELAND C A. British Malaya：a report on the 1931 census and certain problems of vital statistics. London：Crown Agents for the Colonies，1932.

③1947 年数字见华侨问题研究会：《马来亚华侨问题资料》，北京：联合书店，1950 年，第 20－32 页，重新统计。

上述数据依据的是1931年和1947年新马人口普查，它们只能大体上反映人口构成、年龄结构和行业分布等情况，严格来说，人口普查方法和分类并不能完全真实地反映妇女的身份和经济参与状况，因为妇女多从事家庭内不付酬职业和临时职业，尤其是华人妇女，她们所从事的家庭内佣工、洗衣工、临时小贩、临时性工作等都没有反映在人口普查的职业分类中，有一些例子可以很好说明当时的人怎样看待家庭妇女的劳动。如中国著名的抗日英雄谢晋元之妹谢玉兰随丈夫移民新加坡，当时报纸报道："丈夫是革履工人，她亦做皮夹工作，房租一元五角，全家六口靠丈夫一月20、30元过活。"[①] 记者已经点明谢玉兰也做皮夹工作，但最后还是"自然"地说全家六口全靠丈夫工资过活，完全忽略谢玉兰也在工作的事实，谢玉兰也就成了无业者。另外，对矿业女工的统计也是不真实的。1931年人口普查表明，在锡矿工作的华人女工有8 905人，1947年下降到4 356人。但从政府发放的淘锡纸看，锡矿女工远远多于此数，如1936年政府发放淘锡纸就有11 809张。[②] 人口普查中锡矿女工人数低于实际数字，是因为淘锡工是一种自由度较大的职业，人口普查可能将部分淘锡女工归入无业或家庭妇女，只将在锡矿从事挖泥、清沟等工作的女工统计在内。类似情况在很多职业统计中都存在，[③]因此华人妇女从事经济活动的规模应远远大于人口普查所反映的数据。

（二）华人妇女的职业分布

20世纪30年代新马华人妇女的职业范围也大大拓展。除原来就有的女佣、种植园工人、锡矿工人、建筑工人、制造业工人外，华人妇女还出现在一些新的职业领域。如1921年人口普查时新马没有女工厂主、女影像师、女律师，1931年人口普查则表明华人妇女已在这些职业领域出现。而在1921年和1931年人口普查中，银行职员、保险业务员、拍卖员、会计师、小船和木船制造者、汽车夫、清洗夫、编辑记者、电话接线员等职业中根本没有女性，[④] 1947年人口普查表明这些职业已出现女性从业者，尽管人数很少。还有一些职业原来女性从业者很少，如橡胶园女管理人员、女教师、女秘书、女医生、女影像师、女理发师、女招待和舞女等，但1947年人口普查表明，上述职业的女性从业者大大增加（参见表3－2）。

---

① 《谢晋元将军胞妹访问记》，《星洲日报》，1941年6月4日。

② JACKSON R N. Immigrant labour and the development of Malaya (1786－1920). Kuala Lumpur: Government Press, 1961: p. 146.

③ 如杂货店老板娘在生意经营中起重要作用，但在人口统计中被归入无业或家庭主妇。

④ 参见 NATHAN J E. The census of British Malaya 1921. London: Dunstable and Watford, 1922: pp. 289－301; VLIELAND C A. British Malaya: a report on the 1931 census and certain problems of vital statistics. London: Crown Agents for the Colonies, 1932: pp. 269－321.

表3－2　新马华人主要职业分布（1921、1931、1947年）

职业		1921年			1931年			1947年		
		男（人）	女（人）	女性占比（%）	男（人）	女（人）	女性占比（%）	男（人）	女（人）	女性占比（%）
企业主、经理、管理人员	种植园主、经理、管理人员	13 175	897	6.37	4 720	156	3.2	12 906	1 785	12.15
	矿山主、经理、管理人员	727	1	0.14	295	12	3.9	598	28	4.47
	工厂主、建筑商、经理、包工头	123	0	0.0	1 556	8	0.51	9 412	184	1.92
	车主、商店主、经理、副经理	48 612	2 488	4.87	48 620	1 938	3.83	47 057	2 070	4.21
	政府官员、警察	1 556	5	0.32	859	9	1.04	1 695	16	0.94
专业技术人员	教师	1 577	227	12.58	3 257	778	19.28	5 684	3 011	34.63
	秘书、打字、簿记	16 925	90	0.53	31 042	199	0.64	40 594	1 994	4.68
	拍卖、信贷、保险、银行职员	707	7	0.98	742	5	0.67	1 748	31	1.74
	宗教人士	642	185	22.37	1 166	144	10.99	1 016	1 276	55.67
	医生	2 364	50	2.07	2 880	67	2.27	4 688	886	15.90
	工程师	197	0	0.0	161	0	0.0	267	0	0.0
	影像师	289	0	0.0	548	12	2.14	1 527	191	11.12
	律师、法官	23	0	0.0	33	1	2.94	75	1	1.32
	编辑、记者等	18	0	0.0				245	9	3.54
	演员	1 694	319	15.85	1 359	378	21.76	1 668	456	21.47
	看护、助产士	0	85	100	54	785	93.56	50	1 323	96.36

（续上表）

<table>
<tr><th colspan="2" rowspan="2">职业</th><th colspan="3">1921 年</th><th colspan="3">1931 年</th><th colspan="3">1947 年</th></tr>
<tr><th>男（人）</th><th>女（人）</th><th>女性占比（%）</th><th>男（人）</th><th>女（人）</th><th>女性占比（%）</th><th>男（人）</th><th>女（人）</th><th>女性占比（%）</th></tr>
<tr><td rowspan="17">工人</td><td>渔民</td><td>12 256</td><td>287</td><td>2. 29</td><td>16 250</td><td>140</td><td>0. 85</td><td>20 466</td><td>185</td><td>0. 90</td></tr>
<tr><td>农民（种稻）</td><td>6 435</td><td>1 489</td><td>18. 79</td><td>5 192</td><td>1 460</td><td>21. 95</td><td>33 976</td><td>10 661</td><td>23. 88</td></tr>
<tr><td>种植园工人（橡胶、椰园等）</td><td>15 533</td><td>3 019</td><td>16. 27</td><td>163 016</td><td>20 862</td><td>11. 35</td><td>217 773</td><td>77 603</td><td>26. 27</td></tr>
<tr><td>其中橡胶园、胶厂工人</td><td></td><td></td><td></td><td>159 247</td><td>20 674</td><td>11. 49</td><td>108 063</td><td>48 621</td><td>31. 03</td></tr>
<tr><td>矿场工人</td><td>68 422</td><td>8 311</td><td>10. 83</td><td>72 732</td><td>9 199</td><td>11. 23</td><td>23 340</td><td>7 457</td><td>24. 21</td></tr>
<tr><td>其中锡矿工人</td><td>63 063</td><td>8 064</td><td>11. 34</td><td>63 526</td><td>8 899</td><td>12. 29</td><td>19 924</td><td>4 316</td><td>17. 81</td></tr>
<tr><td>制造业工人</td><td>75 372</td><td>3 564</td><td>4. 52</td><td>88 562</td><td>2 685</td><td>2. 94</td><td>111 220</td><td>8 321</td><td>6. 96</td></tr>
<tr><td>其中技术工人</td><td>15 223</td><td>38</td><td>0. 25</td><td>15 947</td><td>103</td><td>0. 64</td><td>20 888</td><td>425</td><td>1. 99</td></tr>
<tr><td>建筑业工人</td><td>9 815</td><td>189</td><td>1. 89</td><td>13 510</td><td>1 237</td><td>8. 39</td><td>8 635</td><td>279</td><td>3. 13</td></tr>
<tr><td>交通通讯业工人</td><td>65 391</td><td>29</td><td>0. 04</td><td>59 120</td><td>139</td><td>0. 23</td><td>40 275</td><td>455</td><td>1. 12</td></tr>
<tr><td>店员</td><td>25 538</td><td>465</td><td>1. 79</td><td>45 116</td><td>986</td><td>2. 14</td><td>38 117</td><td>1 332</td><td>3. 38</td></tr>
<tr><td>小贩</td><td>30 142</td><td>1 884</td><td>5. 88</td><td>45 921</td><td>2 407</td><td>4. 98</td><td>57 376</td><td>9 435</td><td>14. 12</td></tr>
<tr><td>个人服务人员</td><td>43 322</td><td>19 200</td><td>30. 71</td><td>57 220</td><td>21 159</td><td>27. 00</td><td>42 344</td><td>37 040</td><td>46. 66</td></tr>
<tr><td>其中家仆（包括酒店佣人）</td><td>27 967</td><td>13 215</td><td>32. 09</td><td>39 099</td><td>17 774</td><td>31. 25</td><td>16 293</td><td>33 173</td><td>67. 06</td></tr>
<tr><td rowspan="3">无报酬人员</td><td>家庭主妇（夫）</td><td>0</td><td>150 323</td><td>100. 0</td><td rowspan="3">264 674</td><td rowspan="3">491 154</td><td rowspan="3">65. 0</td><td>5 379</td><td>440 609</td><td>98. 79</td></tr>
<tr><td>学生</td><td>36 071</td><td>10 026</td><td>21. 7</td><td>237 277</td><td>121 468</td><td>33. 86</td></tr>
<tr><td>无职业者或失业者</td><td>113 678</td><td>101 870</td><td>47. 2</td><td>1 433</td><td>360</td><td>20. 08</td></tr>
</table>

资料来源：①NATHAN J E. The census of British Malaya 1921. London：Dunstable and Watford，1922.

②VLIELAND C A. British Malaya：a report on the 1931 census and certain problems of vital statistics. London：Crown Agents for the Colonies，1932.

③1947 年数字见华人问题研究会：《马来亚华人问题资料》，北京：联合书店，1950 年，第 20－32 页。

华人妇女的职业可分为三大类：

第一类是企业主、经理、管理人员。大商人是华人社会地位最高的阶层，他们拥有财富和社会地位，但在这一阶层几乎没有华人妇女。我们所能知道名字的女企业家有黄典娴女士，她从办教育转向办实业，先是经营橡胶园，成绩不佳，转而经营矿务，“披荆斩棘，不避劳苦，成女界之铮铮者”[①]。还有许多不知道名字的女企业家，如新加坡一华侨女实业家创立祥发织布厂，有织布机 40 余架，女工 50 名，每日可出布 40 匹。[②] 小商业小店主中女性人数相对多些，还有少数华人妇女参与管理种植园、矿场、工厂、商店等，从 1921 年、1931 年和 1947 年人口普查看，这一层次华人妇女的人数和比例都有所增加，但 1931 年女店主的人数反而少于 1921 年，这与该年正值经济危机，大量华人商店破产有关。此外还有极少数华人妇女成为政府公务员，由于新马华人社会是从属社会，很少参与殖民地政治，成为政府官员的几乎没有，担任辅助性职务的公务员也极少。1921 年仅有 5 名华人女公务员，1931 年上升到 9 名，1947 年华人女公务员是 16 人。

第二类是专业技术人员。女教师人数最多，1921 年新马华人女教师只有 227 人，1931 年为 778 人，1947 年增加到 3 011 人，占华人教师总数的比例从 12.58% 上升到 19.28%，再上升到 34.63%。其次是秘书、打字员、簿记员，人数增长最快，1921 年新马只有 90 个女文秘，1931 年增加到 199 人，1947 年增加到 1 994 人，十多年间几乎增长了 10 倍。第三是看护和助产士，助产士全部是女性，所以这一职业是女性占绝对多数的少数职业之一。此外女医生人数也增长较快。1921 年华人女医生只有 50 人，1931 年增加到 67 人，占华人医生总数的 2.27%，1947 年女医生增加到 886 人，占比上升至 15.90%。需要指出的是，20 世纪 30 年代华人妇女尽管在专业技术职业领域人数有所增长，但在专业程度要求高的职业领域，如律师、高级职员等人数仍然极少，从事律师职业的华人妇女简直是凤毛麟角。在工程师职业领域，20 世纪 30 年代没有出现一位华人妇女的身影。

第三类是工人，这是华人职业妇女中人数最多的群体。新马华人女工是非常引人注目的阶层，她们大都是来自闽粤地区的贫苦妇女，为谋生而移居经济发展迅速的新马。闽粤妇女，尤其是客家妇女和广府妇女在中国就以勤劳能干著称，她们在新马也以勤劳给人以深刻印象。时人写道：“吉隆坡以惠州人居多。故由马六甲来吉隆坡时，一逾芙蓉，即可见操惠州客话之妇女，头戴黑大之凉帽，几

---

① 招观海：《南天游记》，《海外月刊》1935 年第 32 期，第 56 页。作者还指出：“闻霹雳一地，以一女子而经营矿务者，只有两人，黄女士外，尚有一客人云。”

② 《我侨女子新兴手工业星洲祥发织布厂概况》，《槟城新报》，1938 年 4 月 25 日。

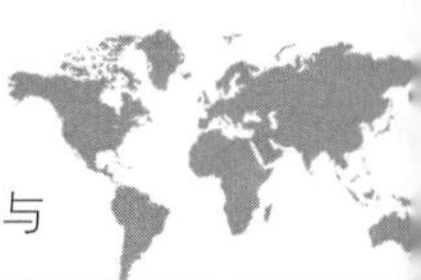

由田间工作，路上挑物，触目皆是。”[①]华人女工以橡胶园、胶厂女工人数最多，1931 年为 20 674 人，1947 年增加到 48 621 人，占该职业比例从 11.49% 上升到 31.03%。女佣人数位居第二，从 1921 年的 13 215 人增加到 1931 年的 17 774 人，1947 年增加到 33 173 人，占该职业的比例也从 1921 年的 32.09%，上升到 1947 年的 67.06%。种稻女农民人数位居第三，从 1921 年的1 489人、1931 年的 1 460 人增加到 1947 年的 10 661 人。女小贩人数位居第四，1921 年为 1 884 人，1931 年为 2 407 人，1947 年增加到 9 435 人。制造业女工位居第五，1921 年为3 564 人，1931 年有所下降，为 2 685 人，1947 年增加到 8 321 人，占该职业的比例从 4.52% 上升到 6.96%。但制造业女工大都集中在无技术或半技术领域，在技术工人中人数很少，1921 年和 1931 年只占 0.25% 和 0.64%，1947 年技术女工也仅占 1.99%。

二、华人就业妇女行业和职业分布变化的原因

人口普查数据尽管不能完全真实地反映妇女的经济参与情况，但在没有更科学的统计之前，人口普查还是能从大致上反映妇女的行业分布和职业分布。从 1921 年、1931 年和 1947 年新马人口普查来看，1921 年和 1931 年华人妇女总体就业人数变化不太大，十年间仅增加了一万多人，但在有些职业上人数变化较大，如教师、小店主、助产士、种植园工人、制造业工人，建造业工人等。而 1947 年华人妇女经济参与与 1931 年相比有较大变化，不论是就业人数还是职业领域都有较大增长和扩展。

为什么 20 世纪 30 年代新马华人妇女的经济参与规模扩大，职业增多？这与世界经济危机所引起的新马产业结构变化和移民政策变化有关，也与女子教育水平提高和社会性别分工模式密切相关。

第一，20 世纪 30 年代新马经济的曲折发展为华人妇女扩大经济参与提供了机会。

19 世纪末 20 世纪初马来亚因发展锡矿业和橡胶业而完成资本积累，第一次世界大战刺激了马来亚经济，尤其是华人经济的发展，使得受战争影响最大的经济部门，如航运业、橡胶加工业和制造业迅速发展。[②] 1929—1933 年经济危机扭转了马来亚经济蓬勃发展的势头，尤其是橡胶业和锡矿业这两个支柱产业衰退引发其他产业不景气，造成华工大量失业，收入减少，普遍的生活贫困将华人妇女挤压进劳动

① 黄强：《马来鸿雪录》（上册），上海：商务印书馆，1928 年，第 119 页。

② 参见徐钧尧：《两次世界大战期间的马来亚华人经济》，载梁初鸿、郑民编：《华侨华人史研究集》（二），北京：海洋出版社，1989 年。

力市场。关于1929—1933年经济危机在新马引发的企业倒闭和失业狂潮，笔者已在第一章作了详细论述。当经济不景气时，殖民政府的应对方法是送失业工人回国和修改移民政策。企业主应对的办法之一是大量解雇工人，失业工人既有男性，也有女性；应对办法之二是降低工资，在还未受经济危机影响的1929年，马六甲店员日工资是60—70分，割胶工日工资是45—55分，除草男工日工资为40—50分，女工为35—45分。[①] 到经济危机中的1932年，同样是马六甲，店员日工资降为40—50分，橡胶园男工为28—40分，女工为24—30分。[②] 上述工资标准是印度人工资，华人工资大都实行计件制，日工资水平略高于印度工人。

失业和工资降低，导致华人收入水平大大下降。即使1934年后经济形势略有好转，但工资上涨缓慢，收入增长水平赶不上物价上涨水平，大部分华人生活十分贫困，迫使越来越多的华人妇女外出工作贴补家用。同时，由于女工工资低于男工，为降低成本，企业主更倾向于招收女工和童工。以橡胶业为例，1937年是20世纪30年代经济形势最好、橡胶价格最高的一年，在新马橡胶园就业的华人男工为59 505人，女工为15 362人，童工为2 000人。1938年橡胶价格大跌，园主辞退部分男工，多雇用女工和童工。于是男工人数下降到54 456，女工和童工人数分别增加到18 439和2 298。[③] 这就是30年代华人男性在橡胶业从业人数下降，而女性从业者增多的原因。

此外，还有大量失业男女工人和因贫困而急于找工作的妇女只能走上街头，成为街头小贩、人力车夫和佣人。这类职业之所以能容纳大量失业者，是因为就业量不固定，伸缩性很强，只要开价低，就能找到容身之地；还因为这类工作不需要多少资金和技术。于是，1932年“有大量‘无工作者’去做小贩，他们为挣一口饭吃别无选择”，这些小贩“有时卖的货连一块小手帕都摆不满”。[④] 人力车夫是华人男性的专门职业，贫困的华人妇女除当小贩、女佣和洗衣妇外，更有被迫去当私娼的，她们面临更艰难的谋生之路。

第二，1929—1933年经济危机导致大量锡矿场和橡胶园倒闭，同时也促使

---

① JARMAN L. Annual report of the straits settlements（1929）. London：Archive Editions Limited，1998：p. 241.

② JARMAN L. Annual report of the straits settlements（1932）. London：Archive Editions Limited，1998：p. 233.

③ GAMBA C. The national union of plantation workers：the history of the plantation workers of Malaya，1946 – 1958. Singapore：Published by Donald Moore for Eastern Universities Press，1962：pp. 250 – 251.

④ 转引自［英］W. G. 赫夫著，牛磊等译：《新加坡的经济增长》，北京：中国经济出版社，1997年，第166页。

华人投资方向的转变，① 很多侨资从单一的橡胶园或锡矿场转向制造业、食品加工业、房地产业等，影响到华人妇女的行业分布。

经济发展和产业结构调整对劳动力分布产生很大影响，但对男女两性的影响有所不同，华人男性就业行业从橡胶业、锡矿业转向商业和制造业，如 1931 年华人男性劳动力从事最多的行业依次是橡胶业、商业及金融业、服务业、制造业、锡矿业、交通运输业、建筑业。到 1947 年，各行业中华人男性劳动力分布次序略有变化，商业及金融业成为人数最多的行业，制造业位居第二，其后依次为橡胶业、服务业、交通运输业、锡矿业、建筑业。新马经济发展和产业结构调整也对华人女性劳动力的参与和分布造成很大影响，但影响方式和程度与对男性的并不完全相同。无论是 1931 年还是 1947 年，橡胶业始终是华人妇女从业人数最多的行业，当华人男性在该行业人数下降时，女性劳动力却在增加。华人女性从业人数占第二位的是服务业，其中女佣人数最多，并从 1931 年在该职业占少数上升到 1947 年的绝对多数。除了以上两个行业外，其他行业女性劳动力分布随着产业结构调整而出现变化，1931 年女性从业人数较多的依次为锡矿业、商业及金融业、制造业、建筑业，到 1947 年，女性行业分布依人数递减，依次为商业及金融业、制造业、锡矿业和建筑业（参见表 3－1、表 3－2）。

第三，经济危机导致移民政策的改变，促使中国妇女大量移民，20 世纪 30 年代女性移民高潮为新马提供了大量廉价劳动力，同时也增加了华人妇女参与经济活动的能力。

正如本书第一章所指出的，20 世纪 30 年代来到新马的移民妇女大都是劳动妇女，她们为谋生而来，成为最廉价的劳动力来源。1933 年新加坡的豆腐街（盒巴珍珠街）是著名的找工集中地，“粤妇三五，蹲坐地上，遍街皆然，而以东莞县妇女最多，盖妇女做工集合之地点。如各园主临时雇佣女工几何，即于此街招集之。当树胶价涨时，每晚集候于此者数千人”②。移民妇女成为橡胶工、女佣、淘锡工、卷烟工、女招待、舞女、理发工等，她们的到来不仅增加了女性劳动力，也增强了女性经济活动能力。

第四，华人女性受教育水平的提高有助于她们进入职业领域。

正如本书第二章所指出的，20 世纪 20—30 年代新马华人女子教育发展较快，这些在 20 世纪 10—30 年代开办的女子学校培养了受过中文、英文或中英文教育的

---

① 据李保平对“二战”前新加坡中华总商会任期七年以上的领导人经济背景的研究，1928 年以前，这些大商人大都从事橡胶业和锡矿业以及与此相关的进出口贸易，经济危机之后，他们大多数从事满足本地需要的制药、食品、水泥、建材、百货、不动产、汇兑等方面的业务。LEE P P. Chinese society in nineteenth century Singapore. Kuala Lumpur：Oxford University Press，1978：pp. 114－116.

② 郑建庐：《南洋三月记》，上海：中华书局，1935 年，第 45 页。

华人妇女，其意义在于：一是使华人妇女教育水平有所提高，二是扩大了华人妇女职业范围并增加了就业机会。女教师这一职业是女校尤其是华文女校毕业生的首选，如从新加坡南洋女校1919—1935年初级师范第一届至第十四届毕业生去向看，毕业学生共167人，其中当教师者共53人，占31.74%，还有30人升入中国内地的大学或中学。[①] 槟榔屿福建女校师范部第一届至第四届共毕业53人，其中75%在各地华校任教员，13%回中国升学，10%结婚。[②] 还有不少人从事职员、店员等工作，受过初中教育的女性基本能够胜任这类工作。当时公司招聘女职员要求是通达中文、英文和各种方言，如《星洲日报》一则聘请女职员广告："（一）年龄在十八岁以上三十岁以下；（二）英文须七号毕业，中文须初中程度，能操流利英语及各种方言；（三）须品行端正，以前未有不名誉行为。"[③] 但是，受过教育的华人女性毕竟是少数，加上经济不景气，职位难觅，绝大多数华人妇女集中在无技术或低技术领域，而在经理管理和专业技术职业领域人数较少。

第五，社会性别观念在华人男性和女性职业选择方面也起了一定作用，表现为华人妇女在"适合女性"的职业上人数增长迅速，甚至超过或取代男性。

一般来说，在社会性别模式规范下，"男主外女主内"被认为是合理的男女分工模式，与"内"相关的照顾家人、教育孩子、做家务等事被认为是妇女的特长。在现代社会，妇女的这一"特长"甚至被延伸到工作领域——小学教师、护士、职员（书记）、个人服务等都成为"女性职业"。但在19世纪末20世纪初的新马华人社会，所有职业都是男性的天下。20世纪30年代以前，家佣（住家工）主要是海南籍男工，他们以担任厨师（英文称之为cookboy）和家佣闻名，亦被称为"西崽"，服务于欧洲人和富裕华人家中，直到1931年人口普查显示，男性仍占家仆业从业人数的69%。可见社会性别在不同时代的分工是不一样的，现在被视为女性专长的工作，如教师、职员、家庭服务人员等在20世纪初是"男性职业"，因为当时华人妇女人数极少，社会也根本不认同妇女外出工作这种"抛头露面"的行为。20世纪30年代，随着大量妇女移民的到来，女性在家务上的优势使她们迅速取代海南男子成为雇主首选的雇佣对象，当时的人看到，"今则闽省韶安属之妇女，充住户工者居其多数，大有后来居上之势，缘彼等主人以其潇洒男子，充当杂工，接近闺阁，未免有玷家风，故不得不僵桃代李，改雇韶安妇女充厥职，韶安妇女有此机会，率相南渡者，正不知凡几，而吾琼少年之住户工为其所占者，比比皆是。现在男子充住户工者，须年在十五岁以下为合格，若年逾冲龄者，可无劳过问

① 《星加坡南洋女子中学校刊》，新加坡：南洋女子中学，1935年，第132－142页。

② 《女师毕业生之生路75%任教员》，《星洲日报》，1934年12月24日。

③ 《广告聘请男女职员启示》，《星洲日报》，1936年1月20日。

焉”[①]。顺德“妈姐”更以其善烹饪、精家务、干净勤快成为雇女佣人家的首选。到1947年，女佣人数占家仆业的67%，超过男性。

尽管华人妇女在家庭服务业这一“最适合”妇女的职业上取代了男性，但在教师和职员这些也“适合”女性的职业上，女性并没有占多数，尤其是职员这一职业，女性所占比例一直很低，这是因为：①职员收入相对较高，是受过中等教育的男性比较中意的职业，女性要想与他们竞争这一职业，就必须具备良好的教育、美貌和人事关系，一些受过小学或中学教育的知识女性对找工作感慨道：“现在我们女子找职业，不是容易的，没有人事的关系，就是有才能也不能够出卖自己。”(陈爱芳)“现在我们女子要找事情做，万分困难的，现在社会，没有朋友感情关系，是不能够有出路的!”(陈莲好)[②] ②受“男主外女主内”性别模式的影响，当时人们对女子出外就业不以为然，尤其是家道小康以上的人家，妇女一般不出外就业。当20世纪30年代经济危机、生活困难迫使她们不得不外出工作时，职员这一行业也遭遇大量裁员，男职员失业者众，[③] 知识女性更难进入这一职业。她们发现知识妇女最好的出路是当教师，因为华校教师工资低，声望又不高，较少男性竞争，且女子当教师相对更容易被接受。

20世纪30年代新马华人妇女参与经济活动的人数和比例都有很大提高，尤其在教师、秘书、橡胶工人、女佣、小贩等职业领域增长较快，但与男性相比，女性仍面临更多的困难。人们普遍认同妇女的位置是在家庭中，而妇女能够从事的职业又比较少，于是，做主妇（家庭妇女）是华人妇女最多的选择，正如时人指出的：

除非你是个甘于没落的人，一任命运的安排，或者是个无所知的旧式妇女，也可以柔顺地尽其妻母之责，否则你要求解放，要求走出了牢笼式的家庭，而到社会去，则一切难题就跟着来了。第一，妇女要求解放，须求经济独立，以脱离经济的从属地位。可是如今社会，妇女职业的范围是狭窄得多么可怜，所谓职业妇女者，非供男性玩弄的花瓶，便是对于女性极端摧残的女工，……第二，纵使职业是稳固了，可是结婚之后是怎样呢？……在现实社会中，我们可以常常看到一个中产阶级的知识妇女，在没有结婚之前，她可以去当教师、书记，或就其他职业，可是，一旦结婚了，生了三几个儿女，便不得不抛弃了工作，做了个管家婆，把个人的精神智力，用到妻母的职能上去，做了个家庭与丈夫儿女的牺牲者。[④]

---

① 云愉民：《新加坡琼侨概况》，海口：海南书局，1931年，第48页。

② 《女护士访问记》，《新国民日报》，1939年4月7日。

③ 《不景气下书记阶级之痛苦遭遇》，《叻报》，1931年12月10日。

④ 乔：《目前的妇女与家庭问题》，《星洲日报》，1937年6月13日。

第二节　华人妇女的工作状况与个人感受

以往学界对新马华人劳工的研究有两个不足，一是都关注在男性身上，如种植园工人、锡矿工人、人力车夫、建筑工人、驳船工人等，很少提到女性劳工，更谈不上对她们的工作状况有较深入的介绍。①二是仅以人口普查数据为基础，分析华人行业和职业变化。这种研究方法固然能从宏观上把握华人的行业、职业分布和变化以及与产业结构的关系，但其缺陷也是显而易见的，就是令活生生的人淹没在干巴巴的数字中，我们无从得知华人具体的工作状况和内心感受。因此，笔者在第一节以人口普查数据分析了 20 世纪 30—40 年代华人妇女行业和职业分布及其变化后，认为有必要继续深入华人职业妇女的工作场所，探讨她们的工作状况和内心感受。为使人们对华人职业妇女的生存状况有较深入了解，笔者不厌其烦引述当时人的回忆和描述，目的在于还原“有血有肉”的历史。

一、吃苦耐劳的女工

女工是新马华人职业女性中人数最多的群体，她们基本上是文盲，生活在贫困家庭，为养家糊口而辛勤劳作，干的是最艰苦、最劳累、最没有技术含量、收入最低的工作。但她们不仅以自己的勤劳养活了家人，而且促进了新马的经济发展。

（一）橡胶园女工

橡胶工人是新马华人职业妇女中的最大群体。20 世纪 30 年代女橡胶工人数迅速增长，殖民地官员布莱斯（W. L. Blythe）在调查马来联邦华人劳工的就业条件时发现，橡胶园最引人注目的现象一是自行车增多，男女工人均骑自行车上班；二是华人女工增多，她们有些是寡妇，有些与丈夫同住。②

橡胶园的工种主要有割胶、田间管理（除草、种树、整枝）和制胶，女工参与了上述所有工种。通常割胶被认为是技术活，男女工人都有；而除草等工作则无须倚赖技术，更多的是由女工和童工来完成。在工资收入上，男工和女工有一定差别。橡胶园有三种收入方式，一是固定日工资，二是按工作量付酬，三是

---

① 如崔贵强在《新加坡华人：从开埠到建国》一书中详细描述了各业劳工状况，但只在建筑业提到三水“红头巾”。

② BLYTHE W L. Methods and conditions of employment of Chinese labour in the Federated Malay States. Kuala Lumpur：Federated Malay States Government Press，1938：p. 3.

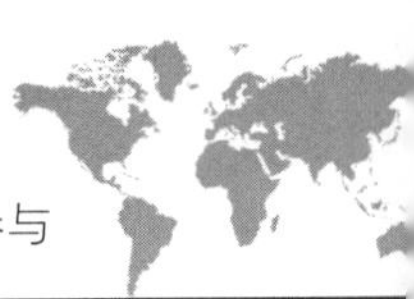

按交售的制成干胶量付酬。印度工人大都取第一种付酬方式，华人劳工大都取第二种、第三种付酬方式，但也有按固定日工资取酬的。割胶工人十分辛苦，他们通常早上五点上班，因为黎明时是割胶的最好时机，之后将胶汁收入胶桶，点上胶醋，制成胶片，下午三点下班，期间只有半小时午饭时间。

图 3－2　割胶女工

图片来源：［马］徐威雄、张集强、陈亚才等编，陈耀宗译：《移山图鉴：雪隆华族历史图片集》，吉隆坡：华社研究中心，2012 年。

对于胶工的生活，当时人有不少描述，但大都以旁观者的眼光轻描淡写。有一篇树胶园参观记中说："割胶实非苦工，最适宜于女工。"① 这位作者根本没干过割胶工作，也就不知道割胶的辛苦，更不能反映橡胶园工人的真实感受。笔者在一本新马华人职业妇女征文集《我是一个职业女子》中发现一篇女橡胶工的文章，记录了她在橡胶园一天的工作和感受，这是女工自身经历的真实记录。

"每当晨鸡开始引吭长啼，天将明晓的时候……我赶紧爬起来，吃些儿点心——饼干或面包，便穿上沾满胶汁的衣服，头额戴着一盏昏黄的小油灯，挑着胶桶或骑踏脚车载着个方形的胶桶，向橡园而去。到了园口的集合站，等那（有着）高而瘦的身材并铁青着脸的工头，一一来点到名字，然后，才冒着冷的朝气，匆匆直向那监牢似的阴暗橡园里去……在黑沉沉的橡园里，正是成群毒蚊的

① 佚名，姚楠译述：《树胶园中之生活》，《南洋研究》1931 年第 3 卷第 5 号，第 111 页。

寄生所，它们在我的头上、手上、肢上嗡嗡地围攻着，真是痛痒得难于忍受。但是，我已经习惯了，好似没有毒蚊在缠绕我一样，依旧地割着、割着；地面上、荒草上、树上蓄集着许许多多晶莹的露珠慢慢地化成水滴，掉落在我的身上、头上，湿淋淋的真似落汤鸡一般的。……

有时，我割了一大半，却落起阵阵的雨来，我这辛辛苦苦割来的胶汁便被雨水冲洗了，白费了我的精力，这胶汁变成了废物，……有时，还遭受工头的威胁和辱骂，我的心总是忍不住的，可又不得不忍下去，不知暗地里流过多少眼泪呢。有时，遇着了大雨，不能割胶，更不幸运的，工头却监督或唤我到胶园去除草，种橡胶树，或砍斩老的、废的、烂的胶树，否则工头是不给工资的；如因病或私事请假了，工资依数值照扣。

……每当我割完了橡树，便挑着桶去收取胶汁，那时，已是九点了，等到太阳悬在正中的时候，便把这胶汁挑到胶厂里头去，首先须把胶汁加滤清过胶醋，存放在长方形的模型盆子里，使胶汁凝结。那时候，我匆匆回家随便吃点饭，饭后，仍到胶厂里去，把凝结了的胶汁，绞成胶片，拿在阳光下去晒，之后再把胶片熏干，一片片收折在仓库里。①

从这段描述，我们看到女胶工的工作非常辛苦，早上很早起床，冒着毒蚊和露水割胶，还要受工头的辱骂。

除了橡胶园外，在制胶厂工作的女工也很多，据记者 1934 年对槟城九间制胶厂（胶栈）的调查表明，九间胶栈共有工人 557 名，其中女工有 399 人，男工 158 人，女工占 71.6%。工作时间是早上 7：30 到下午 5：00，中间一小时午饭时间。胶栈的工作由工头一手包工，再由他雇用工人和分配工作，男工工资是计件制，大约每人每天可挣得一元二角，女工的工资分为三种：①撕胶的三角五占（分）一大；②装箱的四角五占；③选胶兼剪胶的六角。女工工资远远低于男工。“在这个生活困苦的时代，一个女工，高的能得一天六角的工资，算也是足以维持一家几口的普通生活了。”②

（二）锡矿女工

锡矿女工俗称“琉琅婆”，也有译成“留郎婆”，专指在锡矿用淘锡盆淘洗琉琅（dulang washing）的妇女，从事这一职业的大都是客家妇女。

---

① 张浙芳：《我是一个女胶工》，载《我是一个职业女子》，新加坡：南方晚报社，1952 年，第 89 - 90 页。

② 《槟城胶栈工人之生活状况》，《南洋商报》，1934 年 6 月 11 日。

女工在马来亚锡矿发展中起了不可替代的作用，她们主要分三类：

一是淘锡工，不属于公司。淘锡工是20世纪才出现的女性职业，1900—1909年锡矿业全盛时，淘锡工人数每年上万，最多的一年是1915年，有15 859名淘锡工，20世纪20年代淘锡工有所减少，从13 418人降至5 923人。到20世纪30年代淘锡工人数又有所增加，一般每年在7 000—10 000人（参见表3－3）。淘洗锡苗是锡矿最重要的三种采锡方法之一，① 当锡矿开采基本结束后，留下的石堆和石缝中仍遗有不少锡苗，女工的工作就是用琉琅盆淘洗沙石里的锡苗。她们的工作非常辛苦，在烈日下头戴斗笠站在齐膝深的水里，弯着腰用琉琅盆一遍遍地淘洗沙石，淘出锡苗。淘锡女工的收入视其淘得锡米的数量而定，如果包得富含锡砂的剩矿（琉琅底），她们的收入相当可观。当时人记载，“每一天中，（琉琅婆）有的可淘得锡米一斤两斤，有的可淘得三斤五斤，有时碰到锡米多的所在，淘得十斤八斤也不一定。所以这些留郎婆，洗过三年两年的留郎，存积得三五千银的大有人在”②。淘锡女工的勤劳刻苦确实令人佩服，一名英国殖民地官员不禁赞叹：“在马来联邦，没有什么比看到华人妇女在溪水中淘锡更令人兴奋了，她们站在齐腰（膝）深的水中，背上还背着婴儿。在这个国家生活的外来种族中，没人能与这些妇女相比，她们的自制力、道德和诚实不能被摧毁……”③

图3－3　琉琅婆

图片来源：HO T M. Phoenix rising：pioneering Chinese women of Malaysia，Ipoh：Perak Academy，2015.

① 另外两种是铁船采矿法（dredging）和沙泵冲水法（gravel pumping）。

② 刘荦夫：《华侨妇女生活》，《华侨半月刊》1936年第92期，第25页。

③ F. M. S. Mines department report for 1909，in JACKSON R N. Immigrant labour and the development of Malaya（1785－1920）. Kuala Lumpur：Government Press，1961：p. 146.

表 3－3　马来亚锡矿劳动力（按劳动方法分类）

年份	锡矿劳工（人）	洗琉琅工人（人）
1910	170 361	10 257
1915	164 457	15 859
1920	89 559	12 867
1921	86 338	13 418
1922	82 195	12 753
1923	105 662	7 849
1924	106 479	7 794
1925	107 257	7 792
1926	110 293	5 923
1927	122 888	7 536
1928	109 141	10 409
1929	104 468	8 947
1930	80 528	7 784
1931	57 038	8 739
1932	44 455	8 975
1933	42 862	9 028
1934	50 464	9 696
1935	62 844	9 701
1936	80 218	9 851
1937	88 285	9 858
1938	57 663	9 687
1939	69 334	9 822

注：锡矿劳工包括 dredging，gravel pumping，opencast，underground 等采矿方法。

资料来源：转引自 SUNDARAM J. A question of class：capital，the state and uneven development in Malaya. Singapore：Oxford University Press，1986：pp. 164－166.

二是公司工，工作是割草筑堤、挑土填路或锄隔砂（含有锡矿的砂），公司包伙食，工资每日为二角或三角。当男工用水枪将锡砂射松软后，大片锡砂塌下，但还有些坚硬的锡砂需人力去锄，女矿工就去干这份简单但危险的工作。

三是推公鸡车（独轮车）运送锡砂，车属自己，人不属于公司，每天工资

五六角，伙食自备。[①]

（三）工厂女工

20 世纪 30 年代新马华人兴办了不少食品加工厂、制衣厂、制鞋厂、火柴厂、卷烟厂、汽水厂等工厂，这类轻工业工厂大量雇用华人女工，她们一般占工人总数的一半以上。

关于 20 世纪 30 年代新马华人女工在工厂的劳动条件、劳动时间和报酬没有系统的记载和统计，我们只能从当时人的零星描述中得知她们多从事无技术或低技术工作，一天工作时间为 9—10 小时，工资大都是计件制，各工种收入不同。

兹引述如下：

其一，卷烟厂大多雇用女工，工资是计件，“比如牛津烟以卷百条算，每百条约自七八占（分）至角一二不等，所以有许多妇女，早出暮归，能干的一天卷得一元左右，下者，也有几角钱”[②]。这是 20 世纪 30 年代经济形势好转时的收入水平。殖民地官员布莱斯在霹雳一家卷烟厂看到该厂雇用的女工在 12 岁以上，不提供食宿，所有工种都是计件工，每 100 根烟 8—12 分不等，工作时间是 8—9 小时，一般工人的收入一天为 30—50 分，最高为 60 分，一月大约挣 15 元。[③]

其二，生产纸制品的槟城大新公司，女工占多数，工作时间由早上 7 时至下午 6 时，星期日休息。公司中糊烟盒的，多为广府女工，而制纸匣和练习簿的工作以闽籍女工为多，少数男工是领月薪，女工都是计件工。糊烟盒的，每天工钱最高可得 6 角左右，低的只有 2 角；制纸匣的，最高工钱可得 4—5 角，手慢的只得 2—3 角；装匣的工钱最高，平均每人每天可得 1 元 2 角，但该部门的工人，只有 4—5 人。工人的食宿都是自理。男女工作场所分开，“女工概系在楼上做工，不特外界男子，不能涉足其间，即厂中的男工，也不容其混杂”[④]。

其三，南新织布厂，有织布机 90 余架，女工百余名，男技师 10 余名。工人每天工作时间九个半小时，上午 7：30—12：00，下午 1：00—5：00，没有星期休业制。女工的工资为计件，织一匹布，工钱为 0. 73 元，技术好的女工，一天可织 30 码，初学的工人，必须每天织 12 码以上，才有工钱。这个标准偏高，大部分女工收入很少。[⑤]

---

① 余生：《怡保的妇女生活》，《星洲日报》，1937 年 6 月 27 日。

② 余生：《怡保的妇女生活》，《星洲日报》，1937 年 6 月 27 日。

③ BLYTHE W L. Methods and conditions of employment of Chinese labour in the Federated Malay States. Kuala Lumpur：Federated Malay States Government Press，1938：p. 47.

④ 《槟城手工品制造厂工人生活工作》，《南洋商报》，1934 年 6 月 17 日。

⑤ 《华人织布厂参观记》，《星洲日报》，1941 年 5 月 20 日。

制造业工厂女工占一半以上，她们基本上是无技术工人，实行计件制，工作时间长，收入低，男工大都是技术工人，实行月工资制，收入普遍高于女工。

（四）建筑女工

建筑女工俗称“红头巾”。在建筑业从业的华人女工特别引人注目，她们主要从事运土、运砖、和泥等无技术工作，这些女工因头戴红头巾而被称为“红头巾”，或称“小工”。“红头巾”几乎都来自广东三水，但在三水并没有戴红头巾的习俗，这是新马华人建筑业中独有的，也算是建筑女工对新环境的适应。红头巾长宽各1.13米，缠在头上，用来遮风挡雨，避免太阳直射，保护头发，还能擦汗。

据记者调查，1938年全马来亚有建筑女工6 000名左右，其中新加坡大约有3 000人，她们的工作多为挑沙等种种杂工，工作时间八小时，上午7：00—11：00，下午1：00—5：00，每日工资分为0.56、0.60、0.65、0.70、0.85、0.90元不等，每月或因原料、天气等，实际只有24、25天工作，故每月收入平均10多元，除个人最低伙食费6元、住宿1元及各项杂费后，所余无几，一旦失业，生活就陷入恐慌。①

图3－4　建筑女工“红头巾”

图片来源：编辑委员会：《新加坡历史图片集》，星洲日报与文化部联合，1981年。

“红头巾”们在炎炎烈日下，搬砖运土挑沙，从当时报纸的新闻特写，我们可以看到“红头巾”的吃苦耐劳：

马路上的柏油，给热力炙熔了。赤着脚在它上面走着，正与吃鹅掌时，把鹅

---

① 《建筑女工访问记》，《南洋商报》，1938年5月26日。

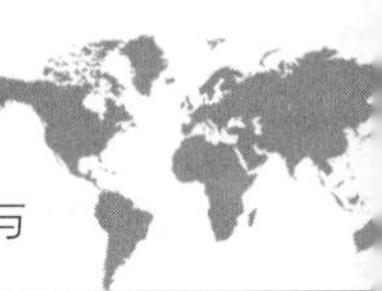

子放在热釜里站着一样的难堪！但这时的马路上，还有人在行走着。

"出力呀，伙计，肩头重得厉害！"

"放下来憩一阵吧？热得交关！"

"不好，等着用这水槽，耽搁不得的，忍耐呀，慢慢地前进罢。"

"我口干得要命了，……"

"忍耐呀，走太慢了，迟到是会给老头子一顿骂的！"

"骂倒不相干，只怕还要辞你的工，你一家就要饿肚皮了。"

"行（走）呀！肩头重，脚板也辣痛呀！"

"重，大家出力，忍耐点吧，晚上的饭才香。"

一群头上包着红巾的妇女，抬着一个木制的水槽，长五六尺，宽二三尺，很重似的在马路上挣扎着向西走。她们嘴里喊着，身体弯曲，头俯下，一边手扶着肩膀上的重物，一边提着小饭桶，或茶罐。

她们赤着足，身上穿着很厚的黑粗布衣裤，头发堆积散乱，汗流满面，形容又那么憔瘦。①

这是一群"红头巾"劳动的情景，她们因勤劳和对新加坡城市建设的贡献，受到新加坡人的尊重，其塑像立于新加坡博物馆。

二、为数不多的专业女性

从事专业技术工作的新马华人女性并不多，主要集中在教师和文秘职业，还有为数甚少的女医生和女看护。

（一）女教师

女教师是新马华人知识妇女从业人数最多的职业，实际上，新马能为知识妇女提供的职业实在是太少，教师这一清贫又清高的职业成为知识女性的首选。尤其是华文女校毕业生的出路大都是当教师。

20 世纪 30 年代随着女子教育的发展和南来知识女性增多，华人女教师人数大增，华校中女教师的比例更高。1935 年殖民地教育厅对华文学校的调查表明，海峡殖民地华文学校共有教师 1 177 人，其中男教师 796 人（华文教师 644 人，英文教师 152 人），女教师 381 人（华文教师 326 人，英文教师 55 人），女教师

① 澜：《同是妇女》，《星洲日报》，1938 年 4 月 24 日。

的比例高达32.4%。[①] 同年马来联邦华校男教师887人（华文教师720人，英文教师167人），女教师370人（华文教师253人，英文教师117人），女教师占29.4%。[②] 1937年海峡殖民地英文学校中有华人男教师267人，女教师106人，女教师占28.4%。[③] 华文教师多来自中国，而英文教师则以马来亚出生为多。

20世纪30年代以前，华人学校较少，教师也少，女教师更少，“一言及于南洋的教育，莫不知现今之最缺乏者，在于教员。而女教员则更加麟角凤毛，尤为一时之所最缺乏者”[④]。当时教师待遇较高，华校从国内招聘教师除给予高工资和包旅费外，还有高规格接待，1909年国内一教员来到马六甲培风学校任教，抵岸时，全体董事到码头迎接，还设宴洗尘，“可见极尽优礼之意”。[⑤] 但随着侨校和教师增多，教师的待遇“由丰而薄，由薄而苛”[⑥]。这主要是受1929—1933年经济危机的影响，华文学校经费来源主要靠常月捐和学费，经济危机使华校经费来源大受影响，教师的工资不仅减少，而且常被拖欠。1935年海峡殖民地和马来联邦两地华校教师收入中等以下居多，月薪50—100元以上的有466人，月薪在20元以下至50元的有1 968人，占教师总数的81%。[⑦]

教师的收入因英校与华校、男校与女校的差别而有所区别。一般来说，英校收入高于华校，男校收入高于女校，男教师收入高于女教师。以英校为例，1938年殖民地政府提高英校教师待遇，男子第一级教师最高月薪为300元，超高级A级月薪400元，超高级B级月薪350元。女教师最高月薪，以前为200元，现在加上超高级C级为300元，超高级D级为250元。[⑧] 也就是说，即便是英校女教师最高级也只能达到超高级C级，比男教师收入要低得多。再以华校为例，当时最好的男子中学——华侨中学校长月薪为200元，教员月薪为70—80元不等，最好的女子学校南洋女校校长月薪100元，教员月薪65—75元不等，吉隆坡坤成女校教员都是女性，中学部教员月薪65—80元，小学部教员月薪30—50元。[⑨] 如果说男校和女校男女教师工资差别因学校而异，那么在兼有男女教师的学校，工资性别差别一开始就存在：雪兰莪州立吉隆坡小学“教员新到者男支月薪六十

---

① 《马来亚三州府华校教员生活状况之调查》，《侨务月报》1936年第3卷第5、6号，第13页。

② 《马来亚四州府华校教员之调查》，《侨务月报》1936年第3卷第7、8号，第2页。

③ COLONIAL OFFICE. Higher education in Malaya: report of the commission appointed by the secretary of state for the colonies. London: H. M. S. O., 1939: p. 15.

④ 《举办女学尤贵慎选教员》，《槟城新报》，1912年9月20日。

⑤ 郑建庐：《南洋三月记》，上海：中华书局，1935年，第57页。

⑥ 周廷珍：《南洋英荷属华侨教育的实况》，《教育杂志》1931年第23卷第6号，第102页。

⑦ 《马来亚三州府华校教员生活状况之调查》，《侨务月报》1936年第3卷第5、6号，第15页；《马来亚四州府华校教员之调查》，《侨务月报》1936年第3卷第7、8号，第4页。

⑧ 《海峡殖民地改良政府英校教师待遇》，《南洋商报》，1938年12月14日。

⑨ 黄麟书：《考察南洋华侨教育意见书》，广州：广东省教育厅，1935年，第11－17页。

五元，女支五十五元，按年递增二元，至多增至一百二十元”[①]。也就是说，在一般情况下，同等教龄的女教员工资永远比男教员少十元。

知识分子的社会地位尽管高于工人，但华校教师地位并不高。由于新马华人社会是一个崇尚商业和金钱的社会，教师这一不能发财的职业并没有像在中国本土那样受尊敬，“精神劳动者一般的收入要比肉体劳动者来得低。学校教师一向被看作和苦力同等”[②]。而且华校通常由大商人出资并组成校董会，因此校董对学校校长、教师的聘任和教员的工资有决定权，校董以自己的好恶聘用或解聘教员，又压低教师的工资，教师的职位没有保障，生活也没有保障。吉打华校教师会曾发表宣言，历数华校教师的苦处：

华校教师之责任，至为繁重，而其待遇至为不良，其地位至为不稳，天下不平之事，孰有过于是，试略撮其大概。吾人终年乞乞，而其薪额不足以供仰事俯畜，生活程度与时与年俱进，而学校并无年功加俸之条文，人生孰不欲使子女识字，身为教师而自己子女有失学之虞，人生孰能免病痛老死，病痛而不克医药，学校每勒其薪金，年老而不胜繁务，学校即解其聘约，又无养老之金，倘不幸死亡，身后萧条，任其家属冻馁，学校又无抚恤之费，且其地位至为不稳，每随校董喜怒好恶为进退，故俗有“榴莲黄，教师忙”之谣。凡此种种，皆为吾人切肤之痛，吾人苟不起自为谋，试问谁肯代为呼吁，况且社会对教师生活之苦痛，往往习为不察，视为固然。[③]

女教师面临的压迫比男教师更大。虽然社会舆论对男子当教师不以为然，大多数男子也并不视教师为理想职业，只是退而求其次的选择，一有机会就会另谋高就，[④] 但一般人对女性当教师是认可的，因为这一职业比较符合人们对女性角色的期待，加上知识女性出路太少，知识女性视当教师为职业首选，这也是教师职业拥有较高比例女性的原因。但女教师所得的待遇比男教师更为恶劣，不仅表现在工资低于男性，还表现在失业的压力也大于男性，因为女教师生孩子，要休

① 黄麟书：《考察南洋华侨教育意见书》，广州：广东省教育厅，1935 年，第 17 页。

② 胡愈之：《论新学风》，（新加坡）《风下月刊》，1946 年 6 月。转引自胡愈之：《胡愈之文集》（四），北京：三联书店，1996 年，第 425 页。

③ 《吉打华校教师会发宣言，述教师生活苦况》，《南洋商报》，1941 年 6 月 8 日。

④ 如黄光明初到新加坡时任教师，但后来投身商界。他说，英校教师待遇好，地位高，“但是华语学校的教师就不是这样。普普通通的生意人都瞧不起他们。例如，倘若女婿是一个教师的话，未来的岳父母是不会同意这桩婚事的。开始时我岳父母也不同意我们的婚事，原因是教师没有前途。他们最初坚决反对我们结婚，只是最后才终于同意的。因为这个，我决心放弃教职，改行经商”。黄光明口述访谈文稿，新加坡口述历史档案馆，编号 A000038/06。

产假，尽管只有短短的一个月，“董事们还会摇摇头，说是白赔了薪水真冤枉。所以，也就有些地方公然不欢迎女教师，每逢榴莲上市了，饭碗首先受到威胁的，也就是女人们”[①]。有一个华校董事会决定不再聘用已婚女子做教员，引起争论，赞成者为其辩护的理由是：“南洋女教师已渐不感缺乏的现在，已婚而又多育的女子，已须负教养子女的责任，倘同时又去就教师或其他的职业，将不免发生于己于人，均有不便的问题。”[②]

尽管女教师在职业上面对比男教师多得多的困难，但她们经受了“五四”新文化的洗礼，妇女解放、男女平等是她们追求的目标，这种信念支持着她们谋求经济独立和献身教育事业，她们也在工作中获得尊严和回报。一名从业三年的女教师写道，她对于教书这一职业，兴趣日增，“除了园丁，我想任何职业部门的从业员都不会有这份令人兴奋的快慰的享受吧？一枝幼苗，经过了辛勤的浇水、施肥后，它便蓬勃地生长，不久它开花了，结果了。获得丰富的收成后，过去的辛勤被忘记了，充塞在心灵里的，只是无限的慰藉，无边的兴奋……”[③]。同时，女教师以自己的学识、敬业、奋斗精神不仅教授学生知识，也为女学生树立了榜样，新加坡一名后来也选择教师职业的女子写道：“渐渐有了女教师了，女孩子们是多么地仰慕她们啊，佩服她们有奋斗的勇气，而且又是那么地慈爱，常常有比男教师更好的表现，有着潜伏的力量，使人走上正常的路，那时的我，也常愿意自己会成为一个教师。”[④]

（二）女职员

女职员主要指秘书、办事人员、绘图员、打字员和速记人员，其中大部分集中在新加坡，她们大都受过小学及以上教育，以英文教育为主。女职员大都在公司供职，需要良好的英语水平，因此，毕业于英文学校和教会学校的女生比毕业于华文学校的女生有更多就业机会。她们以能力强和细致，得到雇主欣赏。有一洋行雇用女子当速记员，雇主认为华人女子的速记水平较其他种族高，每分钟能达到130字，因此又多雇用两位华人女速记员。[⑤] 也有职员岗位对英文水平不作要求，但要求小学毕业，能操闽粤二省方言（参见图3－5）。

---

① 金燊：《我是一个女教师》，载《我是一个职业女子》，新加坡：南方晚报社，1952年，第43－44页。
② 紫明：《已婚妇女就业问题》，《星洲日报》，1940年4月14日。
③ 萌萌：《我的从业小史》，载《我是一个职业女子》，新加坡：南方晚报社，1952年，第19页。
④ 金燊：《我是一个女教师》，载《我是一个职业女子》，新加坡：南方晚报社，1952年，第42页。
⑤ 《星洲华人女子所任职业，多能得雇主赞许》，《槟城新报》，1939年7月26日。

聘請男女
職員啟事
店面男職員
一略解文算二熟悉市情三曾在各蘇杭什貨店服務二年以上四誠實可靠五性情和平六能操閩粵二省方言
店面女職員
一曾在高小學校畢業或有相當程度者二略解珠算三能操閩粵二省方言四誠實可靠
此外尚欲聘請能做粗工者一二人不限資格以能操一二種方言者爲合格

图 3－5　招聘男女职员广告

图片来源：《槟城新报》，1932 年 12 月 5 日。

但女职员通常被视为“花瓶”，她们要拥有美貌、要擅长打扮，还要陪老板出入咖啡馆、电影院、饭店等地，女职员“如不装饰得花枝招展顺应老板和顾客的心理，地位就会起动摇，女秘书拒绝经理的邀请赴宴会而被无故辞退也是常有的事”①。一位名叫素芳的女秘书因美丽而被录用，她的工作是陪老板“出入茶室、电影院和餐室，在他的朋友面前，他显出得意洋洋的样子为我介绍……”，但是，素芳对此并不引以为荣，“我很痛苦，我想，那些没有‘本钱’的女人，在这个城市里她们如何生活呢？我已决定跳出这秘书生活……我虽是女人，但我也是人，我要尽我的劳力去换得生活上的需要，我不愿意供人欣赏，被人们称为‘花瓶’”②。

三、新环境下的传统女性职业

中国人移民海外后，许多中国的传统职业被带到移入地，这是他们最初谋生的依凭。在新马，许多华人妇女继续从事传统职业，如女佣、小贩、接生妇、洗衣妇等，但在殖民地新环境下，这些传统职业有了新变化。

（一）女佣

女佣亦称“住家工”“妈姐”或“阿妈”，是新马华人妇女最大的职业群体之一，她们的服装是白衣黑裤，所以也有人称其为“白衣黑裤”（white and black）。“二战”前妈姐工价低廉，中等以上家庭都雇得起，有钱人家甚至雇多个妈姐，各司其职。一般来说，给欧洲人家做工收入较高。一名刘卿施的妈姐回忆说，南来后“给人家做打扫、洗衣的工作，自己做饭。带孩子是高等一点的工作，工资 10 多到

① 明素：《妇女运动应打出狭义范围》，《星洲日报》，1939 年 5 月 21 日。

② 素芳：《我是一个女秘书》，载《我是一个职业女子》，新加坡：南方晚报社，1952 年，第 69 页。

30元，打扫工是10多元，给华人家打工便宜，便给西人打工”[①]。

女佣的工作可分为以下几类：

一是全职，俗称“一脚踢”，即包揽主人家所有家务——做饭、洗衣、带孩子和搞卫生，收入是每月5—10元，包食宿。“一脚踢”的工作十分辛苦，收入又低，通常都是刚从中国来、急于找工的妇女干。一位妈姐阿一（音译）回忆：“我找第一份工（一脚踢）用了很长时间。雇主是汽车司机，有六个孩子，我与孩子睡在一起，有时孩子夜里尿床，我也湿透，我在那家干了两年，挣的钱都不够还债，债是我没工作时借的。后来我为另一广府人家当保姆，一月12元。”[②]陈阿娣（音译）来新加坡后用了20天才找到一个“一脚踢”工作，每月工资5元，干了两三个月，以后“我大都是在华人家当‘一脚踢’，包括搞卫生、洗衣、烫衣，但不带孩子。大部分家庭有6—7个人，我早上五点起床干活，做早饭，主人早饭后去上班，我从头到尾打扫房间，洗衣，之后准备午饭，主人要回来吃饭。饭后洗碗、烫衣，这些都干完后，我洗个澡，又到做饭时间了，晚饭后我收拾碗筷，也就到九点了，我才自由”[③]。

二是保姆，俗称“凑仔”，英国人称“baby阿妈”，专门负责带孩子，在阿妈中地位最高。保姆穿着体面，经常带孩子随女主人去商店、访友甚至去度假。她们的收入也高于“一脚踢”。梁秀琦在新马只为欧洲人家庭当baby阿妈，她回忆了保姆一天的生活：

我总是与孩子一起睡，早上6点起床，先收拾自己，然后叫醒孩子撒尿，之后吃饭、喝奶、散步，9点回家洗澡，他玩我喝茶，让他上厕所，时间是固定的，他再玩一会儿，睡一小觉。

当他睡觉时，我为自己做饭。我是自吃自做，不与主人一起吃。我要快快吃完，12点时叫醒他，喂他吃饭，之后训练他用便盆，玩一会儿后，他再小睡，我洗个澡。

3点他醒来，喂他喝橘子汁，每天都喝，之后是散步时间，通常我带把伞去花园，那里有许多baby阿妈，我们玩到4点，带他回家，晚饭前给他洗澡，晚饭在6点，通常是罐头食品，肉菜，你知道，欧洲人吃的东西。7点上床，有时他太兴奋，睡得晚，我得等他睡了，才能做自己的晚饭，有时直到8点才吃上

① 她是广东西樵人，在国内做缫丝女工，到新加坡后做女佣为生。《刘卿施口述访谈文稿》，新加坡口述历史档案馆，编号A000837/02。

② GAW K. Superior servants：the legendary Cantonese amahs of the Far East. Singapore：Oxford University Press，1988：p. 107.

③ GAW K. Superior servants：the legendary Cantonese amahs of the Far East. Singapore：Oxford University Press，1988：pp. 107，112.

饭。晚饭后，我洗衣缝补，9点上床。[①]

图3-6　女佣——阿妈

图片来源：KHOR N，ed. Chinese women：their Malaysian journey. Petaling Jaya：MPH Pub.，2010.

三是杂工，俗称“打杂”，不负责做饭和带孩子，其他杂活都干，收入较低。

新马华人女佣各方言群都有，但以顺德妈姐人数最多，也最为有名，她们以长于烹饪、照看孩子、爱干净和敬业闻名于华南和南洋。[②] 她们还因多是自梳女或不落家，没有家庭拖累而受到雇主欢迎。从顺德妈姐自身来说，她们选择当住家工是因为工作较为轻闲还可以保持独身。为什么其他妇女不选择这一职业，三水“红头巾”林桂莲指出：“我们不喜欢打家庭工的。那些主人个个凶神恶煞，呼奴喝婢，与其受这般气，还不如做个劳工，喜欢就工作，不喜欢就换个地点，

① GAW K. Superior servants：the legendary Cantonese amahs of the Far East. Singapore：Oxford University Press，1988：pp. 118－119.

② 顺德妈姐“做事小心，体贴入微，很受雇主欢迎。豪商显宦之家，多雇她们作‘干妈’（广州俗称乳娘为‘湿妈’，保姆为‘干妈’）、‘近身姐’（专替雇主料理精细的身边事务，如整理床铺、装烟递茶、摇扇盛饭、熨衣整履、出入随侍、送礼请安等的女佣）及厨娘等，甚至把全部家务都委托她们照料。故‘顺德妈姐’曾饮誉一时，雇用‘顺德妈姐’便成为显贵人家的时尚”。陈遹曾、黎思复、邬思时：《自梳女与不落家》，广东省政协文史资料研究委员会编：《广东风情录》，广州：广东人民出版社，1987年，第30页。

乐得自由。”① 林桂莲对阿妈职业的评价其实是“局外人感觉”，她们不大了解住家工情况，凭一般情形想象女佣像奴婢一样受主人气。其实妈姐与妹仔的区别就在于妈姐是有人身自由的雇工，而妹仔是“养女”身份，没有人身自由。妈姐与主人是雇佣关系，合则留，不合则去，工作界限分明，带孩子就专管带孩子，不做家务或做饭，通常主人对她们也较为客气。笔者尚未见到雇主对妈姐“凶神恶煞，呼奴喝婢”的记载，而虐待妹仔的记载则较多。

（二）小贩

小贩也是新马华人妇女最大职业群体之一，该职业的特点是本小利薄，举凡街头卖菜、卖食物、卖烟、卖日用品、卖柴、卖报刊等活动都可归入小贩之列，该职业流动性较大，因此人口普查中小贩人数统计远远少于实际人数。

在经济危机的冲击下，新马华人小贩大增，当时人写道：“槟屿一隅，同受此厄，失业者多变为小贩以谋生活，统计槟城小贩与人力车夫之数，何止千百，可知小贩与人力车夫□之容纳失业者至巨。……小贩以其借贷或典押得来十数元微薄之本钱，逐蝇头之小利，餐风冒雨，朝而出，暮而归，甚至通宵叫卖……所得者，清茶白饭，果腹而已。”② 生活贫困也迫使更多的妇女进入小贩行列，当小贩的妇女无疑都是贫困而又缺乏其他谋生能力的人，当时人所描述的卖柴娘就是这类人的典型代表：“这种人都是有家的，遇到丈夫失了业，或者多生儿女，家徒四壁，没有半些儿什么收入……想做生意无本钱，想做工无雇主，只好跑到山上去砍些柴薪，挑到埠上贩卖。有的人上午在山里砍柴，下午在埠市卖薪，离市区远的人，就一天砍柴一天卖薪。有时候她们自己挑不多，就率领着 10 岁 8 岁的小孩帮同挑着，这是多么可怜的一回事呢！”③

小贩是谋生最难的职业之一，生意艰难和日晒雨淋不说，殖民地政府卫生和城市管理部门的禁止和拘捕也使他们的生意陷入绝境。“若不幸而被警察拘去，则担子扣留，货物狼藉，或拘禁之后，加以罚款，有家庭者，则有妻儿绝食之忧，本钱微薄者，则立有破产之虑。”④ 为了保护自身利益，1931 年 4 月 20 日，槟城小贩和人力车夫数百人向太平局绅邱善佑陈诉并向工部局局长请愿，控诉警察屡以阻碍交通的罪名逮捕他们，不仅扣留货物，还要罚款，他们不仅无力缴罚款，连生活都难以维持。邱氏与工部局协商之后，答应以后警察不得擅自拘拿小

① 叶宝莲：《藏在黄泥中的故事——红头巾女工生活真相》，《联合晚报》，1984 年 4 月 3 日。
② 《小贩之诉苦声》，《叻报》，1931 年 4 月 21 日。
③ 刘荦夫：《华侨妇女生活》，《华侨半月刊》1936 年第 92 期，第 26 页。
④ 《小贩之诉苦声》，《叻报》，1931 年 4 月 21 日。

贩，而是要先劝说。①

小贩沿街叫卖所引起的卫生、噪音、交通和治安问题使殖民地政府深感头痛，最终制定法规对之进行管理。新加坡当地政府于1936年制定《小贩管理规则》，规定：

一、凡公共街道、公共地方，如未领有工部局委员牌照，无论何人，不准摆设物摊、售物台、陈列处，或沿街叫卖；

二、工部局委员指定有地位，准发给牌照予各小贩，该领得牌照之小贩，应依牌照中与所指定之地位贩卖，不得他移；

三、工部局发出的牌照有限定日期及叫卖地点和贩卖时间；

四、如非获有工部局委员准许者，妇女辈概不得为摆物摊小贩，或为摆物摊小贩所雇用工；凡妇女为摆物摊小贩，或在摆物摊工作者，应将伊之姓名详列于牌照之上，若该雇用女工有更换他人时，该小贩应立即通知工部局内清道局监理员。②

…………

这份共计100条的小贩规则可谓详细，它要求所有小贩要领牌照，并规定营业地点和时间，尤其对女小贩严加限制，一般情况下不向妇女发小贩牌照，也不允许雇用妇女摆摊，特殊情况下妇女可摆摊，但比男小贩的管理更严。《小贩管理规则》对小贩生计影响很大，尤其对以小贩为生的妇女更是雪上加霜。在新加坡之后，马来亚其他一些城市也对小贩严加管理，制定小贩条例，摆摊小贩屡遭拘捕。③ 吉隆坡小贩在屡遭拘捕后忍无可忍，男女小贩数百人向华民护卫司署请愿，申诉小贩生活艰难，要求华民护卫司署代表向殖民地当局请求今后对小贩要宽待，不要动不动就拘捕，并请政府指定一片空地，让小贩摆摊以维持家庭生活。④

（三）接生妇

接生妇是华人妇女的传统职业，最初她们以土法接生，婴儿和产妇死亡率较高。殖民当局为减少母婴死亡率，从1905年起进行接生妇培训，先是对传统的

---

① 《小贩之诉苦声》，《小贩车夫之阻碍交通问题》，《叻报》，1931年4月21日、25日。

② 《小贩管理规则》，《星洲日报》，1936年7月1日。

③ 《怡保大批小贩被拘》，《星洲日报》，1936年10月20日；《槟城工部局订正小贩条例》，《星洲日报》，1939年10月27日。

④ 《吉隆坡小贩迭遭拘捕后，指定营业地区》，《南洋商报》，1940年2月23日。

接生婆宣传消毒等知识，同时招收青年女性进行新法接生培训。新加坡政府在四排埔大医院设有助产院，凡要从事助产者，都要在该处学习，费用全免，学习六个月毕业，考取执照费为 25 元，考取后即可挂牌营业。[①] 新加坡工部局严格规定，只准有助产执照者接生，凡未领执照之接生妇，一旦被发现为人接生，将被判罚 250 元。[②]

图 3－7　1924 年在霹雳妇婴医院取得接生资格的接生妇与医生合影

图片来源：HO T M. Phoenix rising: pioneering Chinese women of Malaysia. Ipoh: Perak Academy, 2015.

1920 年在新加坡工部局注册的接生妇共有 104 人，其中欧洲人 24 人，华人 57 人，日本人 7 人，印度人 3 人，爪哇人 8 人，还有 5 人来自其他地区。[③] 20 世纪 30 年代助产士人数更多，1931 年人口普查统计华人看护和助产士人数为 785 人（参见表 3－2）。1933 年全马来亚接生妇大约有 900 名，[④] 1934 年槟城有接生妇 326 名，威省有 135 名，各种族都有，这份调查登载于 1935 年 6 月 19—26 日的《槟城新报》，连载槟城所有接生妇的姓名、注册日期、地址、种族（包括方言群）等，是一份十分珍贵的史料。中国驻槟城领事馆将部分华人接生妇录出，登载于《外交部公报》上，兹录于下（参见表 3－4）：

① 《马来亚助产妇计共有九百名》，《南洋商报》，1933 年 9 月 13 日。
② 《当地婴儿死亡率去岁已锐减》，《南洋商报》，1933 年 6 月 5 日。
③ 《接生妇注册数》，《新国民日报》，1920 年 1 月 20 日。
④ 《马来亚助产妇计共有九百名》，《南洋商报》，1933 年 9 月 13 日。

表 3-4　槟城威省华人接生妇名录

编号	姓名	注册日期	住址	籍贯
11	陈曼姐	1933 年 9 月 29 日	大医院	广东
30	倪宣枝	1929 年 10 月 17 日		客籍
62	陈蕴秀	1932 年 11 月 21 日	大医院	福建
64	张素碧	1934 年 10 月 2 日	同上	福建
71	黄宜心	1923 年 5 月 30 日	同上	福州
76	洪端方	1933 年 12 月 29 日	中路五二号	福建
78	张安民	1927 年 4 月 14 日		中国
80	欧中英	1930 年 1 月 11 日	汕头街 118 号	广东
81	区瑞生	1929 年 2 月 28 日	日本新路 49 号	广东
83	陈亚志	1933 年 1 月 4 日		广东
84	陈亚楼	1932 年 1 月 7 日		广东
85	陈清雷	1923 年 4 月 17 日		福建
86	陈瑞琦	1928 年 2 月 21 日		中国
87	陈亚仙	1926 年 7 月 30 日		广东
88	陈素珍	1930 年 3 月 24 日		广东
89	陈东仁	1932 年 3 月 30 日	汕头街 56 号	广东
90	陈东化	1933 年 3 月 28 日	靠福街	广东
91	陈友生	1933 年 10 月 5 日	沓田仔 155 号	广东
93	张孙兰	1929 年 8 月 27 日	沓田仔 218 号	客籍
100	谢大目	1923 年 5 月 7 日	二条路 138 号	福建

资料来源：中国驻槟榔屿领事馆：《槟城及威省登记华人接生妇调查》，《外交部公报》1935 年第 8 卷第 7 期，第 154－155 页。

上述名单只是华人接生妇的一小部分，虽然我们难以从中看到她们更多的资料，但至少比人口普查那些干巴巴的数字更觉亲切，从中我们可以知道她们的姓名，她们中最早注册成为助产士的是在 1923 年。当然仅有这些还不能让我们了解助产士的工作，新加坡口述历史档案馆收录的一个助产士——钟主惠的口述记录就成为我们了解助产士的宝贵资料。钟主惠 1914 年出生于广东揭阳，母亲是基督教徒，在母亲的坚持下，她得以接受小学教育。1927 年随父母南来，为帮助家计，她去冯氏牙科帮忙，清理做牙齿的工具。21 岁时结婚，丈夫也是基督教徒。婚后她到竹脚医院报名学习接生，当时潮汕人极少愿学接生，认为肮脏、染晦气，但丈夫支持她，他们都不在乎这些说法。她 1936 年开始学，一起学的有 18 人，医院不收学费，一个医生每周二教她们接生，平时她们照顾产妇，观察医生和护士怎样做。钟主惠 1937 年毕业，1938 年挂牌接生，一年缴 2 元牌税。

助产士配备接生篮，内装药、剪刀等用品，都经过严格消毒，接生时有严格的操作程序。“二战”前她接生一个婴儿的收费是 4 元、6 元、8 元不等。日据时期丈夫被日本人打死，她靠做助产士的收入不仅养活了自己的几个养子（抱养的弃婴），而且在父母死后养大了三个弟弟（当时分别为 16 岁、15 岁、12 岁）和一个妹妹（13 岁）。[①]

女佣、小贩和接生妇都是中国妇女的传统职业，但当中国妇女移居新马继续操此职业时，她们在新环境下面临的新问题，就是对西方生活方式和管理模式的适应。在西人家打工的女佣要了解西人的生活方式和卫生习惯，不少女佣还会说简单的英语。更重要的是，不论是在西人家还是在华人家打工，女佣与雇主都建立了平等的雇佣关系。而在新马各大城市的小贩则不能再像在中国那样随意摆卖，而是要按市政当局的规定，固定摊位和时间，女小贩也要学会与工部局、警察打交道。助产士不再是传统的接生婆，她们学习新法接生，接受政府管理。可以说，女佣、小贩和接生妇这些中国妇女的传统职业在殖民地都被赋予了新的含义。

四、被色情化的女性新职业

1929—1933 年经济危机带来新马经济的动荡，不仅导致华人经济结构的改变，还导致职业构成的变化，女招待、舞女和理发女就是在这种情境下出现的新兴女性职业。为了扭转经济不景气造成的生意清淡，理发店、咖啡茶室、游乐场等服务行业竞相雇用女服务人员，利用女性来招徕生意。而男顾客更乐于情欲消费，他们从理发女、女招待、舞女的服务中除了得到视觉（漂亮的脸蛋、婀娜的身材）、听觉（莺声燕语）和触觉（从摸摸小手到搂搂抱抱）的愉悦外，还释放了他们在经济、政治和家庭中备受压抑的诸多欲望。尤其是殖民地禁娼之后，茶馆、咖啡馆和舞厅成为接受女性服务的合法场所，于是，男性对财（商家利用女体赚钱）和色（欲求）的欲望促成了女招待、舞女和理发女职业的“色情化”。

（一）女招待

女招待亦称“茶花女”，是华人妇女的新职业，这一职业是经济危机的产物。咖啡茶室为了吸引顾客，竞相雇用女招待，当时人指出：“不景气弥漫南岛以来，市上之茶肆酒楼，多聘女招待，以随顾客心理之所好，藉以招徕生意。受聘之女招待，若年青漂亮，其生意因此必佳，若色笑稍逊，其生意亦次之，至若

① 钟主惠口述访谈文稿，新加坡口述历史档案馆，编号 A001217/09。

无聘女招待者，每见其茶室里之生意寥寥。……访者曾往返各埠，目所睹者莫不如是。”①

女招待一开始就被定位为用女性的性魅力招徕生意，引得男顾客趋之若鹜。1930 年经济萧条，此时也正是殖民地禁止妓院之时，有少数妓女转行进入这一职业。同时，亦有不少浪荡男子为茶花女争风吃醋，打架斗殴之事时有发生。②殖民地政府认为这将引起社会不稳定，且有伤风化。雪兰莪华民护卫司的看法有一定代表性：女招待是明妓暗娼之变相，引起不轨之徒的不轨行为；雇用美貌女子当女招待，有将人作商品之意；而且女招待所做工作不过是为客人拿烟、点火、陪坐说笑，竟然得月薪 60 元，而真正干事的男招待月入不过 25 元。③ 各地方政府对女招待一再加以限制和禁止，1931 年 1 月吉隆坡洁净局规定不许雇用女招待，女子只能当收银员，同年 6 月又规定各店一律不得雇用女招待和女收银员。芙蓉洁净局先是规定 25 岁以上女子才能当女招待，后又规定以后一律不得雇用女招待。新加坡当局规定不准雇用 22 岁以下的妇女当女招待。1933 年新加坡当局“以星市各咖啡店中之女招待，多系娼妓之变相，不时引诱顾客，致惹起无限风波，……故特严厉取缔。规定此后凡欲当女招待者，必先到华民护卫司请求批准，然后始准领照”④。1934 年吉隆坡当局也下令取缔女招待。

对女招待的限制和禁止严重损害商人和女招待的利益，因此遭到华人社会的反对。华人局绅简长伯针对雪兰莪华民护卫司的看法指出，女招待工资之所以高是要“美其服饰……而增其吸引之能力，以广招徕”，至于女招待中有昔日为妓者，“今日既有正当之职业以栖身度活，亦可以无用再做皮肉生涯，改变其昔日之生活，而度其新生活。且自政府禁娼之令既行，娼妓已失其业，今得充女招待以度活，实为在彼等生活之路，逢一生机……”⑤。1934 年吉隆坡当局下令取缔女招待时，也遭到闻人李孝式等人的反对。⑥ 在华人商家和侨领反对政府措施的同时，女招待也起来维护自己的利益，1931 年怡保女招待因当局将于 7 月底取缔女招待一事，特集合于一茶室开会，到会者有 41 人，她们决定聘请律师向当局请愿，要求取消这一禁令。⑦

政府取缔女招待的做法在怡保、芙蓉、庇劳等小城市收到成效，但在新加坡、槟城、吉隆坡等大城市不能完全奏效，女招待仍然存在，但被纳入政府严格

① 《女招待风气遍怡保》，《叻报》，1931 年 4 月 17 日。

② 《醋海翻波起械斗，卖茶少女为导火线》，《叻报》，1930 年 12 月 1 日。

③ 《吉隆坡卫生局决议禁止雇佣女招待》，《叻报》，1931 年 8 月 8 日。

④ 《严厉取缔女招待》，《南洋情报》1933 年第 2 卷第 6 期，第 303 页。

⑤ 《吉隆坡卫生局决议禁止雇佣女招待》，《叻报》，1931 年 8 月 8 日。

⑥ 《李孝式君极力为游艺场女招待请命》，《益群日报》，1934 年 3 月。

⑦ 《茶花女开会请愿》，《叻报》，1931 年 7 月 4 日。

管理之下。新加坡、槟城等地规定女招待要年满25岁，要领取牌照，还要到当局接受问话，如有丈夫，则丈夫要一同前往，准许后，女招待牌照要挂在咖啡茶馆墙壁上。如果聘用没有牌照的女招待，会受到罚款等惩罚。

20世纪30年代中期新马女招待人数较少，收入也较可观。吉隆坡有茶花女40多人，她们原来多是撕胶女或家庭妇女，为生活所迫操此职业，工作时间从晚7时至凌晨1时，日工资一元三角或一元。[①] 槟城有十多间茶室聘有女招待，共有二三十人，她们白天工作4小时，晚上从7时工作到12时，月薪25元到30元不等。[②] 30年代末女招待的收入不及从前。同样是槟城，1939年女招待工作时间是白天4小时，晚上从7时到凌晨1时，月薪只有15—25元。她们大都已成家，而且以新移民居多。[③]

在政府官员眼中和不少男性作者的笔下，女招待是以色相诱人，以身体和媚态吸引男性顾客。在男顾客看来，女招待就是供人取乐的尤物，他们带着这种心态进入茶馆，女人如果“生得颜容漂亮，身躯袅娜，而富有诱惑性，那茶店老板就会抢着来雇用你了”。“女招待的唯一责任是吸引顾客，当有人踏进店门时，她就笑容可掬地迎上来，装娇作媚地指点座位。那些有意寻芳猎艳的风流少年，早已目瞪口呆，神魂颠倒。因此，有的人本来就不想喝茶，为了要吊女招待的膀子，故意要来喝一盅。”[④] 一般社会公众也瞧不起女招待，视她们为欢场中人。

但如果听听女招待自己的心声，我们的看法会有所不同。一位接受记者访问的女招待说：“我的父母现在都在，合共全家有八个人。我们都进过学校，我自从家父失业之后，便辍学了，弟妹还在继续念书，我刚完毕高小的课程便不能继续读下去了。”现在“我一家八口都要靠我一个人的低薄的入息来维持生活”。记者问她：“现在社会的人大都鄙视操这种职业的女人，你有什么看法呢？”她回答：“是的，社会上的人都看不起我们这种职业，这是因为他们不了解我们的缘故，本来女子在社会上就站不住脚的，到处都受男人的亏，不是被目为花瓶，就是看作玩品，尤其我们操这种职业的更甚。”[⑤] 她呼吁人们要同情女招待的处境。

（二）舞女

舞女是20世纪30年代华人妇女中新出现的职业，当南洋的大城市模仿上海

① 《争聘女招待做招徕》，《益群日报》，1934年4月9日。

② 中国驻槟榔屿领事馆：《槟城华侨女子职业之概况》，（南京国民政府）《外交部公报》1936年第9卷第3号，第472页。

③ 《槟城女招待职业，今不如昔》，《星洲日报》，1939年2月3日。

④ 刘荦夫：《华侨妇女生活》，《华侨半月刊》1936年第92期，第27页。

⑤ 俗子：《一个前进的女招待访问记》，《星洲日报》，1939年11月15日。

“大世界”建立游乐场时，舞女这一职业随之兴起。20 世纪 30 年代新加坡的游乐场有“大世界”“新世界”“快乐世界”等，还有不少酒店设有舞厅，这些场所都雇有人数不等的舞女。舞女收入相对较高，1934 年据《海峡时报》记者调查，舞女中月收入高者可得 120 元以上，但通常为 60—75 元。① 1939 年新加坡有舞女 570 人，80% 为广府籍，她们的年龄为 15—30 多岁，收入可分为三等：上等舞女每月收入 100—200 元，中等 50—100 元，下等收入只有 20—30 元。②

舞女被视为色情场中人，比女招待更等而下之，“道德先生以为她们是乱世的妖孽，登徒子以为她们是野草闲花，阔大少以为她们是姨太太的候补者，至于老婆妻子，则当她们是媚惑的荡女，丈夫的盗窃者！”③ 侨领陈嘉庚就对舞女深恶痛绝，他说舞女“唇红口丹之冶容，异服奇装之妖态，车水马龙，眩耀于道，堂堂皇皇，毫无羞耻”。他也痛恨跳舞，“问津之人以其名称异于青楼，畏长惧内较免罪责，然而既入迷途，积重难返，轻则精神耗削，事业荒废，重则离异破家，囹圄亡命”④。殖民地官员也认为舞女插足他人家庭，造成严重的社会问题。马来亚华民政务司佐顿在英国的皇家社会卫生大会上发言，认为舞女是“严重之问题，比有牌照之娼妓更加难以处理。盖以娼妓方面，在许久以前，已获得满意之解决，而舞女多数在 17 岁以下，其所被携带之所在，有远至孟买、上海者。其种族十分复杂，有印度、菲律宾、暹罗、马来、安南、爪哇、缅甸等。中国因日本入侵，许多沦陷区妇女被迫南来，以致沦为舞女者比比皆是，此等舞女，许多人无父母或监护人，又因为经常在灯红酒绿中，与男性接触，于是难免在道德上发生问题”。他认为舞女对殖民地青年婚侣造成了最严重的损害，许多青年男子迷恋舞女，不顾家庭，与舞女双宿双飞。⑤

（三）女理发师

女理发师也称女技师，俗称“理发女”。早期新马华人理发业完全是男性的天下，到 20 世纪 20 年代末出现理发女，但人数很少。宋蕴璞 1927 年考察海峡殖民地时看到理发馆“间有以妇女充之者，手艺较男子尤精细，其价颇昂，每次须在一元以上”。⑥ 经济危机期间市况冷淡，理发业竞争激烈，纷纷降价，原来理发四角，现降为三角或二角，⑦ 还有些理发店为吸引顾客，“特聘国内之女子

① 《本坡舞女生活写真》，《南洋商报》，1934 年 12 月 19 日。
② 《舞女协会昨成立》，《星洲日报》，1939 年 11 月 7 日。
③ 玉华：《舞女生活谈》，《星洲日报》，1939 年 3 月 22 日。
④ 陈嘉庚：《南侨回忆录》，长沙：岳麓书社，1998 年，第 42 页。
⑤ 《海峡殖民地舞女多至七百余在当地已成为社会问题之一》，《南洋商报》，1939 年 7 月 20 日。
⑥ 宋蕴璞：《南洋英属海峡殖民地志略》，北京：蕴兴商行，1928 年，第 78 页。
⑦ 《理发店大减价之由来》，《叻报》，1929 年 12 月 27 日。

充理发工，藉以广招徕。女工之月薪，自六十元至百元不等，自有女子理发以来，店中顾客，络绎不绝，若店中无女工者，虽踵事增华，亦有门堪罗雀之慨，而男子同业者，亦每每有落伍之叹”①。到 30 年代末，理发女人数更多，工作时间从早 7 时到晚 9 时，每天 14 小时，每周有休息日。每天平均要理 7 个头，每个头要费 45 分钟，报酬也比 30 年代初下降，多的月薪是 30 多元，少的 10 多元，但仍比橡胶女工和工厂女工工资高些。②

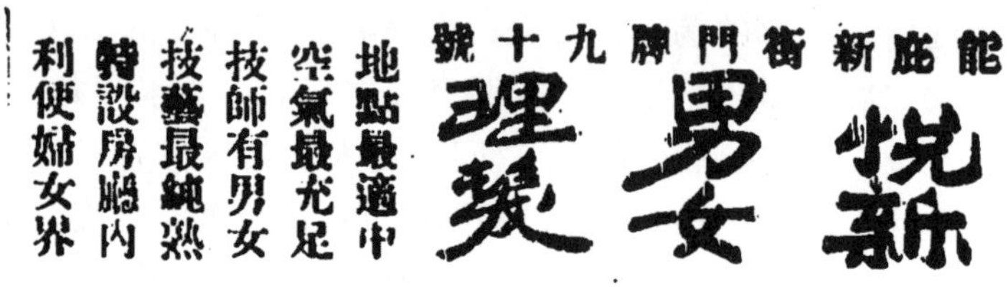

能庇新街門牌九十號
悅新
男女
理髮
地點最適中
空氣最充足
技師有男女
技藝最純熟
特設房艙內
利便婦女界

图 3－8　男女理发广告

图片来源：《槟城新报》，1932 年 6 月 25 日。

女理发师刚出现时是女性的正常职业，一个老理发女回忆：“民国十九年，便开始有剪发女，先时人少，而且新奇得很，待遇也就很高，月薪每人竟有百多元，那时有人想用 95 元聘我，我还不肯去呢。而且当时大家都很朴素，一律是穿白衣黑裙的学生装，工作时也庄严得很，顾客虽然轻薄，最多只装作无意的把我们的衣袖碰一下，绝不敢捏手捏脚的。”但 1933 年后，“可就不同了，因为待遇好，经济压迫的女学生、家庭妇女、女工，蜂拥般扑来抢吃了，及后，最糟的是连茶店女招待也大帮拥进来，她们素来爱卖弄风骚，理发店便成了卖弄风骚的场所，捏手捏脚的事，使我们的名誉坏了”③。这一职业也开始“色情化”，但“色情化”并不是理发女有意为之，而是理发店老板为迎合男顾客的需要，为多赚钱而刻意为之。老板要求理发女打扮性感、妖娆，与男顾客打情骂俏，否则就会解雇她们，为了保住饭碗，理发女只能如此。接受访问的理发女说：“我们穿妖艳的衣裳，擦脂涂粉，是我们愿意的吗？只要有一天粉擦得不厚，东家就会说了：‘病人一样，粉也不擦，做什么工？’照这样下去，饭碗便要跳舞了。”另一个理发女说：“东家会指着一些打扮得妖怪一样的同事，啧啧地称赞说：‘多么美丽！你们看她是多么美丽！这才是做工人！’东家是要我们打扮得像妖怪的，

① 云愉民：《新加坡琼侨概况》，海口：海南书局，1931 年，第 54 页。
② 惠明：《理发女的生活》，《星洲日报》，1939 年 2 月 5 日。
③ 惠明：《理发女的生活》，《星洲日报》，1939 年 2 月 5 日。

要维持饭碗，又想加薪，我们有什么法子呢？”①

经济危机带来新马经济的动荡，不仅导致华人经济结构的改变，还导致职业构成的变化，女招待、理发女、舞女就是在这种情境下兴盛的新兴女性职业之一。这一职业如果正常发展，应该为新马华人女子增加职业机会，从而有助于她们的经济自立。但是，这些新职业一开始就被“色情化”，随之被“污名化”，长期不能“正常化”，这是殖民社会和父权社会的必然结果。从本质上说，殖民统治与华人社会都属于父权制形态，性别话语由父权主导，新兴女子职业受其操控，因此，商家对女性的物化、顾客的情欲消费、殖民地政府的强势限制与禁止，合力造成女子职业发展的困境。

五、被侮辱与被损害的群体：私娼

由于性别比例失衡和工商社会的特点，从 19 世纪以来，娼妓业就在英属马来亚蓬勃发展，其中华人妓院和妓女占多数，由此引发的拐卖妇女和性病问题使殖民地政府深感头痛。在宗主国政府和道德人士的压力下，殖民地政府宣布 1927 年禁止妓女进入马来亚，1930 年将取缔所有妓院，同时立法会重新修改《妇女和少女保护条例》。这一决定对娼妓业是巨大打击，1927 年初新加坡尚有 190 家妓院，同年就自行关闭 45 家，1928 年又有 50 家妓院自行关闭。② 妓女人数也从 1926 年的 2 211 人下降到 1929 年的 519 人。③ 1929 年 12 月，新加坡当局宣布从 18 日起，长泰街的 9 家妓院一律清除。④ 1930 年初，最后一个妓院关闭，10 月 14 日公布修改后的《妇女和少女保护条例》，宣布妓院为非法。1931 年 1 月马来联邦也禁止妓院和妓女，马来亚曾经繁荣的娼妓业似乎走向没落。

许多学者对新马华人妓女做过深入研究，如詹姆斯·弗朗西斯·沃伦的《阿姑和南洋姐：新加坡妓女（1870—1940 年）》、颜清湟的《新马华人社会史》、黄贤强的《待沽妇女：十九世纪末期槟城的华人娼妓业》和麦迪逊的《疾病与国家：英属马来亚的健康和疾病（1870—1940 年）》，但颜清湟和黄贤强研究的是 19 世纪华人妓女和妓院情况，詹姆斯·弗朗西斯·沃伦和麦迪逊的著作尽管书名都标明研究的是 1870—1940 年的妓女和性病问题，但实际上研究终止于取缔

① 惠明：《理发女的生活》，《星洲日报》，1939 年 2 月 5 日。

② WARREN J F. Ah Ku and Karayuki-San：prostitution in Singapore. Singapore：Oxford University Press，1993：p. 175.

③ MANDERSON L. Sickness and the state：health and illness in Colonial Malaya（1870 – 1940）. New York：Cambridge University Press，1996：p. 200.

④ 《长泰街妓馆结束之确期》，《叻报》，1929 年 12 月 6 日。

妓院的1930年，恰恰是取缔妓院后的私娼现象不在他们的研究范围之内。

1930年取缔妓院后，公开的妓院在新马不复存在。那么，娼妓是否就绝迹了呢？实际上，30年代新马的娼妓根本没有绝迹，虽然公娼没有了，但私娼盛行，“新加坡虽表面禁娼，但私娼充斥，等于不禁，私娼有白种人，混种、印度、马来女人，而最多的是粤籍女人”[①]。从当时报纸报道的题目就可以看出私娼之多：《叻报》1931年1月15日的一则报道是《禁娼声中私娼尚还充斥，花柳病行将遍延星岛》，1932年1月29日的一则报道是《禁不绝，捕不尽，是娼妓》，1932年2月3日的报道是《妇女保护条例下鸨母仍在活动，暗娼皮肉是维持生活要素》。

新马妓女之所以禁而不绝，与人们生活贫困有很大关系。殖民地政府取缔妓院之时正值经济危机时期，破产和贫困是普遍的现象，贫困在将妇女挤压进劳动力市场的同时，也将一些妇女和少女挤压进“人肉市场”，靠出卖肉体为生。这一时期华人私娼主要来源有三：①良家妇女。她们的丈夫或父亲失业、破产，自己也失业无以为生，不得不当私娼养活家人和自己，当时人指出：“许多从工厂中失业或农村中无以为生而出来的女子，只有为人佣工，做人婢仆。而在此哀鸿遍地，失业群众满坑满谷的时候，何处有如许富豪的人家容纳此无限的可怜的人们？就是幸而能被雇佣而工资微薄，也不足以维持一家的生活，到此无路可走时，更惟有鬻之于妓院，所以南洋近来娼妓特别多。”[②] ②原来的妓女重操旧业。殖民地取缔妓院后，一些妓女离开马来亚，一些从良，还有一些转入地下，成为私娼，在贫困的压迫下重操旧业，“自当地政府禁娼以还，一般操神女生涯者，顿受莫大之打击，以生活无依，职业又不可获得，故有多数人，避走小埠，或移居附近村落，暗设阳台，仍操其一贯政策”[③]。一名名叫李亚娥的闽籍私娼年芳27岁，1929年结婚，后丈夫去世，她迫于生计，被迫到妓院为娼，与杨美丰相识，此时正值政府取缔妓院，她便从良嫁与杨美丰。但经济危机时杨美丰失业，坐吃山空，她只好“再作冯妇，重设香巢，出作神女生涯”。杨美丰依赖她过活，游手好闲，不务正业，每天向她要钱，如不给，就拳脚相加。[④] ③新移民妇女，因贫困或被骗而被迫当私娼。第一章提到的粤籍女工卫少珍因失业被人介绍给陈亚丽，陈愿帮卫支付船票及各种杂费，双方明确卫来星（新加坡）工作后，双倍偿还各种费用。卫少珍信以为真，同陈来星。一月后仍无工作，陈就逼卫当

---

① 吴继岳：《六十年海外见闻录》，香港：南粤出版社，1983年，第169页。

② 叶绍纯：《星洲当局之废娼与取缔女招待问题》，《南洋情报》1933年第2卷第6期，第283－284页。

③ 《一私娼窟被破》，《星洲日报》，1934年10月5日。

④ 《闽人杨美丰被控靠李亚娥当私娼过活》，《星洲日报》，1935年11月16日。

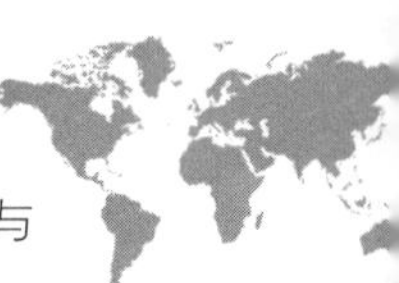

妓女还钱。卫少珍在星举目无亲，被迫从命。[①] 还有一粤女李亚梅原在广州为佣，听信邻人陶八说星洲如何繁华，如何容易找工，随他来到新加坡。一星期后，李被陶以 460 元卖给粤妇蒙亚庭，蒙逼她接客。[②]

20 世纪 30 年代华人私娼人数不详，也不可能有任何统计。这一时期正是经济危机和失业严重时期，被迫出卖肉体者为数不少。她们的方言群范围从粤籍扩大到闽籍等，年龄从几岁到几十岁，她们为谋生而出卖肉体。这一时期私娼卖淫方式大体可分三种，一种是在旅馆卖淫，她们较有姿色，陪客人聊天或留宿，陪坐者一次三元，留宿者十元。一种是租房间卖淫，一次嫖资二元，其中房费要扣六角。[③] 还有一种是最下等的街头妓女，年老色衰，嫖资仅为几角。据报道，1934 年吉隆坡洛士街巴刹巷等地，每到黄昏过后，私娼齐集此处，等候嫖客光顾，价钱仅为三角五角不等。[④]

妓女一向是最底层的人群，所受压迫最深重，她们的痛苦也最令人同情。据吉隆坡保良局报告，1937 年在局少女共 50 人，均为华人，以妹仔最多。也有不少是妓女，她们中 10—12 岁者多染有梅毒，其中最小的只有 7 岁。[⑤] 还有一个名亚来的私娼怀着身孕仍被迫卖淫，孩子出生一满月又被逼接客。[⑥] 看到这些少女和妇女被迫操皮肉生意的经历，真是令人泪下。

在《妇女和少女保护条例》下，妓院概属非法，殖民地政府面对私娼禁而不止的现象，一直没有停止打击，警察查禁私娼的行动经常见诸报端。[⑦] 警察重点打击的对象是拐卖妇女者和鸨母，1935 年新加坡警察署报告，是年因逼人卖淫而被控的男子有 15 人，罪名成立者 8 人，被控的妇女 39 人，罪名成立者 37 人。[⑧] 警察对一般私娼则是罚款了事，一般初犯者罚 5 元，再犯者罚 25 元。[⑨]

私娼是最受压迫和侮辱的群体，也是最丑陋的社会现象，在男权和经济的双

---

① 后来卫少珍逃到华民护卫司署，要求保护，此事才被揭露出来。《广州南来女工被迫为娼》，《星洲日报》，1938 年 4 月 26 日。

② 三个月后，李亚梅找机会逃到华民护卫司署报案，李被送到保良局治花柳病，蒙则被判两年苦监。《李亚梅不远千里而来，可怜被逼卖肉》，《叻报》，1930 年 12 月 30 日。

③ 木其：《靠妓女过活的一群》，《南洋商报》，1941 年 6 月 7 日。

④ 《廉价拍卖肉体》，《益群日报》，1934 年 2 月 10 日。

⑤ 《吉隆坡保良局现有少女 50 名》，《星洲日报》，1937 年 6 月 25 日。

⑥ 亚来是广府人，两年前丈夫死于中国，她随着水客来新加坡找工，被水客以 250 元卖给鸨母林亚望，被迫操妓业，每月赚的 60、70 元钱全部交给林氏，后怀孕，林氏仍逼她卖淫，孩子生下后，林氏将孩子抱走，满月后又逼她接客。亚来向华民护卫司署报告，林亚望被判六个月苦役，并赔款 50 元给亚来。《叻报》，1931 年 1 月 21 日。

⑦ 《警探大搜飞机楼，捕获妇女三十四人》，《星洲日报》，1941 年 9 月 10 日；《当局加紧取缔私娼，又一妇人被判监禁半年》，《星洲日报》，1941 年 9 月 17 日。

⑧ 《当地禁娼问题》，《星洲日报》，1936 年 6 月 19 日。

⑨ 《私娼被控，罚款 25 元》，《叻报》，1932 年 2 月 24 日。

重挤压下，私娼现象难以禁绝，当局对私娼的查禁难以收到成效，私娼现象一直延续下来。

第三节　社会性别与阶级

一、社会分层与职业流动

（一）新马华人社会分层

王赓武和颜清湟对19世纪新马华人社会结构各有精彩论述，王氏认为华人社会只有“商”和“工”两大阶层，前者包括商人和店主，后者包括职员、教师、工人和农民。颜氏则认为华人社会分为“商、士、工”三个阶层，[①]“商”居社会地位顶层，“士”居中，“工”为底层。20世纪30年代，新马华人社会结构有无变化？颜清湟认为这一时期华人社会结构仍没有根本性的改变，“商”阶层仍是社会顶层，然后是“士”和“工”。“商”分为两类，大商人（出入口商、大园主、产业拥有者、银行家和锡矿主）和一般商人；“士”也分两类，一类是医生、律师、工程师、政府公务员和译员，地位较高，另一类是华校教师、中文报纸编辑和记者、公司职员，地位稍低；“工”也分两类，技术工匠和一般苦力，前者包括手艺人、店员等，后者包括种植园工人、矿工和人力车夫等。[②]

如果说19世纪华人社会处于传统社会，仍可比照晚清中国“士农工商”四民社会结构来分层的话，20世纪20年代以后再以“商”“士”“工”表述华人社会结构就存在严重缺陷，一是因为20世纪以后华人职业和阶层已与传统概念有很大差距，如“士”的概念是“士大夫”，专指读书做官者之流，华人本来就不存在在殖民地政府做官的可能，所以王赓武质疑海外华人社会“士”阶层的存在。20世纪后，传统概念的“士”在中国已不复存在，更遑论海外，所以“知识分子”或“专业技术人员”是对教师、记者、医生、律师这一阶层的最好称谓。还有“商”概念也有根本性的改变，传统“商”是指从事贸易的商人，但20世纪后，尤其是第一次世界大战后新马华人橡胶种植业、制造业、金融业、航运业有长足发展，涌现出大批种植园主、企业家、银行家等，他们是现代意义

① ［澳］颜清湟著，粟明鲜等译：《新马华人社会史》，北京：中国华侨出版社，1991年，第131－132页。

② LEE K H，TAN C B. The Chinese in Malaysia. New York：Oxford University Press，2000：p. 30.

上的大资产阶级，而不再是传统意义上的“商”。二是因为“商”财富和地位差别太大，不宜归入一个阶层。如商人中既有陈嘉庚这类身家千万且在华人社会享有极高社会地位的人，也有克勤克俭、身家不过千元、寂寂无名的小店主，他们的财富、声望和社会地位根本不可同日而语，把他们归入一个阶层是不合适的。

社会分层是“依据一定具有社会意义的属性，一个社会的成员被区分为高低有序的不同等级、层次的过程与现象”①。那么20世纪30年代新马华人社会阶层应如何划分？笔者依据马克斯·韦伯多元分层理论，② 以财富、声望和权力为标准对新马华人社会进行社会分层，以上三个标准都与职业密切相关。这一时期新马华人社会基本上可以分为上层、中层和下层三个阶层。上层包括大商人、大工厂主、大银行家、大种植园主等，他们只占华人社会的极少数，据日本学者对1931年马来亚华人人口普查的统计表明，华人上层只占华人人口的0.84%，占有职业者的1.53%。中层包括中小店主、商人、工厂主和专业技术人员，他们占华人人口的15.32%，占有职业者的27.72%。下层包括各行业工人，占华人总人口的31.08%，占有职业者的58.43%。③

（二）华人妇女社会分层与职业流动

这一时期华人妇女的社会分层如何？能等同其上述社会分层吗？一般来说，大部分社会分层理论都忽视了妇女的阶层问题，只是将妇女的阶层地位等同其丈夫或父亲的地位，而且认为性别对社会分层不构成影响。女性主义者认为，主流社会分层研究主要以个人的职业、财富、声望为评定阶层的基础，认为职业、声望与性别和种族无关，实际上，由于社会性别的长期影响，性别在某种程度上直接影响到某些职业的地位和薪金，④ 如男性占据了大部分的上层职位，女性则从事下层职位的工作，且男性的向上流动机会多于女性。

从新马华人妇女职业分类来看，她们在社会分层中处于十分不利的地位。新马华人社会是工商业社会，商人以其财富、权力和声望排在社会的最前列，当时人对新加坡华人崇商习气有刻薄的描述：“星架坡的铜臭，薰天澈地，算盘之声响震四郊，什么人见着面，只讲赚钱，别的话可以不谈，所以没有什么书香的气味。”⑤ 因为社会风气崇尚金钱，大商人、大种植园主、大矿场主、大工厂主、

---

① 郑杭生主编：《社会学概论新修》，北京：中国人民大学出版社，2000年，第284页。

② 关于韦伯多元分层理论的详细介绍，参见郑杭生主编：《社会学概论新修》，北京：中国人民大学出版社，2000年，第296页。

③ 日本企划院：《华侨之研究》，台北：“中华学术院”南洋研究所，1984年，第187－190页。

④ 参见陈锦华：《妇女阶层分析初探》，载李明堃、李江涛编：《中国社会分层：改革中的巨变》，香港：商务印书馆，1993年。

⑤ 梁绍文：《南洋旅行漫记》，上海：中华书局，1924年，第69页。

银行家在新马华人社会位居顶层，拥有巨额财富的他们理所当然成为以血缘和地缘为纽带的各种会馆的主席、董事和理事，同时也成为华人社会与殖民地当局联系的桥梁。[①] 而在这一阶层中并没有华人妇女的踪影，也就是说，华人上层社会完全由男性把持。华人妇女在中层的人数稍多些，但她们主要集中于“中层”的第二等级，也就是教师和职员中，而在医生、律师和公务员等更高一层的人中则凤毛麟角。华人妇女在下层的人数最多，而且与同处于下层的男性相比，她们又更多集中于下层的次等级，也就是一般苦力和无技术工人，如橡胶工人、女佣、工厂工人等，而在工匠等技术工人中人数极少。从华人妇女在职业中的等级序列看，妇女在每个等级都处于次等地位，而且人数随等级秩序的升高而减少，到最高等级——大商人一级，已没有妇女列身其中。大商人是新马华人社会声望最高和权力最大的阶层，华人妇女在这一阶层的缺失，意味着她们在社会经济参与中的低度性和次等性。同时，大商人掌握了华人社会的领导权，占据了所有宗乡会馆的主席和董事职位，妇女在这一等级失声，决定了妇女在华人社会事务方面毫无发言权。

此外，家庭妇女是一个特殊阶层，按照主流社会分层理论，她们的阶层由其丈夫或父亲的阶层决定，但事实上，在男权占主导的社会，家庭主妇总是处于比丈夫低的地位，尤其是上层华人的妻子不可能也成为大商人、侨领，那么她们究竟处于何种阶层，这尚需进一步探讨。

华人妇女在社会地位排序中的较低地位是父权社会长期发展的结果，尽管随着20世纪以来中国、新马经济发展和社会进步，华人妇女比以往任何时候都享受到更多权利，如受教育权、继承权和参与经济活动的权利，但在长期以来“男尊女卑”“男强女弱”“男主外女主内”等观念和性别模式的影响下，华人妇女受教育程度普遍低于男性，参与经济活动的阻力大于男性，这就导致她们职业流动和社会流动的能力低于男性。

对于男性而言，在新马这个充满机遇和风险的移民社会，社会流动是经常发生的。[②] 即使到20世纪，因为聪明、能干、抓住机遇而从苦力上升为企业家的男子也大有人在。以新加坡企业家周子敬为例，他1936年从厦门来新加坡，先在陈嘉庚的饼干厂当工人，一个偶然的机遇使陈嘉庚看到他的勤奋和能干，便被提拔为助理监工。这次机遇是他命运改变的关键，此后他勤奋学习饼干制作技术，最后跳出来自己开办饼干厂，成为大企业家。[③]

① 陈嘉庚等侨领都是华人议事局成员。

② 颜清湟详细记述了19世纪新马华人从苦力到大商人的发财经历。见［澳］颜清湟著，粟明鲜等译：《新马华人社会史》，北京：中国华侨出版公司，1991年，第131－164页。

③ 周子敬口述访谈文稿，新加坡口述历史档案馆，编号A000045/24。

华人女性的向上流动要困难得多。机遇对周子敬等男性十分重要，但我们很难设想女工能因为勤奋就被老板看中并加以提拔，因为当时社会的性别刻板印象使人们不认为女性有管理工厂的能力，再有能力的女性也很难在商业社会崭露头角。因此，华人妇女通过职业流动而达到社会地位向上流动的可能性很小，通过丈夫或家人的社会流动而改变社会地位的可能性反而更大些。华人男性从下层上升为中层甚至上层的不乏其人，但妇女能从下层上升为中层的已经很少，上升到上层则是绝无可能。笔者迄今所看到的从下层上升到中层的极少个案中，有一位名叫“温莲”的自梳女，她从广州到槟榔屿谋生，“佣于殷富的侨商家中，储蓄渐丰，即自行在槟榔屿开设照相馆，并购置产业，积久遂成小康”①。也就是说，温莲从工人上升为一般商人。还有一位名叫“莫阿妹”（音译）的华人妇女从苦力上升到工头。莫阿妹 1888 年出生于广东三水，从小照顾弟妹、担水喂猪。13 岁结婚，在夫家白天劳动，晚上还要回家做饭。丈夫在城里工作，一年只回来两次，她对他知之甚少，不知道他的职业，甚至连他的模样也记不清楚，因为他很少回家，白天她看不到他，晚上在油灯下只能看到他的影子。婆婆虐待她，丈夫在婆婆的唆使下也经常打她，她决心要么离开夫家，要么去死。她将自己的痛苦说给母亲听，母亲给她钱并让她到新加坡。20 岁时，她逃到新加坡，先当了一年裁缝，后来又当挑土工、割胶工，为挣外快，她还在晚上帮人照看咖啡档。积了足够的钱后，她自己开了个咖啡档，有了稳定的收入，她寄钱给丈夫，让他用这笔钱另娶一个妻子。“二战”前她一直经营咖啡档，战后成为一个工头（监工）。② 温莲和莫阿妹的经历是华人妇女在异邦艰苦卓绝的奋斗史，她们摆脱了一个父权压迫的家庭，但摆脱不了整个父权压迫的社会，她们从苦力奋斗成为小店主和小工头，但她们绝无可能奋斗到大商人，这是性别不平等的必然结果。

二、社会性别与职业和阶级

（一）职业妇女的双重负担

20 世纪 30 年代的新马华人社会仍恪守“男外女内”的传统性别分工，强调妇女的首要责任是照顾家庭和孩子。但是，进步人士又提倡女子职业，因为经济自立是妇女解放的前提，同时，还有众多下层妇女因经济压力不得不进入职场，

---

① 陈通曾、黎思复、邬思时：《自梳女与不落家》，载广东省政协文史资料研究委员会编：《广东风情录》，广州：广东人民出版社，1987 年，第 31 页。

② 莫阿妹口述访谈（1955 年），载 KAYE B. Upper Nankin Street Singapore：a sociological study of Chinese households living in a densely populated area. Singapore：University of Malaya Press，1960：pp. 242 – 243.

因此，华人职业妇女在职业与家庭之间始终面临着巨大的压力。

既然传统对妇女的家庭责任要求没有改变，而妇女又要工作以图经济自立和养家糊口，职业妇女只能面对来自职业和家庭的双重负担。女工每天大都要工作9个小时以上，如锡矿女工每天从早上七点工作到下午四点，一些女工还利用休息时间“跑到山上，弯着身子收拾干枯的树枝，用麻绳打成一捆一捆的，放工的时候顺手担回家去，从中节省掉一笔买柴炭的钱”①。放工后女工还要做饭、洗衣、缝衣、带小孩、种菜等，她们一天几乎工作14—16个小时。而她们的丈夫也许游手好闲或热衷于吸大烟、赌博。一些女工怀孕了还在从事重体力劳动，一位挺着大肚子的锡矿女工叹息着说：“趁未分娩前多做些工，蓄些钱，等日后生出来时，才有得开销啊！唉，死鬼总是惯于赌、饮，一点也不顾虑妻子现在怎样了……”②女教师除了上课，下课后还要备课、改作业、做家务、带孩子，十分辛苦。当时社会风气不容许男性做家务，女性的双重负担特别沉重。

看到职业妇女所面临的困境，当时有人不禁对经济独立是否能解放妇女产生怀疑，有一篇文章写道：“单就职业妇女而言，她们并未由经济独立而获得若干权利，比前却加了一条枷锁。原因是她们一面不能抛弃或减轻做主妇的责任，一面要舍身到社会谋职业。……今日职业妇女如何？女教师们每周有二三十小时功课外，回家还要料理小孩子，什么烧饭、洗衣，晚上还要改卷子、预备功课，一有空还替小孩做衣服，即使勉强请得起一个女佣，有许多事还要亲自料理，这生活多么苦！这是平常的现象，如果又怀了孕，更不堪设想。今日从事职业的女子，她是不是比前更加了一条枷锁吗？说什么妇女解放。”③

职业女性的双重负担在古今中外普遍存在，是社会性别不平等的结果。在华人社会从传统向现代的转变过程中，职业妇女的双重负担尤为沉重，所引起的争议也特别大。尤其是当中国出现“女子回家去”的讨论时，新马华人社会也做出反应，一些人恪守传统，认为妇女的职责在家庭，应放弃工作回归家庭。1937年一篇署名伟仁女士的文章《女子应否回到家庭去》就主张：

家庭是组织社会的分子，有了良好的家庭，才有良好的社会，良好的国家，由此可知家庭的重要性了。家庭由于□□的组织，男女各方均有所任务，古来的“内子”“外子”的称呼，就是告诉我们男主外、女主内的意思。家庭既然是组织社会之基础，家庭的工作与社会的工作是同样重要的，女子为求与男子平等，

① 冷然：《我们在矿场里》，《星洲日报》，1940年8月4日。

② 冷然：《我们在矿场里》，《星洲日报》，1940年8月4日。

③ 冯潜：《妇女职业上的解放与痛苦》，《总汇新报》，1941年3月8日。

何必要在职业上竞争，就在家庭工作上求就够了。这就是女子的分内事。[①]

她的观点引来知识界激烈的反对，有的人从女子自身发展的角度反驳："女性们回家庭去，做男子的管家婆，诚如此，那么柯泰夫人、卢森堡女士、宋美龄女士、秋瑾女士、傅善祥、丁玲、白薇等女士，这些杰出的天才就不会产生了。因为假如使她们回家庭去，最多是产生出贤妻良母忠于男性、善烹调、缝纫、理家务的女子：因为她们的天才埋没了。"[②] 有的人从经济独立的角度反驳："女子要求与男子平等，先决的条件是要求经济的独立，如经济权还操在男子手里的话，女子的要求平等是不会达到目的的。"[③] 还有的人从国家与社会的角度反驳，指出国家良好与否不在家庭，而是建立在国家的制度与经济基础上。

所谓"有了良好的家庭，才有良好的社会，良好的国家"，大家庭一般人最认为不好的，那么"良好的家庭"就是小家庭制了。为什么现在欧美各国盛行小家庭，他们的社会还没有良好起来呢？社会国家的良好与否，不在家庭，在那国家庭制度及经济基础上，以这个理由叫女子回家是不成立，反之女子应该赶快跑出家庭，共同把这个社会改革过来……[④]

从讨论的激烈程度看，知识妇女（包括部分男性）要求职业和经济独立的呼声占上风，绝大部分知识妇女不认同只做家庭妇女，她们希望获取职业以求得经济独立，进而回报国家和社会。

（二）剥削与压迫

在新马华人社会结构中，工人处于最低等级，他们受到橡胶园主、矿山主、店主、工头、包工头、监工的重重剥削和压迫。20 世纪 30 年代经济不景气，找工不易，工人收入也更低，在包工头和监工的层层克扣下，工人所受压迫更深。一位老割胶工辛酸地说："我们割胶工人就是胶树的化身，今天给人割一刀，明天再吃一刀，……割到不能再割，流到流尽最后一滴滴人们就会砍倒它，不要它了。现在我们的生活就是这样。从前我们每天做工少赚钱多，现在我们比从前多

① 伟仁：《女子应否回到家庭去》，《星洲日报》，1937 年 5 月 30 日。

② 义和：《女子可以回到家庭去吗?》，《南洋商报》，1937 年 6 月 11 日。

③ 水源：《一点意见》，《星洲日报》，1937 年 6 月 27 日。

④ 竞芳：《再献给女学生及女教师——并与伟仁女士讨论女子应否回到家庭去》，《星洲日报》，1937 年 6 月 6 日。

做几倍时间，但是得来的工钱还不够养活自己。”[①] 工人普遍存在劳动条件恶劣、劳动时间长和工资低等问题，工人劳动没有任何安全保护，经常发生工伤事故，[②] 劳动时间一般为9—10个小时，没有加班费，收入甚低，如怡保四家华人烟草公司雇用女工300多人，实行计件工资，女工早上7时上工，晚上6时或9时下工，女工用最快的手法，一刻不停地干活，平均每天只可得工钱0.45元，手法较慢者仅得0.2元或0.3元。[③] 这点收入在当时甚至难于糊口。此外，工人就业没有保障，工厂主随意开除工人，工头随意打骂工人。

女工面临更多的压迫，当时的一篇特写真实地描绘了琉琅女工所遭受的剥削和压迫：

> 在车站的另一个角落里，我瞥见了一群头裹红布的琉琅婆在高声谈论着。她们的队伍中，可说是老少俱全，其中大的已是鸡皮鹤发的老年人，小的还是乳臭未干的十四五岁的孩子，她们把帽子和工具堆积在一旁，团团地坐在地上。
>
> “丢那妈，去洗了二十多日，才换得十几元，早晨五点几就起身做工，到天黑才返家，一日辛辛苦苦都赚不到一块钱。”
>
> “住得像猪栏一样，十几人挤在一个几块板间着的房，吃得还贱过狗的：几条臭咸鱼，几碟烂鬼咸菜豆芽，膳费又贵到死，吃不够一个月就要七八元，连账都不开出来！”
>
> “那些绝种的，又欺又骗，二千银买那个琉琅底来洗，洗了的锡米定要卖给头家，不知吃了多少镑，那个乌龟王八工头又强抽了四百元金先，用血汗得来的代价都给完他们了。”一个高大个子的中年妇人破口大骂着。[④]

从这段描述，我们可以看到琉琅婆一天劳动十多个小时，工资还不到一块钱，吃住环境都很差，她们承包锡矿底要先给工头回扣，所淘的锡砂被迫卖给矿山主，还被压秤，血汗钱所剩无几。

（三）职场中的性别歧视

除受到阶级剥削和压迫外，华人妇女还比男工多受一重压迫，即性别歧视，最显著的是收入和职位不平等。与男性相比，女性多集中于低等的、临时的、边缘性的职业和职位，以锡矿业为例，女工所从事的淘锡是最简单、最累人的手工

---

① 马宁：《南洋风雨》，桂林：椰风出版社，1943年，第63页。

② 《松土突倾泻，女工遭埋没》，《星洲日报》，1938年4月13日。

③ 《怡保四家华人烟草公司，全体女工实行罢工》，《星洲日报》，1939年12月13日。

④ 猗萍：《洗琉琅的妇人》，《星洲日报》，1940年9月1日。

劳作，因为习俗禁止女工租用机器或在矿下工作，认为女人会带来“衰运”，[①]男性则从事管理、监督和各种技术工作，他们属公司职员，实行月工资制。男工的工种有帮手、水笔工、看沙泵工、割石仔工和什工，女工的工种是淘锡工和什工。女工按时或按件计工，工资也较男工为低，因为她们不是固定工，需要淘洗锡苗时被招来，矿主以若干价钱将锡矿底卖给包工者，女工以淘洗锡苗的数量得到收入。女工在锡矿处于底层，正如赖雅英指出的：“华人妇女在矿区的地位也涉及性别和阶级：她们没被结合进矿业经济，只能做无技术和低收入的临时工，这种次等的工作地位是由其作为妇女的社会地位决定的。”[②] 工厂工人的收入和职位也与性别有关，殖民地官员布莱斯在一个制橡胶鞋工厂看到，女工大都从事缝纫和切割，工资为计件制，男工大都掌管机器，实行日工资。一般女工最低的周工资为 4 元，男工周工资一般为 8—12 元。[③]

女教师在学校的地位也是次等的和不重要的。20 世纪 30 年代女教师增多，但她们的收入和地位“说来不忍心”，当时人从收入、工作量和地位分析女教师的处境：“第一，薪水特别低。国内南来的女教师，虽然例外的薪水比较优越些，但这是指女教师方面来说的，同是一类学问，同是一类能力，男女校长的报酬，依然是相差悬殊，至于普通的女教师，和男教师比较起来，也相差甚远；第二，钟点特别多。……女教师教课时间，多是比男教师要长的……有的时间超过三十小时，而课后改卷及备课尚未算在内……；第三，没特别给假；第四，位置没保障。……普通女教师被解雇的理由很多，有的为月经请假，被认为□□的，有的为着不愿受人侮辱，被认为性情不好的，有的为着肚子大了，被认为有妨教授的。”[④] 女子学校中男女教师职位差别还不太明显，但在非女子学校，男女教师差别很大。如广福学校共有教员 17 人，男教师 7 人，女教员 10 人，7 位男教员占据了校长、教务主任、训育主任、文书主任、专务主任、英文主任、体育主任等职位，而女教员除担任图书主任、体育歌舞主任和美术主任外，其他都是教员。[⑤] 女教师在学校的次等地位也决定了她们在学校事务上的劣势地位，一位女

---

① 事实上，1900 年以前妇女甚至不能靠近矿山，唯恐她们带来事故、死亡或坏运气。SIEW N C. Labour and Tin Mining in Malaya. Data Paper No. 7, Cornell University Press, 1953: p. 424. 20 世纪后，妇女可以在矿山淘锡了，但“怀孕的妇女不准进入矿场，否则被视为不祥”。丘思东：《马来西亚的沙泵锡矿工业》，吉隆坡：南洋印务有限公司，1984 年，第 173 页。

② LAI A E. Peasants, proletarians and prostitutes: a preliminary investigation into the work of Chinese women in Colonial Malaya, Singapore: Institute of Southeast Asian Studies, 1986: p. 66.

③ BLYTHE W L. Methods and conditions of employment of Chinese labour in the Federated Malay States. Kuala Lumpur: Federated Malay States Government Press, 1938: p. 41.

④ 东方：《南洋华校女教师的诸般待遇及其要求》，《星中日报》，1935 年 9 月 17 日。

⑤ 《广福学校今年阵容》，《星洲日报》，1941 年 2 月 24 日。

教师深有感触地写道："……稍微重要一点的校务上的事决不会预先来通知或征求你的意见，更不用说派你尽一份力了（因为他们不相信女人有办事能力）。"[①]

（四）职场中的性骚扰

职业妇女除收入和职位低于男性外，她们还要面对职场中的性骚扰。

女招待、理发女、舞女是性骚扰的重点对象，她们所从事的职业被严重"色情化"，受到男顾客的性骚扰是家常便饭，只能忍着，"女招待遇顾客轻薄，动手动脚，如果稍现不悦之色，则老板必怒，轻则斥责，重则立即解雇。常有茶花，因被顾客轻薄，忍至不能忍，泪水盈眶，而其内心之痛苦，可以知也"[②]。

女职员通常被视为花瓶，男老板看中的是她们的相貌，而不是能力，她们在工作中时常要面对性骚扰。

橡胶园女工和工厂女工没被视为花瓶，但她们的上司，如监工和工头都是男性，女工经常面临工头的性骚扰，"在新加坡吉隆坡各大商埠，有英美烟草公司，这些工厂完全雇用女工，且多属未婚的青年女子，在厂里虽然要受那些经理或账房的男人的调戏与玩弄，但为了生活的压迫，也只好忍辱受屈"[③]。女工还遭受街头混混的性骚扰，槟城大门楼和椰脚一带每天早上有许多女工到树胶厂上班，于是引来不良之徒到那里等着，调戏女工。[④] 女教师在学校也要面对性骚扰问题。[⑤]

新马华人职业妇女的较低地位与其所处的阶层和性别密切相关。一方面，作为劳动者，她们进入种植园、工厂、矿场和学校；另一方面，作为女性，她们在"男尊女卑""男强女弱"等性别观念的作用下，只能接受最低的收入和职位，她们更多从事临时的、无技术性的和低收入的工作，还要面对身为女性所带来的性歧视和性骚扰。实际上，华人妇女的这种劣势处境正是由于她们所处的从属地位和边缘地位造成的，一位女教师悲愤地指出："在现实的社会里，男女间职业的距离，不啻有天渊之别：男子的工作条条大路可通，而女子的职业范围极其狭窄，要想钻入工作的边缘，实在不容易。就知识妇女来说：能够在政府机关担任职务的有几个人？且她们所担任的工作，多是不关重要的职位；工商实业界亦然。同时能获得这等职位的女性，有的须受资格、出生地及年龄的限制，有的还须具备姿色和人事关系等条件。而且同样的工作，往往待遇比不上男性。"[⑥]

---

① 金燊：《我是一个女教师》，载《我是一个职业女子》，新加坡：南方晚报社，1952 年，第 43 页。

② 《新嘉坡社会素描（二）》，《南洋商报》，1933 年 3 月 9 日。

③ 刘牟夫：《华侨妇女生活》，《华侨半月刊》1936 年第 92 期，第 25 页。

④ 《登徒子色胆猖狂》，《槟城新报》，1930 年 12 月 2 日。

⑤ 品品：《职业妇女之悲歌》，载《我是一个职业女子》，新加坡：南方晚报社，1952 年，第 34－35 页。

⑥ 敬文：《我是一个职业女子》，载《我是一个职业女子》，新加坡：南方晚报社，1952 年，第 1 页。

三、走上抗争之路

（一）不婚

在性别和阶级不平等面前，华人妇女用各种方式进行反抗，一种方式是不结婚，这是来自珠江三角洲地区的一些妇女对父权压迫所采用的反抗方法。新马不婚群体主要存在于女佣业中，很多女佣是自梳女或不落家，她们不愿结婚的原因多种多样，主要是“不喜欢人家管”（刘卿施），“我想独立，不想照顾公婆、小叔和小姑”（陈欢），“我害怕生孩子，也不想承担养孩子的责任”（陈清玲），“我不想当媳妇，我想自由”（梁秀琦），“怕成为男人的奴隶”，等等。①

还有一些女佣并不是自梳女，她们也想有个家，但她们目睹了太多不幸的婚姻和遭遇不幸的妇女，于是害怕嫁人。在她们看来，如果嫁个穷丈夫，妻子不仅要做工，还要照顾孩子、公婆和丈夫，终日劳累，如果嫁个富丈夫，丈夫则会娶小老婆，妻子会终日受气。有一位女佣阿莲对婚姻的矛盾看法是这一部分女佣看法的代表。阿莲“面色红润，身材也不差，尤其是一条长长的辫子，乌溜溜地不多不少的恰到好处，服装也很讲究，可说得上是一个俏女佣”。她常常自怨自艾地说：“做工做到怕，不如走去嫁。”但真要去嫁，又不知嫁给谁好，当富人的姨太太她不愿，当杂货店伙计的妻子她也受不了。她说：“我要嫁有钱而又漂亮的男人做妻子，如果嫁的是穷人，不但没有福享，生男育女过穷日子，或还要出来做工的话，倒不如不嫁人，自由自在地多么好啊！”②

在男权社会，自梳女认为做工人也好过做主妇，她们用不婚来反抗父权的压迫，尽管这是一种消极的反抗。

---

① GAW K. Superior servants: the legendary cantones amahs of the Far East. Singapore: Oxford University Press, 1988: p. 43. TOPLEY M. Marriage resistance in rural Kwangtung, WOLF W, WITKE R. Women in Chinese society. Stanford, California: Stanford University Press, 1975: p. 192.

② 英明：《小主妇的一天》，《星洲日报》，1941 年 8 月 25 日。

图 3－9　电影《自梳女》广告

图片来源：《槟城新报》，1938 年 4 月 19 日。

（二）组织工会

华人女工也参加工会组织。女工最早的行业组织应是女佣组织的“公司房”（亦称“咕哩房”），[①] 后来在抗日救亡运动的推动下，发展为行业组织——佣妇互助会，其宗旨是经济自立、团结一致、联络感情、介绍职业、互助、捐输等，这是新加坡唯一个全部由女佣组成的行会。[②] 更多的情况是女工加入男女都有的行业或工会组织，如理发女加入新加坡粤帮理发公会店员部，该会规定凡粤籍男女店员均可加入，会员人数有四五百人，“可谓全星工业界人数最多之集团，亦可谓妇女工业界首先参与社会组织之先声也”。1937 年 6 月 13 日店员部开会，到会人数 120 人，其中女会员 20 多人，女工代表何佩珍女士发表讲话，她呼吁

① “公司房”由十多个人或几十个人合租一房，代为介绍工作，如失业或休息，可在此居住。详见 HO I C. The Cantonese domestic amahs：a study of a small occupational group of Chinese women. The Department of Social Studies，University of Malaya ，Singapore，1958. TOPLEY M. Chinese women's vegetarian houses in Singapore. Journal of the Malayan branch of the royal Asiatic society，1954（27）.

② 佣妇互助会从 1937 年开始筹办，参加者都是广府籍女佣。直到 1940 年 2 月才正式成立，名为“粤华妇女互助会”，《星洲日报》，1937 年 10 月 21 日、1940 年 2 月 9 日。

男女工人团结，“今日为吾同业工友之一难逢之聚会，亦男女店员团结之开始也，妇女职业，在马来亚未被注意，女工业界，素无联络，……希望诸位同业，应以工人利益为前提，互相提携，共图合作”[①]。还有许多工会为吸引女工，在制定规章时专门提及女工，如1937年成立的“石行工友互助会”在制定章程时，规定男会员交纳会费1元，女会员5角，男会员月捐5角，女会员2角。[②]

总的来看，与男工相比，女工较少加入或组织工会，她们争取权利的行为尚处于自发阶段。

（三）罢工

女工积极参与罢工斗争，这是一种积极的反抗，反抗的是阶级压迫和剥削。在阶级压迫面前，男女工人的利益基本一致，华人男女工人团结起来，为了共同的利益进行罢工并组织工会。

20世纪30年代是新马工人运动风起云涌的年代，关于工人罢工的原因以及共产党在其中的作用已有一些研究，[③] 笔者只想强调指出，30年代新马罢工运动的高潮并不是出现在经济危机时期，而恰恰是出现在经济复苏时期的几个年头：1934年、1937年和1939年，这是因为，1934年后马来亚经济复苏，1937年经济复苏达到最高点，生产增加，劳动力需求旺盛，罢工斗争较多。1938年橡胶和锡价再次下跌，经济进入衰退，工人失业、减薪，他们在1937年罢工斗争中得到的好处被剥夺，但1939年7月后橡胶和锡价一度反弹，加上欧洲战争影响到某些行业，劳动力需求增加，工人在资方急于用人之际提出增加工资等要求，一般容易获得成功。

在罢工斗争中，女工积极参与，成为工人代表，还有女工因与警察冲突而受伤或被捕。1937年巴生树胶制造厂工潮中工人遭到警察镇压，男女工人重伤12名。1938年5月1日星华建筑工人互助会在开会时遭警察围捕，被捕男女工人100多人，随后警方以参加非法会议罪控告其中的63人（包括16名女工）。[④] 1940年2月新加坡一藤厂工人罢工，拘禁一欧籍职员，并与前来维持秩序的警察

---

① 《粤帮理发公会店员部会议》，《星洲日报》，1937年6月14日。

② 《石行工友互助会，已通过全部章程》，《星洲日报》，1937年11月22日。

③ 参见林远辉、张应龙：《新加坡马来西亚华侨史》，广州：广东高等教育出版社，1991年，第374－380页。关于共产党与马来亚华侨工人运动，详见周锦照：《忆星洲建筑工人联合会》，载广东省政协文史资料研究委员会编：《华侨沧桑录》，广州：广东人民出版社，1984年，第79－88页。LEONG Y F. The emergence and demise of the Chinese labour movement in Colonial Malaya, 1920－1960. in LEE K H, TAN C B. The Chinese in Malaysia. New York: Oxford University Press, 2000: pp. 169－193.

④ 《星华建筑工人互助会突遭警探围捕》，《星洲日报》，1938年5月2日、3日。

发生冲突，警察拘捕四人，其中还有一女工杨云杏。①

正是因为女工积极参加罢工斗争，所以争取女工的特殊利益也在罢工斗争的范围之内，居銮胶厂工潮中提出的条件包括“第四条，女工生产照劳工条例实行。第五条，园内小孩已达到劳工条例所规定之人数者，园主须请一看妇管理之”。巴都亚冷煤炭山工潮中工人提出“女工生产前后休息一个月，工资照给，并津贴十二元”。巴生树胶制造厂提出“女工因生产缺工，厂方要将其工职保留，惟该女工须向厂方请假”②。1937 年 3 月巴生李金赐火柴厂工人罢工，提出二十四条要求，除提高工资、改善劳动条件等要求外，还针对女工的要求提出条件：工头不得任意捉弄女工；女工生产前后休息一个月，工资照给；要求厂主在全体女工中，由工人选出两位女管工。③ 1939 年新加坡机场建筑工地 700 余名男女工人罢工，工人代表三男一女，这次罢工对女工利益进一步关注，注意到如何避免对女工的性骚扰问题，罢工条件中提出，“守门印人，以后不得入女宿舍或开除女工；……体格检查时，男医生查验男工，女医生查验女工”④。马六甲六个橡胶厂工人在提出改善待遇、提高工资的同时，也提出“不许调戏女工”。⑤

当经济景气、劳动力需求旺盛时，大部分罢工斗争在华民护卫司、劳工局和侨领的调解下得以解决，工人的要求尽管没有全部得到满足，但部分问题得到解决，工资有所提高，劳动条件初步改善，女工的特殊利益得到部分保障：①女工生产期间，工作职位仍予保留，并可根据劳工条例，得支取工资若干；②大规模之矿山胶园，其工人人数较多者，应由矿主园主设立学校，以备工人儿童就学之用；③资方不得藉故辞退工人，如欲辞退须具相当理由。④工人宿舍须适合卫生，工人用水必须清洁；⑤工人发生疾病时可入三等医院治疗，而医药伙食等费，则由资方担任……⑥但从罢工工人提出的工资要求看，男女工资是不平等的，男工的工资高于女工，⑦ 可见，在那个时代，不仅雇主认为男工工资应高于女工，就是工人也视此为理所当然。

在罢工运动中，女工除与男工共同斗争外，还单独发起和领导多次小规模罢

---

① 《武吉知吗藤厂工潮中肇事工友已宣判二男工轻罚四女工觅保》，《南洋商报》，1940 年 2 月 24 日。

② 参见《居銮胶工潮解决条件》（13 条）、《巴生华侨树胶制造厂工潮解决条件》（18 条）、《巴都亚冷煤炭山工潮解决条件》（23 条），傅无闷编：《南洋年鉴》，新加坡：华侨商报社，1939 年。转引自陈翰笙主编：《华工出国史料汇编》（第五辑），北京：中华书局，1984 年，第 61 – 64 页。

③ 《巴生李金赐火柴厂罢工后正待调解要求廿四条件》，《南洋商报》，1937 年 3 月 16 日。

④ 《军用飞机场建筑工人罢工》，《星洲日报》，1939 年 4 月 29 日。

⑤ 《马六甲六家胶厂工友要求改善待遇》，《星洲日报》，1940 年 4 月 30 日。

⑥ ［新］关楚璞主编：《星洲十年・文化》，台北：文海出版社，1977 年，第 984 页。

⑦ 如新加坡军用飞机场建筑工人提出增加工资的要求是：男大工最少每工增至 1.45 元，男小工最少每工增至 1.15 元，女小工最少每工增至 0.85 元。《军用飞机场建筑工人罢工》，《星洲日报》，1939 年 4 月 29 日。

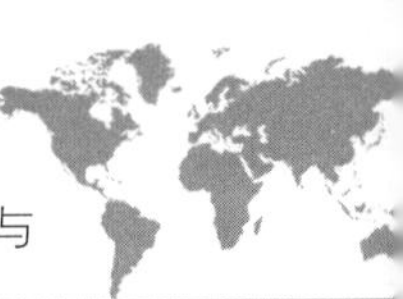

工，以此表明她们并不是男工的附庸。如 1938 年 5 月太平橡胶信昌公司和宝昌公司女工数十人罢工，原因是厂方削减女工工资，每人每天工钱减 0.15 元，女工提出抗议，说她们家境困难，日常生活全靠她们的工资维持，她们原来的工钱就不多，每天不过 7 角、6 角或 5 角，现在又减少，不能够维持生活，厂方让步，只减去一角，但女工仍不满意，发起罢工，厂方派人劝女工复工，并答应补足工钱，不再减薪。[①]

在女工单独举行的罢工中，也有很激烈的行为。1939 年 12 月胡文虎的永安堂制药厂女工 300 余人罢工，她们的要求涉及工作时间、工作条件和提高工资等，要求每日工资一律增加 2 角，大工部的 16 人取消包工制，须与东家直接联系。[②] 外包工作的女工也提出增加工资的要求，厂方不同意，女工就开会、游行示威，该厂被迫关闭十日，女工聚集于厂外，“咆哮鼓噪”，并阻挡货车进出工厂。胡文虎被迫同意增加工资，“再允厂外工人同加工资要求，并允厂内女工如须增人时，尽先录用……”，最终女工答应复工。[③]

还有一些罢工是女工最先发起，男工随后响应。如 1940 年 1 月 6 日，鸦片烟工厂女工 200 余人罢工，提出增加工资、实行劳工条例等四条要求，女工要求 24 小时内答复，厂方不理，女工率先罢工，但男工仍在工作。10 日，男工也起而响应，向厂方提出七项条件。[④] 女工在罢工中还注意动员社会各界以获取支持。1940 年 1 月马六甲三个烟厂（六如、中兴和三红芬）女工百余人因为物价上涨、生活困苦，向厂方提出增加工资、改善待遇的要求，厂方置之不理，女工罢工，并在酒楼召开有各方言帮侨领和记者参加的招待会，女工代表陈女士报告工人的苦况和罢工经过，并提出四项要求。资方迫于社会各界的压力，同意女工的要求，女工复工。[⑤]

有学者认为，20 世纪 30 年代新马工人运动高涨，“在这十年里，华人工人阶级从狭隘的行会活动发展为广泛的工会运动，从单纯的经济斗争发展为政治斗争，从自发的斗争发展为自觉的斗争，始终站在反殖斗争的最前列，成为新加坡

① 《太平二树胶土库，女工数十人罢工》，《星洲日报》，1938 年 5 月 5 日。

② 《本坡永安堂制药厂女工今晨罢工》，《新国民日报》，1939 年 12 月 14 日。

③ 《胡文虎谈话，深惜女工受人煽动》，《星洲日报》，1939 年 12 月 15 日。

④ 男工的要求基本包括了女工的要求，如下：①一律加薪三角；②工人患病或因工受伤，一切医药费，概由厂方料理；③工人因工受伤入院，其薪水照发；④工人工作十年以上者，应予以恩恤金；⑤无故不得辞退工人；⑥新年及圣诞节两天之薪水，应照发给；⑦厂方供给免费宿舍。《星洲日报》，1940 年 1 月 10 日。

⑤ 《鸦片包装工厂女工二百人罢工》《甲三烟厂女工未复工资方答允加薪》《巴实班让鸦片厂包烟男女工全体今日可复工》，《南洋商报》，1940 年 1 月 8 日、11 日、23 日。

马来西亚民族解放运动的旗手，使反帝反殖的斗争出现了一个崭新的局面”①。笔者认为，上述对马来亚工人运动的评价有拔高之嫌。一般来说，除极少数罢工提出政治要求外，华人工人罢工斗争大都是经济罢工，主要目标有四个，一是提高工资，二是实行八小时工作制，三是改善劳动条件，四是资方不得无故开除工人。除了1934年巴都亚冷煤矿罢工工人提出要求政府给予工人结社、言论、出版、自由权外，② 其他罢工工人的条件均不超出经济范围，比较典型的有1940年马六甲建筑业男女工人致函资方要求改善待遇，全信如下：③

敬启者：

自欧战爆发后，市上百物腾贵，一切日常用品，价格日见增加，生活程度日渐提高。我们之经济负担亦随着加重，生活痛苦，实无法以维持，我们迫不得已，故现在提出下列要求改善生活条件九项，请于五日内，给予答复：

一）实行八小时工作制度，每天工作以八小时计算，包工头损失由资方负责；

二）加薪三十巴仙，大工每工至少1.7元，小工每工至少1.1元，女工至少0.9元；

三）工资每月按期发两次，短工竣工后，工资随时发清；

四）如包工头不能付足工资时，则由资方负责发清；

五）改善待遇（即工场需建宽大适合卫生之处，并要有浴室，食饭要有桌椅等）；

六）实行劳工保险；

七）保障代表职业安全，不得无故辞退工友；

八）若辞退工友，须一星期前通知；

九）工场十人以上者，须有挂钟按时敲打，以准时间。

甲全体建筑工友

1940年2月23日

如果说20世纪30年代前期工人运动尚提出政治要求，那么30年代后半期罢工工人所提出的则都是经济要求。这是因为在抗日救亡的大形势下，共产党改变斗争策略，“在‘抗日高于一切，一切服从抗日’的基本原则下，我们诚恳希

① 林远辉、张应龙：《新加坡马来西亚华侨史》，广州：广东高等教育出版社，1991年，第380页。

② 转引自陈翰笙主编：《华工出国史料汇编》（第五辑），北京：中华书局，1984年，第61－64页。

③ 《甲华男女建筑工友函资方要求改良待遇》，《南洋商报》，1940年2月24日。

望劳资双方精诚合作，增加生产，以充实国力”[①]。在这个基调下，有组织的罢工运动也将抗日救亡与劳资团结、工人生活状况联系起来，正如1939年星洲4 000余建筑工人向建筑商组织“华人建筑公会”、包工头组织“建筑工业社”及“星华筹赈会建筑界筹赈分会”发表的公开信中所指出的：“我民族求生存，神圣抗战正在转到面面反攻之现阶段中，前线忠勇将士，已加倍努力杀敌矣。吾人安居海外，应如何加紧团结合作，尤其是劳资应更加团结合作，以劳资互助互让之精神，消除无谓之纠纷对立，达到精诚团结，增厚抗战力量，争取中华民族独立自由。惟同人等目前生活之困难痛苦，入不敷出，日甚一日，更兼现时社会上百物高昂，生活程度日高，如此情形，不能发挥吾等之尽量出钱出力之后方任务，且有时还引起劳资纠纷，削弱抗战力量，利便汉奸从中挑拨离间之阴谋手段。”[②]

应该说，20世纪30年代新马华人工人运动主要是谋求提高工资和改善劳动条件，与抗日救亡运动是一种互动关系。华人工人关心的是祖国命运和自身待遇，从这个意义上说，他们反对的是日本帝国主义而不是英国殖民主义，他们的斗争并没有“使反帝反殖的斗争出现了一个崭新的局面”。这样一个新局面是在20世纪40年代末50年代初才出现的。

第四节　华人妇女在新马经济发展中的作用

受世界经济形势的影响，20世纪30年代新马经济经历了危机、萧条、复苏和衰退的发展过程，华人妇女的经济参与深受其影响。一方面，经济危机导致新职业的出现，为华人妇女增加了新的就业机会，如女招待、舞女、女秘书、女店员等；另一方面，在失业和贫困挤压下，华人妇女比以往任何时候都更多地参与到经济活动中来。于是，不论是种植业、矿业、制造业、建筑业，还是服务业，都有她们活跃的身影。就华人妇女在新马各行业的人数、比例和所处位置来说，她们都低于男性，但这并不表明华人妇女在经济发展中是无足轻重的。人们通常关注到华人男性对新马经济发展的贡献，而对华人妇女的经济贡献知之甚少，甚至完全忽略。本章已细数华人妇女对新马各行业的参与和活动，在此只对其经济贡献进行归纳。

① 耶鲁、洪涛、吴天、英浪、厌之（王炎之，即王宣化）：《我们的态度》，《南洋商报》，1938年7月30日。

② 《星洲建筑工人公开信》，《星洲日报》，1939年5月23日。

一、华人妇女对制造业和建筑业的贡献

新马华人制造业在“一战”后开始发展，以轻工业为主。20 世纪 30 年代制造业进一步发展，华人女工在一些制造业工厂甚至占多数。据《南洋商报》记者对 1940 年 3 月新加坡工厂的调查，有一些工厂完全未雇用女工，如飞机场、摩托车机器厂、玻璃厂、高尔夫球场、硕莪厂、锯木厂、钟表铺等。有一些工厂雇用男工多于女工，如砖厂、木器店、铁厂、冰厂、珠宝铺、油厂、印刷厂、银器铺等，具体男女工人统计如下：

砖厂 9 间，女工 2 人，比男工少 522 人；
木器店 25 间，女工 40 人，比男工少 666 人；
机器厂和铁厂 54 间，女工 77 人，比男工少 3 315 人；
冰厂四间，女工 20 人，比男工少 285 人；
珠宝铺 21 间，女工 18 人，比男工少 232 人；
油厂 8 间，女工 25 人，比男工少 1 064 人；
印刷厂 50 间，女工 108 人，比男工少 1 069 人；
银器铺 18 间，女工 1 人，比男工少 136 人。

但也有不少工厂雇用女工多于男工，如：汽水厂、胶乳厂、饼干厂、烟厂、树胶厂等。具体统计如下：

汽水厂 8 间，女工 220 人，比男工多 36 人；
胶乳厂 4 间，女工 451 人，比男工多 371 人；
饼干厂及制饼厂 23 间，女工 787 人，比男工多 186 人；
烟厂 3 间，女工 191 人，比男工多 128 人；
树胶厂 30 间，女工 279 人，比男工多 639 人。

该调查指出，男工最多的是建筑业（包括公共工程），共计 8 107 人，最少的是玻璃厂，只有 10 人。女工最多的是树胶厂，共 2 793 人，最少的是锡器店，只 1 人。①

上述详细调查弥补了人口普查的缺憾，为我们提供了 1940 年新加坡制造业

① 《新加坡华工的分布》，《南洋商报》，1941 年 9 月 26 日。

华人工人的分布情况，从中可知女工在轻工制造业人数多于华人男工，在重工业、建筑业和珠宝业少于华人男工。工厂之所以大量雇用女工，是因其廉价。工厂主为减少经济危机的负面影响，降低成本，愿意雇用华人妇女和童工，因为他们工资低廉且易于管理。如1938年《星洲日报》报道，各工厂雇用女工和童工，尤其是饼干厂、黄梨厂削梨部所雇童工甚多，每小时工钱仅两三分钱。① 烟厂也大量雇女工，很多是未满15岁的少女，由于劳工法禁止雇用未满15岁之少女，华民政务司对此进行调查。② 可以说，华人女工一方面因其生产能力，另一方面因工资低廉降低了生产成本，在某种程度上促进了殖民地经济的复苏和发展。正如赫夫所指出的："到两次世界大战之间，新加坡工业开始在某种程度上依靠廉价的女性劳动力。这给妇女（当时几乎全是华人）提供了离家就业的一个主要机会，也使新加坡工资水平向更具有国际竞争力的方向变化。"③

华人女工在建筑业的贡献更是有目共睹，她们几乎包揽了建筑工地的小工工种，为新马经济发展和建设贡献自己的力量，从而以"红头巾"的形象，成为华人吃苦耐劳和奉献的象征。

二、华人妇女对锡矿业和橡胶业的贡献

锡矿业和橡胶业是马来亚的支柱产业，华人和印度人是这两大产业的主要劳动者，华人妇女在这两个产业中有特殊贡献，尤其是锡矿业。

锡矿中的淘锡职业，是华人妇女的专门职业，淘锡产量占全部锡产量的份额在20世纪20年代约为4%或5%，20世纪三四十年代华人妇女大量进入淘锡业，淘锡产量的比重逐年上升，据统计，1946年淘洗出来的锡米占全部锡产量的25.4%。④ 也就是说，只淘锡一项妇女对锡矿业的贡献就占四分之一，加上从事其他锡矿工种的妇女，华人妇女在锡矿业的重要作用可见一斑。

在橡胶业，华人妇女和印度妇女举足轻重，她们参与了橡胶园中的所有工种，而且人数和比例不断增加。这一方面是由于女工价廉，园主愿意雇用女工以降低成本，另一方面也是因为殖民政府限制男性移民，每当经济形势略有好转时，橡胶园人工不足，便大量雇用女工。因此，从某种意义上来说，女工是维持

① 《各工厂竟用童工，生活恶劣待遇菲薄》，《星洲日报》，1938年3月22日。

② 《巴株某烟厂雇用未满劳作年龄女工》，《星洲日报》，1940年3月21日。

③ ［英］W. G. 赫夫著，牛磊等译：《新加坡的经济增长》，北京：中国经济出版社，1997年，第209页。

④ YIP Y H. The development of the tin mining industry. Kuala Lumpur：University of Malaya Press，1969：p. 402. 以后随着新技术的运用和产业结构转型，淘锡产量的比重下降，1957年淘锡产量仅占全部锡产量的1.81%。华侨志编辑委员会编：《马来亚华侨志》，台北：华侨志编纂委员会，1959年，第155页。

橡胶园生产的重要保证。

三、华人妇女对服务业的贡献

1929—1933 年经济危机导致的百业萧条，对服务业打击巨大，店家各想奇招，雇用女性来招徕生意，于是，女招待、女店员、舞女、理发女成为服务业的亮丽风景。虽然这些职业被色情化了，但不可否认的是，女招待使得餐饮业恢复兴旺，舞女则带动了娱乐业的发展，这些行业曾在经济危机的打击下惨淡经营，女性的加入使其重现生机。

妇女在家仆业占多数，她们克勤克俭，小有积蓄，甚至带动了银行业务的拓展。如怡保华人银行因经济危机惨淡经营，1934 年后业务大增，因为该银行推出一元即可存钱的业务，“此项业务极为发达，且储蓄者多为佣妇、劳动妇女等。惟彼等因无受教育机会，不能签名，其存款时，常以盖指印以作署名，每当职员按其手打印时，年事少者，多怀羞怯之态……”鉴于不识字的女顾客增多，该银行“拟于下月起，聘任一女职员，专理妇女部，若然，则不仅一般娇羞妇女深得便利，而该行之营业亦有补助”[①]。

华人妇女经济活动的贡献是多重的，包括对个人、家庭、殖民地和侨乡。经济参与为华人妇女提供了收入和自立的机会，一些妇女甚至成为家庭经济的支柱。当时人记载，“洗留郎的妇人，凡闽粤各县都有，最多还是新会、新宁、赤溪一带的人。她们在国内不能谋活了，就跑来南洋洗‘留郎’，等到积蓄了许多金钱才写信去叫她的丈夫或家人到南洋来”[②]。当丈夫失业或缺失时，妇女的收入能够养家糊口。还有很多华人妇女将收入汇回家乡，促进了侨乡的发展，这在自梳女群体中表现最为突出，一些身为自梳女的女佣将钱汇回家乡，帮助父母、兄弟和子侄。[③]如黄爱群 14 岁时随姑姑到新加坡帮佣，生活节俭，剩下的钱都寄回家，她 27 岁时“梳起”，母亲也赞成，因为做工的钱可以寄回家。[④] 应该说，闽粤侨乡的发展也有她们的一份功劳。

---

① 《怡保华侨银行分行拟设妇女部》，《星洲日报》，1934 年 11 月 1 日。

② 刘辇夫：《华侨妇女生活》，《华侨半月刊》1936 年第 92 期，第 25 页。

③ 参见叶汉明：《华南家族文化与自梳风习》，载李小江等编：《主流与边缘》，北京：生活·读书·新知三联书店，1999 年，第 94 页。

④ 黄爱群口述访谈，屈宁、高丽记录。

第四章　社会参与：华人妇女运动与抗日救亡运动

新马华人妇女运动兴起于19世纪末海峡华人社会，随着女子教育的发展和南来知识分子的增多，中国本土妇女解放的呼声也传到新马，并在华人妇女中引起微弱的反响。20世纪30年代华人妇女解放运动受到抗日救亡运动的极大推动，在“国家兴亡，匹妇有责”口号的鼓舞下，华人妇女实行了空前的政治动员。抗日救亡运动为新马华人妇女大规模参与社会活动提供了契机，她们不仅在抗日救亡运动中发挥了积极的作用，而且推动了妇女解放运动的发展。

第一节　华人妇女运动的兴起和初步发展

从殖民地时代新马华人妇女运动的发展历程来看，可分为三个时期：19世纪末—20世纪20年代末是兴起时期；1930—1941年为初步发展时期，其中又以1937年“卢沟桥事变”为界，分为前后两个阶段；1945—1957年马来亚独立为蓬勃发展时期。

一、新马华人妇女运动的兴起（19世纪末—20世纪20年代末）

（一）海峡华人女权运动的兴起

新马华人女权运动最先兴起于新加坡的海峡华人社会。19世纪海峡华人社会深受马来文化和中国传统文化影响，“男尊女卑”“男外女内”“男女授受不亲”“女子无才便是德”等观念仍然制约着华人的行为，娘惹很少有受教育的机会，也极少参与经济和社会活动。娘惹的低下地位引起海峡华人知识分子的注意，他们大都曾留学英国，接触到英国女权思想和女权运动，当他们用新的眼光看娘惹时，发现娘惹“无知”“依赖”“不自由”。林文庆对此深感忧虑，他认为："任何民族如果一半人处于无知和堕落的状态，就无法跨步前进。"① 为提高娘惹的教育水平，他与宋旺相、邱菽园等人一起，于1899年办起新加坡第一所华人女子学校（参见第一章）。在宋旺相、林文庆等人的影响下，少数上流海峡华人妇女开始参与社会活动。1916年，杨喜娘、殷碧霞为支持第一次世界大战中的英国，发起购买"马来亚妇女号"战斗机的募捐活动，并成功募集到足够的钱款购买了战斗机。② 在这次活动的鼓舞下，1917年新马第一个华人妇女组织——华人妇女协会（Chinese Lady Association）成立，首任会长是陈德娘（李俊源夫人），该会的宗旨是促进华人女青年的福利，开办有缝纫、糕饼制作、音乐、刺绣、烹饪等学习班，为海峡华人妇女提供社交机会和互助机会。③

图4－1　新加坡华人妇女协会

图片来源：［新］宋旺相著，叶书德译：《新加坡华人百年史》，新加坡：新加坡中华总商会，1993年。

① Straits Chinese magazine，1899（9）：pp. 102－105，转引自李元瑾：《新加坡海峡华人知识分子的女权与女学思想》，载杨松年、王慷鼎合编：《东南亚华人文学与文化》，新加坡：新加坡亚洲研究学会，1995年。

② ［新］宋旺相著，叶书德译：《新加坡华人百年史》，新加坡：新加坡中华总商会，1993年，第439－440页。

③ ［新］宋旺相著，叶书德译：《新加坡华人百年史》，新加坡：新加坡中华总商会，1993年，第445－446页。

（二）华文报刊的妇女解放言论

当海峡华人妇女运动开始兴起时，另一群华人妇女，也就是说各种华南方言的移民妇女还处于沉寂状态，这与她们大都是来自闽粤农村的文盲妇女有关。随着20世纪10—20年代女移民和华文女校的增多，尤其是在五四运动后中国妇女解放运动的影响下，一些知识分子也将“妇女解放”的言论引入新马。较早刊登女子解放言论的报纸是《新国民日报》，该报1919年10月1日和2日连载吴蕙的《女子自决》一文，指出“女子自决”，首先是“女子决定自己的命运，不准男性从中压迫把持越俎解决”，其次是“女子自己决定自己的生活，不许男子操纵”。[①] 还有一篇《女子解放》的文章意在普及什么是女子解放，该文作者认为中国妇女解放呼声越来越高，但一般人对妇女解放有许多误解，南洋的“太太小姐”更不曾梦到妇女解放，所以该文作者指出：真正的女子解放，是男女受同等教育、法律上规定男女同等权利义务、绝对破除旧式的男女范围；假的女子解放，是不追求女子教育、只晓得干涉男子们娶小老婆、绝对学自由女的时髦派头；而华侨想象中的女子解放，是满身不足的马来装、天天坐摩托车在街上跑、嘴里吃红滴滴的槟榔。[②]

从女子解放的言论来看，当时人对妇女解放的理解普遍比较肤浅，说到妇女受压迫的根源时，就认为妇女是受到男性的压迫，说到妇女解放的方法时，就是不要穿高跟鞋、紧身小背心。[③] 如1920年新加坡《新国民日报》刊出《妇女解放》一文，该文作者指出：

我们中国可怜的二万万女同胞，受了几千年男子的压迫，变成男子的奴隶。现在吾们要推翻这种压迫，使女子从奴隶的地位变成堂堂皇皇的自由人，这就是妇女解放的真意义。

我可怜的二万万女同胞阿。你们天天梳头忙、穿衣忙、擦脂粉忙，你究竟忙得是什么。时时哭忙、笑忙、体贴人家的心事忙，你究竟忙得是什么。……

我可怜的二万万女同胞啊，你们不要以为男子是好的，你们为了他们，他们并不感激你，还以为是应当的。老实说，他们简直不以为你们是人，只以为你们是他们附属的财产。你们听那般没良心的圣贤说什么“妇人服于人也”的话，

---

① 吴蕙：《女子自决》，《新国民日报》，1919年10月1日。

② 煮梦：《女子解放》，《新国民日报》，1919年11月4日。

③ “……各人所说的，有男女同教育、社交公开，都是新生人格，解放女子的不二法门。但是我以为解放女子的问题，除了同教育和社交公开外，还有一层最紧要的，就是女子自身解放束缚的觉悟。什么叫做女子自身解放束缚的觉悟呢？就是解放高底皮鞋、紧小背心。……”《新国民日报》，1921年2月3日。

岂不是只以男子是“人”，而女子不是“人”吗。又说什么“在家从父、出嫁从夫、夫死从子”的话，岂不是只认你们是他们的附属品，没有独立的人格吗。还做些什么“内则”呀，“婚仪”呀，简直把女子当做囚笼中的犯人，变把戏的猴子一样。我不解自命制礼作乐的圣贤，他想到他们的母亲没有，等到后来，男子对待女子的手段更高了，压制的方法不够，又想引诱的方法来，什么“名节”呀、“旌表”呀、“节妇坊”呀，那一件不是引诱你们一生的精血，吃尽世间的痛苦，没有尝着一分人生的乐趣，你们想这也值得吗……①

随着国际妇女运动和中国妇女解放运动的发展，尤其是“三八”国际妇女节的出现，新马华人妇女解放言论更上一层楼。“三八”国际妇女节出现于20世纪20年代初，随后很快传到了中国，1924年广州妇女界举行大规模集会庆祝“三八”妇女节，这一消息出现在1924年4月1日的《南洋商报》“广东新闻”版中，标题为“广州女界之示威运动”，报道广州妇女界于妇女节纪念日散发传单，要求妇女界一切应得权利。1927年3月广州妇女又举行盛大集会纪念“三八”妇女节，新马华文报刊不仅加以报道，② 还对“三八”妇女节详加介绍。据笔者目前所见，华文报刊第一次介绍“三八”妇女节是1927年3月8日《新国民日报》出版的“国际妇女日特号”，刊登《国际妇女日的概观及中国妇女运动的我见》，详细介绍了“三八”妇女节的起源、欧美女权运动，以及中国妇女运动应该努力的方向。当日该报还发表评论，该文作者感叹：“嗟夫，欧美妇女，人也，中华妇女，亦人也，何欧美则进步如斯，而中华除近年广州少数觉悟妇女举行纪念式外，余皆懵然妄觉。”③与此同时，20世纪20年代新马华文报刊对妇女解放的讨论也开始深入，从教育、财产、政治等各方面宣传妇女运动，如发表于1927年的一篇文章写道：

中国的学校，除极少数之外，都排斥妇女加入，同时又没有专为妇女来提高知识的设备。……这是教育上的不平等。家庭的财产，俱操在男子之手，衣食起居，随丈夫的快乐而转移，妇女因此之故，低颜下气，以还应得丈夫的欢心为职志，并且妇女在社会上的劳动地位，特别卑贱，所得的报酬格外少。这是经济上的不平等，至于政治上的呢，更不必说了，数千年来，均为男子所垄断（间有一二例外）。……我以为吾们中国妇女运动所最应该注意的，就是：（一）婚姻的

① 罗家伦：《妇女解放》，《新国民日报》，1920年3月17日。
② 《广州女界之“三八”妇女节大会》，《南洋商报》，1927年3月22日。
③ 省躬女士：《“三八”国际妇女节》，《新国民日报》，1927年3月8日。

平等；（二）教育的平等；（三）经济的平等；（四）政治的平等。上面四项一日不解决，即中国妇女没有得到人的生活之一日，此四项又有循环的关系，随便解放一项，其他三项亦有相继得到完善结果之趋势。但是欲达到目的，决非单独或少数分子可能办到，必须群策群力、努力奋斗……我很希望全中国妇女们一致加入，共谋互助，以解决切身的必要问题……[①]

这一时期新马华人妇女解放言论基本是在中国妇女问题的讨论框架下进行的，也就是说，华文的华人妇女运动启蒙是在中国影响下兴起的，主要关心中国妇女问题，而不是华人妇女问题，而且基本停留在言论宣传层面，没有付诸行动。

（三）早期华人妇女参与社会活动

华人妇女最早参与社会活动始于19世纪末20世纪初，南洋成为孙中山宣传革命和筹款的主要基地，华人积极响应，有极少数华人妇女也被动员起来，如槟城华人女青年陈璧君追随汪精卫加入同盟会，在陈的影响下，其母卫月朗也加入同盟会，并到新加坡拜访孙中山。当汪精卫、陈璧君等人要北上行刺载沣缺乏经费时，卫月朗卖掉金饰，捐献叻币八千元。[②] 辛亥革命后，南洋华人积极捐款支援革命，一些妇女也自发组织募捐，新加坡广府妇女曾发起挨门挨户捐款活动，募得叻币两万多元。[③] 此外，还有一些妓女也参与捐款。[④]

1920年中国华北地区发生水灾，新加坡华人积极筹赈救灾，妇女也参与其中。当时新加坡海天俱乐部举行赈灾游艺会，有多位侨领夫人担任招待员，如薛中华夫人、陆寅杰夫人、薛彩玉女士、薛彩凤女士等，还有来自华侨女校、崇福女校、南华女校、崇本女校、中华女校的校长和教师参与。[⑤] 1928年“济南惨案”激起南洋华人的爱国热情，新加坡华人成立了以陈嘉庚为首的“山东惨祸筹赈会”，华人妇女也被动员起来，建立了一个独立分部——妇女部，由殷碧霞和陈德娘领导，进行募捐。这种“妇女部”形式，开了新马华人妇女参与筹赈活动的先河，而妇女部召开的集会，“可能是新加坡华人妇女第一次目的在于为

---

① 旦初：《国际妇女日的概观及中国妇女运动的我见》，《新国民日报》，1927年3月8日。

② 陈璧君：《我的母亲》，载张江裁编：《汪精卫先生复国行实录》，北京：中华民国史料编刊会，1943年。

③ 《南侨报》，1911年12月4日。

④ ［澳］颜清湟著，李恩涵译：《星马华人与辛亥革命》，台北：联经出版事业公司，1982年，第323页。

⑤ 《海天俱乐部筹助华北赈灾游艺会宣言》，《新国民日报》，1920年12月28日。

中国战祸受害者筹款而召开的公开集会”①。同时，吉隆坡粤侨巨富张郁才夫人联络上层妇女，发起组成“专售粉果筹赈团”，在广肇会馆举行筹赈义卖，会场悬挂着对联：“集会输财，女子也应知爱国；题糕品茗，诸君到此解慈囊”，“鲁省遭殃，惊传秀女，天厨巧制，为救难民”，这次义卖共五日，所得义卖金四万多元，全部捐给山东难民。②

同时，说英语和峇峇马来语的海峡华人妇女也组织起来，关注当地华人妇女的教育和职业培训。新加坡华人妇女协会定期举办国语和英语补习班，1929 年 4 月成立的新加坡基督教女青年会华人女子部更是关注华人妇女的利益，设立各种补习班对华人妇女进行技能培训。该部在为筹款发表的告同胞书中指出华侨妇女不觉悟的同时，也说明了该部的宗旨和计划：“凡我女青年亦国民的份子，……不恤牺牲精神，欲努力改善华侨女界的环境，陶铸女界的人才，特设本部，推行的计划，分两路，英语、马来语、美术、体育、烹饪、手工等补习班，凡此种种，都是南洋生活必需的知识技能、女子的天职，而亦本部成立的目的啊！”③

二、20 世纪 30 年代前期华人妇女运动的初步发展

30 年代新马华人女子教育的长足发展和南来知识女性的日益增多，为华人妇女解放宣传提供了新的动力，同时 30 年代日本加快侵略中国的步伐，中国的民族危机和各种灾害一直受海外华人的关注，也推动华人妇女加入筹赈行列中。

（一）妇女解放宣传

在 20 世纪 30 年代前期，也就是 1937 年“卢沟桥事变”前，新马华人妇女运动仍以妇女解放的宣传和讨论为主，但较前一时期有所深入。此外，20 世纪 30 年代新马华文报纸激增，而且比较关注妇女问题，一些华文报纸甚至设有“妇女副刊”，如《南洋商报》的《今日妇女》，《星洲日报》的《妇女界》，《新国民日报》的《今代妇女》，为知识分子提供了讨论、介绍妇女解放运动的主要阵地。讨论的问题涉及女子教育、职业、经济地位、法律地位和政治地位等各个方面，除继续深

---

① ［澳］颜清湟：《新加坡和马来亚华人对 1928 年济南惨案的反响》，载《海外华人史研究》，新加坡：新加坡亚洲研究学会，1992 年，第 127 页。

② 顾成：《南洋华侨女界之粉果筹赈记闻》，《南洋研究》1930 年第 2 卷第 1 期，第 156 页。

③ 《新加坡基督教女青年会中国女子部为筹款致同胞书》，《叻报》，1929 年 4 月 4 日。

入宣传和讨论妇女地位及妇女解放问题外，[①] 还经常介绍外国女权运动。[②]

争取妇女与男子地位的平等是知识分子关心的主要问题。有人认为封建社会的禁锢限制了她们智能的发展，目前最低限度的权利要求是教育平等、职业平等、经济平等和参政问题。还有人呼吁妇女应该努力去争取与男子在社会上的平等地位而不是留在家里做贤妻良母：

> 在男性中心的社会里，大多数的妇女，都得不到做“A”的权利，面对压迫做男子的玩弄品……亲爱的妇女们呀！难道你们不是人吗？难道你们没有做人的权利吗？难道社会你们没有份吗？不然为什么跑回家庭去？而受到压迫做那顺良的“贤妻良母”呢？……现在是时候了，亲爱的姐妹们呀！你们应该赶快猛醒起来，粉碎几千年历史给你们的枷锁！应当起来要自身的自由和解放，争取做“A”的权利，与男子得到同样的平等！[③]

妇女解放的方法和途径也是这一时期知识分子探讨的问题。有人认为妇女解放要靠妇女自身，尤其是劳动妇女的团结，而且要与男性结盟，才能增大妇女力量：“目前，中国女权是否可以提高，完全要看妇女自身的力量如何，所谓中国妇女自身的力量，不能依靠上层阶级的贵妇，也不能依靠不坚信妇女自身力量的奴才。中国目前妇女运动的成功，全靠广大劳动妇女的团结，只有唤醒广大劳动妇女群众，团结妇女自身的实力，才是提高女权可靠的力量。不过，妇女运动，不能狭隘地仅仅限于妇女群众，目前可怕的表现是忘记了男性的同盟。只有抓住男性有力的同盟，才能增大妇女自身的力量。”[④] 也有人认为“要求男性们来替我们做，来替我们谋自由平等，是永远不会实现的，只有我们妇女群众自己起来干”[⑤]。还有人认为妇女要解放，就要参与民族解放运动，因为妇女运动是社会运动的一部分：“我们希望谈解放的妇女们，不要忘记妇女运动是社会运动的一部分，我们不应该把它们孤立起来，因为它是整个社会问题之一。现在的妇女运

---

① 据廖慧敏统计，“七七事变”前夕《南洋商报》《星洲日报》和《新国民日报》三报妇女副刊有关妇女运动的讨论文章最多，共 43 篇，有关抗日救亡运动的讨论只有 5 篇，妇女运动和抗日救亡运动并肩的讨论有 11 篇，家庭与事业两难的讨论有 16 篇，婚姻问题的讨论有 10 篇，有关教育的讨论有 8 篇，传统道德观的讨论有 2 篇，此外还有关于美容与保健、家庭生活等文章。廖慧敏：《战前时期新马华文报章妇女副刊研究（1937—1942）》，新加坡国立大学荣誉学士学位论文，1995 年，第 54 页。

② 张艺明：《女权运动的渊源及论据》，《星洲日报》，1935 年 1 月 6 日；何汉译：《苏俄妇女的地位》，《星洲日报》，1936 年 5 月 24 日。

③ 张流露：《猛醒吧！妇女们》，《南洋商报》，1937 年 4 月 2 日。

④ 晓光：《中国妇女杂论》，《星洲日报》，1935 年 1 月 6 日。

⑤ 琦玲：《妇女参政问题的探讨》，《星洲日报》，1934 年 11 月 4 日。

动，如果离开了争取民族解放的道路，妇女解放运动可以说是没有合理解决的可能了。”①

职业是妇女取得经济独立的第一步，对于争取妇女的平等地位至关重要，有不少知识分子专门探讨女子职业问题。李声如在《妇女的职业问题》一文中反驳了将妇女局限于家务和所谓适宜于女子职业的观点，指出：

社会上一般人对于女子的职业，时常要加以限制的，限制的态度，大概可分作两派：一、顽固派；二、折衷派。前者，以为女子是无大用的，因为她们一切知识能力都赶不上男子……所以她们只得在家照顾小孩，烧饭缝衣，帮助家庭打杂，当个寄生者罢了，说到社会的国家大事，自然由男子去做，她们不能过问，实在也不能过问。后者，以为女子的才能性质生理都和男子的不同，一切职业，对于女子也各有适宜与不适宜，所以有人主张凡关于整理图书馆、家政、教师，应为女子的专职，又有人说关于卫生、风纪的事务，为女子所特长，而张竞生简直将男女的职业具体地划分一下，把慈善事业，看护保姆、商业、装饰、整容，等算是女子的专业。……

她认为第一种态度不值一驳，对于第二种态度则应切实批判。

我们知道男女不同的现象，是由各种不同环境所造成，并不是生下来即有差异的，我们更要确定男女对于各种职业的能力也是一样的。那些因环境压迫所生的结果，男女两性能力的差异，不见得比男子与男子间和女子与女子间的差异来得大。……所以我们更深信女子有择业的自由，并无何种范围和拘束，她们可以做家中主妇，可以做学校里的教师，可以做工厂里的工人，可以做医院里的看护妇和医生，可以做幼稚园里的保姆，也可以做牛顿，也可以做涉士比亚，也可以做拿破仑，也可以做罗素，也可以做杜威，也可以做……这其间有绝对的选择自由，家庭和丈夫不能有任何权力去干涉她。②

通过妇女解放宣传，人们对什么是新女性提出了标准。有人认为，新女性应该“在思想行动上，对社会革命化、国家思想应当有相当的了解，更须着力于生活自立问题，以谋女权的扩张，和男子们同登平等之路”③。有人提出，新女性

① 瑞元：《推进妇运的基本步骤》，《星洲日报》，1937年3月14日。

② 李声如：《妇女的职业问题》，《星洲日报》，1934年11月4日。

③ 玲玲女士：《怎样做一个新女子》，《总汇新报》，1931年11月7日。

在教育上，要有充分的学识；在经济上，要有相当的职业，脱离倚赖男子的习惯；在态度上，要思想新颖。[①]

20 世纪 30 年代前期新马华人妇女运动以说华文的妇女运动为主导，主要关心中国命运和中国妇女问题，报章上有关妇女问题的讨论都冠以“中国妇女”，指称中国本土妇女和华人妇女，有关中国本土妇女生活和工作的介绍文章较多，[②] 而且中国本土有关妇女问题的讨论无一不在新马华人妇女运动中引起反响。如中国政府颁布新刑法，规定的通奸罪引起妇女界极大反对，也引起华人的关注，《星洲日报》副刊《妇女界》连续载文加以批判。[③] 中国有人提出“妇女回家去”，引起妇女界的批判，[④] 同时也在华人妇女界遭到批评。[⑤] 中国学者张竞生提出女子适宜的职业问题，也引起华文报章的讨论。尤其是中国国内国民党和共产党的斗争也延伸到华人社会，有关妇女解放途径的争论也染上不同意识形态的色彩。

（二）参与筹赈活动

中国每次发生大的自然灾害，南洋华人都会组织筹赈活动救助灾民。1931 年至 1932 年，天灾人祸接踵而来，东北、长江下游、春申江等地水灾不断，1931 年“九一八事变”和 1932 年“一·二八”淞沪会战爆发，天灾人祸导致大量难民的出现。

新马各行业组织筹赈活动，各阶层华人积极捐款，甚至小贩们也发表宣言，沿门募捐，且成绩不俗。[⑥] 妇女也组织妇女股，如槟城筹赈会妇女股于 1932 年 2 月建立，设立八支队伍分头募捐。还成立了妇女募捐团，到周边地区募捐，在怡保、居林两地共募得 200 余元。[⑦] 而槟城华侨女子筹赈难民演剧团，售票成绩为

---

① 凯女士：《新女性的三个问题》，《总汇新报》，1932 年 7 月 31 日。

② 《北平的妇女》，《星洲日报》，1934 年 10 月 22 日；《中国妇女的诸阶段》，《星洲日报》，1934 年 10 月 7 日；《上海女店员》，《星洲日报》，1934 年 11 月 4 日；《南京妇女要求平等》，《星洲日报》，1934 年 11 月 23 日；《中国妇女之昨日与今日》，《星洲日报》，1935 年 1 月 1 日；《苏州的下层妇女》，《星洲日报》，1935 年 11 月 22 日；《大埔妇女之农村生活谈》，《星洲日报》，1935 年 11 月 24 日。

③ 参见张匡人：《新刑法中之妇女问题》，《星洲日报》，1934 年 11 月 25 日；连文质：《两性通奸问题探讨》，《星洲日报》，1934 年 11 月 25 日；张匡人：《新刑法修正以后——女人应有之觉悟》，《星洲日报》，1934 年 12 月 9 日；陈西明：《妇女今日应争那种法律》，《星洲日报》，1934 年 12 月 9 日；陈昌树：《关于通奸罪的男女平等问题》，《星洲日报》，1934 年 12 月 9 日。

④ 参见中华全国妇女联合会：《中国妇女运动史》，北京：春秋出版社，1989 年，第 339 – 347 页。

⑤ 新马华文报刊有关妇女回家的讨论，详见本书第三章。

⑥ 《告小贩之沿门筹赈者》，《槟城新报》，1932 年 2 月 22 日；《热心济难小贩堪称第一》，《槟城新报》，1932 年 2 月 26 日。

⑦ 《本屿华侨女子筹赈难民募捐团各部工作人员俱已举定》，《槟城新报》，1932 年 3 月 3 日。

1 500 余元。[1] 1932 年 3 月 6 日槟城女性精英为参与救国运动，决定组织妇女救灾募捐部，隶属于槟城华侨团体组织之赈难募捐团，与男界同负筹赈责任。[2]双溪大年华人妇女也建立妇女募捐团，到处奔走进行募捐。高鸟埠妇女募捐团奔走数日，共募得 200 余元。[3] 女校积极筹赈，福建女校教员按月抽取薪水助赈，每月可得 120 余元。学生自治会也发起劝捐活动，捐款 200 余元。[4] 吉隆坡中华总商会筹赈祖国难民会妇女部也进行募捐，数日筹得 2 000 余元。[5]

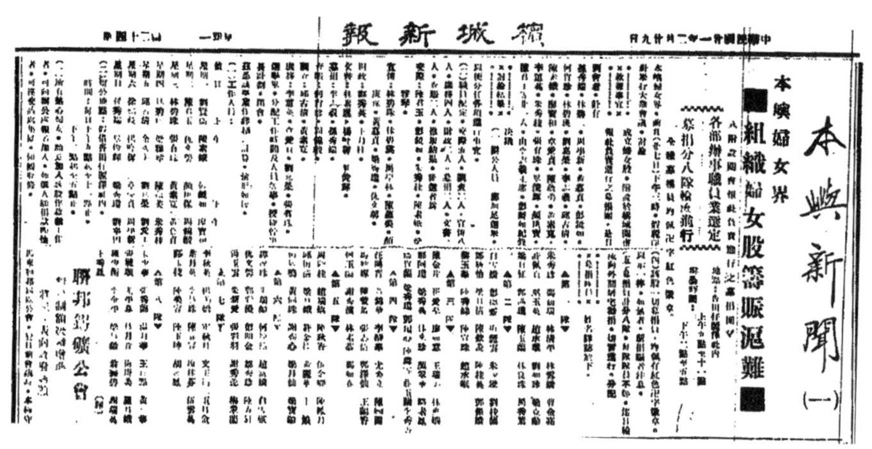
檳城新報

本嶼新聞（一）

本嶼婦女界

組織婦女股籌賑滬難

各部辦事職員業選定

募捐分八隊輪流進行

图 4－2　槟城妇女界组织妇女股筹赈沪难

图片来源：《槟城新报》，1932 年 2 月 29 日。

1935 年中国黄河、长江流域及闽南等地遭受洪水之灾，新马华人一如既往进行筹赈救灾。峇株巴辖爱群女校表演游艺筹赈，共得 500 余元。[6] 槟城福建女校演剧筹赈，得 500 余元上交闽侨赈灾会。麻坡化南女校学生为救助灾民，节省零用钱一周。[7]

20 世纪 30 年代前期新马华人妇女运动虽然较 20 世纪 20 年代有较大发展，妇女解放的讨论也较前深入，但总的来看，这时期妇女运动还处于初步发展阶

① 《校园救灾一人一责》，《槟城新报》，1932 年 3 月 9 日。

② 《槟城妇女界组织救灾募捐部》，《槟城新报》，1932 年 3 月 7 日。

③ 《高鸟埠妇女界当仁不让》，《槟城新报》，1931 年 11 月 19 日。

④ 《福建女学决议按月抽薪救伤》《福建女校学生自治会决议明日起切实劝捐救伤》《福建女学学生捐赈努力不懈》，《槟城新报》，1932 年 2 月 16、17、29 日。

⑤ 《妇女部募捐之成绩》，《槟城新报》，1932 年 3 月 15 日。

⑥ 《峇株巴辖爱群女校游艺筹赈》，《总汇新报》，1935 年 9 月 4、9 日。

⑦ 《峇株巴辖爱群女校游艺筹赈会》《槟城福建女学师生举行游艺会筹赈闽南水灾》，《槟城新报》，1935 年 9 月 9、13 日。

段，表现在：一是只关注中国妇女问题，很少关注当地华人妇女；二是女性知识分子较少参与，男性在宣传妇女解放上起了更大作用，当时就有人指出，虽然有几个报纸开办妇女副刊，“……但是我们检查一下妇女问题的执笔者，多是男性们，妇女知识分子，好像对于这些，都看做是他人的事。……我们希望南侨的妇女知识分子，明了自身的责任和妇女解放运动的光明前途，多多给予学生去获得正确的人生观，完成一位有独立之人格的‘新女性’，这样妇女运动才有得力的承继者，这是为了自身也是为了民族的前途”[①]；三是筹赈活动只限于少数女性积极分子和女校师生之间，妇女动员程度不高。

即使是“三八”妇女节这样的妇女专属节日，华文报刊虽然都刊有文章介绍，[②] 但华人妇女知之甚少，极少有实际纪念活动。笔者目前所见最早纪念“三八”妇女节的是南洋女子体育专门学校于1930年3月8日假新加坡福建会馆表演节目，[③] 但这一活动几乎不为人知，所以1930年3月8日《叻报》失望地指出，“今日为国际妇女节，各国妇女界均有热烈之纪念，国内京津平汉粤各都会，是日多举行开会庆祝，惟寄迹南岛之女同胞，受着欧风美雨之激荡，对兹纪念日，觉寂然无所表示。”[④] 随后数年，“三八”妇女节在新马仍是停留在报纸上，鲜有实际纪念活动。甚至1932—1936年的“三八”妇女节，连报纸上都不见纪念的文字，华人妇女界更是一片沉寂。总之，华人妇女运动要想进一步发展，必须有外力的推动，而抗日救亡运动为华人妇女运动提供了新的推动力。

第二节　国家兴亡，匹妇有责：华人妇女参与抗日救亡活动

1937年“卢沟桥事变”后日本全面侵华，中国处于生死存亡的危机中，激起海外华人社会极大的爱国热情，华人积极投身于支持祖国的救亡活动中。“卢沟桥事变”一爆发，新马华人社会立即行动起来。1937年8月15日，新加坡

---

① 新玉：《为南侨妇女教育进一言》，《星中日报》，1935年10月15日。

② 如1930年“三八”妇女节，《新国民日报》用整版的篇幅刊登国民党中央宣传部编制的《纪念“三八”国际妇女节宣传大纲》，详细介绍国际妇女节的历史及意义，中国妇女运动与国民革命的关系，“三八”妇女节与中国妇女运动的要点及努力方向等。同日，该报还发表两篇有关“三八”妇女节的评论，除了介绍“三八”妇女节的起源和发展，还提出妇女解放的最高目标，是“使妇女的人权、人格及经济、政治的地位和男子平等”。宋：《妇女解放的关键——为“三八”国际妇女节而做》，《新国民日报》，1930年3月8日。

③ 《为妇女谋解放之福建会馆》，《南洋商报》，1930年3月10日。

④ 《今日为国际妇女节》，《叻报》，1930年3月8日。

118个华人社团的代表召开“马来亚新加坡华人筹赈祖国伤兵难民大会委员会”，简称“新加坡筹赈会”，陈嘉庚任主席，马来亚其他州也纷纷成立筹赈会。为更好地支持祖国抗战，南洋华人团结起来。1938年10月10日，南洋各地华人代表在新加坡召开“南洋华人筹赈祖国难民代表大会”，会议决定成立“南洋华人筹赈祖国难民总会”，简称“南洋总会”。在总会及各分会的领导下，在“抗日救亡高于一切”的口号声中，南洋华人抗日救亡运动轰轰烈烈地展开。

新马华人妇女也积极投身抗日救亡运动。“卢沟桥事变”后，华人妇女立即在报纸上做出反应，“我们是中华民族的一员，国家的权利，我们可以享受，国家的危难，当然我们也要分担，姐妹们，在这暴风雨的前夕，不是我们妇女再留恋家庭再留恋闺房的时候了”[①]。这是知识妇女首先意识到华人妇女在祖国存亡关头所应负起的责任，并号召妇女要行动起来。在抗日救亡这个大前提下，中国人和海外华人都在响应“国家兴亡，匹夫有责”的号召，妇女则响亮地提出“国家兴亡，匹妇有责”，“夫”与“妇”一字之差，但强调了妇女对国家的责任和义务，在这个口号的鼓舞下，新马华人妇女积极投身于抗日救亡活动中。

有少数华人妇女直接回国投身抗日前线，如吉隆坡培德女校校长吴瑞英于1937年8月辞职回国从事战场救护工作，[②] 廖冰1938年回到祖国，来到延安参加抗战。[③] 1939年在槟城华人回国的机工队伍中，也有两位女士，一是陈侨珍，一为白雪娇。白雪娇还给父母留下一封信，为不辞而别向父母道歉，她说：“这次去，纯为效劳祖国而去的，虽然我是社会上一个最不值得注意的虫，虽然在救国建国的大事业中，我的力量简直是够不上‘沧海一粟’，可是集天下的水滴而汇成大洋，我希望我能在救亡的汪流中，竭我‘一滴’之微力。”[④] 这封信发表在槟城《光华日报》上，显示了华人女性为祖国甘愿牺牲的情怀。

当然，回国直接参加抗战的华人妇女毕竟只是极少数人，大部分华人妇女以参与妇女组织、筹赈、进行抗日爱国宣传等方式，同样为祖国尽自己的一分力。

---

① 淑贞：《马来亚的妇女应怎样》，《星洲日报》，1937年8月22日。

② 《吉隆坡培德女校长吴瑞英辞职回国从事看护》，《星洲日报》，1937年8月26日。

③ 廖冰：《奔向延安　奔向革命》，载《中华文史资料文库·华侨华人编》（第19辑），北京：中国文史出版社，1996年。

④ 《白雪娇的一封信》（1939年5月19日），载广东省档案馆等编：《华侨与侨务史料汇编》，广州：广东人民出版社，1991年，第692页。

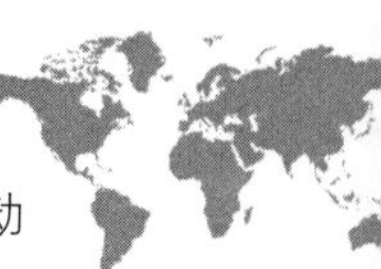

一、建立各级和各类妇女组织

（一）妇女组织的涌现

1937 年以前，新马只有屈指可数的几个妇女团体，如新加坡华人妇女协会（1917 年成立）、槟城女子精武会（1922 年成立）、新加坡基督教女青年会（1929 年成立）。1937 年日本全面侵华后，为了筹赈救亡，动员妇女，必须建立更多的妇女组织。于是，1937 年之后新马各地华人妇女建立了一系列独立或附属组织，其活动主要围绕筹赈、宣传、妇女教育方面展开，按其组织类型，基本上可分为三类：

第一类是独立的妇女组织，如北马妇女互助会（1937 年 3 月 8 日成立）、星华妇女筹赈会（1937 年 9 月成立）、槟城妇女互助会（1938 年 3 月成立）、槟城中华妇女会（1938 年 1 月成立）、怡保妇女互助会（1938 年 3 月 8 日成立）、星洲华人妇女会（1939 年 3 月成立）、马六甲华侨妇女联合会（1938 年 3 月 8 日成立）等。

第二类是附属组织，如筹赈会下属的妇女部，各地励志社下属妇女部等。筹赈会下属的妇女部有雪兰莪筹赈会妇女部（1937 年成立）、麻坡筹赈会妇女部（1938 年成立）、峇株巴辖区筹赈会妇女部（1938 年成立）、新山筹赈会妇女部（1938 年成立）、霹雳筹赈会妇女部（1938 年 3 月成立）、安顺筹赈会妇女部（1938 年 3 月 8 日成立）、劳勿筹赈会妇女部（1938 年 3 月 8 日成立）、双溪呀兰筹赈会妇女部（1939 年 3 月 8 日成立）、沙捞越筹赈会妇女部（1939 年 3 月 8 日成立）、野新筹赈会妇女部（1940 年 3 月 8 日成立）、星华洋业工友筹赈会妇女部（1940 年 2 月成立）、波各先那筹赈会妇女部（1941 年 3 月 8 日成立），励志社下属的妇女部有青年励志社妇女部（1938 年 3 月成立）。

第三类是职业组织，如粤华妇女互助会（女佣组织，1940 年 2 月成立）、舞女协会（1939 年 11 月成立）等。

图 4－3　1938 年雪兰莪筹赈会成立一周年，妇女部全体会员合影留念

图片来源：［马］徐威雄、张集强、陈亚才等编，陈耀宗译：《移山图鉴：雪隆华族历史图片集》，吉隆坡：华社研究中心，2012 年。

表 4－1　1937—1941 年成立的新马华人妇女团体（不完全统计）

组织名称	成立时间	代表人物	宗旨与活动	资料来源
北马妇女互助会	1937 年 3 月 8 日	朱秀莲	教育妇女、抗日救亡	《星洲日报》，1937 年 11 月 28 日
星华妇女筹赈会	1937 年 9 月	黄典娴、黄素云、吴舜珠	发动妇女参加筹赈、支援祖国抗战	
槟城妇女互助会	1938 年 3 月	朱少薇、李惠英	抗日救亡、教育妇女	《星洲日报》，1939 年 3 月 1 日

（续上表）

组织名称	成立时间	代表人物	宗旨与活动	资料来源
槟城中华妇女会	1938 年 1 月	林萃龙夫人	无分疆域、国别，赈济一切受难或贫苦民众，主要活动是筹集救伤用品和衣物交给中国妇女慰劳会	《星洲日报》，1939 年 3 月 1 日
怡保妇女互助会	1938 年 3 月 8 日	廖冰	抗日宣传、筹赈、妇女教育	《中华文史资料文库·华侨华人编》，第 232 页
麻坡筹赈会妇女部	1938 年	陈金蕊、郑苑文、黄玉娘	抗日宣传、筹赈	《新马华人抗日史料》，第 90 页
峇株巴辖区筹赈会妇女部	1938 年	郑育文	抗日宣传、筹赈	《新马华人抗日史料》，第 86 页
新山筹赈会妇女部	1938 年	郭钦鉴夫人、黄树芬夫人		《新马华人抗日史料》，第 81 页
雪兰莪筹赈会妇女部	1938 年			
霹雳筹赈会妇女部	1938 年 3 月			
马六甲华侨妇女联合会	1938 年 3 月 8 日			《槟城新报》，1938 年 3 月 2 日
安顺筹赈会妇女部	1938 年 3 月 8 日		抗日救亡	《南洋商报》，1938 年 3 月 11 日
劳勿筹赈会妇女部	1938 年 3 月 8 日		抗日救亡	《南洋商报》，1938 年 3 月 11 日
青年励志社妇女部	1938 年 3 月	黄素云、李素娥、郑曼殊		《星洲日报》，1938 年 3 月 7 日

（续上表）

组织名称	成立时间	代表人物	宗旨与活动	资料来源
星洲华人妇女会	1939 年 3 月	黄典娴、田翠玉	抗日救亡、提高妇女知识水平	《星洲日报》，1939 年 3 月 18 日
栖兰筹赈会妇女部	1939 年 3 月 8 日		抗日救亡	《槟城新报》，1939 年 3 月 10 日
双溪呀兰筹赈会妇女部	1939 年 3 月 8 日		抗日救亡	《槟城新报》，1939 年 3 月 17 日
沙捞越筹赈会妇女部	1939 年 3 月 8 日		抗日救亡	《槟城新报》，1939 年 3 月 21 日
舞女协会	1939 年 11 月	江玉蝉、梁惠兰、陈湄湄	抗日宣传、筹赈	《星洲日报》，1939 年 11 月 7 日
星华洋业工友筹赈会妇女部	1940 年 2 月		筹赈	《南洋商报》，1940 年 2 月 18 日
粤华妇女互助会（女佣组织）	1940 年 2 月	崔剑文	经济自立、团结一致、互助、捐输	《星洲日报》《南洋商报》，1940 年 2 月 9 日
马六甲劳工妇女互助社	1940 年 2 月	杨丽芳、陈英、亚金、亚凤	发动劳动者、互助	《星洲日报》，1940 年 2 月 2 日
星华妇女互助社	1940 年 3 月 8 日	林芳兰	教育、宣传、动员	《总汇新报》，1940 年 3 月 9 日
野新筹赈会妇女部	1940 年 3 月 8 日		抗日救亡	《总汇报》，1940 年 3 月 11 日
大年妇女协会	1941 年 3 月 8 日		抗日救亡	《南洋商报》，1941 年 3 月 11 日
波各先那筹赈会妇女部	1941 年 3 月 8 日		抗日救亡	《槟城新报》，1941 年 3 月 27 日

“三八”妇女节在妇女团体建立上发挥了独特的作用。许多妇女团体，尤其是小地方筹赈会下属的妇女部，大都是在“三八”妇女节集会上宣告成立，最

早是北马妇女互助会在1937年3月8日成立。1938年各级筹赈会成立的妇女部最多，劳勿、安顺筹赈会为更好地进行救亡工作，决定在“三八”妇女节当天成立妇女部。安顺筹赈会妇女部在成立宣言中说，“卢沟桥事变”以来，祖国同胞流离失所，“吾人海外侨处谁能无动于衷，救国岂肯后人，同人等有鉴于此，以众志成城之义，特组织筹赈会妇女部，共赴国难以尽天职”①。看到妇女在募捐和动员方面的成绩，小城镇的筹赈会也成立妇女部。1939年双溪呀兰筹赈会决定组建妇女部，1940年3月8日，野新妇女举行“三八”妇女节庆典，并成立妇女部。同年星华妇女互助社举行成立典礼，并纪念“三八”妇女节，参会人数有500多人，这是一个规模较大的女工组织。② 1941年“三八”妇女节波各先那筹赈会成立妇女部，同时，吉打大年妇女庆祝“三八”妇女节，决议组织妇女协会，并电告国民党中央，拥护团结反对分裂。③

（二）主要妇女组织及其活动

1. *星华妇女筹赈会*

1937年9月，在新加坡筹赈会成立一个月后，由吴舜珠、黄素云和黄典娴等社会活动家发起组织星华妇女筹赈会，主席为吴蓉芝，该会的宗旨是发动妇女参加筹赈活动，支援祖国抗战。该会是新加坡华人妇女最有成效的组织，成立后一个月就募捐得叻币10 786.52元，金锁一片，结婚戒指两只。④ 黄素云和黄典娴在组织和募捐方面发挥了积极的作用。⑤ 直到日本入侵新加坡前，该会一直是新加坡华人妇女参与抗日救亡的主要组织。

① 《安顺华侨妇女界奋起参加救亡工作定“三八”妇女节成立妇女部》，《南洋商报》，1938年3月7日。

② 《星华妇女互助社昨举行成立典礼》，《总汇报》，1940年3月9日。

③ 《吉打大年妇女庆祝“三八”决议组织妇女协会》，《南洋商报》，1941年3月11日。

④ 《救死扶伤妇女界不落人后》，《星洲日报》，1937年10月13日。

⑤ 正如该会主席吴蓉芝所说：“我虽为发起人之一，但老实说我却什么用儿都没有，……当时从组织方面说以黄素云女士最为劳苦功高，但以捐款成绩来说呢，则以黄典娴女士为最多。”详见《星华妇女筹赈会主席访问记》，《星洲日报》，1939年9月3日。

星华妇女筹赈会的组织结构如下：

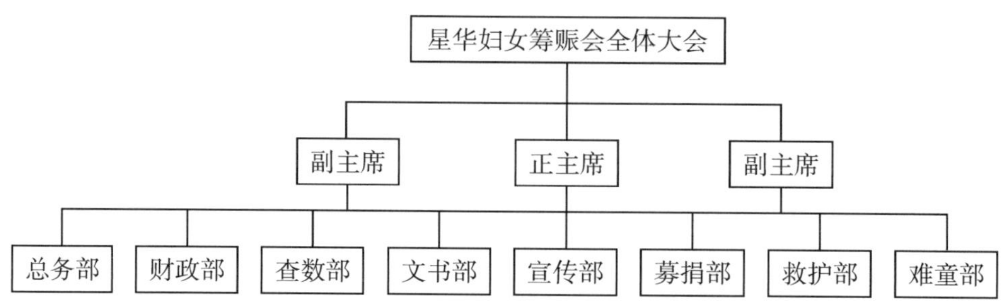

2. 星洲华人妇女会

星洲华人妇女会，简称“星华妇女会”，由黄典娴、田翠玉等人发起，于1939年3月成立。该会宗旨为“交换知识、联络感情，及提高妇女之社会地位”，其主要任务除救亡活动外，还特别致力于妇女解放运动。它的会员基础也较广泛，面向16岁以上华人妇女，一般人入会时需交纳基金一元，每月会费四角，但对女工及贫苦学生则免交入会基金，月费减半。该会章程如下：

星洲华人妇女会章程①

一、定名：星洲华人妇女会。

二、宗旨：本会以交换知识、联络感情，及提高妇女之社会地位为宗旨。

三、会址。

四、会员：凡十六岁以上之妇女，赞同本会之宗旨，经过入会手续者，皆得为本会会员。

五、入会手续：凡有志加入本会会员者，须填写入会志愿书，经会员二人介绍，呈交职员会通过后，方得为本会会员。

六、组织：本会由会员大会选定理事二十一人组成理事会，由理事中互选正会长一人，副会长二人，总务、财政、文书、组织、稽查、教育、宣传、交际、慈善等九部，每部设正副主任各一人，干事若干人，并由会长及各部正主任等十二人组织职员会（以上理事职员概属义务，惟受薪之雇员，则由职员会聘任之），本会之组织系统表如下：

① 《星洲华人妇女会章程》，《星洲日报》，1939年3月18日。

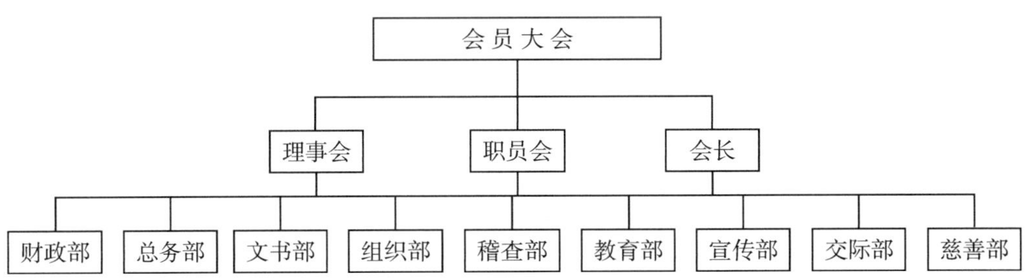

七、职权：①本会以全体会员大会为最高权力机关，其职权为：甲，审核理事、职员会一切议决案；乙，修改章程；丙，表决本会经济预算决算；丁，选举理事。②理事会为会员大会闭会后之最高权力机关，其职权为：甲，执行会员大会议决案；乙，督促事务之进行；丙，支配本会经济；丁，办理筹备选举事宜。③职员会，其职权为：甲，办理理事会应办之一切事务；乙，聘请及辞退受薪之职员。④正会长职权为：甲，办理及监督理事会、职员会之议决案之进行；乙，签押一切文件及银行支票；丙，开理事会及职员会时为当然主席。⑤副会长职权为：甲，协助正会长办理一切事务；乙，遇正会长缺席时，得代行其职权。⑥各部职权为：甲，总务部，办理本会一切不属于其他各部事宜，并推动其他各部工作之进行；乙，财政部，规划并办理本会收支款项，结算每月进支，报告职员会及处理一切财政事宜；丙，文书部，办理本会一切文书事宜；丁，组织部，办理本会一切组织事宜；戊，稽查部，稽核本会一切账目事宜；己，教育部，办理本会一切教育事宜；庚，宣传部，办理本会一切宣传事宜；辛，交际部，办理本会一切交际事宜；壬，慈善部，办理及参加一切社会公益、慈善事宜。

八、任期：本会理事职员任期定为一年，连选得连任之。

九、会议：①全体会员大会，每半年举行一次，由理事会于一星期以前派出传单召集之，至少以三十人出席为法定人数，如有特别事故，得由会员二十五人以上联名请求并叙明事由者得由理事会临时召集之；②理事常会，三个月举行一次，由会长召集之；以十一人出席为法定人数，遇必要时，得召集临时会议。③职员会每月一次，由会长召集之，以七人出席为法定人数，遇必要时得以召集临时会议；④会员大会之主席，开会时临时推举之；⑤各理事职员如一连三次不到会，又无书面声明其事由者，即作弃职论，得另选人员递补之。

十、会费：①本会常年经费，由会员负担之，如遇不敷时，得由理事会议决募集特别捐；②本会收入款项，由财政部主任管理之，惟现款超过百元以上时，须存入理事会指定之银行，向银行支款，须正会长及财政主任二人共同签名并盖本会正印，方为有效；③会员入会时须缴基金一元，每月会费四角（女工及贫苦学生得免交基金，每月会费减半），如有特别情形，经本会调查属实者，得由职

员会议决准予暂时停缴或免费。

十一、义务：①缴纳基金及特别捐；②遵守会章；③被选为理事；④促进会务之进展。

十二、权利：①有选举权及被选举权；②享受本会规定所有之利益。

十三、纪律：会员有不遵守会章者、不服从议决案或损坏本会之名誉者，由理事会分别予以忠告，如仍不悛悔时，即行取消其会员资格。

十四、附则：本章程经全体会员大会通过后施行，如有未尽善处，得由全体会员大会修改之。

3. 槟城妇女互助会

1938 年 3 月 8 日成立，主席朱少薇，该会的宗旨是帮助妇女掌握知识，参与社会活动。在成立宣言中，该会指出：“南洋妇女，知识水准本来很低，加之封建势力到处弥漫，因此，认为必须开导、唤醒、组织妇女大众，进而使有求学之机会。”① 该会成立不久，就建立了补习学校。

4. 北马妇女互助会

1937 年 3 月 8 日成立，由朱秀莲领导，面向下层劳工妇女，“我们欲使她们都能醒悟到国家的兴亡，和我们本身有着密切的关系，而把所有的力量贡献于我们的国家”②。该会积极组织筹赈活动，是槟城非常活跃的妇女组织。

图 4－4　北马妇女互助会成立一周年之际，《槟城新报》祝贺

图片来源：《槟城新报》，1938 年 3 月 8 日。

① 《槟华妇女随抗战而跃进》，《星洲日报》，1939 年 3 月 1 日。

② 瑞莲：《由北马妇女互助会的组织说起》，《星洲日报》，1937 年 11 月 28 日。

5. 佣妇组织

女佣是新马华人妇女中较为独立的群体，她们有经济收入，较少家庭拖累，因此当抗战一开始，女佣就投入到筹赈救国活动中去。1937 年 10 月 8 日，新加坡 600 余名广府女佣组织临时赈济祖国难民会，由谢妹、谭氏和何碧珊发起。此次临时筹赈会共筹得 2 000 余元，悉数捐给祖国。[①] 筹赈会的成功使佣妇认识到团结的重要性，她们谋求建立佣妇互助会，该会的宗旨是“联络感情、介绍职业、疾病相扶持”[②]。1940 年 2 月 8 日，筹备已久的女佣组织终于成立，名为“粤华妇女互助会”，主席为罗剑文，参加者大都是受雇于欧洲人家庭的女佣，其宗旨是“经济自立，团结一致，互助、捐输”[③]。

6. 舞女协会

1939 年 11 月 7 日成立，主席江玉蝉，副主席梁惠兰，正司理陈湄湄。该会是一个舞女行业组织，在中国和南洋地区都属首创。舞女协会为自己制定了三个目标，一是抗日救亡，努力团结加紧筹赈，“我忠勇之将士，为争取四万万五千民族之自由，浴血抗战，后方民众，自当努力输将，我人已属国民一份子，亦当尽力协助进行筹赈”。二是参与推动妇女解放运动，“我国社会向来以男性为中心，妇女们被旧礼教过度束缚，不容一息之自由、呼吸，欲占社会政治等一席地位，更加谈不到了……抗战以来，祖国各地的妇女勇敢地踏上大时代的最前线，妇女的地位便得提高，但这优越的地位只有前进的女性方能达到，一般未受教育或永守深闺的妇女仍是和以前一样，所以我们要跟全马各地的妇运机关密切切实合作，共同负起解放桎梏的责任，使我国的妇女能与各前进国家一样地并驾齐驱”。三是改革不良生活，“我人因环境关系，生活未免失常，但吾人应极力避免无谓的酬酢，虽然吾人的营业是逢迎供人搂抱，可是营业的目的仅在出卖脚力与香汗，并不出卖肉体，不出卖灵魂。姊妹中平时能洁身自爱的很多，而生活较为浪漫的也着实不少，……所以我们必须戒除一切虚浮的应酬，洁身自爱”[④]。舞女一向被正人君子看不起，但“商女亦知亡国恨”，舞女协会的建立大大加强了舞女筹赈和宣传的能力，有助于纠正一般人对舞女的偏见。

为更好地参与抗日救亡运动，华人妇女建立了各级各类妇女组织，这就为妇女进行宣传教育和募捐等活动提供了多个平台，促使更多的妇女参与抗日救亡运动。

---

① 《粤籍佣妇临时筹赈会筹得二千余元赈款》，《星洲日报》，1937 年 10 月 9 日。

② 《筹赈祖国难民，怡保女界甚踊跃》，《星洲日报》，1937 年 10 月 21 日。

③ 《粤华妇女互助会昨举行开幕礼》，《星洲日报》，1940 年 2 月 9 日。

④ 陈湄湄：《我对于舞女协会的希望》，《星洲日报》，1939 年 11 月 12 日。

二、募捐

（一）华人妇女积极捐款捐物救助祖国

日本入侵，战火已燃遍大半个中国，军需与救难都需要巨额经费，为解决这一问题，中国政府发行战争债券，向外国借款，号召海外华人捐款。因此华人对祖国抗战最重要的工作之一就是筹赈捐款。海外华人向祖国的捐款分常月捐、公债和特别捐等，常月捐是指每月固定的捐献，如陈嘉庚每月捐款2 000元，一些商店捐货物，店员、教师、公务员等捐月薪的10%。公债由中国政府发行，包括救国公债、国防公债、军需建设公债、节约建国储蓄券等，其中华人认购救国公债最多。特别捐是指临时捐款。华人妇女积极参与上述各种捐款，侨领夫人、富商夫人捐款成百上千元，女教师、女工、女佣等进行月捐和特别捐，购买公债，女学生捐出零用钱，这些钱点点滴滴汇集起来，交给所在地的筹赈会，统一汇回中国。关于华人妇女的捐款情况，当时华文报纸有即时报道。[①] 此外，女校纪念特刊也有记载，如1938年静方女校特刊详细记录了该校教师和学生的捐款统计，从1937年8月23日起，教师实行月捐，每月每人最低捐出薪金的5%，学生则实行日捐，节约自己的零用钱捐出。从1937年8月23日—1938年10月24日，学生和教师共捐款2 087.35叻币。[②] 福建女校教师月捐，1937年11月为200余元，1938年为纪念“八一三”，师生捐款国币1 400余元。[③]

为募得更多的款项，新马华人采取了多种形式，可归纳为义卖和义演，义卖包括卖花、卖物、卖糕饼、卖纪念章、卖纪念卡等；义演包括演戏、唱歌、舞狮、游艺、舞蹈、球赛、放电影等。义卖和义演一般在法定纪念日举行，于是，每到元旦及春节、孙中山先生忌辰（3月12日）、黄花岗烈士纪念日（3月29日）、“卢沟桥事变”纪念日（7月7日）、全面抗战纪念日（8月13日）、日本入侵东三省纪念日（9月18日）、国庆纪念日（10月10日）、蒋介石寿辰纪念日（10月13日）、孙中山先生诞辰纪念日（11月12日），华人社会都要举行义演和义卖筹赈，华人妇女也积极参与。“三八”妇女节和“四四”儿童节更是华人妇女举行义演和义卖筹赈的大好时机，于是每当“三八”妇女节来临，各妇女团体在举行纪念大会的同时，也进行各种筹赈活动。

---

① 《槟城华侨各界热烈捐助赈款续志》，《槟城新报》，1937年9月23日；《槟华筹赈会妇女部劝募月捐成绩极佳》，《槟城新报》，1937年12月29日。

② 《星洲静方女学校筹款建校及概况特刊》，新加坡：静方女学校，1938年，第27－28页。

③ 《槟城新报》，1937年12月4日、1938年8月16日。

有些救亡活动是有特定目标的，如缝制伤兵内衣、募集寒衣、救助难童等，这些似乎是妇女的专责，华人妇女也当仁不让。在缝制伤兵内衣活动中，报纸上专门刊登内衣的制法和尺寸，华人妇女有些捐钱，报效伤兵内衣上百件，有些则自己缝制。① 1938 年冬季来临，中国方面号召募集棉衣支援前方战士，槟城筹赈会将此任务交由妇女部负责，于是槟华妇女部将全市划分为 51 个区，劝募寒衣，其他地方的筹赈会妇女部也承担募集寒衣的任务。槟华妇女部、北马妇女互助会发布募集寒衣宣言，通过她们的努力，点点滴滴的捐款汇集起来，劝募寒衣成绩极佳。② 静方女校也在两周之内捐集钱款，之后由教师与学生日夜赶制，在 12 月前将 3 025 件棉衣交给新加坡筹赈会寄回祖国。③

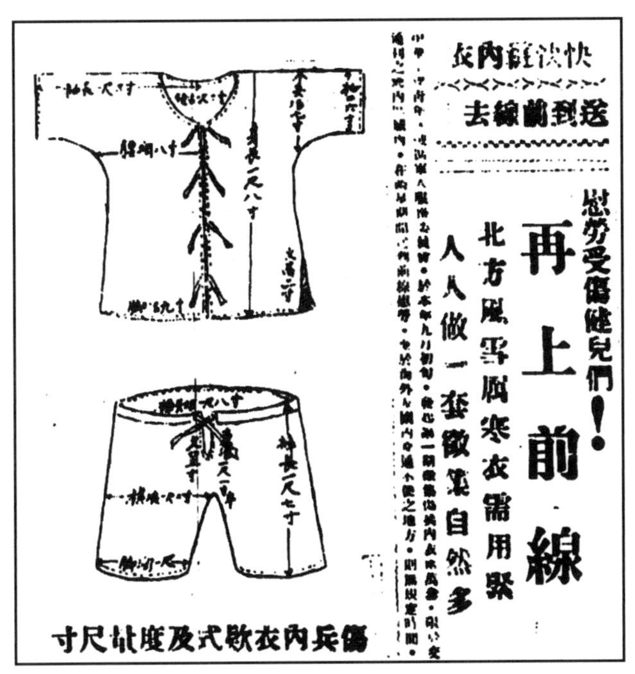
快趕縫內衣
送到前線去
慰勞受傷健兒們！
再上前線
北方風雪嚴寒衣需用緊
人人做一套做集自然多
傷兵內衣款式及度量尺寸

图 4－5　动员妇女缝制伤兵内衣

图片来源：《槟城新报》，1937 年 10 月 19 日。

战争造成大量难童出现，蒋介石夫人宋美龄建立战时儿童保育会，她向海外华人妇女发出救助难童的呼吁。新马华人妇女积极行动，1938 年 5 月，巴里文打

① 《槟城新报》，1937 年 10 月 23 日、11 月 5 日、11 月 8 日。

② 《槟城新报》，1938 年 10 月 21 日、10 月 31 日、11 月 7—23 日、12 月 4 日。

③ 《星洲静方女学校筹款建校及概况特刊》，新加坡：静方女学校，1938 年，第 30 页。

妇女筹赈团为难童募捐，首日就募得 200 余元；[①] 槟城女子精武体育会 8 月演剧筹款救助难童，筹得国币 17 820 多元，全部交由槟城华人筹赈会转汇宋美龄主持的儿童保育会。[②]

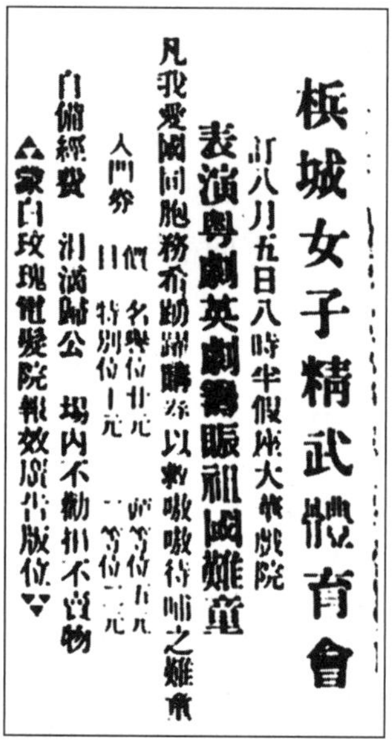

檳城女子精武體育會
訂八月五日八時半假座大華戲院
表演粵劇英劇籌賑祖國難童
凡我愛國同胞務希踴躍購票以救嗷嗷待哺之難童
入門券價目 名譽位廿元 頭等位五元 特別位十元 二等位二元
自備經費 涓滴歸公 場內不勸捐不賣物
△[illegible]白玫瑰電髮院報效廣告版位▽

图4－6　槟城女子精武体育会为救助难童演剧筹赈广告

图片来源：《槟城新报》，1938 年 8 月 2 日。

（二）筹赈方式和成绩

中国抗战转为持久战，筹赈也成为长期行为。日复一日年复一年的筹赈，需要用各种方式来激发人们的捐款热情，新马华人采取了多种筹赈形式，如前文指出的，可归类为义卖和义演，义卖包括卖花、卖物、卖糕饼、卖纪念章、卖纪念卡等；义演包括演戏、唱歌、游艺、舞蹈、球赛、放电影等。华人妇女参与了上述所有方式，并在其中扮演主要角色。

1. 售花

售花是义卖筹款的主要方式之一，主要由华人妇女操作，先是由团体或学校报效纸花，再由筹赈会妇女部成员和女校师生分队出售。花的样式和价钱分几

① 《巴里文打妇女筹赈团救济难童首日募得二百余元》，《槟城新报》，1938 年 5 月 20 日。

② 《女精武会演剧筹赈难童》《精武女子体育会汇寄筹赈难童款》，《槟城新报》，1938 年 8 月 26 日、10 月 23 日。

等，名誉花不定价，一般卖给社会名流，价钱很高，一等花每朵 15 元，二等花 10 元，三等花 5 元，普通花随人乐捐。

各妇女团体是制花售花的主力之一。1937 年 10 月槟城华人筹赈会决定出售 10 万朵花，数百位华人女性组成 67 支队伍，在全槟城 67 个区售花。[①] 1938 年麻坡筹赈会妇女部的“三八”妇女节庆祝活动与卖花筹赈相结合，卖花所得，全部助赈祖国难民。“三八”妇女节当天，8 支卖花队先在化南女校集合，发表《“三八”妇女卖花筹赈宣言》，指出祖国处于危难之中，“侨居海外的我们，……应该加倍地挺起胸膛，抖擞精神，担负起‘国家兴亡，匹妇有责’的任务”[②]。1938 年槟城筹赈会决定在黄花岗纪念日举办大规模售花赈难活动，仍由妇女部负责，组成 71 支小分队进行售花活动，而女子精武体育会报效 4 000 朵花，此次售花共得叻币 3 000 余元，成绩极佳。[③] 1938 年 11 月怡保妇女部分为 50 支售花队，一天的售花成绩超过 2 000 元叻币。[④] 1939 年 3 月哥踏丁宜妇女部纪念“三八”妇女节售花得 200 元；郑屋港妇女部“三八”妇女节售花得 200 余元；[⑤] 江沙妇女纪念“三八”妇女节，分 10 队售花，5 天成绩达 1 000 元国币。[⑥] 大山脚妇女组队售花，成绩达叻币百元。高拉邦笼妇女部卖花得百余元。[⑦] 1940 年麻坡妇女部“三八”妇女节售花，得 800 余元叻币。[⑧] 1941 年文德甲妇女部会于“三八”妇女节出发售花，一天得赈款 110 元叻币。[⑨]在“三八”妇女节进行售花筹赈的还有巴罗、巴生、彭亨等地的妇女部。

女校师生亦是制花和售花的主力。以制花为例，仅 1938 年 11 月 12 日总理诞辰日售花，11 所学校共报效普通花朵 270 000 朵，其中女校报效 170 000 朵，占 63%（参见表 4－2）。在卖花活动中，更是女学生唱主角，她们唱着卖花歌：“先生买一朵花呀！/先生买一朵花呀！这是爱国之花，/这是救国之花。/买了花，救了国家……”[⑩] 对每一个迎面而来的人献上花朵，人们也就将几分、几

---

① 《槟华筹赈会售十万朵国花》，《槟城新报》，1937 年 10 月 8 日。

② 《纪念“三八”妇女节　华侨妇女界总动员》，《总汇新报》，1938 年 3 月 9 日。

③ 《槟华筹赈会纪念黄花岗大规模售卖黄花赈济伤难》《卖花成绩》，《槟城新报》，1938 年 3 月 27－28 日

④ 《五十支售花队布满怡保市》，《槟城新报》，1938 年 11 月 16 日。

⑤ 《马华妇女用争取民族解放之努力发扬三八节精神昨日售物献金演剧全马妇女总动员》《马踏丁宜妇女部纪念三八节售花得二百元》《郑屋港妇女部三八节售花得二百余元》《实华妇女发动一元捐》《甲华妇女三八节售花得国币千余元》，《南洋商报》，1939 年 3 月 9—11 日。

⑥ 《江沙妇女纪念“三八”妇女节》，《槟城新报》，1939 年 3 月 8 日。

⑦ 《北马妇女界热烈纪念“三八”妇女节》，《槟城新报》，1939 年 3 月 10 日。

⑧ 《麻坡妇女“三八”妇女节售花》，《总汇报》，1940 年 3 月 10 日。

⑨ 《“三八”国际妇女节　自由解放呼声》，《总汇报》，1941 年 3 月 10 日。

⑩ 潘珠英：《我在马来亚参加抗日活动的回忆》，载《中华文史资料文库·华侨华人编》（第 19 辑），北京：中国文史出版社，1996 年，第 284 页。

角，甚至几元钱丢进募捐箱，钱数虽少，但积少成多，卖花募得的钱款相当可观，1937 年 10 月南华女校学生在吉隆坡卖花助赈，一次得款 725 元，成绩优异。[①] 当时人指出，每次售花成绩少时有国币五六万元，多则有十万或达十五万元，[②] 这其中华人妇女发挥了巨大的作用。

表 4－2　新加坡 11 所学校报效花朵（1938 年 11 月 12 日）

制花学校	一至三等花数	普通花数
南华女中	名誉花 200 朵	20 000
崇福女中	二等花 1000 朵	30 000
中华女中	三等花 2 000 朵	35 000
静方女校		35 000
南洋女中		50 000
养正学校		20 000
中华公学		20 000
乐华学校		10 000
华人中学		20 000
振东中学		10 000
育英中学		20 000

资料来源：［新］许云樵主编，蔡史君编修：《新马华人抗日史料（1937—1945）》，新加坡：文史出版私人有限公司，1984 年，第 109 页。

2. 游艺会

游艺会也是筹赈的主要形式之一，妇女团体积极参与，精心准备节目进行义演，同时在会场上组织义卖。每次游艺会都成为盛大的节日，人山人海，热闹非常，游艺会筹赈成绩惊人。从报纸的报道中，我们可以看到当时的盛况：1940 年新加坡华人妇女纪念“三八”节，假大世界举行游艺筹赈，“该游艺会筹委如黄典娴、殷碧霞及黄素云女士联袂出发劝售名誉券，获各界热心认购，所得达叻币千余元”[③]。此次游艺会成绩甚佳，共得叻币万余元。[④]

华人妇女通过游艺会筹赈十分成功，尽管没有完整的统计，但我们仅从 1938

① 《南华中学女生在吉隆坡卖花助赈成绩优异》，《星洲日报》，1937 年 10 月 25 日。
② 子心：《1938 年的新加坡》，《南洋商报》，1939 年 1 月 1 日。
③ 《三八节游艺券各方推销热义安女校亦出动》，《南洋商报》，1940 年 2 月 29 日。
④ 《星华妇女纪念“三八”妇女节游艺大会　昨在空气严肃中开幕》，《总汇报》，1940 年 3 月 9 日。

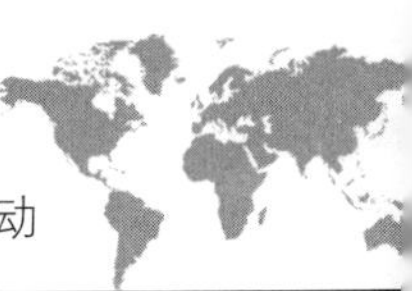

年六次游艺会的募捐数额就可看到妇女筹赈的成绩：

表 4－3　游艺会募捐数额（1938 年）

期次	地点	募捐数额（元）
第一次	大世界	51 001.52
	新世界	28 547.02
	快乐世界	22 133.64
第二次	大世界	17 036.37
	新世界	15 253.71
	快乐世界	17 600

资料来源：《南洋商报》，1939 年 1 月 1 日。

3. 演剧与跳舞

组织演剧和跳舞晚会是筹赈的又一种常见形式，也是妇女组织惯常采用的形式。通过演剧和跳舞募款的来源主要有以下几种：一是出售演出票，票价不等；二是演出时出售各种饮料和零食，可以出高价购买；三是出售花篮，标价不等。观看演出的有富商侨领，也有普通民众，每次演出所得捐款甚巨，都悉数上交筹赈会。

妇女团体举行舞会筹赈十分引人注目。1937 年怡保华人女性率先举行茶舞会，筹赈成绩 10 000 余元，可谓盛况空前。[①] 1938 年 3 月 8 日雪兰莪筹赈会妇女部在吉隆坡中华剧院举行庆祝活动并演剧筹赈，售券得叻币 10 000 多元，现场拍卖花篮，得叻币 4 850 元，拍卖家私，得国币 3 740 元，加上其他收入，总计筹款约为国币 36 000 元，成绩空前，不仅打破吉隆坡以往游艺筹赈之纪录，也打破马来亚以往游艺筹赈的纪录。[②] 1938 年加影筹赈会为纪念总理诞辰，由妇女部发动全体加影闺秀登台献艺，节目有刘治国夫人的魔术表演，有几位夫人和小姐的舞蹈表演，还有歌剧、白话剧、粤剧等。[③] 森美兰华人妇女部也在芙蓉九州舞厅举办慈善跳舞会，有闺秀伴舞，由妙龄少女担任招待，仅出售各种饮品和跳舞票的收入，晚上 11 点已达到 15 000 元国币，晚上 12 点还卖出花篮三个，分别是 61 元、60 元和 59 元。之后继续跳舞，直到凌晨 2 点才结束。[④] 1939 年雪兰莪

① 《空前盛况》，《槟城新报》，1937 年 11 月 22 日。
② 《雪华筹赈会妇女部“三八”妇女节演剧筹赈》，《总汇新报》，1938 年 3 月 11 日。
③ 《加影妇女部于总理诞日动员闺秀献艺助赈》，《南洋商报》，1938 年 11 月 3 日。
④ 《森华妇女界昨举行跳舞助赈共得国币一万五千元》，《南洋商报》，1938 年 12 月 19 日。

筹赈会妇女部决定于3月10日和11日举办两场筹赈舞会，由陆佑夫人担任主席，陆运日夫人为副主席，由名媛闺秀伴舞，为了吸引人们参加，在报纸上广而告之，还列出全部招待和伴舞闺秀的芳名。[①] 1940年底槟城妇女部为响应征募药品代金举办慈善舞会，到会者有槟城参政司夫妇、中国驻槟城总领事夫妇等中外名流，先讲演，之后跳舞，由名媛闺秀伴舞，共筹款5 000元叻币。[②]

图4－7　雪兰莪筹赈会妇女部筹备第二次助赈跳舞会职员合影

图片来源：《南洋商报》，1939年2月25日。

妇女团体还组织演剧筹赈，主要表演话剧、粤剧、歌舞等。1938年3月雪兰莪筹赈会妇女部组织演剧筹赈，成绩30 000余元，可谓惊人。[③] 怡保妇女建立了兴中妇女剧团，演剧筹赈，劝销公债，两晚成绩约40 000元。[④] 1938年1月吉隆坡建立雪华少女筹赈剧团，全由妙龄少女组成。1938年怡保的群芳妇女剧团，演剧筹赈，成绩达叻币3 000元。[⑤] 1938年11月吉打华人妇女组织联芳剧团，进

① 有洪淑敏小姐、吴志雲小姐、刘桂兰小姐、何秀金小姐、张国钿小姐等。《雪华闺秀伴舞助赈参加者皆名媛闺秀》，《南洋商报》，1939年3月9日。

② 《槟华妇女会举行慈善舞》，《南洋商报》，1940年12月8日。

③ 《雪华妇女部昨庆祝三八节》，《槟城新报》，1938年3月9日。

④ 《怡保兴中妇女剧团》，《槟城新报》，1938年1月10日。该剧团此后一直致力于演剧筹赈，详见《怡保妇女界救亡热情，兴中剧团议决长期效劳》，《槟城新报》，1938年3月18日。

⑤ 《怡保群芳妇女剧团第二次演剧筹赈》，《槟城新报》，1938年6月30日。

行筹赈活动。1940 年布先妇女部举行纪念“三八”妇女节及演剧筹赈，得叻币 800 余元，文冬妇女部则表演粤剧助赈。[①] 1941 年金保妇女部演戏筹赈，劝售“三八”妇女节戏券，首日成绩达 700.05 元。[②] 舞女在表演方面最有优势，她们成立多个剧团，著名的有群芳剧团（吉隆坡），爱丽丝舞星剧团（槟城），春满园舞星剧团（槟城），银禧舞娘团（怡保），在筹赈中非常活跃。女佣在筹赈上不甘落后，也成立剧团表演粤剧筹赈，有槟华女佣筹赈剧团（槟城），雪兰莪女佣筹赈剧团（吉隆坡），森华女佣演剧筹赈团（芙蓉），还有广帮女佣演剧团。

女校一直有演剧筹集办校资金的传统，女校在主办各种演艺会筹赈的同时，也积极参与其他机构主办的演艺活动。1939 年 10 月 29 日南洋女中、静方女校、南华女校、中华女校学生参与海星协进社为筹赈寒衣而举办的表演（参见图 4－8）。

图 4－8　南洋女中、静方女校、南华女校、中华女校学生参加表演后合影留念

图片来源：《南洋八十：承先启后》，新加坡：南洋女子中学，1997 年。

① 《“三八”妇女节各地一片解放声》，《总汇报》，1940 年 3 月 11 日。

② 《金保妇女劝售“三八”妇女节戏券》，《总汇报》，1941 年 3 月 6 日。

4. 其他筹赈方式

新马华人妇女为多多筹赈，除了以上三种常见的筹赈形式外，还想出各种方法，花样翻新，各出奇招。

其一，放映电影，以出售电影票的收入来筹赈。1940 年后，放映电影成为筹赈的新形式。振林山妇女庆祝“三八”妇女节，放映电影助赈，共得叻币 1 500余元。华都亚也妇女部放映电影筹赈，得叻币 700 余元。① 霹雳金宝妇女放映电影、售券、售画，电影票定价有 1 元、2 元、3 元、5 元、10 元，筹赈成绩 2 000余元。② 还有马六甲、美罗、居銮、古来等地妇女部放映电影纪念妇女节并筹赈，居銮妇女部纪念会后分三队出发出售电影筹赈券，一日之内，共得叻币 300 多元，预料未来几日成绩更佳。③

其二，足球比赛。过去女生从来没有踢过足球，现在为了吸引人们捐款，也想出女子足球的方式来筹赈，1938 年 4 月福建女校与辅友女校举行足球友谊赛，收入全部上交筹赈会，1938 年 9 月福建女校举行化装足球赛，售券成绩达到千元叻币。④ 1939 年 5 月槟城华人足球公会发起女子足球慈善比赛，每队 6 人，比赛时间 10 分钟，足球改用软皮排球，以表演为主，筹赈为目的。

其三，举行选美和时装表演进行筹赈。过去华人妇女很少抛头露面，几乎没有参与过选美这么“摩登”的事，现在为了筹赈，也是“拼了”。1939 年亚罗士打筹赈会决定举行选美比赛，报名者已有十多人。⑤ 1940 年该地筹赈会决定举办游艺大会，同时举行女子国布时装比赛。⑥ 而霹雳妇女纪念“三八”妇女节举行时装大会，得义款 3 000 余元叻币。⑦

总的来看，华人妇女在募捐活动中发挥了重要作用，如果说男性侨领是筹赈工作的领导者，那么华人女性则是具体实行者，她们充分发挥了自己的能动性，想尽一切办法、不辞辛苦地奔走募捐。妇女在筹赈活动中发挥了主要作用，当时人也充分认识到这一点，所以柔佛华人筹赈会在报告中专门指出：

妇女界对于筹赈之工作，本无特殊，然以社会生活与文化关系，当地历次筹款赈灾，从未见妇女界有所举动，惟于此次抗战，则素蛰居于家庭之妇女，亦出而组织起来，热烈奋发，致力救亡，且于男女分界上，独当一面……本会下属各

① 《“三八”妇女节各地一片解放声》，《总汇报》，1940 年 3 月 11 日。
② 《霹雳金宝妇女放映电影售券售画成绩二千元》，《南洋商报》，1941 年 3 月 10 日。
③ 《“三八”国际妇女节　自由解放呼声》，《总汇报》，1941 年 3 月 10 日。
④ 《福建女校订星期日将举行女子化装足球赛》，《槟城新报》，1938 年 9 月 22 日。
⑤ 《亚罗士打筹赈会决举行美女竞选》，《槟城新报》，1939 年 4 月 23 日。
⑥ 《双溪大年分会请各区分会参加女子时装比赛》，《槟城新报》，1940 年 10 月 23 日。
⑦ 《霹雳妇女纪念“三八”妇女节举行时装大会》，《总汇报》，1940 年 3 月 10 日。

分支会均有妇女部，名义上虽为附属性质，然其组织之严密，亦与各分支会相等，分股理事，无一不同，其主要工作有月捐，宣传，难童商店，卖花等，月捐、宣传与卖花等工作情形，大概与各分支会相同并配合，至于难童商店，系集中妇女辈报效之各种食品，假座茶室或饭店为场所，由妇女部职员担任招待，举行义卖，所得收入，悉数助赈，此种义卖，各地妇女部均定期一月或一星期举行一次，每次收入，以视地方之情形而定，有多至数百元者，然最少亦在百元以上，数目虽不大，但经常如此，其成绩亦至宏伟，此即为妇女对救亡工作之特殊贡献。①

三、宣传教育

新马华人妇女在抗日救亡运动中的作用不仅是捐款和募捐，还要进行宣传和教育，让妇女充分认识到祖国的危机与抗战的意义，动员妇女积极参与抗日救亡运动。所以，募捐和宣传是同时进行的，只有宣传到位，才能让人们愿意捐输，正如当时的一首募捐歌唱道：

你一角，
我一毫，
涓涓滴滴积成江河变作怒涛，
只要你有多少捐多少。
四万万同胞心一条，
誓把祖国保。
……②

宣传教育的对象尽管也有男性，但主要是针对华人妇女，家庭妇女因人数最多、缺乏知识和不关心时事而成为重点宣传对象。知识女性认为，“马华妇女绝大多数可说是家庭妇女，家庭妇女十之八九握有经济的大权，我们当尽量鼓动她们献金，并鼓励她们策动丈夫们也献金救国”③。邹鲁夫人梁定慧女士在率团访问马来亚时，也指出，“要扩大妇女群众的基础，首先要设法把工作深入全马来

① 《柔佛华侨筹赈祖国难民总会概况》，载［新］许云樵主编，蔡史君编修：《新马华人抗日史料（1937—1945）》，新加坡：文史出版私人有限公司，1984 年，第 77 页。

② 潘珠英：《我在马来亚参加抗日活动的回忆》，载《中华文史资料文库·华侨华人编》（第 19 辑），北京：中国文史出版社，1996 年，第 284 页。

③ 青英：《马华妇女当前的迫切任务》，《星洲日报》，1939 年 12 月 3 日。

亚的一切家庭的范畴，把家庭妇女引导到救亡的行列，大家应知道，马华的家庭妇女占全体侨民的很大部分，如果动员工作不深入到家庭妇女方面，那是抗战力量的一个很大的损失”①。还有人指出，家庭妇女“对于马华救运的影响，无疑义的，也是不可忽视的。因为要是家庭妇女都觉悟了，有了新时代新生活的习惯，有了深厚的民族国家的观念，于是直接地，她们会自动贡献许多力量，如认捐常月捐、制募寒衣绷带，及拒绝购用劣货等各种救亡的工作；间接地，她们会鼓励或允许她们的丈夫子女，去多尽一点为国家为民族的当前的任务”②。

于是在进行宣传和募捐时，知识女性通常很耐心地向家庭妇女讲解祖国的危难、百姓的痛苦和华侨的责任，以唤起她们的觉悟。如在一次募集寒衣活动中，女学生来到山芭（农村），对一位家庭妇女进行宣传：

“头家嫂，我们是筹赈会派来的，目的是想请您帮忙些钱募些寒衣，因为在我们的祖国将至寒冷的冬天，前线的忠勇将士为了要求全民族的生存、民族的解放，而不惜生命与日本鬼子拼命，我们为着不使战士们与许多无家可归的难民受到寒冷，我们住在这安居乐业的后方，应尽侨胞的责任，募些寒衣来保护他们，增加他们杀敌的力量。”

“我没有钱呀，天天都要出钱，实在出得多了，而且我也是个女子，又不会赚钱，一切都要靠男人，请你们到别处去吧。”她露出不快的样子，很怒地说。

“头家嫂，你要知道，女子也是人，凡是不愿作亡国奴的中国人，都应尽国民一份子的责任，现在我们的抗战是长期的，我们侨胞出钱出力应持久到底，如果国亡了，有钱也无用呀！我们且看犹太人，他们虽然是很有钱，然而亡了国，到处都要受强国人的压迫与驱逐，多么可怜。我们也是一样，如不与日本鬼抗战到底，我们也将会做亡国奴，受到比犹太人更痛苦的生活，所以我们不愿使中国灭亡，就不应分男女，都应救国，努力出钱。头家嫂，就请募捐些寒衣，外套一件四元半，背心一件六角。”

头家嫂被感动了，“那么就写六件吧！”她拿出一张钞票与两个雪白的银角，向筹赈箱“叮”的一声丢了进去，态度比先前温和了一些，真出乎预料之外，她已经觉悟了，霜给她一张收单条，就道谢而别。③

我们可以看到，宣传人员首先告诉这名主妇抗战的意义、前线将士的苦难，

① 邹梁定慧：《迎接最后胜利要扩大工作的群众基础》，《星洲日报》，1940 年 2 月 21 日。

② 田坚：《发动家庭妇女访问工作》，《南洋商报》，1939 年 4 月 1 日。

③ 薇英：《募寒衣运动在和丰》，《星洲日报》，1939 年 11 月 1 日。

再对她讲，女人也是国民的一分子，也有救国的责任，终于说动这名主妇捐钱。其实，这样的募捐宣传几乎到处可见，其意义不仅在于捐了多少钱，更在于使目不识丁、过去也从不关心国事的妇女知道抗战的意义和妇女的责任。

除恳切的谈话外，对妇女的宣传教育还有演剧、讲演和办识字班等形式。为什么要设立妇女识字班？因为“很多妇女并不是不愿知道国家大事，然而就如宣传的国民公约吧，她们不但觉得字面上不易理解，而且也很难记忆。……要使妇女真正动员起来，还必须使她们的知识充实起来，所以识字班也是必要的”[①]。当时不少妇女组织办起识字班，对象通常是家庭妇女和女工，“这些妇女差不多什么也不懂，生活夺去了她们的一切，什么抗战、什么国家，她们都不知道，我们教了她们认识一些字，向她们解释抗战的意义，她们才缓缓醒觉过来”[②]。比较著名的识字班有南洋女中的家庭妇女识字班、青年励志社的妇女夜学部等。有些识字班取得较好效果，如雪兰莪加影的华人中有三分之二是工人，女胶工占相当大比例，十分之九的女工不识字。过去加影只有几间华文夜校，但只限男性参加，曾有女工想到华侨中学读书被拒绝。妇女部知道这个消息后，决定开办妇女夜校，定六个月为一期，每人收五角钱学费以付教师工资。1939 年 7 月 11 日妇女夜校正式开学，第一次上课时共有 43 名学生，其中 3 人是英文学校的学生，其他是树胶女工，年龄最小的是 13 岁，最大 27 岁。课程包括国语、写字、会话、拼音、时事，每日上课时间为晚 7：30—9：00。首期学完有 24 人毕业。[③]除识字班外，还有妇女组织设立家庭妇女访问队，每星期访问一次，不仅教识字，而且进行抗日宣传。[④] 妇女识字班是抗日救亡运动的产物，女工和家庭妇女通过学习，掌握一点文化知识，了解国家大事，明了妇女的责任，而且，也建立了知识妇女与女工、家庭妇女相互沟通的桥梁。

四、不同妇女群体的筹赈作用

新马华人妇女因社会地位、职业、教育水平、方言群的不同而分为不同的社会群体，她们在筹赈活动中的活跃度不同，发挥的作用也有所不同。

（一）女社会活动家

新马华人女社会活动家发挥了领导作用，她们在建立妇女组织、组织大规模

① 蓉：《我对于星华妇女会的几点建议》，《南洋商报》，1939 年 5 月 15 日。

② 《陈莲好小姐》，《新国民日报》，1939 年 4 月 1 日。

③ 琼：《加影的女女夜校是怎样开始的》，《星洲日报》，1940 年 1 月 17 日。

④ 王仁德：《三年来马华妇女工作经验和教训》，《南洋商报》，1940 年 7 月 7 日。

筹赈活动中发挥了积极作用，同时也积极捐款和筹赈。

新加坡的黄素云、黄典娴等人组建星华妇女筹赈会和星洲华人妇女会，组织了数次大规模集会纪念“三八”妇女节，同时进行抗日救亡动员，组织数次大规模游艺会，取得极好的筹赈成绩。槟城的李惠英建立北马妇女互助会，担任妇女部领导，帮助女佣组建剧团筹赈，后来她曾遭遇被人割耳的厄运，但伤好后继续组织筹赈工作。槟城妇女部的李志义奔走劝募义捐及劝销公债，成绩极佳，仅1938年1月就劝募月捐90余元，特别捐100余元。①

图4－9　黄典娴照片

图片来源：转引自叶钟玲：《被遗忘的黄典娴与华侨女学校》，《怡和世纪》2016年总第28期。

（二）女教师与女学生

女校师生是筹赈的中坚力量。

女教师在宣传和组织学生方面积极行动，孙锦秀（姚楠夫人）当时在崇本女校当教师，她积极参加义卖、售花和歌咏队，到山芭去演出，经常到深夜才回家，姚楠曾戏称自己不是“倚闾望子”，而是“倚栏望妇”般地等待妻子归来。②潘珠英当时是教师，她回忆道：“当时我和许多年轻人一样，满腔爱国热情，积

① 《李志义女士劝募月捐元月份90元》，《槟城新报》，1938年1月28日。

② 姚楠：《星云椰雨集》，新加坡：新闻与出版有限公司图书出版部，1984年，第181、198页。

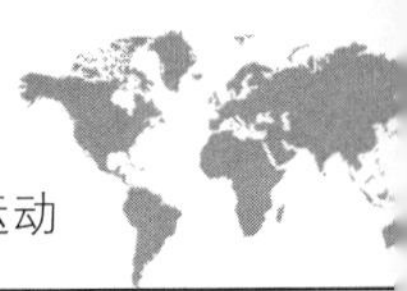

极参加抗日宣传活动。尽管有孕在身，仍然白天教书，晚上和大家排练节目，节假日到各处去宣传演出。后来生下了大女儿，刚满月不久，就把她送到山区叔父家抚养，自己又投入到轰轰烈烈的抗日宣传活动中去了。”① 廖冰 1937 年在怡保一小学当教员，抗战消息传来，便响应陈嘉庚的号召，在怡保组织宣传队。她将 20 世纪 30 年代的进步歌曲《义勇军进行曲》《毕业歌》《新女性》《大路歌》等都教给学生，组织歌咏队到农村、工厂去演唱。② 可以说女教师在领导和组织女学生方面起了不可替代的作用。

女学生是筹赈活动中最活跃的一群人，她们满腔热血，有知识、有能力，没有家庭的拖累，能积极参加宣传和卖花筹赈等活动，在抗日救亡运动中发挥了巨大作用。当时有人专门写了一篇报道——《新加坡女学生的救亡运动》，介绍了她们的活动：

> 现在只要学生界方面发出一声动员，总动员起来的女学生，最少有五百人，而这五百人，在各个学校立刻发生作用。比如，冬天快到了，祖国的战士，正需要棉衣，学生界命令一发，这五百女生便分别在自己的班级提议捐助。她们大多是学校的优秀分子，平日在班里功课很好，同学都敬仰她，现在一提议，再经过一番理论的发挥，这一级学生棉衣运动发动了，那一级学生响应了，不到两天，捐助寒衣，震荡着全校。她们选取出代表，谒见校长，于是捐募寒衣委员会，立刻组织，而全星华人女校，都沸腾着“寒衣热”。
>
> 她们平日主要的工作，是教育群众，她们用歌唱、用戏剧、用宣传、用文字，只要她们能想到，便都能做到。在什么纪念日，她们租一辆罗厘车，十多个人，便出发到山芭宣传。她们中有不少极高贵的小姐，然而她们表演街头剧、做灾民时，便穿破烂的旧衣裤，做婆太时，便穿上黑衣服。她们并不以为滑稽，她们的工作，都是严肃地进行着的。
>
> 在出发山芭宣传时，她们还到处挂宣传漫画，她们用各种方言，向围拢来的观众，详细地解释，宣传画中的意义。有时，她们集合起来，高唱救亡歌曲，有时，她们也散开去，向观众做个别宣传。
>
> ……新加坡的女学生，已经不是五年前那些只会唱《毛毛雨》的醉生梦死的享乐者了。③

---

① 潘珠英：《我在马来亚参加抗日活动的回忆》，载《中华文史资料文库・华侨华人编》（第 19 辑），北京：中国文史出版社，1996 年，第 285 页。

② 廖冰：《奔向延安　奔向革命》，载《中华文史资料文库・华侨华人编》（第 19 辑），北京：中国文史出版社，1996 年，第 227 页。

③ 惠明：《新加坡女学生的救亡运动》，《星洲日报》，1939 年 7 月 23 日。

在抗日救亡活动中，教师和学生是同一战线的战友，师生关系有所改变，当时人指出："在抗战以前，教师和学生是相当隔膜甚至对立的，但是，抗战后却大大不相同了，师生之间能够共同站在'抗战高于一切'立场上互相退让和合作……"①

（三）女工群体

女工群体也是筹赈活动中的中坚力量。女工尽管没有多少文化，但有微薄的收入，有组织、有觉悟，相当多的女工参加到抗日救亡运动中，上演了可歌可泣的故事。

1938 年，日本人经营的龙运铁矿山的华人工人在庄惠泉等人的策动下发动离厂运动，华工几乎全部离厂。② 这次活动最感人的事件是女工陈亚芬毁家爱国。陈亚芬是广府人，七岁卖与人作妹仔，其夫黄亚玉是小工头，平时欺压矿工，在离厂运动中，陈亚芬劝丈夫退出矿场，但黄拒绝，于是陈亚芬以民族利益为重，与丈夫离婚，随着离厂工人到新加坡。在接受记者访问时，陈亚芬说："我并不是没有规劝过他，相反的，我也不知用过多少的精神、多少的方法，使得他醒悟过来，然而，他总是留恋着他的所谓产业，甘心背叛着多数人的利益，一味奉承着铁山主人的意旨。好多次工友们的正义举动，都因为给他的泄露，而遭到许多的挫折，到最后的刹那，全体的工友都准备落山了，他仍旧执迷不悟，没有法子了，我不能接受千万人的唾骂，我不能出卖我的良心和灵魂和我们的祖国，所以我不得不毅然提出离婚，跟随大队的离山同胞，一同来星了。"③

一些女工积极投身救亡活动，她们像女学生一样，也开展宣传和募捐活动。女工还组织劝募队，④ 在星华妇女筹赈会的支持下，以太丰、精益两个饼干厂的失业女工为劝募队的基本队员，到新加坡各商店劝捐。⑤ 后来，越来越多的女工被动员起来，她们在法定纪念日也加入到募捐的队伍中。女工普遍收入微薄，但她们尽自己所能表达对祖国的支持。福建女校工友捐寒衣，6 人共捐了 7 件，计 4.9 元。⑥ 建筑女工因为收入低，只能几元几角地捐。⑦

在女工群体的筹赈活动中，广府女佣群体最为活跃，组织性最强，最引人

---

① 麻鹤：《抗战二年来的马华学生救亡运动》，《南洋商报》，1939 年 7 月 7 日。

② 此次事件详见庄惠泉：《我与林谋盛共同献身于作战》，［新］许云樵等编：《新马华人抗日史料》，新加坡：文史出版私人有限公司，1984 年，第 21－22 页。

③ 《为国弃夫之陈亚芬》，《星洲日报》，1938 年 3 月 16 日。

④ 《各业女工，经组织劝募队，恳请星华妇女筹赈会予以赞助》，《星洲日报》，1937 年 11 月 18 日。

⑤ 《星华妇女筹赈赞助女工缝衣》，《星洲日报》，1937 年 11 月 24 日。

⑥ 《福建女校工友捐棉衣不让人》，《槟城新报》，1938 年 11 月 19 日。

⑦ 《星华建筑工支捐款》，《星洲日报》，1937 年 10 月 6 日。

注目。

新马抗日救亡运动开始后，女佣立即组织起来，投身筹赈活动中。她们最常用的方式是组织演剧筹赈，最先行动的是新加坡女佣，于 1937 年 10 月通过演剧，筹得 5 000 元。1938 年 3 月吉隆坡女佣王十姐发起组织“吉隆坡女佣筹赈祖国难民大会”，并请文人帮助写了筹款誓言。[①] 之后槟城、吉隆坡、马六甲、芙蓉等地的女佣纷纷组织起来演剧筹赈。1938 年 3 月雪兰莪女佣演剧筹赈团，售券达 5 000 元。1938 年 4 月马六甲女佣发起成立粤女佣演戏筹赈祖国难民会，会员每人至少捐 2 元。1938 年 5 月芙蓉女佣组织剧团表演粤剧筹赈，此次演剧卖票收入 220 余元，女佣合捐基金 300 余元，场内卖物 200 余元，加上其他收入，共募得 1 780 多元，上交筹赈会。[②] 1938 年 6 月成立的槟城女佣演剧筹赈剧团由 100 多位女佣组成，每周一、三、五晚上 8：00—10：00 排练。女佣们自己捐出筹备演出的费用，表演的不再是粤剧，而是话剧《最后的觉悟》，7 月 16 日话剧正式上演，售票成绩为 4 000 余元（参见表 4 –4）。

表 4 –4　新马华文报刊有关女佣筹赈活动的报道

筹赈活动报道	报纸名称
新加坡 600 名女佣动员起来，演剧筹款，共筹得 5 000元	《槟城新报》，1937 年 10 月 11 日
新加坡的东莞女佣出钱聘戏班演剧，募得国币 3 000 余元	《南洋商报》，1938 年 1 月 13 日
雪兰莪女佣筹赈剧团，明天举行游艺筹赈	《槟城新报》，1938 年 1 月 25 日
新加坡受雇于欧洲人家的粤籍女佣演剧筹赈，成绩为 200 余元	《南洋商报》，1938 年 1 月 31 日
吉隆坡女佣王十姐发起组织“吉隆坡女佣筹赈祖国难民大会”	《星洲日报》，1938 年 3 月 2 日
雪兰莪三百余女佣，发表演剧筹赈宣言	《槟城新报》，1938 年 3 月 3 日

---

① 这份誓言内容如下：“东北失，冀东出，夜郎大，谋益急，哀我神州，惨无宁日。卢沟变起兮，平津失，张北沦陷兮，察绥碎。平汉正太相告急兮，晋豫遭秽。呜呼，轩辕华胄，芸芸五亿，如恙如平，惨受残贼。蕞尔倭奴，要挟三则，伟哉蒋公，弗受其逼，长期抗战，群策群力，鼓我军三令，沪淞杀敌。……同人等虽为女佣，家鲜千钟，然北天遥望，涕泪重重，用是□集同行涓滴，聊佐演剧筹赈之资，希望仁人巨腋，共布扬技之施，救人救己，积善固获鸿禧。为国为家，献金义亦难辞，愿我同侨，共图勉之。”《吉隆坡女佣虽家鲜千钟，亦不忍坐视国难》，《星洲日报》，1938 年 3 月 2 日。

② 《芙蓉女佣筹赈初次现身舞台》《芙女佣演剧所得赈金已缴交赈会》，《南洋商报》，1938 年 5 月 13 日、6 月 27 日。

（续上表）

筹赈活动报道	报纸名称
芙蓉女佣组织森美兰女佣演剧筹赈团	《槟城新报》，1938 年 3 月 21 日
雪兰莪女佣筹赈团，售券已达 5 000 元	《槟城新报》，1938 年 3 月 25 日
马六甲女佣发起成立粤女佣演戏筹赈祖国难民会，会员每人至少捐 2 元	《星洲日报》，1938 年 4 月 4 日
雪兰莪女佣演剧筹赈结束，共得国币 11 414 元，将 11 370元上交雪华筹赈会，所余几十元为印刷费	《南洋商报》，1938 年 5 月 12 日
芙蓉女佣筹组剧团表演粤剧筹赈，共得叻币 1 780.92 元，上交筹赈会	《南洋商报》，1938 年 6 月 27 日
槟城女佣界演剧筹赈，组成筹备委员会	《槟城新报》，1938 年 6 月 16 日
槟城女佣界积极推动常月捐	《槟城新报》，1938 年 6 月 21 日
槟城女佣界演剧筹赈，自捐经费第二次百余元	《槟城新报》，1938 年 6 月 24 日
槟城女佣界演剧筹赈，售票成绩达叻币 4 000 余元	《槟城新报》，1938 年 7 月 17 日
槟华女佣界演剧筹款结束，共筹得国币 13 000 余元，已上交	《槟城新报》，1938 年 8 月 10 日
怡保女佣剧团卖物助赈售得叻币 90 余元	《南洋商报》，1938 年 10 月 29 日
立卑女佣界热心赈灾演剧售物成绩佳	《南洋商报》，1938 年 12 月 8 日
星华妇女筹赈大会女佣团映电影助赈，收入义款叻币 1 000元	《南洋商报》，1938 年 12 月 24 日
槟城女佣组成贺年队，自己捐款 33 元购买贺卡	《槟城新报》，1939 年 1 月 31 日
全槟女佣订废历新年出发劝售贺年片助赈	《南洋商报》，1940 年 1 月 25 日

除演剧筹赈外，粤籍女佣还交纳常月捐和出售贺卡助赈。1938 年槟城女佣界决定从 7 月起交纳常月捐助赈，女佣大会主席熊亚妹致函各女佣公寓，由女佣所住公寓的领导代收，逐月上交给筹赈会。① 1939 年春节槟城女佣界组成募捐队，借用华人新年发红包的习俗，沿门送贺卡，以此募捐。她们事先将此方法报告槟城筹赈会，获得批准，又自己捐款 33 元购买贺卡，捐款数额多者 2 元，少者 5 角。女佣组成 20 支贺年队，每队 5 人，不仅到商店拜年，还到寺庙劝募，仅 2 月 19 日在游艺场拜年，募捐成绩就有 280 余元，总共收入 940 元叻币。②

① 《槟城女佣界热忱爱国，积极推动常月捐》，《槟城新报》，1938 年 6 月 21 日。

② 《槟城女佣界定废历新年沿门贺年筹赈》《槟华女佣界筹组女佣公会以便互相介绍职业团结筹赈》，《南洋商报》，1939 年 1 月 20 日、2 月 20 日。

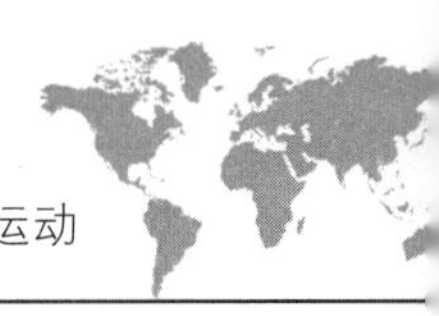

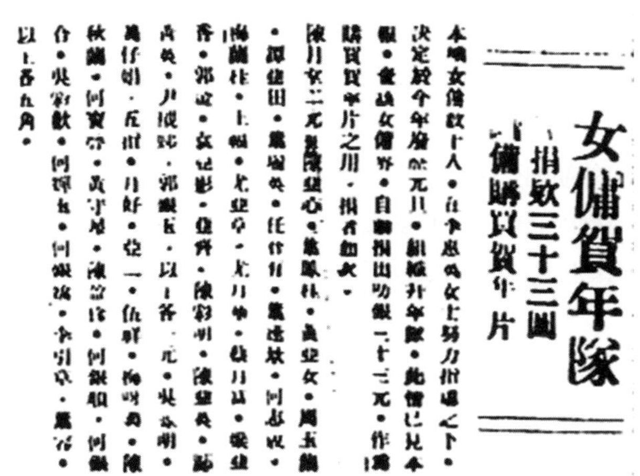

女傭賀年隊

捐款三十三圓

傭購買賀年片

图 4－10　槟城女佣贺年队捐款购买贺卡

图片来源：《槟城新报》，1939 年 1 月 31 日。

女佣在筹赈中的活动能力，增强了她们的自信和自豪感，同时，也深感组织起来互助的必要性。1939 年槟城女佣界发起成立女佣公会，指出女佣薪水微薄，一旦失业，便陷入困境。为使失业女工能够在生活上互相帮助，在职业上互相介绍，女佣们意识到必须组织公会，而且，组织女佣公会，也可更好地为国效力。[①] 1940 年 2 月星洲粤华妇女互助会成立，这是一个粤籍女佣组织（见前文）。

粤籍女佣能在筹赈救亡活动中做出如此好的成绩，除了她们的爱国觉悟，也与她们经济自立和较有组织有关（尤其是自梳女群体），这些都有助于她们后来组织剧团演剧、建立女佣团体进行互助。女佣在筹赈活动中的良好组织和巨额捐款有时令女学生也自愧弗如。曾有一位学生惭愧地说："女佣的工作比我们的还要有秩序，真是，知识分子！"[②]

（四）"商女"群体

前文指出，女招待、理发女、舞女被高度"色情化"，一般大众视她们为欢场中人，媚笑性感、舞姿诱人，她们如同古代的"商女"，社会评价很低。但是在新马华人抗日救亡运动中，"商女亦知亡国恨"，她们同其他群体一样，积极投身筹赈活动，不仅为抗日救亡贡献自己的力量，也改变了社会对她们的看法。

女招待和理发女尽量捐出自己不多的收入作为月捐。女招待收入不高，捐款

① 《槟城女佣界筹组女佣公会》，《南洋商报》，1939 年 2 月 25 日。

② 薇玲：《向吉隆坡女同学进一言》，《星洲日报》，1938 年 4 月 17 日。

有限，但积极参加卖花等筹赈活动。一名女招待在接受记者访问时说："我因为没有什么多余的时间，所以没有正式参加救亡工作的活动，不过在每一次卖花的纪念日，我都放弃一天的薪水来参加卖花的，因为这是我们做中国人的天责。我是穷人，所以只能就能力所及担任一元钱的常月捐，但是我希望每一位有钱的中国人都应该尽他们的责任，把他们的荷包打开来，努力的为国输将，我们的祖国一定能得到最后的胜利的。"[①] 理发女除交纳常月捐和卖花外，还建立"理发女工筹赈团"，每晚9点收工后再到东安会馆排戏，一直到半夜，她们靠义演募得叻币五六千元。[②]

舞女群体在新马华人筹赈活动中表现特别突出，表现在以下几方面：

一是个人捐款数额较大。华人妇女捐款依收入高低而有所不同，少数社会名流、富商夫人捐款数额有几百上千，普通妇女一般是数十元、几元、几角。舞女个人捐款一般是上百元，如新加坡筹赈活动一开始，舞女就立即捐款，陈玉叶捐一月伴舞工资，林金玉捐叻币110元，她对记者表示："国家兴亡，匹妇有责，……我是中华国民一分子，我亦应尽我国民之责，惟勿误会一个舞女要借此出风头。"[③] 舞女陆妙容捐款500余元，被认为是"从高跟鞋里踢出巨款以救济伤难"[④]。舞女还将伴舞收入捐出，1939年舞女周玛莉伴舞筹赈，得国币580元，大世界舞女朱飞媛伴舞助赈筹得国币1 000余元，董安妮和董芬妮姐妹伴舞助赈叻币120元。[⑤] 舞女所依托的舞厅也经常举办跳舞助筹活动，所获捐款甚巨。如1939年新世界举行舞女筹赈活动，募得叻币5 000余元缴广帮募捐会，[⑥] 1940年怡保天然舞厅举行跳舞筹赈，得款3 000余元叻币。[⑦]

二是组织剧团，演剧筹赈。舞女不满足于只是伴舞筹赈，而是希望能筹募更多捐款救助国难，于是充分发挥自己长于表演的优势，自组剧团，表演粤剧、话剧等，以扩大募捐数额。最早建立的舞女剧团是槟城的爱丽丝舞星剧团，于1939年1月建立，成员自筹经费演剧筹赈，经过认真排练，3月19日公演名剧《茶花女》，获得巨大成功。槟城第二个舞女剧团是春满园舞星剧团，舞女捐经费

① 俗子：《一个前进的女招待访问记》，《星洲日报》，1939年11月15日。

② 惠明：《广帮妇女在救亡线上》，《星洲日报》，1939年9月24日。

③ 《大世界两舞女亦尽国民天职》，《星洲日报》，1937年8月11日。

④ 《舞星陆妙容独捐办理五百余元》，《槟城新报》，1937年9月27日。

⑤ 《舞星周玛莉伴舞赈难成绩佳》《朱飞媛女士伴舞助账筹得千余元》《董安妮董芬妮下海伴舞助赈一百廿元》，《南洋商报》，1939年3月7日、7月11日，1940年3月31日。

⑥ 《新世界舞女筹赈昨结束叻币五千余元缴广帮募捐会》，《南洋商报》，1939年7月21日。

⑦ 《怡保天然舞厅舞娘中国夜跳舞筹赈》，《南洋商报》，1940年7月27日。

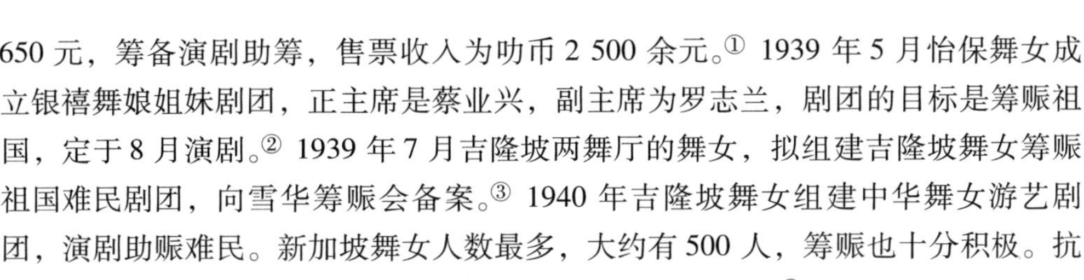

650 元，筹备演剧助筹，售票收入为叻币 2 500 余元。[①] 1939 年 5 月怡保舞女成立银禧舞娘姐妹剧团，正主席是蔡业兴，副主席为罗志兰，剧团的目标是筹赈祖国，定于 8 月演剧。[②] 1939 年 7 月吉隆坡两舞厅的舞女，拟组建吉隆坡舞女筹赈祖国难民剧团，向雪华筹赈会备案。[③] 1940 年吉隆坡舞女组建中华舞女游艺剧团，演剧助赈难民。新加坡舞女人数最多，大约有 500 人，筹赈也十分积极。抗战以来，舞女前后两次演剧筹赈，共得叻币 8 000 元左右。[④]

三是积极参与公众集会，并建立“舞女协会”。1938 年新加坡妇女纪念“三八”妇女节，舞女代表许丽妲在大会上讲话，引起人们的关注，她在会后接受访问时说：“做一个女子，是应该解放的，而且在这个民族危机的时候，女人更应该和男子共负同等的挽救责任。”[⑤] 大世界舞厅的舞女为纪念“三八”妇女节，特组织化装表演，一队舞女化装成义勇军，身着军装入场，英姿飒爽；一队舞女化装为救伤队，身着护士服，慈善温柔；一队化装为劳工，身着工人服，拖着绳索入场。她们的表演非常精彩，一改舞女往日的形象。[⑥] 1939 年 11 月新加坡舞女协会成立，该协会是唯一的一个舞女团体，在筹赈活动、妇女运动和改善舞女形象上发挥了巨大作用。1940 年 7 月 29 日舞女协会在皇庭剧院演出粤剧筹赈，规模盛大，由侨领李俊承主持，陈延谦致辞，演出共得叻币 1 300 余元。1940 年舞女协会售衣助赈得叻币 700 余元。[⑦]

舞女是新马华人救亡筹赈中的一道亮丽风景，她们所特有的舞蹈能力和表演能力，在需要演剧筹赈的环境下成为一种极大的优势，加上她们良好的组织能力，使得舞女群体筹赈能力惊人。舞女也充分利用抗日救亡话语，将谋生、筹赈、爱国通过伴舞和演剧结合起来，几乎每一个新到舞厅的舞女，都宣布第一天的伴舞收入悉数助赈，[⑧] 这有助于扩大舞女的知名度，吸引舞客，增加收入。舞女协会积极筹赈和有组织地参与公共活动，改变了人们对舞女的负面看法，而筹赈会为利用舞女的号召力扩大筹赈，也支持和配合舞女的筹赈活动。于是，在抗

---

① 《春满园舞星剧团各舞女捐经费 650 余元》《春满园舞星剧团售票成绩》，《槟城新报》，1939 年 1 月 31 日、4 月 20 日。

② 《怡保银禧舞娘剧团成立》，《槟城新报》，1939 年 5 月 15 日。

③ 《吉隆坡两舞厅舞娘筹组舞女筹赈剧团》，《南洋商报》，1939 年 7 月 1 日。

④ 《舞女义演爱国情绪溢全场》，《南洋商报》，1940 年 7 月 30 日。

⑤ 《访问舞女许丽妲》，《星洲日报》，1938 年 3 月 18 日。

⑥ 《大世界舞女补行三八节》，《南洋商报》，1938 年 3 月 11 日。

⑦ 《舞女义演爱国情绪溢全场》《舞女协会售衣助赈达叻币七百余元》，《南洋商报》，1940 年 7 月 30 日、10 月 12 日。

⑧ 从香港来新加坡新世界舞厅的新到舞女白德莲 17 日伴舞收入悉报效助赈。参见《南洋商报》，1939 年 6 月 14 日；沪江红舞星杨双华受聘于新加坡快乐舞厅，伴舞首晚舞票收入悉数助赈，参见《南洋商报》，1939 年 7 月 16 日。

日救亡环境下，舞女成功打造了自己爱国进步的新形象。

（五）家庭妇女

家庭妇女在新马华人妇女中人数最多，参与公共活动最不活跃，所以动员家庭妇女参与筹赈是抗日救亡运动最重要的工作之一。但她们并不是对救亡运动毫不关心，她们中的少数人也会组织起来，进行筹赈活动，1937 年新加坡家庭妇女讨论演剧筹赈办法，与会者共 190 人，推梁琼珍为主席，郭少英为副主席。① 但总的来说，家庭妇女极少参与社会活动，因而成为被动员的主要对象，如 1939 年新加坡妇女界“三八”妇女节庆祝大会后，组成 45 个小队，主要面向家庭妇女进行动员：①请家庭妇女自认常月捐；②劝收一元救国捐；③劝其自动向筹赈大会所属之筹赈机关献金饰品。②

家庭妇女极少参与集会、卖花等公共活动，但她们会参与捐款，当女学生向她们动员时，她们会捐出自己的金银首饰或仅有的一点钱。我们可以从当时人的描述看家庭妇女是如何被动员的：

一般家庭主妇虽然也很爱国，但是因为不识字的关系，且因为是住在山芭，所以对于社会的现状是少有知道的，我们要为她们解说募捐的用意与原因，且为了要使事件易于明晰起见，我们竟不厌其详地述说着。……她们听了我们这样的解释后，好像是受了我们的一点感动似的，都自动地拿出钱来，并且说：“先生，我们都是中国人，先生既肯这样努力，我们同是中国人，怎不肯尽力捐点钱呢？”听了她们这样诚恳的话后，使我相信说女子没有爱国心的人是没有道理的。

……最使我们愤恨的，是比较有钱人家的主妇，她们不但不肯捐助钱，有的连人也藏匿起来……

但是最使我们感动的，还是那些劳苦阶级的妇女，她们的生活虽然很苦，但是她们知道了我们是为了筹赈灾民而来，所以对我们都特别的客气：“先生，请坐，喝些茶才去。”尤其是其中一位，更使我不能忘记，她对我说她是以捕鱼为活，丈夫已经死了，现有两个孩子要养。“先生，我小时也读过一些书，所以我知道，怎样去与环境奋斗的。”

此次募捐成绩不太好，只有叻币 100 多元，多是贫穷妇女捐助。

这次募捐所给我的经验，使我知道了多数妇女都是爱国的。③

---

① 《广帮妇女总动员，家庭妇女亦奋起组织》，《星洲日报》，1937 年 11 月 4 日。

② 《妇女纪念“三八”妇女节会向家庭妇女募款》，《南洋商报》，1939 年 3 月 9 日。

③ 丽尼：《谁说女子不爱国》，《星洲日报》，1937 年 10 月 3 日。

在新马抗日救亡运动中，女社会活动家是领导力量，女教师、女学生和女工是中坚力量，家庭妇女是动员对象。新马各阶层华人妇女为了抗日救亡的共同目标，团结起来，形成一股较强的力量，一扫过去的沉寂。

第三节　国家、民族危机与华人妇女

一、妇女解放运动与抗日救亡运动相结合

抗日救亡运动为新马华人妇女运动提供了绝好的发展机会，对华人妇女来说，参与抗日救亡运动不仅是为国家、为民族做出贡献，对她们自身解放也大有益处，所以许多女权主义者敏锐地抓住这个机会。“七七事变”前夕，已有人指出：“所谓彻底的妇女解放运动，认为妇女问题是社会问题的一环，只有和民族解放运动会合起来，在共同的战线上，对外求民族的独立，对内变□□□□，才能完成妇女解放的任务。由此我们可以得到下面的结论——妇女要真正的解放，必须从民族解放斗争中才能获得，在民族解放斗争的进行过程中，也必加紧妇女解放的工作，两者是相辅而且相成，决不会冲突的。”[①] 中国全面抗战后，救亡运动如火如荼展开，更多华人妇女意识到这是争取妇女解放的机会：“……中国的抗战是一种生存的斗争、民主的斗争，因此不仅需要妇女从事生产事业，尤其需要妇女参加全面的斗争，政治的、经济的、文化的斗争，所以妇女的解放与女权的争取也必然要在此中获得，而且是容易获得。……在此非常时期，女权的取得必需是视乎妇女在抗战中之贡献即在抗战中之地位而取决。”[②]

20 世纪 30 年代，新马华人社会仍是一个以男性为中心的社会，封建观念浓厚，大部分人对妇女抛头露面这种行为看不惯，称之为“三星婆”，所以过去只有少数中上层社会的妇女参与社会活动。但在国家和民族危亡的时刻，需要所有人参与筹赈活动，华人妇女在筹赈中的重要作用，使得她们的“抛头露面”得到上至侨领下至普通百姓的支持。华人妇女利用这一有利时机，在进行抗日救亡的同时，也宣传妇女解放思想。1939 年中国政府号召精神总动员，南洋华人积极响应。1939 年 6 月 11 日新加坡华人妇女召开声势浩大的“精神总动员宣誓大

① □□□□：原文字不能识别，用“□”表示。燕：《妇女运动与民族解放》，《星洲日报》，1937 年 2 月 19 日。

② 激润：《妇女的社会地位》，《光华日报》，1939 年 11 月 5 日。

会”，到会的有各妇女团体。会议主席为黄素云，她在发言中将精神总动员与妇女对国家的责任结合起来，同时也与破除封建的“三从四德”观念结合起来，指出精神总动员的目的是：“一、国家兴亡匹妇有责，以提高妇女爱国与建国的责任；二、扫除‘三从’，提倡‘二从’，即从国家、从民族，提高妇女独立、自尊的信心以提高妇女对于国家的观念；三、打倒‘四德’，提倡‘八德’，忠孝仁爱信义和平为救国的道德。”①黄素云实际上将破除束缚妇女的“三从四德”提到国家兴亡的高度，将妇女独立和自尊纳入爱国家、爱民族的话语内，收到极好的宣传和动员效果。

新马华人妇女解放运动与抗日救亡运动是一种互动关系，而“三八”妇女节就是将两者有机结合的符号和平台。1938 年“三八”妇女节是日本全面侵华后的第一个妇女节，成为华人妇女政治动员的最佳契机，不仅新马各大城市举行纪念“三八”妇女节活动，不少中小城市也举行。1938 年 3 月 8 日新加坡华人妇女庆祝“三八”妇女节的大会规模盛大，上至总领事夫人等社会名流，下至劳动妇女、学生、教师和家庭妇女，有一千多人参加。大会主席刘稚芩致辞，动员华人妇女团结起来，积极投身抗日救亡运动，强调“今后我们妇女的地位能否提高，能否解放，就看我们这次对于救亡工作的力量如何”②。这次大会非常成功，时人评论说：“我相信这次在南洋举行庆祝‘三八’节，不但将在南洋妇女解放运动史上留下光辉的一页，并且妇女解放运动、救亡运动也必更因这向前推进。”③ 槟城妇女界三月初就筹划在 3 月 8 日举行妇女节纪念大会，同时举办游艺会筹赈，遗憾的是，因为没有提前两星期向警察局申请准字，被当局阻止，槟华妇女节纪念大会被迫取消。但马来亚其他不少城镇举办了各种庆祝“三八”妇女节的活动：雪兰莪筹赈会妇女部在吉隆坡中华剧院举行庆祝活动并演剧筹赈；④ 怡保的“三八”妇女节庆祝活动分多处进行，一处在霹雳公立女子中小学，有学校师生和来宾 500 人参加，一处在霹雳中华商会，由霹雳筹赈会妇女部组织，约有 100 人参加。⑤ 连一些小城镇也破天荒第一次集会庆祝“三八”妇女节，峇株巴辖华人妇女举行庆祝集会，到会者有爱群女校的学生五六十人，妇女界及知识界 30 人，家庭妇女数十人，女佣约 10 人。⑥ 文冬妇女界也第一次集会纪念“三八”妇女节。⑦

① 《星华妇女精神总动员宣誓大会》，《星洲日报》，1939 年 6 月 12 日。
② 《“三八”国际妇女节　星华妇女纪念大会》，《总汇新报》，1938 年 3 月 8 日。
③ 水源：《我的一点意见：参加星华妇女庆祝“三八”后的感想》，《星洲日报》，1938 年 3 月 13 日。
④ 《雪华筹赈会妇女部“三八”妇女节演剧筹赈》，《总汇新报》，1938 年 3 月 11 日。
⑤ 《伟大“三八”妇女节　怡保社会庆祝动态》，《总汇新报》，1938 年 3 月 10 日。
⑥ 《峇华妇女破天荒举行妇女集会，纪念“三八”》，《星洲日报》，1938 年 3 月 9 日。
⑦ 《文冬妇女界纪念“三八”妇女节破天荒第一次》，《南洋商报》，1938 年 3 月 9 日。

影之會念紀八三加參女婦僑華冬文

图 4-11　文冬华人妇女参加“三八”妇女节纪念会合影

图片来源：《南洋商报》，1938 年 3 月 11 日。

1939 年“三八”妇女节，新马各地继续开展各种纪念活动，范围进一步扩大，形式也多种多样。新加坡妇女界纪念“三八”妇女节大会有数千人参加，主席黄典娴致辞，武汉合唱团献唱。[①] 槟城筹赈会妇女部在“三八”妇女节售偿债章，北马妇女互助会召开纪念大会，会场张贴着“纪念‘三八’节，厉行节约活动”“集中我们的力量，为国家而努力”“继续铲除依赖的劣根性”“争民族之生存，谋自身的解放”“提高我们的社会地位”“槟华妇女团结起来”“提高女子教育”等标语口号。[②] 马六甲妇女界第一次举行“三八”妇女节纪念会，参加者有数百人，讲演人林大典提出几点希望：一是展开马华妇女运动，实际参加筹赈工作；二是各阶层要打成一片，扩大妇女组织；三是为争取自由平等，必须再接再厉地奋斗。[③] 太平、怡保、瓜拉庇劳、巴生、麻坡、新山、峇株巴辖、芙蓉等

① 《星华妇女纪念三八节》，《南洋商报》，1939 年 3 月 8、9 日。

② 《纪念“三八”妇女节　不忘祖国灾黎》，《总汇新报》，1939 年 3 月 10 日。

③ 《甲华妇女“三八”妇女节售花得国币千余元》，《南洋商报》，1939 年 3 月 11 日。

地的妇女界也开始举办“三八”节庆祝活动，[①] 还有双溪大年、文冬、居林、华都牙也、昔加末、振林山、文律、亚罗士打、大山脚、江沙等地也在“三八”妇女节当日进行售花助赈。

1940 年的“三八”妇女节纪念活动不论在广度上还是深度上都有所突破。新加坡华人妇女纪念“三八”妇女节游艺大会，有六七百人参加，演说者有梁定慧、王莹、殷碧霞等人。从会场布置的标语看，民族解放和妇女解放同是关注的主题，这些标语包括：“马华妇女应力取宪政平等”“只有民族得到解放妇女才得解放”“精诚团结建立华侨妇女统一救亡战线”“新式女性不涂粉不搽脂不烫发”“我们要把有用的金钱捐给国家”“我们要和平只有武装起来”“要求妇女解放只有经济独立”。[②]

“三八”妇女节对于新马妇女运动和抗日救亡运动具有特殊的意义，以“三八”妇女节为契机和平台，华人妇女进行救亡筹赈动员，进行妇女解放宣传，可以说，抗日救亡运动推动了新马华人妇女运动的发展，而“三八”妇女节为两者的结合和发展发挥了特殊作用。但是，对于妇女自身来说，抗日救亡和妇女解放运动毕竟有所区别，前者关系到国家、民族的存亡，妇女作为国家民族的一分子，当然与国家民族利益息息相关，这也是妇女积极参与抗日救亡运动的原因；后者关系到妇女自身利益，妇女当然也要积极参与。但是，在民族存亡的特定环境下，抗日救亡占有绝对优势地位，掩盖了妇女解放的重要性，大部分人对此视为理所当然，也有少数妇女敏感地意识到这种状况对妇女解放运动的危害，视此为“妇运的危机”：“然而，也许因为她们太集中精力于筹赈工作了，有些竟把切身的问题，忽略过去。甚至有些妇女团体，她本身原缺乏主动力量，但她们竟宁拒绝同性先进的善意指导，而去接受异性的虚荣鼓励。”作者还进一步指出妇女解放的重要性：

……目前最普遍的口号是：“妇女解放问题，是民族解放问题的一环，欲求妇女解放，应先求民族解放。”这在理论上当然是对的，但事实我却觉得并不这样单纯。……无论男女，如果人格受到污损，就连生存的意义，都要受到严重影响的，所以，我以为她们争取自己的人格，谋自身的解放，应视同救国工作一样迫切！[③]

---

① 《国难严重声中笑迎“三八”妇女节》，《总汇新报》，1939 年 3 月 7 日；《纪念“三八”妇女节不忘祖国灾黎》，《总汇新报》，1939 年 3 月 10 日。

② 《万千妇女昨在大世界热烈纪念三八节》，《南洋商报》，1940 年 3 月 9 日。

③ 慈明：《一个妇运的危机》，《星洲日报》，1940 年 4 月 21 日。

确实，在民族存亡的特定环境下，抗日救亡运动被置于压倒一切的优势地位，这在某种程度上掩盖了妇女解放运动。当时人们普遍认为，只有国家民族解放了，妇女才能解放，这也是1938年以后妇女节宣传的主要内容，正如黄典娴在1941年《星华妇女纪念“三八”妇女节特刊》上的题词：“姐妹们，我们纪念‘三八’妇女节，应精诚团结，共赴国难，以求最后胜利之获得，抗战之成功。然后我国得以享自由、平等、幸福，妇女方能解放！”①

二、一次充分的政治动员

在抗日救亡运动中，新马华人妇女政治动员程度如何，是个有争议的问题。一种观点认为华人妇女没有彻底动员，黄文贵指出星华妇女不能动员的最大原因：一是救亡团体内部组织不完善，二是缺乏深入的宣传工作。他认为“星华妇女筹赈会”这类组织属于上层阶级妇女，不能最大限度地容纳各阶层的代表，“藐视中下阶层群众的伟大力量”。② 当时也有人持类似看法，马恩哲指出：“还有一部分的华侨妇女尚站在这救亡阵营外，徘徊观望，对这场空前伟大的民族解放战争，完全采取漠不关心的态度，她们之中，有能吃苦耐劳，并忠于民族解放事业的女工，有能干而又聪明的英文学校的女生，有善于交际与宣传而能接近各上层人士的舞女，有不少常和家庭接近的女推销员和女职员，更有些整天埋头于家庭事务的家庭妇女，这些妇女潜伏着伟大的力量，但根本没有把它动员起来。”③

另一种观点认为新马华人妇女动员充分，“整个马华妇女的救亡工作，可以说已动员了各阶层的女同胞，如家庭的太太、小姐，学校的女教师、女学生，舞女、群芳姐妹、佣工妇女，以及各种职业的妇女，以最艰苦所得的血汗钱，为着要尽自己的一分力量来救祖国，她们都从至宝贵的钱包里，把一层层包裹着的虎头钞票，慷慨地登上献金台为祖国献金，从劳苦所获最有限的工资，省食省用，按定每月不断地出月捐”④。

两种截然相反的看法，孰对孰错？笔者认为，评价抗日救亡运动中华人妇女政治动员程度，应依据两条标准：一是与过去相比，华人妇女动员程度如何；二

---

① 《题词》，《总汇报》，1941年3月8日。

② 黄文贵：《星华妇女与救亡运动（1937—1941）》，新加坡：南洋大学荣誉学士学位论文，1971年，第9－11页。

③ 马恩哲：《现阶段的马华妇女救运》，《南洋商报》，1939年2月13日。

④ 华灵：《马华妇女救运工作的过去与未来》，载［新］许云樵主编、蔡史君编修：《新马华侨抗日史料（1937—1945）》，新加坡：文史出版私人有限公司，1984年，第105页。

是对各阶层各职业妇女政治动员程度应有不同要求。如果用这两条标准评价新马华人妇女政治动员程度，笔者同意后一种看法，即新马华人妇女在抗日救亡运动中的政治动员是空前的，也是较为充分的。

与过去相比，华人妇女在抗日救亡运动中的动员是最充分的。过去新马华人妇女也参与过政治活动，最早的是在辛亥革命前后，华人妇女募捐支持革命，另一次较大规模的社会参与是 1928 年为“山东惨案”组织的筹赈活动，还有一次是 1932 年日本入侵上海，华人精英妇女黄素云等人发动妇女捐输。[①] 但总的来说，辛亥革命时期新马华人妇女的政治动员是零星的，只有个别妇女参与了辛亥革命的筹款和行动。1928 年新马华人妇女为帮助山东难民所进行的政治动员比辛亥革命时期更有组织，覆盖面也更广，但这次行动对华人妇女的政治动员也是不充分的，只有少数地区和少数中上层妇女参加。1932 年华人妇女为筹赈上海难民而进行的动员也只有少数妇女参与。

抗日战争关乎中华民族的生死存亡，海外华人的爱国热情达到最高潮，华人妇女也积极参与，她们建立各种组织，积极进行宣传和募捐，还进行妇女解放的宣传，最大程度地动员妇女，其规模的广度和深入的程度远远超过了以往政治事件中华人妇女的动员程度。表现在以下几方面：

（一）妇女组织增多

过去新马华人妇女组织屈指可数，只有新加坡华人妇女协会、槟城女子精武体育会、基督教女青年会华人妇女部等，这类组织会员范围狭窄，在华人妇女中影响很小。抗日救亡运动中，新马华人妇女建立了妇女筹赈会、互助会、职业协会等组织，这些组织涉及各阶层和各职业的妇女，能有效地从事筹赈工作，动员更多的妇女参与抗日救亡运动，进行范围更大的政治动员。如在舞女协会成立前，捐款只是舞女个人行为，所捐有限，舞女协会成立后，舞女组织演剧筹赈活动，募得巨额捐款。

新马华人妇女组织没能实现联合，但已有这方面的尝试。1940 年，星华妇女筹赈会利用纪念“三八”妇女节联合全马妇女团体，主要采取两项措施：一是集中妇女的募捐。星华妇女筹赈会为纪念即将到来的“三八”妇女节，发表一封致全马妇女团体的公开信，希望各地妇女组织在“三八”妇女节纪念日一致行动，并将所得捐款，交给星华妇女筹赈会，购买药品，救助祖国伤员，以彰

① 当时中华总商会成立筹赈中国难民会，设立妇女部，发动妇女募捐。参见《沪变发生后女界亦恻然心动，捐输不让须眉》，《叻报》，1932 年 2 月 26 日；《叶玉堆夫人独捐巨款赈灾》，《叻报》，1932 年 3 月 5 日；《李光前夫人助国币一千元》，《叻报》，1932 年 3 月 7 日。

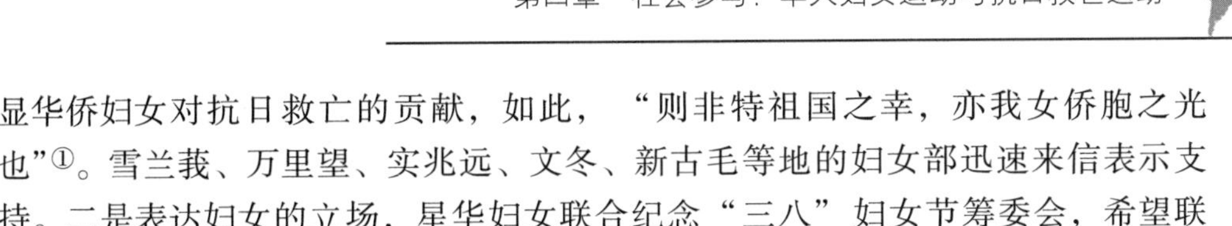

显华侨妇女对抗日救亡的贡献，如此，“则非特祖国之幸，亦我女侨胞之光也”[①]。雪兰莪、万里望、实兆远、文冬、新古毛等地的妇女部迅速来信表示支持。二是表达妇女的立场，星华妇女联合纪念“三八”妇女节筹委会，希望联合全马妇女团体通电声讨汪精卫，[②]这一倡议得到很多妇女团体的响应。

华人妇女组织增多，充分显示了妇女团结起来的力量，她们的社会活跃度和显示度增强，动员能力惊人。

（二）妇女解放宣传更加深入

新马华人妇女解放宣传虽然出现较早，但讨论不够深入，且很少关注华人妇女问题。抗日救亡运动推动了妇女运动，也极大地促进了妇女解放的宣传。

“七七事变”后，新马大部分华文报纸都增设妇女副刊，有的报纸还不止一个妇女副刊，如《南洋商报》有两个妇女副刊——《南洋妇女》和《今日妇女》，《星洲日报》也有《妇女界》和《妇女园地》，除上述两家外，《新国民日报》的《妇女与青年》，《光华日报》的《妇女》，《星中日报》的《妇女》，《总汇新报》的《妇女界》，《槟城新报》的《中华妇女》也纷纷创办，妇女副刊在宣传妇女解放运动和动员妇女参与抗日救亡运动方面发挥了积极的作用。据廖慧敏对“卢沟桥事变”至日本入侵新马前妇女副刊文章的统计，这一时期宣传最多的是妇女与抗日救亡运动，共有 518 篇，其次是妇女运动与抗日救亡运动相结合，共有 301 篇，单独讨论妇女解放运动的有 87 篇（参见表 4 – 5）。值得注意的是，这一时期妇女副刊不仅关注中国的事务，也开始关注本地妇女问题，1937 年 10 月有一读者向《星洲日报》副刊《妇女界》写信，指出该刊文章大多是空洞的救亡话，没有什么实际内容，建议多登对抗战有益的文章，如各地妇女筹赈活动，以及妇女的生活等。[③] 于是 1937 年后，各华文报纸的妇女副刊的一个显著变化是大量刊登当地华人妇女有关筹赈、[④] 华人妇女的生活和工作，[⑤] 以及华人妇女对妇女解放运动的看法和行动的文章。

---

① 《星华妇女筹赈会为纪念“三八”妇女节致全马妇女团体书》，《南洋商报》，1940 年 1 月 20 日。

② 《决联合全马妇女团体》，《南洋商报》，1940 年 2 月 7 日。

③ 淑贞：《一点意见》，《星洲日报》，1937 年 10 月 24 日。按：在此之前，丽尼也提出类似建议。

④ 毓英：《赈灾募捐记》，《星洲日报》，1937 年 8 月 15 日；淑贞：《马来亚的妇女应怎样》，《星洲日报》，1937 年 8 月 20 日；水源：《我对于妇女筹赈会的一点希望》，《星洲日报》，1937 年 10 月 7 日。

⑤ 惠明：《理发女的生活》，《星洲日报》，1939 年 2 月 5 日；玉华：《舞女生活谈》，《星洲日报》，1939 年 3 月 22 日；冷然：《我们在矿场里》，《星洲日报》，1940 年 8 月 4 日；猗萍：《洗琉琅的妇人》，《星洲日报》，1940 年 9 月 1 日；胡涛：《女子职业在街头》，《南洋商报》，1941 年 5 月 21 日；路惜：《树胶女工访问记》，《星中日报》，1939 年 4 月 2 日；路惜：《饼干厂女工访问记》，《星中日报》，1939 年 5 月 28 日；路惜：《街头特写——卖蛋的老婆婆》，《星中日报》，1939 年 6 月 11 日。

表 4－5　新马华文报纸妇女副刊在卢沟桥事变后所关注的问题

关注问题/华文报纸	新国民日报	南洋商报	星洲日报	星中日报	光华日报	总汇新报	槟城新报	总计
妇女运动	6	13	24	6	18	15	5	87
抗日救亡运动	30	28	231	38	146	38	7	518
妇女运动与抗日救亡运动相结合	39	21	88	35	85	28	5	301
职业		3	25	1	11	8	2	50
参政与法律			5	2	6	3	1	17
婚姻	7	14	17	3	1	2	2	46
教育	3	6	4	5	3	2		23
传统道德观	1	6	1			1	1	10
男女平等		7	1		1			9
美容与保健			82	6	2		1	91
家庭生活	3	15	33	16	6	10	9	92
妇女专访	10	60	42	82	87	39	21	341
读物介绍		2			4			6
各地风俗	1	11	4	3	1	1		21
无法归类	79	113	296	70	120	102	9	789

资料来源：廖慧敏：《战前时期新马华文报章妇女副刊研究（1937—1942）》，新加坡国立大学学士学位论文，1995 年，第 55 页。

华人妇女组织也非常注重宣传。1938 年“三八”妇女节前，星华妇女会就组成“‘三八’妇女节纪念特刊编辑委员会”，致函新加坡各大华文报馆，包括《南洋商报》《星洲日报》《总汇新报》《新国民日报》《星中日报》，请求各报纸在副刊上刊登全版的“三八”妇女节纪念特刊，并各报效 500 份以便分发，纪念特刊内容包括《发刊词》《“三八”妇女节历史及意义》《妇女节歌》等。[①] 各大报馆都很支持，在 1938 年 3 月 8 日那天，华文报纸都辟有“‘三八’节纪念特刊”，发表多篇相关文章。

① 《星华妇女会“三八”妇女节纪念特刊编辑委员会开会》，《南洋商报》，1938 年 2 月 16 日。

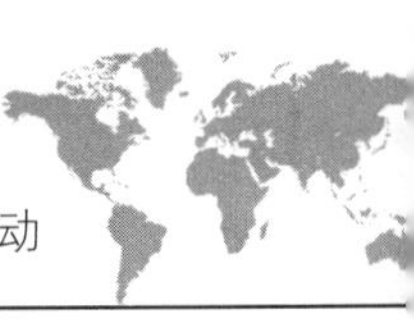

图 4－12　1938 年“三八”妇女节纪念特刊题头

图片来源：《总汇新报》，1938 年 3 月 8 日。

当时很多宣传抗日救亡运动的歌谣也加入妇女解放的内容，如 1939 年“三八”妇女节前，有人专门编印妇女节“三字经”，从“三八”妇女节的历史讲到日军的暴行，再讲到各国的女英雄和妇女觉醒，是一份十分珍贵的史料。全文如下：

三月八，天气清，妇女节，气象新。全世界，妇女们，开大会，同祝庆。这件事，有根照，且听我，唱一唱。三八节，三字经，为的是，天地开。自古来，最不平，重男子，轻姑娘，生女孩，管厨房，受欺侮，像牛羊。廿年前，丹麦国，一女人，蔡特金，看不惯，这情形，发宣言，把话讲，“我妇女，被压迫，最伤心，不自救，难翻身”。开大会，丹麦京，女会员，数千人，谋解放，求和平。从此后，逢三八，必举行，有始终，不曾停。我中华，四亿民，立国久，最文明，廿年来，妇女界，对此事，很赞成。只可恨，日本鬼，黑良心，八年前，九一八，攻辽宁，占土地，杀人民，不亡我，不甘心，廿六年，贼倭寇，又起兵。七月七，打北平，从此后，炸上海，夺南京，我同胞，被屠杀，万千人，众妇女，受奸淫，不服从，用刺刀，割乳头，命归阴。啼啼哭，顶伤心，劝劝劝，女侨胞，住南洋，虽平安，这深仇，切莫忘。第一劝，太太们，最重要，是节

俭，把金银，寄回唐，救灾民，救流亡，切不可，着高跟，学摩登，烫头发，上舞厅，吃大菜，耗金银。第二劝，女学生，应□要，看报纸，谈新闻，学唱歌，去救亡，切不可，谈恋爱，误光阴，寻烦恼，损精神。我们要，学一学，花木兰，破番兵，救父亲，爱国家，永留芳。你且看，俄罗斯，苏菲亚，刺沙皇，杀昏君，做革命，救生灵，你且看，洪文国，赵太太，年六十，尚带兵，杀倭奴，有威名。女英雄，人人敬，女同胞，快觉醒，求解放，莫迟停，国家强，有翻身，那时节，回祖国，享太平。①

（三）妇女政治动员范围扩大

抗日救亡运动中，新马华人妇女的政治动员范围空前扩大，主要表现在各阶层、各方言帮和各地域妇女都不同程度地动员起来，参与抗战筹赈活动。

首先，从阶层上来看，辛亥革命和1928年“济南惨案”只动员少数中上层妇女，下层妇女虽有个别人捐款，但只是零星的，谈不上广泛的政治动员。而在1937—1941年的抗日救亡运动中，政治动员的范围从社会活动家、知识妇女、女学生扩大到女工和家庭妇女。虽然由于个人经历、教育水平和职业的差别，华人各阶层妇女政治动员的程度有所不同，但她们确实被动员起来了。

而且，抗日救亡运动与妇女解放运动相结合，也有助于打破华人各阶层妇女的隔阂，尤其是在“三八”妇女节，女活动家、女教师、女学生、女工、家庭妇女第一次聚在一起，共同庆祝自己的节日，进行抗日救亡动员。1938年3月8日新加坡妇女庆祝“三八”妇女节大会，出席者来自各阶层，发言人有刘韵仙（教育界代表）、许丽姐（舞女代表）和江澜（建筑女工代表）。江澜一身黑衣，女工打扮，她以粤语演说，给人留下深刻印象。她说，妇女救亡运动，是每个妇女的责任，女工也不例外，她希望改善女工生活，实行八小时工作制，更希望各界知识姐妹，多多指导劳动妇女，教育不识字的劳动群众，促使全新加坡劳工妇女界更加团结，负起抗日救亡的责任。② 1939年新加坡妇女界纪念“三八”妇女节大会有数千人参加，出席者仍然来自各个阶层，女青年会代表陈克杰演讲，主张联合敌国妇女，共同奋斗；女工代表江润批评一般醉生梦死之妇女，被认为讲演最精彩；妇女互助社代表陈金提出多项建议，包括建立妇女总领机关、实行节约救国运动、教育大众、组织妇女救伤训练班、组织家庭访问队。③

---

① 《纪念三八节之妇女三字经》，《新国民日报》，1939年3月8日。
② 《星华妇女庆祝“三八”妇女节》，《星洲日报》，1938年3月9日。
③ 《星华妇女纪念三八》，《南洋商报》，1939年3月9日。

抗日救亡运动促进了新马华人社会不同阶层妇女的交往。过去不同阶层的华人妇女不相往来，知识妇女看不起家庭妇女和女工，太太小姐也看不起贫妇和劳动者，女工则认为上层妇女都是养尊处优者，现在，抗日救亡活动使她们走到一起，这有助于妇女的团结。当然，不同阶层妇女的交往是一个渐进的过程，而且这种交往也很难说是平等的，知识妇女自视高人一等，她们尽管认识到动员广大妇女的重要性，也确有不少人深入工厂和山村进行动员，但她们自视为觉悟者和领导者，因此言谈和行动间扮演了一个唤醒者的角色，视家庭妇女为落后者和需要觉悟者。

其次，从方言帮来说，抗日救亡运动也加强了各方言帮妇女的社会参与度和团结。新马华人社会分为几个方言帮，因语言、职业不同而处于相对隔离状态，过去不同方言帮妇女较少来往，还存在对“他者”的偏见。如广府妇女被人瞧不起，因为妓女多广府人，理发女、舞女也多广府人。在抗日救亡运动中，各方言帮妇女都被动员起来，闽南妇女和广府妇女动员程度较高。广府妇女特别引人注目，尤其是广府女佣和舞女组织演剧筹赈，非常活跃。实际上，广府妇女所从事的在当时人看来低贱的职业恰恰为她们自立于社会、参与救亡运动打下经济基础和组织基础，正因为广府妇女多职业妇女，她们就比多为家庭妇女的潮汕、海南妇女在抗日救亡运动中要活跃得多，也易于组织起来。

潮汕妇女多家庭主妇，过去较少参与社会活动，现在也组织起妇女部，如雪兰莪“同侨救乡会”设立妇女部，正主任为朱嘉炳夫人，副主任为郑则民夫人和陈曼斐女士。[①] 海南妇女人数较少，过去几乎不参与任何社会活动，一向是沉默的人群。抗日救亡运动中，琼侨救难会宣传部发表《告同侨妇女书》，号召海南妇女积极参加抗日救亡运动，一向人少势寡的海南妇女也被动员起来，1939年3月8日在新加坡琼州会馆举办的妇女节纪念大会有数百人参加，主席梁德英在发言中指出，海南处于日本铁蹄下，海外琼人要筹赈救难，琼妇大都是家庭妇女，一般没有财产，可以多劝丈夫出钱。[②]

抗日救亡和妇女解放运动为各方言帮妇女提供了社会参与和交往的契机，改变彼此的偏见。

再次，从地域上来说，抗日救亡和妇女解放宣传从大城市扩大到穷乡僻壤，一向不参与社会活动的小镇华人妇女也被动员起来。新加坡、槟城等大城市的妇女解放和抗日救亡运动走在前列。随后各州府所在城市，如雪兰莪吉隆坡、柔佛新山、霹雳怡保、吉打亚罗士打、森美兰芙蓉的筹赈会建立妇女部，举办“三

① 《雪潮侨妇女部》，《新国民日报》，1939年7月4日。

② 《琼侨救难会宣传部，“三八”妇女节发〈告同侨妇女书〉》，《总汇新报》，1939年3月8日。

八”妇女节庆祝活动，同时，小城镇如柔佛的峇株巴辖、居銮，霹雳的太平、安顺、江沙，彭亨的文冬，吉打的双溪大年、居林，雪兰莪的巴生，马六甲的野新也建立妇女部，开展了“三八”妇女节庆祝活动。很快，一些小镇，如柔佛的笨珍、昔加末、哥踏丁宜（哥打丁宜）、永平、三合港、古来、振林山、文律、郑屋港，霹雳的金保、打巴、红土坎、美罗、巴里文打、玲珑、朱毛、布先、地摩、沙叻北、督亚冷，彭亨的直凉、文德甲，吉打的波各先那、美农，森美兰的马口、瓜拉庇劳，丁加奴的甘马挽等地，也破天荒举办“三八”妇女节庆祝活动，并以此为契机，开展筹赈活动。这些小镇过去从来没有出现过妇女运动，现在也为了抗日救亡，引进“三八”妇女节，发出妇女解放的声音。

从上述事实看，新马华人妇女在抗日救亡运动中的政治动员较为充分，表现在动员范围较以往广泛得多，动员程度要深入得多，城市妇女积极参与筹赈，山芭妇女也在女学生的宣传下知道了抗战的意义；知识妇女是抗日救亡运动的中坚，但女工也不落人后，即使是家庭妇女，也能参加捐款；闽南妇女和广府妇女在筹赈活动中有较高的显示度，潮汕妇女和海南妇女也开始参与救亡活动；大城市华人妇女的社会参与较为活跃，一向封闭的小镇妇女也被动员起来，参与筹赈和妇女运动。尽管华人妇女对抗日救亡运动的参与程度不同，但都贡献了她们的一分力量。

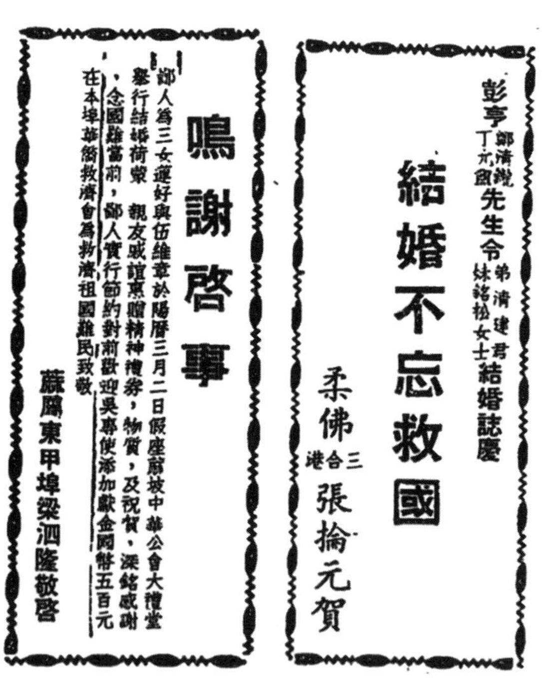

图 4－13　抗日救亡运动中华人结婚不忘救国

图片来源：《总汇新报》，1941 年 3 月 5 日。

论者之所以对华人妇女政治动员程度有较大争论，实是对不同群体政治动员的标准有分歧。在阅读有关华人筹赈活动的史料时，有一点给笔者留下深刻印象，即人们对富人捐款的微词较多，认为他们为富不仁，只顾自己赚钱，不关心祖国的存亡。一位女学生写的《募捐记》生动描述了她们对店主募捐时的遭遇：

这天早上九点，我们由学校出发，当我们入第一间店时，本想向他们宣传一下，使他们稍微明白，我国处境的危险和我们应有的责任。可是当他们（老板）看见我等的时候，不等我们开口，便赶快地拿出一块钱放入钱箱中，并挥手叫我们走，说他不得空，好像认为我们是讨钱的乞丐似的，我们这时心中真有说不出的难过。入第二间店时，该老板对我们更视如无物，一味做他们的生意，……让我们等了许久才拿出一块钱给我们，我们本想趁此对他解释一下，要求他多捐点钱，但他也同样的挥手叫我们走，说他不得空。过后又碰到一位老板狠狠地对我们说："敌寇天天来侵略我们中国，你们这班家伙也天天来侵略我们，钱又不是我自己制造的，那里来这么多钱呢？"[①]

富人对捐款的这种态度，使人们得出这样的结论："大抵而言，对于捐款抗日最为热心的，多半是中下层的华人，至于华人中的富商，反而吝于捐款，这种现象普遍存在于各地。中国驻南洋各地领事馆的报告皆持此看法。"[②]笔者认为应当实事求是地看待富人捐款问题，作为个体的人，他们的捐献并不少，只是人们对他们的捐献期望与其财富成正比，但这些富人没有侨领陈嘉庚、胡文虎那样的觉悟和使命感，尽管他们的捐献不少于常人，口碑却不好。富有的主妇在捐款时也面临同样问题，尽管她们也捐款了，[③] 但捐款与其财富不成正比，因而也受人诟病。笔者认为，这样评价他们并不公平，捐款以自愿为原则，他们能捐，就是对祖国尽了自己的一分力，我们不能用陈嘉庚的标准来要求他们。

同样的道理，在评价家庭妇女是否充分动员时，人们总是认为家庭妇女没有被动员，因为参加妇女集会和活动的家庭妇女很少，"马华妇女知识界，未能尽量宣传，所以在妇女集会里，家庭妇女参加者寥若晨星"[④]，进而得出她们落后或愚昧的结论。笔者认为政治动员的标准对不同群体妇女是不同的，家庭妇女只

① 瑞莲：《募捐记》，《星洲日报》，1937 年 10 月 24 日。

② 李盈慧：《抗战时期华人抗日捐献与相关纷争》，载《华人与抗日战争论文集》，台北：华侨协会，1999 年，第 58 页。

③ 杨浓先夫人珠耳环一对，蓝玉女士金耳环一对，杨杏珠女士珠耳环一对，谢育仁夫人金戒指一个，张金莲女士石耳环一对。参见《吉隆坡半山巴妇女界捐金饰》，《星洲日报》，1937 年 8 月 25 日。

④ 连秀：《为我全马妇女界进一言》，《星洲日报》，1939 年 8 月 13 日。

要知道抗战的意义，能捐款就应算动员，不能要求她们像女学生一样组织起来，整天出外宣传和集会。如果解决了不同群体不同标准的问题，抗日救亡运动中华人妇女是否充分动员的问题也就迎刃而解了。

三、新马华人妇女运动的特点

新马华人妇女运动在某种程度上是中国妇女运动的延伸，但与中国本土妇女运动相比，新马华人妇女运动有其自身的特点。毕竟，华人社会不同于中国本土，它的移民、从属、城市化和性别比例失衡等特征决定了新马华人妇女的生存状况不完全等同于中国本土。新马华人妇女运动与中国本土妇女运动有相同之处，也有不同之处，并在此基础上形成自己的特点。

特点之一，华人妇女运动兴起晚、温和而不激进、妇女参与程度低。新马华人妇女运动在20世纪初出现，但只有极少数海峡华人男女参与。二十世纪二三十年代随着女子教育发展和南来知识分子增多，华人妇女运动呈现少许“热闹”，但参与者仅限于中上层妇女，参与方式也仅限于在报刊上发表言论，要求教育、经济和政治平等，对于婚姻，只提出反对包办婚姻，甚至很少公开提出废除一夫多妻制；在行动上，只限于女子教育的推进和妇女职业的拓展，未涉及妇女政治权利的要求。可以说，不论是在宣传层面还是在行动层面，参与妇女运动者都是少数精英人物。所以有人指出：“近年来，南洋的妇女不少是受到中等教育的，甚至是受到较高些教育的，所以有不少妇女感到自身的压迫，又受了新知识的洗礼，于是起而从事妇女运动，然而事实上有什么效果？少数的人借此为名，整天唱高调，理论与事实甚至全不相符，到了什么‘三八’节啦及其他运动纪念日啦，照例由少数的知识分子来领导开会，自然有不少女同胞发慷慨的演讲，听去很堂皇的，其实口头禅说来有什么用？”① 直到抗日救亡运动，华人妇女才实现较充分的政治动员，但妇女解放运动却又被民族解放所掩盖。

华人妇女运动之所以兴起较晚，妇女参与程度低，与华人社会的特征有很大关系。中国人在移民海外的过程中，中国传统性别观念被带到新的居住地，比如男尊女卑、男外女内、三从四德等，父权长期居华人社会统治地位，而华人妇女人数远远少于男性，且多为文盲，她们难以参与妇女解放运动。作为精英知识女性的人数更少，她们在少数男性知识分子的支持下进行妇女解放宣传，难以形成大的影响。更重要的是，马来亚是殖民地社会，民众基本上没有政治权利，华人作为移民，也不认同当地和英国，所以华人妇女从未提出政治权利问题。而且殖

① 静子：《目前妇女应有的觉悟》，《星洲日报》，1937年6月20日。

民地政府对华人激进思想和活动一向严加控制，20 世纪 20 年代某中学校长陈柏年在报上著文，有一句“为女权而牺牲、为革命而流血”，殖民地当局认为“女权”“革命”“流血”“牺牲”等字样都是过激的，警告他以后不得再用。[①] 可以说，移民社会的性别观念、精英知识分子的缺乏和殖民地政府的控制是华人妇女运动兴起晚、妇女社会参与程度低和妇女解放宣传和缓而不激进的原因。

特点之二，华人妇女运动不与当地民族解放运动相结合，而是与中国民族解放运动相结合。纵观殖民地和半殖民地国家妇女解放运动，无一例外都是与民族解放运动相结合，这是因为当时争取民族解放和民族独立是时代的主旋律，任何阶级、群体和阶层的活动都必须融入其中。但“二战”前新马华人妇女运动并没有与当地民族解放运动结合，而是与中国民族解放运动结合，可以说华人妇女运动与中国民族解放运动相伴而发展，从辛亥革命时期华人妇女的募捐，到“山东惨案”华人妇女的筹赈，再到抗日救亡运动中妇女的动员，华人妇女运动也在不断向高的层次发展。

华人妇女运动之所以不与当地民族解放运动相结合，与移民社会的传统有关，华人在英属马来亚持一种移民/客居心态，因此除海峡华人外，大部分华人对当地政治事务不关心，也无权关心，他们认同的是中国，关心的是中国事务，于是抗日救国成为最有力的政治动员工具，最大程度动员了华人的参与热情。华人妇女也在抗日救亡的旗号下进行动员，只有将妇女运动纳入民族解放、国家存亡的框架内，华人妇女运动才能得到上至侨领、下至普通百姓的支持，只有参与中国民族解放运动，才能达到推动华人妇女解放的目的。

特点之三，华人妇女运动呈多样性。从语言来说，分为说华文和说英文的妇女运动，从政治派别来说，分为亲共（产党）、亲国（民党）的妇女运动，还有不关注政治的妇女运动。新马华人妇女运动从一开始就分为说英文的海峡华人妇女运动和说华文的华人妇女运动，由于语言不通和关注点不同，两种源流的妇女运动在“二战”前很少合作。海峡华人更认同英国，认为自己是英籍民，她们关心的是海峡华人妇女的教育和福利，不关注中国，也不参与同政治有关的行动。即使在抗日救亡运动中，大部分海峡华人妇女漠不关心中国的生死存亡，只有少数海峡华人妇女参与了这一运动。说华文的华人妇女运动在新马华人妇女运动中居主导地位。她们认同中国，关注中国事务，受中国的影响较深。一个表现是中国国共两党斗争也部分反映到华人妇女运动中。国民党和共产党都在新马进行活动，少数华人妇女分别加入国民党和共产党。但“二战”前华人妇女运动还没有明显的党派区别，因为 20 世纪 20 年代和 30 年代初华人妇女运动处于初

---

① 陈柏年：《铁蹄下之新加坡》，中国经济研究会，1926 年，第 30 页。

步发展阶段，只进行一般意义上的妇女解放宣传，也有人从马列主义的角度宣扬妇女解放思想，但基本没有卷入党派斗争，抗日战争爆发后国共合作，华人妇女运动也未显示党派斗争的征象，战后华人妇女运动才表现出明显的党派之争。[①]另一个表现是更多关注中国的妇女问题。中国在妇女问题上有过多次激烈的争论，如法律中的通奸罪问题、妇女回家问题、贤妻良母问题，等等。华人妇女也在报章上积极参与这类问题的讨论。

可以说，“二战”前新马华人妇女运动是中国妇女运动的组成部分，也是当地妇女运动的组成部分，华人妇女运动与祖籍地民族解放运动相结合，构成海外华人社会的社会运动之一，推动了华人性别观念的变化。

四、妇女社会参与与社会性别变化

20 世纪 30 年代妇女运动和抗日救亡运动在新马华人妇女史上占有重要地位，因为它们极大地促进了华人妇女参与社会事务。在此之前，新马华人妇女基本不参与社会政治活动，少有的几次活动是城市的上层妇女参与，以方言帮为单位，关心的是中国的事务。抗日救亡运动使华人妇女第一次打破方言帮的界限，建立多个妇女组织，充分动员华人妇女。

更重要的是，妇女运动和抗日救亡运动促进了华人妇女参与社会事务，某种程度上改变了传统的社会性别观念。其影响表现在以下几个方面：

第一，参与抗日救亡运动和妇女运动使新马华人妇女第一次大规模走出家门，参与社会活动，提升了她们的社会地位。过去华人社会除少数知识妇女外，大部分妇女很少关心社会事务，也很少参与社会活动，抗日救亡运动为她们提供了参与社会活动的机会，她们参加捐款、义卖、义演等各种活动，实践了“国家兴亡，匹妇有责”。如霹雳的一个古埠华都牙也华人社会一向以保守著称，华人妇女也很少出门，但抗战以后，情形有所改变，“在‘救亡高于一切’的前提下，她们有些开始踏出了闺房，卷进救亡的浪潮里，卖花、卖物、演戏……都不遗余力地与男子并驾齐驱。……在她们这种种奋斗下，她们的地位是提高了，现在努力干工作的，在马路上为国奔跑的，相信再也没有人敢称她们为‘三星婆’，并且也不敢轻视她们的力量，这就证明着，妇女们自己的地位是靠自己争取的，中华民族争取解放的过程也就是妇女同胞争取解放的过程”[②]。

---

① 战后国共两党斗争激烈，华人妇女运动也分野，1947 年新马各地举行“三八”妇女节庆祝会，多分开举行，亲共产党的妇女在一处召开，亲国民党的妇女在另一处召开。星洲妇女联合总会是亲共组织，多次举行反蒋座谈会。《妇女界铲除蒋根》，《南侨日报》，1948 年 5 月 18 日。

② 白纳：《华都牙也的妇女》，《星洲日报》，1940 年 5 月 26 日。

第二，参与抗日救亡运动和妇女运动在某种程度上改变了传统的社会性别观念，包括男性对妇女作用的重新评价和认识。笔者在新加坡口述历史档案馆看到一份赵丽娥的口述访谈，可以从中看到人们对妇女参与抗日救亡活动的不同认识。赵丽娥受过中学教育，但未毕业，抗日救亡期间参加同德书报社的歌咏队，卖花募捐，唱的歌曲有《孤岛天堂》《中华儿女》《卢沟桥问答》《松花江上》，对鼓舞人们的爱国热情很有帮助。

偶尔碰到有财钱的人不高兴卖花，一般人都很热心，连人力车夫也很热心，“阿伯，买一朵花吧”。“好，好”，他就放下（钱）去了，他没有问你是干什么的，他知道是救国。

问：“女孩子在那个时代去卖花，会不会给人家讲?”

答：“那个时候比较封建，封建的人就讲：‘这个女孩子多数是很三星（野）的，专门出来做这些事，一定是很三星的。’……我整天给祖母骂，‘你这样三星，什么地方都跟着去，……你不怕给人家一个坏印象吗？这个女孩子都没用的，三星婆这样’。”

问：“所以女孩子在那个时代出来卖花，人家也还是会这样讲，是吗?”

答：“不是全都是封建的啦，有一些很文明的，知道出来做这些爱国的事情，他是没有阻止的，参与卖花的女孩子很多，全都是受过教育的。”“平时女孩子出来会受到年轻男人调笑，‘不要跑了，等我了’等等，但如果去卖花，年轻男人就不敢讲轻薄话。”①

从赵丽娥的经历，我们可以看到老一辈还恪守传统观念，对女孩子抛头露面看不惯，但大部分人对女学生为抗日救亡而卖花是赞赏的，也积极支持，有个别人虽对抛头露面的女孩心存轻薄，但当这些女孩是为救国而奔忙时，敬意取代了轻薄。可以说，华人妇女参与抗日救亡活动改变了很多人的传统观念，最初他们认同妇女受教育，通过抗日救亡活动，他们又认同了妇女参与社会活动。

第三，参与抗日救亡运动和妇女运动也为新马华人社会培养了活动家和干部人才。华人妇女过去很少参与社会活动，知识妇女又少，因此在救亡运动中面临组织人才缺乏问题，正如当时报章所指出：“一、缺乏充分的干部人才，尤其是缺乏各界妇女，如女工和女学生的工作干部。二、一般的工作干部都缺乏充分的工作经验，能独立工作且敏捷地解决临事变者尤其缺乏。三、理论修养非常不够，有许多工作干部还未能真正地彻底了解。四、一般的干部，还缺乏一种刻苦

① 赵丽娥口述访谈文稿，新加坡口述历史档案馆，编号 A000398/07。

耐劳的精神，苟且的倾向还是相当浓厚，故缺乏深入各界妇女群众中去工作的坚强决心与勇气。五、有许多工作干部都还犯了自高自大和轻视一般妇女的毛病。”[①] 这些批评确实是中肯的，但我们也要看到，抗日救亡是新马华人妇女第一次大规模的政治动员，在面临干部缺乏的同时，也锻炼了一批妇女人才，如赵丽娥在日据时期仍然参加抗日活动，加入地下组织“抗日组”，张贴反日标语，后被日本人逮捕，判刑七年，战后参加新民主主义青年团。[②] 她们中的一部分后来成为20世纪50年代新加坡、马来亚妇女解放运动的中坚，还有一部分回到中国。

此外，参与抗日救亡运动使得华人妇女生活方式也有所改变，她们积极用国货，拒用日本货；为响应节约号召，华人妇女崇尚简朴的穿戴，像过去那样珠光宝气会被人诟病。当时人也说，妇女“逐渐除却了华美之风，事变前那种浓妆艳抹的奢侈之风从此一扫而光”[③]。

对于新马华人妇女来说，抗日救亡运动和妇女运动是一种双向互动关系，华人妇女在抗日救亡运动中发挥了巨大的作用，同时，抗日救亡运动也促进了社会性别关系的变化和华人妇女地位的提高。

① 马恩哲：《现阶段的马华妇女救运》，《南洋商报》，1939年2月13日。

② 赵丽娥口述访谈文稿，新加坡口述历史档案馆，编号A000398/07。

③ 杨建成主编：《南洋华人抗日救国运动始末》，台北：文史哲出版社，1983年，第55页。

第五章　暗流涌动：新马华人婚姻家庭的变化

20世纪30年代新马华人社会处于从传统向现代的变革之中，这不仅表现在华人教育水平的提高、经济结构的转型和性别观念的变化上，而且表现在婚姻家庭模式的转变上。这一时期华人社会的婚姻模式从包办婚姻向自主婚姻过渡，家庭模式从扩大家庭向核心家庭转变。尽管传统的社会性别观念，如男主女从、男外女内、男强女弱、三从四德等仍占据主导地位，但变革的潜流在涌动，华人妇女开始向夫权与父权挑战，在改变不平等的性别关系中发挥了自己的能动性。

第一节　传统与变革中的婚姻家庭模式

一、20世纪30年代新马华人婚姻家庭模式的变化

新马华人婚姻家庭模式基本上沿袭中国，直到20世纪初，其婚姻家庭模式仍是传统的。从宋旺相等人的描述，我们知道当时海峡华人的婚姻完全由父母包办，少女没有行动自由，也不接受教育，“长大的唯一目标是嫁人，嫁给那个素未谋面但家长或监护人中意的男人”①。随着新马社会的发展，华人婚姻家庭模式处于从传统向现代的变革之中，表现在以下三个方面：

（一）包办婚姻与自主婚姻并存

20世纪30年代新马华人社会多种婚姻形式并存，依其自主程度，可分为父母完全包办、半包办（父母做主、自己同意）、半自主（自己做主、父母同意）和完全自主。完全由父母包办的婚姻日益减少，半包办、半自主婚姻日益增多，完全自主婚姻也不多见。

这一时期华人婚姻正处于从传统向现代过渡时期，自由恋爱很少，大部分婚

---

①　李元瑾：《新加坡海峡华人知识分子的女权与女学思想》，载［新］杨松年、王慷鼎合编：《东南亚华人文学与文化》，新加坡：新加坡亚洲研究学会，1995年，第265－266页。

姻仍是父母之命，媒妁之言，父母在决定儿女婚事上起极大作用。据潘扬会对“二战”前新加坡华人的回忆：“当时儿女的婚嫁都是由媒人介绍的，很少有自由恋爱这回事。因为即使你要自由恋爱也没有机会。每个人在家里帮忙家务，没有机会出去外面谋生，不像战后每个人可以到外有工作做……”[①] 他认为女子在家帮助家务，没有机会认识男性朋友，这是自由恋爱较少的原因。实际上，当时自由恋爱尚未被普遍接受，父母包办婚姻是常态。这种盲婚给女子带来的多是泪水和不幸。1929 年《槟城新报》有一报道，父母贪爱男方的财富和重聘，将 17 岁女儿嫁给一个 60 多岁的老翁，女儿完全不知对方年龄几何，人品如何，等结婚之日才知道丈夫是白头老翁，“怎奈父母之命，而米已成炊，敢怨而不敢言，终日满面愁容，惟有叹气而已”[②]。

当时虽出现自由恋爱，但父母在儿女的婚姻选择上仍起决定作用。如陈嘉庚的儿子陈国庆 1934 年在从香港回新加坡的船上认识一位姑娘，两人建立了恋爱关系，双方母亲也认识，正要订婚时，却遭到陈嘉庚的反对，因为他听说那姑娘喜欢跳舞。陈嘉庚平素最厌恶跳舞，[③] 坚决反对儿子与姑娘订婚，女方答应以后不再跳舞也不行，“这门亲事遂告吹了”[④]。可见，当时父母在儿女婚姻上仍有很大的决定权，儿女自由恋爱，但如果得不到父母的首肯，婚事也成不了。

当时进步人士对婚姻自主虽然赞成，但对于征婚这种更现代化的求婚方式还是不能接受。1939 年受过中学教育的丘士琴女士在《星洲日报》上征婚，她征婚的目的是“纯为争取婚姻自由”[⑤]，引起人们热议。赞成者有之，认为这是追求婚姻自主的大胆举动，反对者亦有之，认为这是哗众取宠，并不能获得真正的爱情。如水源对妇女解放一向坚决支持，[⑥] 但他也不赞成征婚的方式，认为不可靠：“……一位受过中等教育的人，不能在生活过程中找一位‘志同道合’的伴侣，反出于登报征求，这已是件怪事了。何况征求得到的伴侣，实不能说是可以靠得住的……”[⑦] 从人们对征婚的反应以及陈嘉庚对儿女婚事的权威，我们可以看到新马华人婚姻正处于从传统向现代的过渡中，父母之命，媒妁之言仍占据主导地位，但自主婚姻也受到越来越多人的肯定。

婚礼的形式也折射着婚姻观念的变迁。当时新马华人社会存在传统婚礼、文

---

① ［新］林孝胜编：《潘家村史》，新加坡：新加坡亚洲研究学会，1991 年，第 43 页。

② 《盲婚之叹》，《槟城新报》，1929 年 5 月 4 日。

③ 陈嘉庚在很多场合公开表示对跳舞和舞女的厌恶，详见《南侨回忆录》，长沙：岳麓书社，1998 年，第 42、218、384 页。

④ 陈国庆：《我的父亲》，载《回忆陈嘉庚》，北京：文史资料出版社，1984 年，第 56 页。

⑤ 《妇女解放声中 丘士琴登报征夫》，《星洲日报》，1937 年 2 月 14 日。

⑥ 水源是《星洲日报》编辑，也是妇女副刊《妇女界》的作者。

⑦ 水源：《也非好辩——再谈丘女士登报征婚》，《星洲日报》，1937 年 4 月 11 日。

明婚礼和集团婚礼几种形式。传统婚礼完全与中国旧式婚礼相同，被认为程序烦琐，靡费金钱。文明婚礼是指新式婚礼，出现于20世纪10年代，盛行于20世纪二三十年代，在礼堂举行，有证婚人、主婚人、介绍人、男女傧相，证婚人、主婚人、新人登台演说。当时报纸上经常刊登这类婚讯，强调其进步、男女平等等面相，认为是改良社会的方式之一。[①]

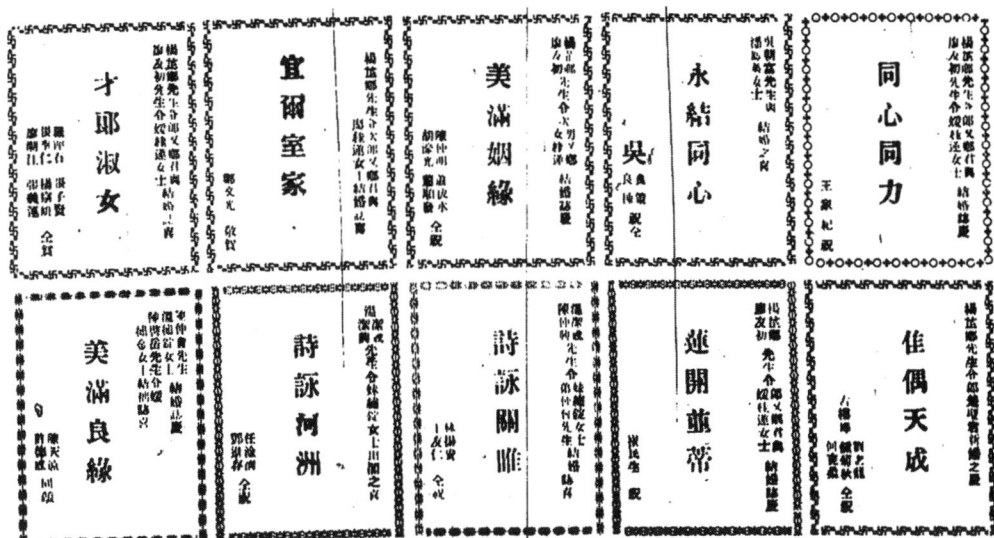

图5－1　报纸上刊登亲朋好友对新人的祝福

图片来源：《槟城新报》，1933年12月14日。

集团婚礼20世纪30年代出现于中国，很快传到新马，被认为较旧式婚礼和文明婚礼都更经济和进步。1935年新加坡新生活酒家店主欧阳艾莆响应集团结婚的提倡，在《南洋商报》刊出启事，支持集团结婚，愿意报效大礼堂和其他一切费用。[②] 随后马来亚各地开始举办集团婚礼，[③] 最引人注目的是1937年2月新加坡第一次举办的集团结婚，共有十对新人参加，由中国驻新加坡总领事证婚。[④]

① 《文明结婚纪盛》，《新国民日报》，1919年10月22日。

② 《本坡有人提倡集团结婚》，《南洋商报》，1935年4月25日。

③ 《实吊远将举办集团结婚》，《槟城新报》，1935年5月15日；《集团结婚风行海外　麻坡永春会馆举行小集团结婚》，《南洋商报》，1935年9月28日；《吉礁日得拉破天荒之集团结婚》，《槟城新报》，1935年12月17日。

④ 《星洲第一次集团结婚》，《槟城新报》，1937年12月2日。

（二）核心家庭与扩大家庭

社会学家将家庭分为四种形式，一是核心家庭，即通常所说的小家庭，由一对夫妇及其未婚子女组成；二是直系家庭，又称主干家庭，由父母和一个已婚儿子组成；三是联合家庭，又称扩大家庭，由父母与多个已婚儿子组成；四是其他家庭，指非亲子关系组成的家庭。新马华人社会是移民社会，其家庭形式与中国本土家庭形式有所不同，更多地反映了移民社会的特点。

“二战”前中国人口国际迁移的主体是男性，大量单身男性的存在构成单一家庭，这是华人家庭的特点之一。20 世纪 30 年代中国妇女大量移民新马使这一状况有所改变，表现在华人家庭数量增多。尤其是核心家庭数量增多，1921 年人口普查，新马已婚华人男性为 263 270 人，女性为 152 381 人，1 000 个已婚男性只对应 579 个妇女。1931 年人口普查表明，每 1 000 名已婚华人男性对应 756 个已婚妇女。[①] 1947 年人口普查表明已婚人数大大增加，新加坡 20 岁以上华人男性已婚率为 66.1%，丧偶率为 7%，两者相加，20 岁以上 100 个华人男性中约有 73 人结婚。15 岁以上女性已婚率为 46%，丧偶或离婚率为 29%，两者相加，15 岁以上 100 个华人女性中约有 75 人结婚。[②] 这表明华人家庭数量大大增加，且以核心家庭为主，因为年老的公婆如果有其他子女在故乡的话，一般不愿迁离故土。所以，如果说中国本土是扩大家庭和直系家庭占主导地位，那么新马华人家庭则是单一家庭、核心家庭和直系家庭占主导地位。

扩大家庭是传统农业社会的产物，它不利于家庭成员个人的发展和生活，很多华人对中国传统的大家庭制度不满，但从社会性别视角观察，男性和女性对扩大家庭的不满有所不同。男性因经济负担加重感受到扩大家庭的缺点，一位从新加坡归国的锡矿商人就说：“大家庭是很讨厌的一种社会制度，因为如果有一个人赚钱，家内各人都要分得好处，增加这个人的经济负担，使得他不容易发展。我是受过这种苦恼的人，觉得个人对于家庭的责任太重，妨害个人的营业及其他各种的活动。”[③] 而女性更多地从公婆压迫和家务负担感受到扩大家庭的桎梏，因为扩大家庭几代同堂，年长的家长是权威，媳妇处于最底层，公婆尤其是婆婆对媳妇苛责甚严。而且大家庭人口多，家庭关系复杂，家务也多，通常媳妇不仅要侍候公婆丈夫、照顾孩子，还要做饭、洗衣，维持好各种人际关系，身心疲累。有一华人妇女陈张氏与丈夫陈天球结婚后与公婆和哥嫂同住，此家庭是典型的扩大家庭，家中大

① VLIELAND C A. British Malaya: a report on the 1931 census. London, 1932: pp. 56 – 57.
② 《南洋年鉴》，新加坡：南洋报社有限公司，1951 年，第 13 页。
③ 陈达：《南洋华侨与闽粤社会》，上海：商务印书馆，1938 年，第 157 页。

小十六口人，没有雇女佣，所有洗扫烹饪等家务事，全由陈张氏与嫂嫂负责。陈张氏因操劳过度，身体日衰，不能干更多家务，嫂嫂便到公婆面前告状，公婆大骂陈张氏，而丈夫并不劝解，也不为她治病。陈张氏不得不回娘家养病，并向华民护卫司状告其夫不付赡养费，要求另立门户，不与公婆共居。①

图 5－2　华人扩大家庭

图片来源：KEONG N K J & KHOO K S. The Penang Po Leung Kuk：Chinese women，prostitution and a welfare organization. Kuala Lumpur：Malaysian Branch of the Royal Asiatic Society，2004.

与扩大家庭相比，核心家庭更适合人们生活，它使得家庭关系简单、夫妻的自主性增强，尤其是妻子对家庭事务的自主权增多，因此，核心家庭成为女性、青年人接受或向往的家庭形式。这种家庭形式也被一些南洋华人带到故乡，冲击了闽粤地区传统的宗族社会。据陈达 20 世纪 30 年代在闽粤侨乡的调查：“有些侨生女子，闻见较广，知识较高，如于结婚之后，由丈夫带回家乡，对于旧式的家庭，往往不惯过活，因此容易发生冲突。有一位星加坡华人，带领妻子（侨生女子）由南洋回潮州后，妻室即提议分家产，预备组织小家庭。家长向南洋报告情形云：‘某侄今年三月十五，带引新妇回家。女子是个实叻（新加坡）侨生，衣着翻新，读过学校，来宅不外二十日，即串丈夫同我分家！某侄亦是不中用

① 《火锯厂司理陈天球与发妻》，《星洲日报》，1934 年 11 月 8 日。

人，随时即打迫吾分家！'"[①] 从陈达调查的实例，我们可以看到，这位新加坡侨生女子受过教育，崇尚核心家庭生活，她的丈夫也如此，因此妻子一提出分家，丈夫立即同意。而国内的家长仍是思想守旧之人，他看不惯侨生女子“衣着翻新”，更痛恨提议分家。

图 5－3　华人核心家庭

图片来源：KHOR N. Chinese women：their Malaysian journey. Petaling Jaya：MPH Pub.，2010.

不论是扩大家庭还是核心家庭，父权或夫权统治仍然占据主导地位，20 世纪 30 年代新马华人家庭中的父子关系和夫妻关系仍遵守中国传统伦理规范，即子女要服从和孝顺父母、妻子要服从丈夫。陈嘉庚的家庭生活是典型代表，陈是一位威严的家长，他对子女极为严厉，说一不二，因此，“儿女们对他十分畏惧，觉得他是一位威严很重的父亲。每次他回家，一听到他的汽车声，儿女们一窝蜂地躲入房内，待他晚饭后出门，才敢踏出房门。他每年农历新年总是在怡和轩过，大年初一儿女们到怡和轩列队向他拜年，由于彼此无话可说，前后不过三十分钟便离去”[②]。他的妻妾也绝不敢挑战他的权威。这种以从属与服从为核心的父子关系和夫妻关系是“二战”前华人家庭的普遍现象，可以说，20 世纪 30 年代华人社会扩大家庭与核心家庭并存，父权与夫权统治占据主导地位。

---

① 陈达：《南洋华侨与闽粤社会》，上海：商务印书馆，1938 年，第 159－160 页。实叻是华侨对 Straits Settlement 的中文称谓。

② 陈国庆：《我的父亲》，《回忆陈嘉庚》，北京：文史资料出版社，1984 年，第 54－55 页。

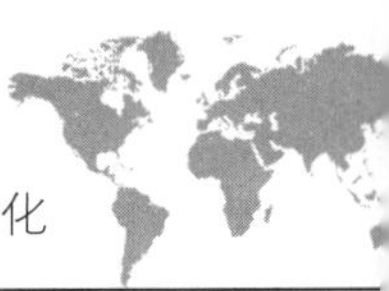

（三）一夫一妻制与一夫多妻制

新马华人的婚姻是一夫一妻制与一夫多妻制并存，具有明显的阶级色彩。下层民众，如劳动阶层，因为经济条件所限，基本上都是一夫一妻制。中小商人，有一定的经济能力，大都娶妾或实行“两头家”制。[①] 而富商阶层，则是妻妾成群，如海峡华人李清渊家“全盛时，富逾五六百万，有妻妾十人（闽女二，粤女八）……”[②] 陈嘉庚、胡文虎等侨领也拥有众多妻妾。

图 5－4　20 世纪 20 年代巴生陈氏家庭的庆生照片，妻妾子女成群

图片来源：［马］徐威雄、张集强、陈亚才等编，陈耀宗译：《移山图鉴：雪隆华族历史图片集》，吉隆坡：华社研究中心，2012 年。

一夫多妻制是父权制的产物，它是男人社会地位和财富的象征。在新马华人社会，对男性来说，多娶几房妻子是地位和财富的标志，不仅可满足性欲，还有经济上的好处，因为方便管理不同城市的商业，省去住旅馆的开支。[③] 对女性来说，当妾并不像在中国那样地位卑下和受人歧视，反而有一定的权利，尤其在“两头家”家庭，妾是“新加坡妻子”，人们认为她和唐山（中国）发妻的地位

① 华侨在家乡娶妻，发妻掌管国内的家庭，华侨再在海外居住地另娶妻，是为“两头家”。

② 招观海：《南天游记》，《海外月刊》1935 年第 31 期，第 56－57 页。

③ 商人黄添基有妻妾四人，除正妻外，在中国香港、新加坡和槟城各纳一妾。参见《星洲日报》，1939 年 8 月 31 日。

相当。[①] 即使发妻也在新马，妾的地位也不低，甚至与原配平起平坐，这与中国本土有很大不同。一般来说，中国的正妻地位比妾高出很多，但在新马，妾的地位相对较高，之所以如此，一是因为华人家庭妻妾分居，华人通常另置居所安置妾，甚至在另一个城市安置妾，便于做生意，也减少家庭矛盾；二是根据殖民地对妻妾继承案件的判例，丈夫死后，妾与妻有同样的继承遗产的权利。这使得妾在华人家庭中的地位大大提高。

一夫多妻制度是男女在婚姻上不平等的突出表现，它在使部分男性尽享齐人之福的同时，却将女性推入婚姻不幸的深渊，嫉妒、争吵成为妻妾主要的生活内容，消耗着她们的心力。在三从四德的规范下，大部分妇女忍受着这样的生活，也有少数妇女闹上法庭。有一妇女名吴亚□，1928 年嫁与周福山为妾，但正妻对她非打即骂，她就告到华民护卫司署，华民护卫司判她与正妻分居，丈夫每月给她 15 元生活费。后来她生两子，丈夫要她回家住，并停付生活费。于是她又告到法庭，并请了张舜琴为辩护律师。张律师通过辩论，让法官明白周福山不能担保正妻不殴打妾，且周福山也不是如他自己所说的不名一文，最终原告胜诉，法官判被告每月给原告 20 元生活费。[②] 这是法庭受理的少数妻妾不和的案件，大部分情况下，法庭不愿管华人的妻妾纠纷，认为这是家务事。如李荣娶有妻王亚雀和妾郑玉珍，妻妾不和，郑上法庭控告王偷窃她的首饰，王否认偷窃，还说丈夫宠妾轻妻，妾在丈夫面前搬弄口舌，丈夫经常虐待她。法官认为这是家庭琐事，不愿受理，撤案了事。[③]

在男女平等、妇女解放的话语下，一夫多妻制被认为是封建落后的，而一夫一妻制被认为是文明进步的象征。五四运动以后，中国知识分子大力提倡妇女解放，向封建伦理和家族制度挑战，其中一个矛头就是指向一夫多妻制，当时报刊上有大量主张废除一夫多妻制的文章。在新马华人社会，先进分子在报刊上主张自由恋爱和一夫一妻制，但极少主张废除一夫多妻制，只有少数海峡华人对多妻制进行批判。著名华人律师林清渊认为多妻制是华人道德上的污点，妨碍了华人的进步，而殖民地政府允许多妻制合法存在，助长了多妻制的蔓延，他呼吁殖民地立法废除一夫多妻制。[④] 也有海峡华人主张实行注册婚姻，废除多妻制度，认为多妻制在法律方面存在矛盾，在社会方面不符合妇女解放的进步潮流，在经济

① WEE A E. Chinese women of Singapore：their present status in the family and in marriage，in WARD B E. Women in the New Asia. Paris：UNESCO，1963：p. 378.

② 《多妻制度下，为妾者要求分别居住》，《叻报》，1932 年 1 月 16 日；《女律师马到功成》，《叻报》，1932 年 1 月 23 日。

③ 《家庭不和，妾控大妇行窃》，《星洲日报》，1936 年 11 月 7 日。

④ 《多妻制之腐败风尚》，《总汇新报》，1931 年 11 月 13、14、16 日。

方面耗费金钱。①

二、华人妇女挑战父权和夫权

20 世纪 30 年代新马华人社会处于变革之中，华人妇女受教育者增多、经济能力提高、社会参与积极，一些妇女敢于向传统的父权家长制挑战，谋求自己的权益。

（一）反对父母包办婚姻

在女子受教育水平提高和社会交往增多的情况下，女子有自由恋爱的机会，并有了自己的意中人，但父母仍按自己的意志和标准为她选择夫婿，不少女性公开反抗父母包办婚姻。吉隆坡一闻人的女儿受过教育，也有意中人，但父母竟将她另许他人，该女闻知痛哭，哀求父亲退婚，不允，此女即给父母所许的男方写了一封信：

> 我虽然和你不相识，但我为了我的终身问题，就不能不冒昧地写这封信给你。
>
> 先生既是一位读书识字的人，又是住在文明都市里的人物，当然对于现代的婚姻，是很知道，是必须经过男女双方的同意，然后才有结合为终身伴侣之可言。现在我和先生的婚事，事先我既不知晓，实完全出于我父母的包办，事后我的父母又不顾我的悲哀痛哭，而一意孤行，逼得我现在不（得）不写信来忠告你，就是希望你“要取消那个不合法的婚约”，不然，假如你还梦想娶我为妻，我不但誓死不从你，不嫁你，而且你这样害死我，我和你素来无怨，又无仇，你心又何忍呢？②

该女士认为现代婚姻应建立在双方同意和了解的基础上，她说服不了顽固的父母，希望能说服也受过教育的男方，遗憾的是我们不清楚男方接信的反应。还有的女性向报纸和其他人求助，如新加坡有一个 19 岁的中学生（师范三年级）名黄秀娘，已有恋人，但父亲未经她同意，将她许配他人。黄秀娘在给《南洋商报》编辑的信中说：“我的父亲是个十八世纪的老顽固，婚事一定要由他主意才

① 《实行注册婚姻废除多妻制度》，《南洋商报》，1932 年 4 月 13 日。按：该文译自《海峡华人月刊》。

② 《“盲婚制度”下之可怜人》，《益群日报》，1934 年 3 月 27 日。

对。”但黄秀娘受过教育，崇尚自由恋爱，坚决反抗父亲的包办，甚至表示：“若是你偏要我嫁他，那么女儿只好不顾一切，脱离父女关系。”黄父大怒，拿起竹棍痛打女儿，黄秀娘索性收拾行李，逃到同学家去了。①

也有女性反对包办婚姻不是因为有了意中人，而是因为不喜欢或认为男方条件不适合自己，也就是说，女性开始从个人利益考虑，而不是一概盲从父母。有一名少女林爱金，18 岁，母亲将她许配给一个 32 岁且有一子的男人，她说，她“一点也不愿意，他的年岁比我大得太多，平时绝不相识，无丝毫感情……嫁给他，每天天明就要起来煮猪饭，此外零碎的工作也很多，我恐怕做不来，为自身前途计，无论怎样我也不愿嫁给他”②。林爱金请求华民护卫司帮助调解，但男方不愿退婚，将她告到法庭。林爱金之所以有勇气反抗包办婚姻，与她受过教育和参加过社会活动有关，她读过五年书，后来当过饼干厂女工，参加过卖花等救亡运动，在朋友的鼓励下，她对读书产生兴趣，时常看书，对婚姻有自己的想法，也会为自己的前途考虑，这是她反抗包办婚姻的动力。槟城还有一受过多年教育的邱姓女子，不满意父母包办的对象，于结婚前突然潜逃，迫使父母不得不取消婚礼，退还聘金。③

（二）用逃跑或悔婚的方式反抗不如意的婚姻

当时华人婚姻大多是父母之命，婚妁之言，面对不如意的婚姻，离婚的可能性极小，男女都只能忍受，丈夫还可另娶小妾，逃避不如意的婚姻，而妻子只能苦熬。也有妻子实在不能忍受，只能逃跑。新加坡有一闽籍人黄简，对妻子十分粗暴，黄妻“以身属女流，未敢长与抗御，结果惟有屈服威下，黯然自叹薄命”。黄简虐待妻子的行为“有加无已”，最终妻子不堪忍受，逃到保良局寻求保护。④

因为身在国外，不少华人托人回乡代为娶妻，媒人花言巧语，将男方吹得天花乱坠，女方直至来到南洋结婚时，才发现上了当。当时的一篇报道《胶工失妻记》可以说是这类婚姻的典型。

海外侨民多数寄款回家，凭一张照片，娶一稍具姿色之乡下姑娘，而愿已足，似此盲婚配偶，其中多无好结果。

柔佛中林港，客籍侨民某，年纪半百，其妻早丧，以割胶为业，半生劳苦，

① 黄秀娘：《我的“顽固”的父亲》，《南洋商报》，1941 年 3 月 6 日。

② 《拒婚案女主角林爱金》，《新国民日报》，1939 年 1 月 20 日。

③ 《婚期已届新娘失踪》，《槟城新报》，1936 年 3 月 19 日。

④ 《伤心妻去移恨岳母》，《星洲日报》，1934 年 12 月 1 日。

> 薄有积蓄，遂托友人，在家乡娶一年才花信之某氏女为继室，友人云某在外，有洋货店两间，橡胶园一丘，并以某之影片相示，女观此影中人，西装革履，俨如标准头家，于是芳心怦动，与之订婚。待却扇之夕，始知被人欺骗，所谓印象中之标准头家也者，实乃一胡发斑白、赤足短裤之割胶工人，至是一切真相已完全暴露，且须于每天早晨，跟其夫往胶园里，实地练习割胶工作……是以终朝抑郁，深悔当时为虚荣心所误……因曾几次向她夫某提出离婚，皆被拒绝。此女后来认识一渔人，年龄相当，与之私奔。①

这位女子受媒人的欺骗，以为嫁了个店东，谁知却嫁了个年过半百的割胶工人，她提出离婚，被丈夫拒绝，只能采取古已有之的方法——与心爱的人私奔。与这位女子的被动相比，一些妇女在遇到类似情况时有相当的主见，能够果断悔婚。有一个24岁的琼籍妇女吴氏经人介绍同意嫁给在南洋做工的同籍人林某为妻，于是林母带她来到新加坡，但一见之下，吴氏发现上当受骗，因为给她看的林某照片是十多年以前照的，林某已48岁，却说是41岁，吴氏对记者说："今我年仅24岁，怎样肯嫁48岁的老头子为妻，故我不愿，我要与他脱离关系。"②男方家只好同意，但要求吴氏退回彩礼，吴氏则以男方欺骗为由拒绝，双方闹到琼崖林氏公会。

（三）运用法律武器维护自己的权益

华人妇女遇到家庭纠纷时，不再是逆来顺受，而是走上法庭或到华民护卫司署控告丈夫或公婆，维护自己的权益，当时的诉讼主要有以下几类：

1. 要求丈夫支付赡养费

根据殖民地《刑法》第37条规定，丈夫必须赡养合法妻子，否则将治以拒绝赡养合法妻子罪，于是不少华人妇女依据这一法律条文将丈夫告上法庭。当时华文报纸上有不少这类报道，如闽籍少妇郑卯娘控告丈夫不负责任，法官判决男方每月须支付15元赡养费。③ 华人妇女李振贵状告其夫何亚福不赡养妻儿，在法官的调解下，何亚福同意每月给李80元赡养费。④

2. 不堪公婆丈夫虐待，要求分居并支付赡养费

在中国传统大家庭中，婆婆对媳妇有绝对的权威，华人家庭也延续了这种紧

① 《胶工失妻记》，《星洲日报》，1936年9月29日。

② 《一琼妇南来嫁人，指夫骗婚》，《星洲日报》，1938年4月25日。

③ 《郑卯娘赡养费》，《星洲日报》，1934年10月5日。

④ 《交际场中结识女教员后，竟置发妻于不顾》，《星洲日报》，1937年10月2日。

张的婆媳关系，婆婆虐待媳妇是家常便饭，很多妇女忍受不了而自杀。[①] 但更多的华人妇女面对公婆和丈夫的虐待，虽囿于传统观念不敢提出离婚，但要求与丈夫分居，并由丈夫每月支付赡养费。[②] 比较典型的案件有：

新加坡一闽籍少妇陈氏将丈夫余良告上警三厅，控诉公婆虐待，要求分居和赡养费。她与余良结婚 20 个月，家姑命其干重活，她有时干不了，即遭公婆大骂，有时还被殴打，她曾向华民护卫司投诉，被劝告回家，但被告家人更仇视她，又被殴打数次，她返回娘家，被告不给分文。法官判决被告每月须付原告 6 元生活费。[③]

陈素容将丈夫张瑞贤第二次告上法庭，要求其支付未付的每月 15 元赡养费，她在法庭上说："年前乃与被告同居（结婚）于马六甲埠，斯时曾倍受被告之虐待，且被迫离开被告之家庭。"她声称"不愿复归被告之家，盖余与其已爱尽情绝矣"。[④]

闽籍妇女傅来春与公婆同住，一天傅氏与丈夫苏财贵因事口角，动起手来，公公苏和尚阻止无效，竟帮儿子毒打儿媳。傅来春将公公和丈夫告上法庭，法官判决苏氏父子罚款 30 元，另赔傅氏医药费 10 元。[⑤]

潮籍少妇林婉贞，受过相当英文教育，与陈玉顺结婚后感情不和，遭受殴打，她怀着身孕返回娘家，向法庭控告丈夫两项罪名：一是控诉丈夫不付赡养费；二是控告丈夫殴打她。法官判决陈玉顺罪名成立，陈须每月支付妻子赡养费 12 元。[⑥]

闽籍妇女王青怡向法庭控告丈夫郑清湖，王诉称，因不容于家姑，家姑多次让丈夫殴打她，她不得已返回娘家，丈夫已有 14 个月未支付赡养费。法官劝告他们重归于好，她说惧怕婆婆的淫威，不愿与丈夫重归于好。[⑦]

3. 要求离婚

中国传统婚姻的一个重要特点是离婚现象极少，妻子更无权提出离婚，只有丈夫有休妻权。新马华人社会也同样如此，但在殖民地离婚法的影响下，离婚案件日益增多，以新加坡为例，1912—1918 年新加坡华人上法庭提交离婚诉讼有 17 例，

---

① 当时报纸时有这类报道：自杀原因，不堪家姑虐待。参见《新婚半载少妇陈顺娇自杀》，《星洲日报》，1937 年 6 月 15 日。

② 当时报纸关于这类控告的报道更多：黄柏控夫另纳妾，又遭家姑虐待，要求丈夫每月给其 15 元赡养费。参见《二九少妇不堪家姑虐待，归母家后，控夫不给赡养费》，《星洲日报》，1937 年 6 月 29 日。

③ 《少年夫妻对簿公庭》，《南洋商报》，1935 年 6 月 20 日。

④ 《陈素容向夫追索赡养费》，《星洲日报》，1935 年 11 月 20 日。

⑤ 《一闽妇控告家翁和丈夫殴打》，《星洲日报》，1938 年 5 月 19 日。

⑥ 《工部局职员陈玉顺被妻控告两罪》，《星洲日报》，1938 年 4 月 30 日。

⑦ 《王青怡控夫案》，《星洲日报》，1940 年 1 月 10 日。

批准离婚11例，1919—1928年离婚诉讼增加到34例，批准离婚为15例，20世纪30年代华人离婚诉讼案件数量进一步上升，1929—1939年为88例，批准离婚为22例。① 除了上法庭离婚外，华人还以在报纸上登“离婚启事”的方式离婚，一则署名吴执忠的“离婚声明”：“启者，方惠香与余于本年阴历二月结婚，后因感情不洽，已无合作之可能，故方惠香已于七月十六日由其母与母舅带回，此后男婚女嫁，各得自由，断绝关系，特此登报声明。”② 此离婚声明由男方具名，带有休妻的意味。还有一些离婚启事由双方具名，更显平等，一则署名余锦江、洪宝凤的离婚启事说：“我俩兹因脾气不合，经双方商妥愿脱离夫妻关系，从今以后彼此若再嫁娶各有自由权，不得互相干涉，特此登报声明。”③（参见图5-5）

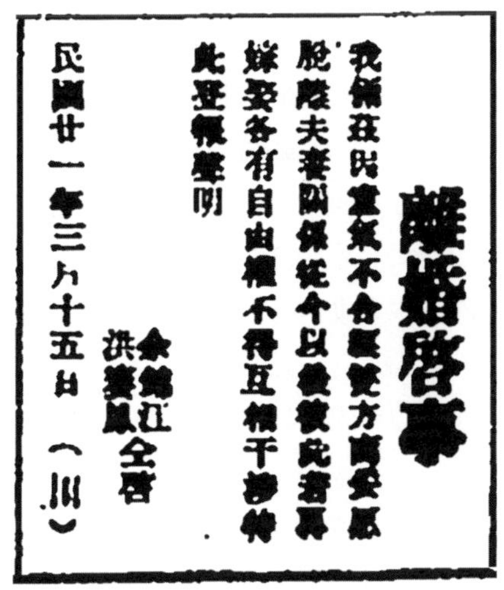

離婚啓事

我倆茲因脾氣不合經雙方商妥願脫離夫妻關係從今以後彼此若再嫁娶各有自由權不得互相干涉特此登報聲明

余錦江
洪寶鳳　仝啓

民國廿一年三月十五日（三）

图5-5　离婚启事

图片来源：《叻报》，1932年3月15日。

当然相对于华人人口来说，新加坡华人离婚率是相当低的，而且遗憾的是，离婚统计没有区分是妻子还是丈夫提出离婚，我们也就不能确定妇女在离婚问题上主动性有多大。从当时报纸对离婚诉讼的报道看，尽管不少妻子敢于将丈夫告上法庭并要求支付赡养费，但敢于提出离婚的华人妇女实在是少之又少，除了传统的原因外，妇女经济不独立、依靠丈夫养活是重要原因。只有极少数妇女实在忍受不了，才提出离婚，离婚主要原因如下：

---

① The divorce cause book of the high court, Singapore, 1912-1939, QUAH S K. Divorce among the Chinese in Singapore (1819-1960). National University of Singapore, B. A. paper, Unpublish, p. 71.

② 《离婚声明》，《叻报》，1929年9月2日。

③ 《离婚启事》，《叻报》，1932年3月15日。

一是丈夫娶有小妾，对发妻不闻不问，不负赡养责任。如马阿玉上法庭要求与丈夫萧传泽离婚，理由有二：①丈夫不给家用；②丈夫另有新欢，将其首饰拿走，还打她。她要求法庭判决离婚。[①] 如闽籍妇女叶英先是以刑法第37条拒绝赡养合法妻子罪将丈夫陈巴告上法庭，要求支付赡养费，后来又改变主意，要与丈夫离婚，她说："丈夫已另娶娇妻，将我视为路人，既然他将我遗弃，向他要赡养费也没有什么用处，不如与他脱离关系。"法官判他们离婚，子女三人由叶英抚养。[②] 还有槟城一女教师，因丈夫纳妾，要求离婚，获得法庭批准。[③]

二是丈夫动辄施暴，妻子实在不能忍受家庭暴力。如麻坡华人妇女丘春娘嫁给曾庆为妻后，"即屡遭乃夫之虐待，稍一违慢，鞭挞即加诸身上"。丘春娘不堪忍受，数度自杀，被人救起，她曾投诉到华民护卫司，要求离婚，但华民护卫司以调解为主，让她先找工作，离开丈夫，便在一户人家找了份女佣工作，"每月薪水数元，……因生活问题解决，精神上大感快慰"。不料丈夫不放过她，拿着刀找来，要她回家，不从，就挥刀砍伤妻子。[④] 曾庆被抓，丘春娘提出离婚，曾庆则要丘春娘赔偿损失，为了离婚，丘春娘表示，谁能赔偿曾庆，就嫁给谁，只要年在30岁以内，人品忠厚，无不良嗜好，且非做粗工，经济能独立者。[⑤]

三是因感情不和。只有极少数妇女因感情不和提出离婚。吉隆坡有一女校学生奉父母之命与一店主之子结婚，双方思想差异太大，店主之子思想守旧，而女子受新式教育，信奉独立，所以结婚未及两月，双方感情破裂，女方回娘家，重入女校读书，并提出离婚。[⑥]

相比之下，男性提出离婚的人数要多于女性，离婚的原因，一是妻子品行不端。如一咖啡室主人陈荣贵的妻子李金花生性风流，与男子幽会时被捉奸，陈提出离婚，获准。[⑦] 工部局一华人职员也因妻子不贞提出离婚，当时报纸评论说，"查十年来华人离婚案在法庭解决者，尚属罕见"[⑧]。二是移情别恋，厌恶发妻。卓炳民原是华校校长，妻子陈玉霞原来也是华校教员，有子女4人。后卓另娶一妾，公开声称妾是"甜心"，对妻厌恶，提出离婚。[⑨]

总之，20世纪30年代新马华人婚姻家庭中的性别关系在悄悄地变化，华人

---

① 《控夫两事请求离婚》，《南洋商报》，1929年11月6日。
② 《少妇叶英控夫离婚案》，《星洲日报》，1937年6月2日。
③ 《高等法庭一宗离婚案件》，《槟城新报》，1936年9月4日。
④ 《丘春娘遇人不淑》，《星洲日报》，1937年5月21日。
⑤ 《丘春娘离婚案》，《星洲日报》，1937年6月26日。
⑥ 《月老懵懂错了鸳鸯谱》，《叻报》，1931年4月13日。
⑦ 《妻品行不端，夫要求离异》，《星洲日报》，1934年11月8日。
⑧ 《工部局一潮籍职员因妻不贞请离婚》，《星洲日报》，1940年10月15日。
⑨ 《陈玉霞控卓炳民案》，《星洲日报》，1936年7月17日。

女性的婚姻自主权增加，她们通过反对包办婚姻、逃婚或悔婚，甚至通过离婚来摆脱不如意的婚姻，这在过去是想也不敢想的；华人女性还充分利用殖民地法律与丈夫抗争，她们上法庭争取赡养费和分居的权利，这在过去也是不能做到的。

第二节　婚姻家庭模式变化的影响因素

为什么20世纪30年代新马华人社会婚姻与家庭出现从传统向现代的变革？这是社会进步和时代发展的结果，也与殖民地统治密切相关。

一、社会环境与观念变化

20世纪30年代中国妇女大量移民新马不仅导致华人人口构成的变化，还导致华人家庭的增多和家庭结构的变化，即核心家庭增多，妇女南来也冲击了“两头家”家庭结构，冲击了一夫多妻制，加剧了夫妻间和妻妾间的冲突。当时报纸经常报道因发妻南来引起家庭矛盾而对簿公堂的事例。如海南人梁安竹已在故乡结婚，又在怡保与粤籍女子吴玉兰结婚，生有数子，后梁的发妻从海南来，梁不再管吴，吴告上法庭，法官判决梁每月付吴赡养费5元。[①] 潮籍侨生妇女林来吉四年前嫁给刘尚润时，此人绝口不提已在唐山结婚之事，后来刘的发妻带一男孩到新加坡，家庭矛盾爆发，刘和发妻与林发生撕打，被林告到警四庭。[②]

华人教育，尤其是女子教育的发展为自主婚姻和核心家庭提供了基础。华人女子教育在20世纪30年代取得较大发展，它不仅加强了女子拓展职业的机会和参与社会的能力，也为华人妇女增加了婚姻的决定权。受过教育的女性更崇尚婚姻自主，她们不再认同完全由父母包办婚姻，更不认同“嫁鸡随鸡，嫁狗随狗”的陈腐观念，一些受过教育的华人女性自由恋爱，当时人观察：“高小以上之学生，对于婚姻问题，已多能独具见解，欲由自己选择理想对象。”[③] 随着华人女性教育水平的提高，以往完全由父母包办的婚姻开始向半包办、半自主、自主婚姻过渡。同样，离婚诉讼也开始取代过去的休妻，尽管这一时期华人离婚仍然很少，为离婚而闹上法庭的人更少，但还是有一些受过教育的女性选择上法庭离婚来维护自己的权益。而且，受过教育的女性不愿忍受婆婆的管束，她们更愿意建

---

① 《夫妻对簿公堂》，《星洲日报》，1934年10月24日。

② 《刘尚润殴妾遭罚》，《星洲日报》，1934年10月4日。

③ 《不景气，槟城婚姻状况大异往昔》，《星洲日报》，1937年5月10日。

立核心家庭。可以说，教育增加了华人女性的婚姻自主权，在一定程度上改变了传统的夫妻关系。

男性在婚姻家庭变革中也起了很大作用。从自身利益出发，一些男性主张核心家庭和自主婚姻，也反对童养媳制度，确实，包办婚姻和童养媳婚姻在给女性带来痛苦的同时，也给男性带来痛苦，有一案例就涉及童养媳制度。吴阿细自幼寄养于朱有财家中为童养媳，朱家小有资产，有罗厘车（汽车）出租。吴氏1929年奉翁姑之命，与朱有财结为正式夫妻，但丈夫不爱她，在外辟屋另娶小妾，将她遗弃，每每三数日不返家，间或返家，则与她发生口角，还时常打她，家中其他人见她被打，不仅不同情，还对她施以白眼。吴氏只好搬出去居住，但丈夫不付赡养费，她将丈夫告上法庭，要求赡养费。朱有财则说，他并不愿与吴氏结婚，只是迫于父母之命，他不爱吴氏，自然难免另觅意中人，因此引起吴氏不满。最后法官判决朱某每月付吴氏15元赡养费。① 从这一案例我们可以看到，童养媳婚姻对双方来说都是不幸的，朱有财不爱吴氏，但迫于父母之命，只好与她结婚，婚后另觅新欢，而吴氏更不幸，她屡遭丈夫殴打，还生活无着。正因为传统婚姻给男女双方都带来痛苦，所以有不少男性倡导自主婚姻，有一位男性在报纸上指出："惟婚姻大事，父母当尊重儿女之选择权，尤不可横施高压手段，强迫儿女嫁或娶于己所至不愿嫁或娶之人，致贻儿女日后无穷怨恨，则不仅家庭之幸福毫无可言，即为父母者偶于深夜扪心，又岂能无愧耶?"②

二、殖民地法律的推动

在华人婚姻和家庭变革中，殖民地法律也起了重要作用，毕竟华人生活在英国人统治之下，殖民地政府根据英国法律和当地情况，制定了一系列法规，涉及商业、工业、教育、遗产继承、婚姻等各个方面，对华人生活影响极大。正如巴素指出："在马来亚，法律的制定，一方面是参照在英国有效实施的法律，另一方面是为适应当地的需要而制定，但较为注重前者，显然马来亚的华人已逐渐习惯于一种大半出于其他地方而非中国的制度了。"③要而言之，殖民地以下几种法律对华人婚姻家庭冲击最大：

第一，"华人习惯法"。华人社会实行一夫一妻多妾制，英国人则是一夫一妻制。殖民地法官根据英国普通法和中国《大清律例》，形成"华人习惯法"，

---

① 《妻告夫遗弃》，《星洲日报》，1938年5月13日。

② 《"盲婚制度"下之可怜人》，《益群日报》，1934年3月27日。

③ PURCELL V. The Chinese in Malaya. Kuala Lumpur: Oxford University Press, 1967: p. 144.

主要内容包括：①承认多婚制婚姻合法；②多婚制下所有子女合法；③正妻与次妻法律地位平等；④合法婚姻构成要件：终身共同生活的愿望；长期而不间断的同居事实；其他人认为他们是夫妻关系的事实。[①] 在英国人看来，“对于我们的法律而言，多婚制不仅是格格不入，而且令人反感”[②]。但又认为如果不承认华人的多妻制，会使妾失去继承权利，生活困难，其子女在法律上也会被认为是私生子，因而承认多妻制合法。可是，“华人习惯法”将妻妾地位等同，完全违背了中国的法律和传统，引起华人社会的不满。华人精英陈祯禄 1924 年在立法会发言时指出，“‘华人习惯法’与中国的婚姻法不同，引发许多诉讼”[③]。华人林庆德也在 1931 年愤愤写道：“‘红毛鬼’（英国人）滥改妻妾规矩，致生家庭内乱。”[④]

第二，遗产继承法。殖民地遗产法规定女儿和儿子有同等的继承权，如果当事人未留遗嘱，法庭将判决妻子（包括妾）继承三分之一财产，儿女平等继承其余财产。早在 1861 年，新加坡华侨富商廖隆安死时未留遗嘱，他的两个妻子向法庭起诉要求管理死者的遗产。法官认为：“无论从哪个方面来看，（妾）都是合法的配偶，她有权利与大太太或元配同享其已故丈夫的遗产。……在一夫多妻制已成为公认的惯例的地方要应用英国财产分配法令似乎是困难的，但是这种困难在本殖民地早已得到解决了。……有人反对说，在中国姨太太都没有分配到去世丈夫的遗产，这也许是事实……在本殖民地定居的无遗嘱的死者，其私人财产必须根据本殖民地的法律加以分配。”[⑤] 这位法官根据英国的《遗产分配法则》，裁决妻子们都可分得寡妇应得的遗产份额，这一判决成为惯例，以后类似妻妾争夺遗产案都照此办理。在著名的“六寡妇案”（1905—1909 年审理）中，这一原则得到进一步确认。此案缘起是华侨富商朱英春生前未立遗嘱，死后六妾（正妻已去世）均声称拥有合法继承权，最后法官裁决朱的所有合法遗孀，不论是否次妻或是否生有儿子，都有权平分遗孀应得的那部分遗产。此外还有 1939

① 胡亚丽：《海峡殖民地婚姻立法考察（1867—1941 年）》，《南洋问题研究》2013 年第 3 期，第54 页。

② 陈慧彬：《法律、公亲与跨国婚姻：中国福建与英属马来亚之间的“家庭事”（1855—1942 年）》，载黄宗智、尤陈俊主编：《从诉讼档案出发：中国的法律、社会与文化》，北京：法律出版社，2011 年，第 353 页。

③ 胡亚丽：《海峡殖民地婚姻立法考察（1867—1941 年）》，《南洋问题研究》2013 年第 3 期，第 57 页。

④ 陈慧彬：《法律、公亲与跨国婚姻：中国福建与英属马来亚之间的“家庭事”（1855—1942 年）》，载黄宗智、尤陈俊主编：《从诉讼档案出发：中国的法律、社会与文化》，北京：法律出版社，2011 年，第 367 页。

⑤ ［新］宋旺相著，叶书德译：《新加坡华人百年史》，新加坡：新加坡中华总商会，1993 年，第 100 页。

年富商黄添基死后三妾与正妻争遗产，法官判决三妾胜诉。[①] 殖民地遗产继承法完全破坏了传统中国的继承法，妻、妾、女都被赋予继承权，引发了一轮又一轮继承权诉讼大战。华人传统是妻妾、女儿没有财产继承权，尤其是妾，没有地位和继承权，现在她们运用殖民地法律，为自己争得财产继承权，这在守旧华人看来，真是没有规矩。林庆德就认为："好讼妇人破坏家庭基础。"[②]

第三，丈夫向妻子支付赡养费。殖民地《刑法》第 37 条规定丈夫必须赡养合法妻子，否则将治以拒绝赡养合法妻子罪。在中国，尽管赡养妻子是丈夫的责任，但这主要靠道德和家族约束，在新马，则加上法律约束，于是不少华人妇女依据这一法律条文将丈夫告上法庭。

第四，婚姻注册条例。殖民地政府承认华人一夫多妻制和一夫一妻制的合法性，也承认注册婚姻（新式）和不注册婚姻（旧式）的合法性。但多种形式的婚姻也给殖民当局造成困扰，主要是婚姻不注册，丈夫死后妻妾争产，法官难以判定妾的身份，有时甚至连妻的身份也难以确定。为解决这一问题，殖民当局于 1925 年设立"华人婚姻委员会"，研究华人的婚姻传统。1926 年该委员会建议实行婚姻自由注册制度，准许注册的新式婚姻必须具备下列条件：①婚姻当事人不是在禁止范围内的近房血统者；②自愿结婚者；③得父母或尊属允许者；④婚姻当事人在结婚时无他种结婚义务。准许注册的旧式婚姻，必须具备下列条件：①婚姻当事人的姓名及自愿结婚的宣誓；②婚姻当事人的父母或尊属的姓名及其允许；③媒人的姓名及住址；④结婚日期与地址；⑤在结婚时婚姻当事者并无其他结婚义务。[③] 也就是说，多妻制婚姻和一妻制婚姻都是允许注册的，但华人社会对强制注册争议很大，从 1926 年的调查结果来看，"强制登记的支持者主要是女性华人和少数有远见的华人绅士"[④]，结果委员会建议仅采取自愿登记的方式。1931 年政府制定了针对非基督徒和非马来人的婚姻注册条例，华人可以按该条例注册结婚，也可按旧式婚姻。1940 年在海峡华人的推动下，新加坡立法会通过《世俗婚姻条例》，1941 年 1 月 1 日起生效，规定在该条例下注册的婚姻为一夫一妻制婚姻，如果不在该条例下注册，华人可以实行一夫多妻制。也就是说，如果选择注册结婚，华人只能实行一夫一妻制，这对于提倡一夫一妻制婚姻大有益处。

---

① 《黄添基三妾与正妻争产案》，《星洲日报》，1939 年 8 月 31 日。

② 陈慧彬：《法律、公亲与跨国婚姻：中国福建与英属马来亚之间的"家庭事"（1855—1942 年）》，载黄宗智、尤陈俊主编：《从诉讼档案出发：中国的法律、社会与文化》，北京：法律出版社，2011 年，第 367 页。

③ Chinese Marriage Committee. Report on matters concerning Chinese marriages. Singapore，1926：p. 9. 转引自陈达：《南洋华侨与闽粤社会》，上海：商务印书馆，1938 年，第 153 页。

④ 胡亚丽：《海峡殖民地婚姻立法考察（1867—1941 年）》，《南洋问题研究》2013 年第 3 期，第 61 页。

第五，离婚条例。传统中国婚姻只有男方休妻，1926 年华人婚姻委员会曾向华人社会征求关于离婚问题的意见，结果遭到绝大多数人反对。1933 年海峡殖民地立法会议通过离婚条例，修改过去离婚条例对妻子不利之处，原来的离婚条例第 12、13 条，规定“凡居住殖民地之各种族人民，为妻者不能仅据其夫与人通奸之理由提出离婚”，现在修改为“男子如与女子通奸，其妻亦可据为离婚理由”①。尽管华人社会老一辈人一直反对离婚，这个法律也不是只针对华人的，但该法律适用于所有种族，使得华人妻子可以丈夫与人通奸（重婚）为由提出离婚，② 这不能不说是对传统婚姻的一大冲击。

三、解决家庭婚姻纠纷的机构

解决华人婚姻家庭问题的主要机构是法庭、华民护卫司署和宗亲会馆，它们在华人婚姻家庭及维护华人妇女权益上起着不同的作用。实际上，19 世纪华人的各种宗亲会馆和地缘组织在解决婚姻家庭问题上发挥着主要作用，而随着殖民地法律体系和行政机构的完善，20 世纪以后法庭和华民护卫司署在解决华人婚姻家庭问题上发挥了更大的作用。

新加坡华民护卫司署成立于 1887 年，以后马来亚其他各邦也成立华民护卫司署。③ 华民护卫司处理与华人有关的事务，如马来联邦华民护卫司 1932 年以前具体职责包括：①保卫妇女和儿童；②处理离婚与分居；③处理立嗣与婚约；④处理慈善机构与信托物之纠纷；⑤拥有法庭裁判权，除非案件已在法庭提审；⑥检查华人演戏与出版物。④ 1934 年海峡殖民地建立统一的华民政务司署，职权进一步加大，管理与华人有关的一切事务，如秘密会社、移民、拐卖人口、社团注册、家庭纠纷等。

就婚姻家庭问题而言，华人视华民护卫司署为有威望的机构，一些婚姻家庭纠纷只能找华民护卫司解决，因为法庭不受理家庭琐事。⑤ 通常华民护卫司依照中国的传统习俗和殖民地法律处理纠纷，尽量调解，协调各方利益。如怡保太平有一少女何阿妹，父母早为她订了婚，但何阿妹恋上一个胶厂工人，两人私奔，

---

① 苏鸿宾：《海峡殖民地离婚律例之修改》，《南洋情报》1933 年第 1 卷第 7 期，第 256 页。

② 如侨生女子徐群英上诉法庭要求与丈夫陈鼎元离婚，理由是陈重婚。参见《陈鼎元与徐群英离婚案》，《星洲日报》，1935 年 1 月 5 日。

③ 关于各地华民护卫司署的详细内容，参见林远辉、张应龙：《新加坡马来西亚华侨史》，广州：广东高等教育出版社，1991 年，第 217 – 219 页。

④ PURCELL V. The Chinese in Malaya. Kuala Lumpur：Oxford University Press，1967：p. 150.

⑤ 一华侨林某娶一舞女黄丽妮为妾，为正妻所知，告到警察局，诉黄丽妮隐藏其夫，离间其合法家庭。警察不受理此案，建议她向华民护卫司起诉。《星洲日报》，1937 年 5 月 25 日。

并找到怡保华民护卫司要求准许两人结婚。华民护卫司经过调查，知道何阿妹已订婚，其母声称不能悔约，华民护卫司便判决何阿妹随母亲回家，不准与恋人再有来往，在这里，华民护卫司扮演了棒打鸳鸯的角色。另一对私奔青年因为都未与他人订婚，便获华民护卫司准许结婚。[①]护卫司也有判决离婚的权利，在调解不成的情况下，支持女方的离婚要求，如客籍少妇周义娣与卜荣昌结婚，以割胶为生，因丈夫虐待，周义娣到吉隆坡华民护卫司署要求离婚，护卫司劝说他们和好，但女方不为所动，坚持要求离婚。[②] 一商人之妾因为遭丈夫殴打，不能忍受，找华民护卫司申诉，要求离婚，护卫司将其丈夫找来，判决允许离婚，并要求男方给女方 50 元川资，助其返回中国。[③] 还有一琼人侯亨存另寻新欢，其妻黄亚妹听说，从海南赶来，希望挽回丈夫，重修旧好。但丈夫对她不理不睬、不管不顾，她不得已告到华民护卫司署，希望丈夫给赡养费，但护卫司判决双方离婚，男方给女方 30 元分手费。[④] 这个判决对黄氏明显不利，但女方无可奈何。还有一粤籍少妇某氏到华民政务司署控诉其夫，说丈夫不思工作，还常殴打她，要求与夫离婚。政务司传其夫到堂，对双方调解，判决该妇速返夫家，但该妇恐遭殴打，不愿返家，政务司再三劝慰，谓若该夫为难她，定当惩戒。后该妇随夫返家，丈夫竟再扭住该妇，抱以老拳。不料政务司尾随而至，即追究其夫，将其押留。[⑤]

从上述事例可见，华民护卫司在处理华人婚姻家庭纠纷时以调解为主，遵循华人传统和习俗，对妇女利益有所维护，但亦有损害，因为中国的某些传统是建立在对妇女的歧视和剥削之上的。

法庭也是处理华人婚姻家庭问题的重要机构，许多华民护卫司解决不了的问题，最终都走向法庭。如前文所述，华人妇女以法律为武器，到法庭要求丈夫支付赡养费、分居、离婚，从法官的询问过程和判决来看，总体上对妇女是友善的。如 1935 年陈莲仙将丈夫林荣昆控上警三厅，要求支付赡养费。林为银行职员，每月收入 70 元，他每月给妻妾各 10 元生活费，最近两月分毫未给。法官仔细聆听，对被告的辩解进行盘问，更倾向于相信妻子的证词。最后法官判决被告每月给妻子 15 元生活费，以后每月 5 日，将赡养费交到法庭转交原告，一年为期，一年后原告可要求增加赡养费。[⑥] 从赡养费的支付方式来看，法官更倾向维

① 《华民护卫司当月老和棒打鸳鸯》，《星洲日报》，1938 年 5 月 11 日。
② 《一少妇诉夫虐待要求离异》，《星洲日报》，1936 年 10 月 20 日。
③ 《来清去明之离婚案》，《槟城新报》，1929 年 11 月 29 日。
④ 《遗弃糟糠恋新欢黄亚妹南来寻夫竟赋仳离》，《南洋商报》，1936 年 11 月 28 日。
⑤ 《不甘虐待请求离婚》，《总汇新报》，1930 年 1 月 8 日。
⑥ 《闽人林荣昆之妻陈莲仙控夫讨赡养费胜诉》，《总汇新报》，1935 年 3 月 7 日。

护妻子和孩子的利益。还有一未婚同居者伍妈丽，控告同居人陈成丰，要求其为儿女支付赡养费。两人原是同学而相恋，陈家是富豪，不同意他们的婚事，两人便同居，先后生子女三人。后陈常虐待伍，两人分居，因子女无人供养，伍将陈告上法庭，要求赡养费。陈说家里虽然富裕，但自己收入不高，法官不采信陈的辩解，认为伍的理由充足，判决被告每月支付 16 元子女赡养费。[①]

但法庭在维护妇女权益上作用有限。有时，妻子在要求赡养费时，法官要求提供丈夫的收入证明，否则不予判决，这对许多从不过问丈夫收入的妻子来说是很困难的事。更多的情况是，赡养费判决是依据丈夫自述的收入情况，明显少于实际收入。

此外，宗亲会馆也负有调解华人婚姻家庭纠纷的责任，一些同籍华人的纠纷会闹到宗亲会馆。如有一在新加坡做工三年的闽籍青年陈高镈积蓄了点钱，回乡娶黄大妹为妻并带到新加坡，没想到一下船黄大妹就被陈连官接走，陈连官说黄大妹是他的童养媳，早就订了婚。这一纠纷闹到福州会馆，黄大妹被送到保良局，会馆在对双方进行调解时，华民护卫司在旁监听，黄大妹表示愿嫁陈连官，她“愤恨高镈之心，形于声色，而提及连官，则口口声声，此为我之夫婿也”[②]。最后会馆议决黄大妹归陈连官，而陈连官要将聘金 250 元退还陈高镈。

19 世纪宗亲会馆是华人事务的主要管理者，但在 20 世纪它的很多职能被法庭和华民护卫司署取代，遇到婚姻或家庭纠纷，华人主要是向法庭和华民护卫司署而不是向宗亲会馆投诉，这是因为在华人看来，法庭的判决具有法律效力，华民护卫司代表的是政府，其判决更有权威性，而宗亲会馆可能会偏袒一方，其判决也没有法律效力，且其权威有限，解决不了问题。如在卓炳民与妻子陈玉霞的婚姻纠纷中，陈氏最初向南安会馆投诉，南安会馆调解的结果是卓炳民每月给妻子 4 元生活费，平等对待妻妾。但后来卓炳民无视协议，只给妻子 2 个铜板，妻子与他力争，他竟将妻子逐出家门。陈氏不再找南安会馆调解，而是将卓炳民告上法庭，要求赡养费。[③]

从三个机构处理婚姻家庭问题的作用来看，华民护卫司署作用最大，大到离婚，小到家庭纠纷，都在其职权范围内，方式以调解为主，依据殖民地法律和中国传统，难免损害妇女权益；法庭的作用也很大，依据殖民地法律，对妇女相对更友善，较能维护妇女权益；宗亲会的作用最小，其依据中国传统习俗，以调解为主，维护不了妇女权益。由此观之，殖民地法律在改变华人婚姻家庭和性别关系上具有重要作用。

---

① 《伍妈丽控陈成丰要求儿女赡养费》，《总汇报》，1941 年 3 月 5 日。

② 《陈高镈携妻南归，下船时被人掠走》《黄大妹入保良局》，《星洲日报》，1937 年 6 月 18 日、6 月 22 日。

③ 《陈玉霞控卓炳民案》，《星洲日报》，1936 年 7 月 17 日。

第三节　主妇在家庭中的地位与生活状况

在新马华人妇女的职业分类中，如果说家庭妇女从事家务劳动也算是一种职业的话，那么主妇是华人职业妇女中人数最多的人群，从1947年人口统计来看，华人家庭妇女有440 609人，占所有华人妇女的37%，如果不算未成年人，家庭主妇占成年妇女的78.1%（参见表3－2）。我们在第三章探讨了华人职业妇女的生存状况，但如果忽视了占女性人口最大部分的家庭妇女的生存状况，新马华人妇女史的写作就将是不完整的，况且大部分职业妇女同时也是妻子和母亲，所以华人妇女在家庭中的地位和生活状况是深入研究华人史和华人妇女史必不可少的一环。

图5－6　身着中国传统服装和娘惹服装的女性

图片来源：编辑委员会：《新加坡历史图片集》，星洲日报与文化部联合，1981年。

一、不同阶层的主妇

新马华人从职业和阶层来说，分为上层、中层、下层三个阶层，如果从财富来说，华人家庭可分为大富户、小康户和贫穷户，财富与阶层密切相关，但有时不一定完全重合。通常华人上层家庭为大富户，中层家庭一般是小康户，但也有些是贫困户，如收入低微和家庭负担重的华校教员和书记员可能沦为贫困户。工人家庭大部分是贫穷户，也有部分小康户，他们通常是技术工人，收入高于一般教师。华人主妇的生活方式依据其丈夫所处的阶层、地位和财富有很大的不同，

我们可以将主妇分为三种：上层人士妻妾、中产阶级妻妾和工人妻，她们的地位和生活方式有很大差别，单从穿着就可以区分一二。上层人士妻子俗称“头家娘”，她们身着绫罗绸缎，浑身珠光宝气，“阔绰的头家娘胸前常佩有一二十个外国金园，坐在汽车中，斜阳照耀着，满身都是黄金辉耀”[①]。富商李俊源的妻子陈德娘“周身饰以钻石，有‘钻石婆’之称”[②]。20 世纪 20 年代末国产电影在新马流行，旗袍也随之在华人妇女中流行开来，一般中产阶级妇女，尤其是女教师偏爱穿旗袍，而女工和工人妻“都是中国旧式蓝布衫，脚下一双木屐”[③]。

（一）上层人士妻妾

上层人士主要指大种植园主、大企业家、大银行家，统称大商人。对于这些人的妻妾来说，生活是富足而闲适的，但也有争风吃醋的时候。大富商大都三妻四妾，他们自己的生活极尽奢华，其妻妾也是珠光宝气，有妹仔和女佣侍候，自己要做的事主要是教育孩子、打扮和打麻将。当时人形容说：“至若嫁到‘大头家’，或者竟充了‘大头家’的姨太太，那物质方面的享受，的确是很幸福的，每天坐在洋房里没事做，全副精神消磨在她的装扮、吃穿、享乐的课程。在家里感到烦厌了，坐着汽车到茶楼茶馆去喝喝茶，吃吃菜。不然，像电影院、游艺场、俱乐部，均是她们消遣的所在，到了夕阳西坠、凉风拂面的时候，就可在椰林橡树中兜圈子。”[④] 但这篇特写有很多想象的成分在内，并不是所有大商人的妻妾都是这样生活的，如大商人余东旋有妻妾 14 人以上，都住在他的大公馆内，没有什么行动自由，要出门，必三四人一起，由余氏的亲信陪同，乘汽车到商店购物完毕，再乘车回家。如没有亲信的陪同，妻妾不能自由上街。[⑤] 可见，有的大商人的妻妾生活虽是富足的，但精神苦闷也不少。

（二）中产阶级妻妾

中层主要指中小店主、教师和职员。小店主的妻子除要做家务、照看孩子，还要帮助丈夫看管店铺。小店主有经营洗衣业的，有经营缝纫的，还有经营土产杂货和日用品的，有的兼收购药材山货，多在自己的房子底层开店，上层住家，经营场所和住家合为一体，经营方式是全天全年开业，既无星期天也无节假日，店主妻除照看孩子和做家务外，还要帮助丈夫看店、卖货、进货。可以说，店主

---

① 周葆儒：《南洋见闻》，《新亚细亚》1933 年第 6 卷第 2 期，第 144 页。
② 招观海：《天南游记》，《海外月刊》1935 年第 31 期，第 57 页。
③ 周葆儒：《南洋见闻》，《新亚细亚》1933 年第 6 卷第 2 期，第 144 页。
④ 刘犖夫：《华侨妇女生活》，《华侨半月刊》1936 年第 92 期合刊，第 25 页。
⑤ 《余东旋盖棺定论》，《星洲日报》，1941 年 5 月 13 日。

妻支撑着店铺的半壁江山。裁缝店的老板娘也是如此，如后来成为企业家的曾启东早年学过裁缝，与同为裁缝的妻子开裁缝店，两人一起推动着店铺发展，“我们夫妻俩缝纫衣服，然后出售”①。因为在家庭经济中的重要地位，小商人妻对丈夫不像大商人妻妾那么逆来顺受，她们敢与丈夫对抗。如开杂货店的洪德成在妻子顺泉的帮助下，生意颇旺，一日因言语冲突，洪拿木棍打妻子，妻子不甘心被打，将丈夫告上法庭。②

一般情况下，教师和职员的收入足够养家，因此除少数同为教师的妻子外，大部分妻子通常不出去工作，妻子的主要责任是照顾孩子、侍奉公婆和丈夫，当时人看到，她们“对于丈夫很能曲尽殷勤的义务，丈夫到家后双脚才跨进门限，便拿珠拖给他换皮鞋，马上倒咖啡给他喝，吃饭时，坐在身边听候盛饭，饭后拿水给漱口……”③，侍候得十分周到。

（三）工人妻

对工人的妻子来说，生活就是贫困和劳累。20 世纪 30 年代新马经济受世界经济危机的影响，经历了萧条、复苏和衰退的曲折过程，受其影响，不少华人大小商人破产，劳工阶级则大量失业。人们的生活水平普遍下降，大部分人陷入经济困顿中。由于贫困的压迫，一些工人被迫自杀，新加坡一对名梁日升和潘大姑的工人夫妻“感情素极融洽”，“迫最近因经济之困顿，乃迫而将其睡床及留声机片等物，源源变卖与旧货商，借以维持重整旗鼓，然已到山穷水尽之地步……”，最后夫妻俩喝苏打水双双自尽。④有一 27 岁青年陈永春，家有妻母及一子，妻子又怀有身孕，一家数口靠他微薄的工资度日，失业后，靠妻子和母亲为人缝衣赚一点钱，时日艰难。一日，家中粒米皆无，妻子母亲外出觅活，陈永春竟喝下苏打水自杀。⑤ 男性自杀使家庭失去了顶梁柱，妻儿老小顿失所依。同样由于贫困的压迫，工人妻无钱看病，死亡率很高。如新加坡一渔夫卢来先的妻子王姣枝小产后身体日益孱弱，每天卧床不起，也没有钱请医生，最终死去。⑥

工人妻既要忙家务，又要做工，她们要么在橡胶园、工厂、建筑工地、锡矿场等地工作，要么当小贩、洗衣妇、缝衣妇等，赚点小钱补贴家用，劳作之余还要忙家务和照顾孩子，她们面对的是贫困的生活和沉重的体力劳动。以人力车夫

---

① 曾启东口述历史录音访谈文稿，新加坡口述历史档案馆，编号 A000198/05。
② 《杂货店主中年夫妇，小事，法庭上见》，《星洲日报》，1937 年 11 月 4 日。
③ 《槟城娘惹的今昔观》，《星洲日报》，1935 年 11 月 4 日。
④ 《贫贱夫妻》，《星洲日报》，1934 年 10 月 20 日。
⑤ 《一家数口嗷嗷待哺，一青年服毒自杀》，《星洲日报》，1939 年 8 月 16 日。
⑥ 《贫妇毙命》，《星洲日报》，1935 年 11 月 15 日。

的妻子为例，人力车夫是新马最底层的劳工，他们的工作和生活十分辛苦，他们的妻子就更艰苦。当时人说："……各级劳动界中，以人力车夫最为辛苦，……倘人力车夫有家眷在星洲，则其生活更觉为难，衣可随便，食必在家，住须租房……幸而人力车夫妻子多是贫家妇女出身，除帮夫料理家务外，尚能在家兼做女红，或为人洗衣，月间可得数元，帮贴家费，因此有家眷的人力车夫，如无意外破财事，每月亦可苦度其生活。"[①]但很多人力车夫在生活的重压下染上毒瘾，收入用于抽鸦片还不够，他们的家庭重担就都落在妻子身上。人力车夫陈亚九的妻子陈甘妹服鸦片自杀未遂，在法庭审讯时，法官问她为何自杀，陈甘妹泣不成声，她说丈夫抽鸦片，每天收入全用于抽烟，对家庭生活费用不管不顾，陈甘妹不得不为人帮佣，月入 9 元，尚不够养活三个儿女，只好向人告贷，以维持生活。债台高筑，近日债主逼债，丈夫仍每日沉迷于烟灯之下，不闻不问，她实在无法，只有自杀。法官问陈亚九为何不赡养妻子儿女，陈竟回答，我是一个黑籍中人（瘾君子），收入还不够抽烟，哪来钱养他们。法官大怒，威胁要送他进监狱，陈害怕了，表示要戒烟，将钱给妻子。[②] 且不说陈亚九能否戒烟，单指望他靠拉人力车挣钱就难以养家，可以想象之后他的妻儿仍生活在贫困中。

二、主妇在家庭中的作用和地位

三个阶层的主妇因丈夫经济地位和社会地位的不同，她们的地位和生活状态也有很大不同，但作为女性、妻子和母亲，她们在家庭生活中有一些共通的作用，即经济作用和教育作用。

一般人们承认作为职业妇女的主妇对家庭经济的贡献，但不承认家庭妇女对家庭经济的贡献，认为她们是被养活者。事实上主妇是家庭中不付酬的佣工，她们"烹饪、洗涤、布置、设计、收支，事实上为男子综理对内的一切事务……女子在家庭中工作，她的价值并不下于男子"[③]。她们的家务劳动虽得不到社会承认，但实际上对家庭经济有所帮助，正如企业家邓世坤指出的，妻子勤劳持家，"当我外出为企业工作时，我太太留在家里照顾孩子。她从未外出做工。在家里她也从不闲着——她要洗衣服、喂养孩子、挑水。因此我企业的成功部分应归功于我的太太"[④]。还有一些主妇在家庭商业发展中起了实际作用，发挥了自己的能动性。新加坡企业家王声邦说："刚开始创立企业时，我与顾客之间有很多应

① 《人力车夫生活概况》，《星洲日报》，1936 年 5 月 25 日。

② 《陈甘妹自杀未遂》，《星洲日报》，1936 年 3 月 6 日。

③ 美如：《女子是分利的吗?》，《总汇新报》，1931 年 5 月 19 日。

④ 邓世坤口述历史录音访谈文稿，新加坡口述历史档案馆，编号 A000192/09。

酬，有时很晚才回家，我太太十分支持我。她鼓励我应该与顾客建立更多的联系，以便能发展企业。她给了我许多道义上的支持。例如当时收到几张订单，我很难筹集足够的钱去买货。在我的要求下，我太太将她所有的积蓄都给了我，帮我度过了资金紧张这一关。”① 企业家郑镜鸿从小商人做起，回忆创业经过时，对妻子充满感激之情，“我太太嫁给我起，她便支持我。我们每天一起工作到半夜。有时她甚至因劳累过度晕倒了，看着她跟着我受苦，我很痛心”②。

不同阶层的主妇们在家庭中的作用十分重要，她们教育孩子、操持家务，不仅为家庭，同时也为社会发展贡献了自己的力量。企业家胡金钟就十分称赞妻子在持家方面的作用，由于他白天大部分时间在外忙碌，回家时孩子通常都睡熟了，是妻子“教育孩子，使他们能成为遵纪守法的公民”③。

尽管不同阶层主妇们的地位和处境极不相同，但相对于她们的丈夫，主妇们无一例外处于从属的、次等的地位。传统的“男尊女卑”“男外女内”“三从四德”等伦理规范仍主宰着她们的行为，使她们在家庭中处于受压迫地位。

第一，主妇在家庭中处于从属地位和较低地位。不论是大商人妻、中产阶级妻还是工人妻，她们都是丈夫的附属品，必须听命于丈夫，我们从大商人余东旋妻妾的禁锢生活可看到这一点，也从小职员陈天球虐待妻子的事实中可看到这一点，即使是处于社会最底层的人力车夫，他们的底下还有一层，就是他们的妻子，不得不接受他们的压迫。人力车夫林金山的妻子施氏是建筑工地的小工，已怀有六个月身孕，1929 年 11 月的一天凌晨，林金山刚从中国来的侄子发烧，林便要求妻子不要上工，留在家里照顾侄子，妻子不愿意，林便打她，妻子一气之下，喝苏打水自杀。施氏的母亲在接受警察调查时伤心地说：“我女儿真可怜，死时还怀着六个月身孕……她男人非常自私，总是将自己挣的钱花光，她不得不出去做工养活自己，吵架时丈夫就打她。”④ 从这段描述，我们可以看到人力车夫妻子的悲惨生活，丈夫挣的钱不够养家，妻子怀着身孕还不得不去干重体力活，这其实也反映出丈夫不能负起养家的责任，妻子根本不能指望丈夫。但丈夫认为妻子不听话，挑战了一家之主的权威，就动起手来，妻子对这样的生活绝望，于是自杀。在贫困压迫下，20 世纪 30 年代新马华人自杀人数较多，但妇女自杀人数更多，当时人也注意到这一点，“埠上自杀之风，近数月来，日益加炽，

---

① 王声邦口述历史录音访谈文稿，新加坡口述历史档案馆，编号 A000155/19。

② 郑镜鸿口述历史录音访谈文稿，新加坡口述历史档案馆，编号 A000061/13。

③ 胡金钟口述历史录音访谈文稿，新加坡口述历史档案馆，编号 A000060/06。

④ WARREN J F. Rickshaw coolie: a people's history of Singapore (1880 – 1940), Singapore: Oxford University Press, 1986: p. 228.

发现者于华妇约占多数”[①]。从当时报纸对华人妇女自杀者的报道看，生活贫困引起的夫妻争吵是自杀的最主要原因，据詹姆斯·弗朗西斯·沃伦的统计，1929—1936 年有六个人力车夫的妻子自杀，其中四个是因为夫妻争吵和经济困难，两个是因为疾病。[②] 此外，妻妾争吵和婆婆虐待也是妇女自杀的主要原因。

第二，主妇没有财产的支配权。大商人的妻子不能过问丈夫的商业，如新加坡琼侨领袖郭新尽管对女子接受教育已然赞成，但对女子过问商业却不赞同，他在第七条家训中说：“依我观察多年，开始之母亲，好坏从未发出半句怨言，颇有贤妻良母之风范。总之大凡所有庞大事业，女人不要过问才妙。”[③] 企业家邓世坤以赞赏的态度指出妻子不干预商业，“我做生意她不干预，也不过问我生意上的事”[④]。这是作为美德被赞美的，从中可反映出大商人妻子在商业经营上的无权和从属地位。小商人的妻子实际参与了经营活动，但她们只是帮手，一般不掌管金钱和账目，仍然处于从属地位。当时有一宗槟城华人陈大义控告妻子黄秀英擅自取银物千元的案件，[⑤] 法官判决被告无罪。我们也可从中看到在华人思想中，妻子不得丈夫的允许是不能动用钱财的。因为妻子不能掌管钱财，她们的日用开支也要得到丈夫的许可，陈嘉庚的妻子向丈夫要钱想买一套新家具以取代破损不堪的旧家具，“结果被责备一顿”[⑥]，这件事一方面说明陈嘉庚节俭，另一方面也说明他的妻子没有财产处置权。黄楚雄是一位记者，与妻子自 1931 年后经常争吵，主要起因于金钱，黄月收入 160 元，在当时不算少，妻子出门要花钱，黄不给，二人时常为此吵架，最终感情破裂。[⑦]

第三，主妇是家庭暴力的受害者。丈夫有绝对的权威，妻妾处于从属地位，妻子或妾受丈夫虐待或殴打是普遍现象。生活贫困和传统性别角色压力加剧了夫妻间的紧张关系，尤其是 20 世纪 30 年代新马受世界经济危机的影响，百业萧条，男子无法完成传统社会性别赋予他们赡养家庭的责任，焦虑日增，“这种焦虑，加上对现实生活的不满和无奈，往往导致他们向家庭弱势的一方施暴”[⑧]。妻子成为最直接的受害者，如新加坡闽籍人力车夫严皈彦与妻子南来十余年，有

① 《自杀风日炽》，《星洲日报》，1937 年 5 月 11 日。

② WARREN J F. Rickshaw coolie：a people's history of Singapore（1880 – 1940）. Singapore：Oxford University Press，1986：pp. 354 – 355.

③ 郭开定口述历史录音访谈文稿，新加坡口述历史档案馆，编号 A000238/09。

④ 邓世坤口述历史录音访谈文稿，新加坡口述历史档案馆，编号 A000192/09。

⑤ 《夫控妻擅取银物千余元》，《星洲日报》，1935 年 11 月 5 日。

⑥ 陈国庆：《我的父亲》，载《回忆陈嘉庚》，北京：文史资料出版社，1984 年，第 55 页。

⑦ 《法庭诉讼，夫指妻重婚，妻指夫残忍》，《星洲日报》，1947 年 7 月 17 日。

⑧ 鲍晓兰：《女性主义和倾听妇女的声音——意义、方法和思考》，载蔡一平、王政、杜芳琴主编：《赋历史研究以社会性别》，未刊稿，1999 年，第 334 页。

几个儿女，初时工作勤奋，收入尚可，近年他年老体衰，又染上鸦片瘾，“夫妇于生活困蹙下为米饮问题而发生诟卒与争执，则时有所闻……”，长子又失业在家，他眼看“老妻幼子，饥寒之虞，迫在眉睫”，终于因焦虑而精神崩溃，动辄骂人，时常挥刀追打妻子，最后砍伤妻子。①新加坡有一男子因经济拮据、养不活家人而忧郁，一日突然发狂，拿刀砍伤儿子。②还有一淘锡工张莲婚后不久，为补家用，重操洗琉琅工作，丈夫失业，她劝他出去找工，于是发生口角和厮打，丈夫竟持刀将她砍伤。③除了贫困的原因外，还有些丈夫是拿妻子出气，有一妇女嫁与探局书记赖瑞华为妻，时常遭丈夫打骂，丈夫好赌，每赌必输，回家就对妻子出气，还赶她回娘家。④此外，还有些只是为维护男性的尊严，为小事向妻子施以老拳，如操罗厘车为业的陈兴泉，一日兴起要抱小孩外出，妻子不让，他大怒，殴打妻子，只是“为维护大丈夫体面计，特略将伊惩诫”⑤。

尽管主妇在持家和照顾子女方面发挥了重要作用，而且她们中的一部分人对丈夫的事业也大有助益，但在以金钱和职业为标准衡量一个人地位和威望的社会，主妇所做的一切都难以为她们自身带来财富和名望，她们的才智在四堵墙内没有充分发挥的空间。新加坡前总理李光耀在回忆能干的母亲蔡认娘时不无遗憾地说：“她性格很坚强，精力充沛，足智多谋，15 岁出嫁太早了。在她那个时代，女人的任务就是做个贤妻良母，多生孩子，把孩子抚养成未来的好丈夫、好妻子。如果她晚一代出生，而且受过中等以上的教育，那她轻易就能成为精明能干的商界执行人员。”⑥这是一代女性的遗憾，也是时代的遗憾。

三、公共领域与私人领域中的社会性别：不平衡的变化

20 世纪 30 年代新马华人婚姻家庭中的性别关系出现一些变化，但这些变化是缓慢而细微的。如果将华人社会分为公共领域和私人领域，我们可以看到在教育、经济和社会参与等公共领域，新马华人社会的变化较为显著，尤其是华人妇女的变化更大：女性教育发展较快，大部分人接受了女子也应受教育的观念；华人妇女参与经济活动，职业领域拓宽，由于经济原因，不少华人也接受女子外出工作的事实；华人妇女还积极参与社会活动，在“国家兴亡，匹妇有责”的抗

① 《人力车夫生计艰难挥刀杀妻》，《星洲日报》，1935 年 1 月 7 日。

② 《经济压迫手持利刀杀子》，《槟城新报》，1930 年 9 月 22 日。

③ 《妻劝夫做工，夫竟挥利刀以报》，《星洲日报》，1937 年 10 月 29 日。

④ 《投法庭申诉夫妻情苦》，《叻报》，1931 年 10 月 22 日。

⑤ 《陈兴泉殴妻案》，《星洲日报》，1935 年 11 月 7 日。

⑥ ［新］李光耀：《李光耀回忆录：风雨独立路 1923—1965》，北京：外文出版社，1998 年，第 24 页。

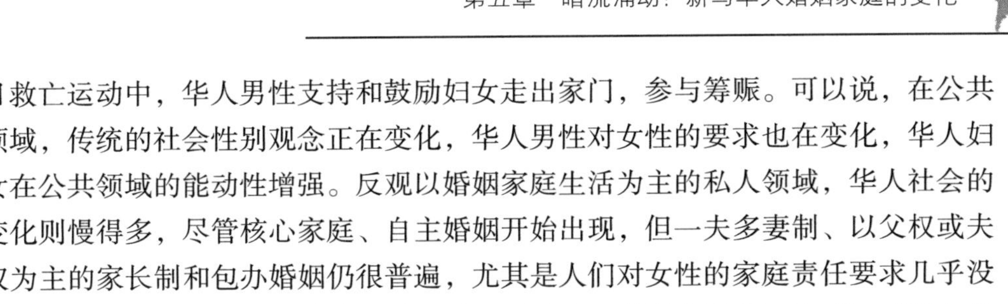

日救亡运动中，华人男性支持和鼓励妇女走出家门，参与筹赈。可以说，在公共领域，传统的社会性别观念正在变化，华人男性对女性的要求也在变化，华人妇女在公共领域的能动性增强。反观以婚姻家庭生活为主的私人领域，华人社会的变化则慢得多，尽管核心家庭、自主婚姻开始出现，但一夫多妻制、以父权或夫权为主的家长制和包办婚姻仍很普遍，尤其是人们对女性的家庭责任要求几乎没有任何变化，养儿育女、侍奉公婆丈夫、照顾家庭等被视为天经地义，“男主外女主内”的传统分工模式仍被普遍接受，贤妻良母被认为是女子的第一要务，妇女在家庭中处于次等的、从属的、受压迫的地位。

为什么社会性别在公共领域的变化快于私人领域？为什么婚姻家庭模式出现新的变化而妇女在家庭中的次等地位却没有什么变化？

原因之一是传统社会性别机制仍处于主宰地位。由于社会进步和教育的发展，一部分开明男性为了民族和自身的利益，主张改变传统的社会性别观念，如提倡女子教育以培养贤妻良母，提倡女子职业以弥补家庭经济困难，鼓励女子参与抗日救亡运动以助更好筹赈，提倡核心家庭以利于自身发展，提倡自主婚姻以利于建立美满家庭，这些主张在有利于男性的同时，也给妇女带来实际好处，她们能接受教育、谋求经济自立、参与社会活动、掌握婚姻自主权，有助于提高妇女的地位。但是当涉及家庭内部的性别关系，涉及家长的权威，大部分男性为了自身利益，需要维护传统社会性别赋予他们在家庭中的绝对权力，在这一点上，侨领、商人、文人和一般工人没多大区别。大商人（如余东旋、郭新）要求妻子不要过问外事，小职员陈天球要求妻子，“如要回家须当亲自煮饭，翁姑责骂，亦当低首听从”。当陈张氏不甘心被虐待，拒绝再回夫家，并将丈夫告上法庭时，陈天球的律师（精英）振振有词地说：“原告系旧式女子，从前凭父母之命，媒妁之言，与被告成婚，……且按中国旧礼教，女子出嫁，应守三从四德，原告之拒绝回家，于妇道言，未必能持之成理。”① 可见，男性认可男主女从，在要求妇女顺从丈夫和公婆时是多么一致。

所以，当一些知识分子提出妇女解放时，仍有一些人高呼：“贤妻良母是女子做人的第一要义”，因为，“如果家如不家，试问家庭中的每个分子是不是进一层的痛苦？做丈夫的是不是事业上要受极不良的影响，做子女的前途是不是要陷于悲惨的命运？”该作者最后危言耸听：“这种种损失，总起来的结果，不但可以亡国，干脆点说，简直可以破国。”② 这种对“贤妻良母”的赞美和追求，已内化为人们对理想伴侣的要求。一位 19 岁的青年投书报章，阐明自己的理想

① 《火锯厂司理陈天球与发妻》，《星洲日报》，1934 年 11 月 7 日。

② 冉子：《摩登妇女与贤妻良母》，《总汇新报》，1931 年 9 月 25 日。

伴侣形象：

年龄：比我略小，大约16岁左右。
习惯：须崇尚俭朴，若摩登化之女子，则一概拒绝。
品行：须具有礼教思想和纯正的品行。
性情：富有温柔情感，善体贴善解夫意。
学问：略通文艺，要能够写信和家庭簿记。
资格：须有教育子女之资格，因为家庭教育，全赖为母者做良导师。
嗜好：须无嗜好。
体格：身体健全无暗疾。
能力：有治家能力，可任缝纫、烹调等家庭工作。[①]

这位青年的理想妻子是温柔、体贴、善解人意、勤俭持家、行为检点、身体健康，能够教育子女、操持家务，基本上是传统贤妻良母的标准，从中亦可见新马华人社会私人领域性别关系变化之缓慢。

原因之二是华人妇女经济不独立，只能依附男性。这一时期男权之所以仍处于主宰地位，归根结底是经济不平等，20世纪30年代尽管华人妇女职业上有了拓展，参与经济活动的人数增加，但绝大部分妇女是家庭主妇，她们所从事的家务劳动被认为没有任何经济价值，也就是说，她们虽然整天操劳，但被认为是被养活者，在经济上完全依赖男性。职业妇女尽管有一份收入，但这份收入只是家庭经济的补充，被视为是次等的、不重要的，家庭主要经济支柱仍是男性。因此在家庭内部，传统社会性别仍控制着人们的行为规范，妇女对丈夫依附极强，这使得她们不得不依顺丈夫，看丈夫脸色行事，忍受丈夫的家庭暴力和各种羞辱。如闽人陈金基移情别恋，且生一子，他要求妻子黄秀玉抚养外遇的孩子，黄答应，但陈并不领情，多年来他经常殴打妻子，不给赡养费，给妻子租一间经常渗水、邻近厕所的房子，黄都忍气吞声，直到实在忍不住了，才告上法庭，要求支付赡养费（而不是离婚）。[②] 此外，丈夫的冷遇足以使妻子夜不能寐，甚至寻死。新加坡有一闽籍妇女张梅兰向丈夫索要家用，丈夫拒绝，还辱骂她，张梅兰疑心丈夫另有新欢，要抛弃她，于是投水自尽，幸被人救起。[③] 还有一客籍妇女杨金莲六年前与包工头林利成结婚，育有三女，丈夫又娶一妾，冷淡杨金莲母女，不

① 《我理想中的终身伴侣》，《总汇新报》，1931年5月12日。
② 《多妻主义下之家庭惨剧》，《总汇新报》，1931年2月5日。
③ 《少妇投水》，《星洲日报》，1934年12月26日。

付赡养费，杨只好将大女儿送人，毒死其余两个女儿后自杀。[①]

可以说，在 20 世纪 30 年代男权仍处于主宰地位的新马华人社会，男性的态度对妇女地位和状况的改变具有决定作用。当社会性别观念变化与男性利益一致时，男性就予以支持和提倡，社会性别观念就会发生变化；当社会性别观念变化损害男性利益时，男性就坚守传统。华人妇女在改变传统社会性别观念的过程中发挥了能动作用，但由于她们在教育和经济上处于劣势地位，能动作用有限，这是妇女地位在私人领域的提高慢于公共领域的根本原因。

① 《杨金莲因经济压迫毒女自杀》《杨金莲死得可怜》，《叻报》，1931 年 8 月 6 日、8 月 2 日。

第六章　流动与变迁：新马华人妇女与闽粤妇女之比较

第一节　问题的提出

在研究20世纪30年代新马华人妇女时，我们有三个参照坐标：一是性别坐标，华人妇女与男性相比较；二是时间坐标，将20世纪30年代华人妇女与20世纪10—20年代和40年代的华人妇女相比较；三是地域坐标，华人妇女与中国本土妇女相比较。前文已比较过前两个坐标，那么，作为移民的华人妇女与中国本土妇女相比又有什么变化呢？

之所以提出这个问题，是因为过去到南洋考察的中国学者和官员都注意到华人妇女与中国妇女生活状况的不同，并对这种不同得出相反的看法，一种看法认为华人妇女思想保守、愚昧、迷信，比如魏振华认为南洋华侨妇女"除少数由祖国前往，或当地生长而受过教育者稍为健全外，余均对于祖国观念，已既消灭，缺点颇多"。他历数华侨妇女的"缺点"是：①易于同化；②耽于享乐；③依赖成性；④自利心重；⑤迷信神权。他认为"华侨远适异邦，世代相传，数典忘祖，民族意识，日见消失，兼受世界经济恐慌之袭击，及外人之压迫，地位低落，危机四伏"。他甚至认为，华侨地位之所以低落，"华侨妇女之不健全，实为重大原因之一"。①

另一种看法认为南洋华人妇女地位较高，如侨务官员李朴生就认为，南洋女子有下列特点：

①有国际的榜样，一般的对女子比较国内为尊重；

②女子早享有财产继承权，地位较高；

③南洋华侨学校近年有长足的进步，女子受教育的机会较多，外国公立或私

① 魏振华：《南洋华侨妇女之现状及今后应有之觉悟》，《侨务月刊》1934年第6期，第43-44页。

立学校对女子亦同样待遇；

④南洋为工商业社会，女子须求知识以便得有职业，其家庭及其本人均感到入学校、找职业之实际需要；

⑤南洋女子虽缺乏政治之机会，不发生参政之兴趣，但有国际之刺激，爱国思想甚发达；

⑥南洋天气良好及公共卫生较进步，女子体格较康健，感情尤丰富。①

当时人对南洋华人妇女截然相反的评价，表明这样几个问题：一是大多数中国观察者在南洋走马观花，对华人妇女只有表面印象，并无深入了解。魏振华说华侨妇女耽于享乐，“普通家庭，必有婢仆，故养儿育女，烹调洗扫，及一切家庭琐事，均委诸婢仆之手，终日赌麻将，打扑克，谈笑唱歌，饱食无所事事”。事实上，正如前文所指出的，能饱食终日无所事事的妇女只是极少数大商人妻妾，普通家庭虽雇有仆妇，主妇也不可能“终日赌麻将，打扑克，谈笑唱歌”，而工人家庭的主妇更不可能有上述“享受”，这是作者以偏概全和想象的结论。魏氏还认为华侨妇女依赖成性，自私自利，他根本不知道下层妇女如何在橡胶园、矿场和工厂辛勤劳作，养家糊口，只是从少数妇女的行为认定华人妇女“本身不事生产，而谋经济独立，故其择婿，当以经济富裕为唯一条件，及至嫁得丈夫时，即以为已得‘靠山’，能事即毕，安然享乐，以满足其衣食住奢侈之欲望”。② 二是两位作者对南洋华人妇女的评价相隔近十年，正如上文已指出的，这十年是华人社会迅速变化的十年，也是华人妇女取得长足进步的十年，中国的观察者逐渐看到南洋华人妇女的优点。三是两位观察者都将南洋华人妇女作为一个整体，其实不同地区、不同国家、不同阶层的南洋华人妇女有很大区别。四是两位作者对南洋华人妇女的评价都是以中国本土妇女为参照对象，但这种对比仍停留在笼统和浅层次上。

---

① 李朴生：《南洋的妇女工作》，《华侨先锋》1943 年第 5 卷第 9 期，第 35 页。

② 魏振华：《南洋华侨妇女之现状及今后应有之觉悟》，《侨务月刊》1934 年第 6 期，第 43 页。

图 6－1　海峡华人女性

图片来源：编辑委员会：《新加坡历史图片集》，星洲日报与文化部联合，1981 年。

实际上，今人在研究华人妇女时，也经常以中国本土妇女为参照，如崔贵强认为："在传统的中国社会里，男尊女卑。妇女既要操持繁重的家务工作，照顾一家大小的生活，可又得忍受种种的虐待与迫害。婆媳间的私怨、丈夫的唯我独尊，乃至于族人的白眼与蔑视，迂腐的封建思想，千百年来的礼教桎梏，使妇女长期生活在痛苦深渊中，受尽肉体与精神的煎熬。相比之下，新加坡社会妇女的境遇好得多了。"① 作者从核心家庭、媳妇的地位说明新加坡华人妇女地位高于中国妇女。但这种对比仍失之笼统和浅显，因为作者将中国妇女视为一个凝固不变的整体，不分地区、不分时间、不分阶层地与新加坡华人妇女进行简单类比。

笔者认为，移民妇女与中国本土妇女的比较研究是非常有意义的课题，它可以揭示流动与妇女在移民社会地位变迁的关系。但在对比中，我们一定要注意中国妇女不是一个整体，其观念和地位也不是凝固不变的。应从以下几方面加以区分：

从地区上来说，近代中国社会发展极不平衡，大体有城乡之分、沿海和内地

---

① ［新］崔贵强：《战前的新加坡华人家庭》，（新加坡）《源》第 19 期，第 51 页。

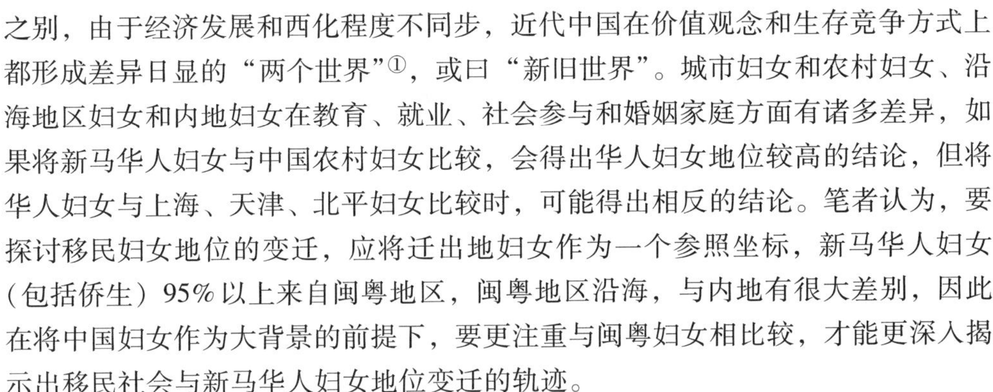

之别，由于经济发展和西化程度不同步，近代中国在价值观念和生存竞争方式上都形成差异日显的“两个世界”①，或曰“新旧世界”。城市妇女和农村妇女、沿海地区妇女和内地妇女在教育、就业、社会参与和婚姻家庭方面有诸多差异，如果将新马华人妇女与中国农村妇女比较，会得出华人妇女地位较高的结论，但将华人妇女与上海、天津、北平妇女比较时，可能得出相反的结论。笔者认为，要探讨移民妇女地位的变迁，应将迁出地妇女作为一个参照坐标，新马华人妇女（包括侨生）95%以上来自闽粤地区，闽粤地区沿海，与内地有很大差别，因此在将中国妇女作为大背景的前提下，要更注重与闽粤妇女相比较，才能更深入揭示出移民社会与新马华人妇女地位变迁的轨迹。

从时间上来说，近代中国社会性别观念变化很快，从晚清提出女子教育权和女权，到五四运动时期高扬“德先生”和“赛先生”的旗帜，向传统社会性别观念挑战，提出妇女解放、女子参政、女子职业、女子继承权、自由恋爱、废除一夫多妻制等诸多要求，不同阶层、不同地域的人群接受新观念不同步，因此我们在对比华人妇女与中国妇女时，一定要确定时段，否则就成了二十世纪二三十年代的华人妇女与古代中国妇女进行对比，得出不真实的结论。

从阶层上来说，近代中国妇女分为多个阶层，有作为精英的知识妇女，有勤劳的女工和农妇，有官太太和阔太太，有家庭妇女，她们的生活方式不同，地位和观念更不相同，所以在进行对比时，不能笼统地将中国妇女视为一个整体，而应注意到阶层的差别。相同地，对新马华人妇女也应做如是划分。

从对比标准上来说，我们不能笼统地用社会地位和家庭地位的高低来判断华人妇女和中国妇女地位的高低，而应该用具体的标准。教育水平、经济参与、社会参与、婚姻家庭和生育健康是目前国际社会通行的评价妇女地位的标准，笔者也将从这些标准入手，对比新马华人妇女和闽粤妇女，从而揭示移民社会与华人妇女地位变迁的关系。

① 罗志田：《权势转移：近代中国的思想、社会与学术》，武汉：湖北人民出版社，1999年，第172－202页。

第二节　新马华人妇女与闽粤妇女：横向比较

笔者选择20世纪30年代作为新马华人妇女与中国本土妇女（主要是闽粤妇女）比较的时间段，考虑到“变迁”是较长时段才能体现出来的，所以会有所上溯或下沿到20世纪20年代及40年代，比较的主要指标是教育水平、经济参与、社会参与、婚姻家庭和生育健康。

一、两地女子教育比较

就女子教育来说，20世纪30年代中国妇女和新马华人妇女受教育水平都有较大提高，从高等教育看，新马华人妇女比不上中国妇女，因为中国有多所女子大学，还有不少大学招收女生，而新马只有两所大学和寥若晨星的女大学生，这是人们印象中华人女子教育不如中国发达的原因。但就基础教育而言，新马华人女子受教育水平高于闽粤地区，高于全中国平均水平。从1930年中国教育统计数据看，新马华人女中学生人数占中学生（包括师范和职业学校）总数的17.56%，① 广东和福建女中学生分别占中学生总数的14.79%和18.11%。②同年中国小学女生占小学生（包括初小和高小）总数的15.16%。③ 1929年广东小学女生共62 793人，占小学生总数的11.81%，④ 如将小学和中学学生一起计算，1930年全国女生占中学和小学学生的15.28%，广东女生占中学和小学生的12.12%。1932年福建女生占中学和小学学生的23.3%。⑤ 这一时期广东和福建尽管地处沿海，但教育水平并不是最高的，山西、江苏、浙江等省份和沪、津几个大城市教育水平在全国名列前茅。

与中国相比，新马华人受教育水平较高，从女生所占比例来看，1930年海峡殖民地英文学校华人女生占学生总数的25.13%（参见表2-2），1932年华文

① 教育部中国教育年鉴编审委员会编：《第一次中国教育年鉴·丁编》，上海：开明书店，1934年，第93页。

② 教育部中国教育年鉴编审委员会编：《第一次中国教育年鉴·丁编》，上海：开明书店，1934年，第106-107页。

③ 教育部中国教育年鉴编审委员会编：《第一次中国教育年鉴·丁编》，上海：开明书店，1934年，第162-163页。

④ 孙邦正：《六十年来的中国教育》，台北：正中书局，1967年，第37页。

⑤ 福建省政府秘书处编：《福建省工作报告》，1934年，台北：文海出版社，1993年，第24、28页。

学校女生占学生总数的24.95%，两者相加，1930—1932年海峡殖民地华人女生占学生总数的25%左右。当然，海峡殖民地都是城市地区，女生占较高比例也许不足为奇，但从包括农村地区的马来联邦看，1932年华人女生占27.46%（参见表2-4）。更能说明华人女子受教育水平高的是入学率，1936年海峡殖民地华人小学生(6—12岁）入学率为41%，其中女生入学率为22.3%（前文），而1931年中国小学入学率仅为22.16%，其中广东为33.89%，福建为20.9%，上海为67%，南京为27.69%。[①] 两地小学生入学年代虽相差几年，但还是可以说明新马华人基础教育水平，尤其是华人女子教育水平远远高于闽粤地区的女子受教育水平。

正是因为新马华人教育普及率高于中国，所以人口识字率高于中国平均水平。1931年马来亚华人每千名男性中有421人识字（42.1%），每千名华人妇女中有99人识字（9.9%）。20世纪30年代中国人口识字率没有统计，但据林耀华1934年对福建义序的调查，该地男性识字率为47.4%，比新马华人男性略高，而女性识字率仅为5.2%，[②] 比新马华人妇女要低。到1947年，中国男子文盲率为54.64%，识字率为45.36%，女子文盲率为85.40%，识字率仅为14.6%，侨乡福建男子文盲率为59.42%，识字率为40.58%，女子文盲率高达89.37%，识字率仅为10.63%。[③] 相比之下，新马华人识字率要高些，1947年华人男子识字率为49.2%，女子识字率为18.8%（参见表2-10）。

二、两地妇女经济参与比较

近代中国没有人口普查，也没有较全面的劳动力职业和行业分布调查，我们只能依靠不完全资料对民国时期中国妇女就业状况进行简单勾勒。农业是近代中国第一大产业，妇女也从事农业生产，但南方妇女，尤其是华南地区农村妇女比北方妇女在农业中的作用更大些。矿业生产中，几乎没有女工的身影。制造业在民国时期有较大发展，大都集中在沿海城市，20世纪30年代初中国对13省91个城市的制造业工人有一统计，共有产业工人1 038 665人，其中男工285 443人，女工233 745人，童工39 826人，性别不详者479 651人，就产业工人分布地区来说，上海最多，占25%，其次是广州，占18%，天津第三，为14%，其余88个城市占43%。从已分性别的统计看，女工占工人（不包括童工）总数的

① 上海申报年鉴社编：《申报年鉴》，上海，1935年，第73页。
② 林耀华：《义序的宗族研究》，北京：生活·读书·新知三联书店，2000年，第192页。
③ 侯杨方：《中国人口史》（第六卷），上海：复旦大学出版社，2001年，第548页。

45%，其中上海女工人数远远高于男工人数，占66%，天津和北平女工数量较少，分别只占10.2%和2.5%。[①]

闽粤地处沿海，商品经济相对内地要发达，但农业仍是最大产业，闽粤妇女从事农业生产的人数也最多。与北方妇女不同，客家妇女、福建妇女和广府妇女一直是农业生产的主力。客家妇女最为勤劳，晚清著名人物黄遵宪是客家人，他历数下、中、上等人家妇女的勤劳，感慨地说："吾行天下者多矣，五洲游其四，二十二省历其九，未见其有妇女劳动如此者。"[②] 福建农村妇女也一样，泉州"乡村妇人，芒履负担，与男子杂作。士挟一经，俯首铢心，无所不能为"[③]。广府妇女更是下地劳作、生产缫丝、为人帮佣，对家庭经济大有贡献。相比之下，潮汕妇女较少田间劳作，她们主要从事家务和女红。[④]闽粤妇女的劳动传统一直保持下来，民国时期，经济形势恶化和男性大量出洋使闽粤妇女更成为农业的主力，据陈翰笙对20世纪30年代华南农村的调查，妇女在广东农业劳动力中所占比例异常之高，"梅县自从大多数年轻男子到南洋去做工以来，妇女已代替男子成为农业劳动力的主要来源"，"在西江下游地区，妇女务农是司空见惯的。在做过调查的番禺县七十二个村子当中，只有二十个村子的妇女不下田干活。在其他各村，男子和妇女都一同下田干活。……因此情况与梅县相似：务农的妇女多于务农的男子"。[⑤] 潮汕妇女仍以做家务居多，据陈礼颂1934年对潮州农村的调查，潮州男性的经济活动为务农或经商，妇女的活动主要是烹饪、汲水、舂米、洗涤、纺织，间或参加农田劳作。[⑥]

从1947年中国职业调查看，中国就业妇女中从事农业的人最多，占就业妇女的22.7%，福建从事农业的妇女虽少于中国平均数，但在该省就业妇女中仍名

---

① 实业部劳动年鉴编辑委员会编：《民国二十一年中国劳动年鉴》，台北：文海出版社，1990年，第2页。按：遗憾的是，产业工人较多的广州市在统计时未分性别。

② 黄遵宪在《李母钟太安人百寿序》中详述客家妇女的勤劳："客家妇女之贤劳，竟为天下种类之所未有。大抵曳靸履，戴叉髻，操作等男子。其下焉者，蓬头赤足，帕首裙身，挑者负者，提而挈者，阗溢于闹肆之间，田野之中，而窥其室，则男子多贸迁远出，或饱食逸居无所事。其中人之家则耕而织，农而工，豚栅牛宫，鸭栏鸡架，牛牙贯错，与人杂处。……至于豪家贵族，固稍暇豫矣，然亦井臼无分亲人，针管无不佩也，酒食无不习也。无论为人女，为人妇，为人母，当人太母，操作亦与少幼等。"参见《梅州文史资料汇编》第4集，1977年，第220－221页。

③ 怀荫布：《泉州府志》卷二十《民俗》，1882年。

④ 如海澄"商人贸迁巨舶，兴贩番货，妇人务女工，谨容止，稍有衣食者妇人不出闺门"。沈定均纂：《漳州府志》卷三十八《民风》，1878年。潮州"潮民力耕，多为上农夫，余逐海洋之利，往来乍浦苏松，如履平地。女红针黹纺织，鲜抛头露面于市廛，胼手胝足于陇亩者"。周硕勋：《潮州府志》卷十二《民俗》，1893年。

⑤ 陈翰笙著，冯峰译：《解放前的地主与农民——华南农村危机研究》，北京：中国社会科学出版社，1984年，第114、116页。

⑥ 陈礼颂：《1949年前潮州宗族村落社区的研究》，上海：上海古籍出版社，1995年，第64页。

列前茅（参见表 6 - 1）。闽粤妇女就业较多的另一行业应是工业，闽粤地处沿海，工业较为发达，尤其是缫丝业和纺织业，吸收了大量女工，1906 年全省已设立缫丝厂共 176 所（包括已停工者），女工总数达 60 500 人，[①] 1929—1933 年经济危机对缫丝业打击极大，20 世纪 30 年代广东丝业工人人数下降，共有 33 331名工人，其中女工 31 577 人，男工 1 754 人，广东丝业工人占全国丝业工人的 22. 4% 。[②] 从 1947 年的调查来看，福建就业妇女中 1% 集中在工业。服务业也是闽粤妇女就业较多的行业，如女佣、女招待、舞女、妓女等，但没有统计数据。但 1947 年福建高达 70. 45% 的妇女从事“人事服务”似不可信，要么统计数据有误，要么此数据包括家庭妇女。

新马华人妇女（包括侨生）95% 以上来自闽粤，继承了闽粤妇女吃苦耐劳的文化传统，但由于殖民地经济结构和经济发展水平不同于闽粤地区，决定了华人妇女行业和职业分布也与闽粤妇女有所不同。新马华人社会主要是商业和城镇社会，华人妇女从事传统农业生产的人很少，她们大都在橡胶园、黄梨园、菠萝园当农业工人，这与闽粤农妇主要从事传统农业完全不同，后者的劳动难以用现金衡量。华人妇女在矿业生产中占有重要地位，但她们在制造业的比例似乎低于中国，这是因为中国沿海城市，尤其是上海以纺织业为主，而新加坡等城市很少纺织业或丝织业，当失业的广东缫丝女工移民新马后，她们只能当女佣、女工和胶工。新马华人妇女在商业和服务业就业的人数很多，这与商业社会的特点有关。

表 6 - 1　1947 年中国与新马华人职业分布

（单位:%）

行业与职业	中国		福建省		新马	
	男	女	男	女	男	女
农业	58. 07	22. 70	65. 08	17. 06	44. 58	16. 0
矿业	0. 73	0. 09	0. 39	0. 02	3. 84	1. 25
工业	6. 75	4. 80	5. 31	1. 00	19. 59	2. 15
商业	10. 37	2. 9	7. 51	0. 52	22. 43	2. 3
交通运输业	2. 29	0. 22	1. 61	0. 44	8. 48	0. 1

① 陈慈玉：《近代中国的机械缫丝工业（1860—1945 年）》，台北：“中央研究院”近代史研究所，1989 年，第 167 页。

② 陈慈玉：《近代中国的机械缫丝工业（1860—1945 年）》，台北：“中央研究院”近代史研究所，1989 年，第 191 页。

（续上表）

行业与职业	中国		福建省		新马	
	男	女	男	女	男	女
公务	3.18	0.37	2.41	0.17	0.26	0.002
人事服务（服务业）	2.87	20.13	0.52	70.45	17.92	8.52
其他	2.40	1.84	1.39	0.44	6.99	1.48
无业	11.57	46.73	14.69	9.42		

注：①中国人口职业统计为12岁以上人口，新马华人为15岁以上人口。

②中国统计中的“人事服务”与新马的“服务业”标准不同，难以对比。

资料来源：①中华年鉴社：《中华年鉴》，1948年；侯杨方：《中国人口史》（第六卷），上海：复旦大学出版社，2001年，第542页。

②本书表3－1和表3－2。

20世纪30年代闽粤妇女在专业技术和管理领域占有一席之地，但人数极少，在教师职业中，1930年广州市中学（包括师范、职业学校）女教师共215人，占14.48%，各类学校（大、中、小、幼儿园）女教职员共888人，占22.45%，其中大专院校女教职员76人，占8.77%。[①] 1932年福建小学女教职员人数共1 678人，占全体教职员总数的12.8%。[②] 相比之下，新马华人女教师比例高于闽粤女教师，1931年新马华人女教师占教师总数的19%，1935年海峡殖民地华人女教师占32%，但在高等教育中，没有华人女教师的身影。华人妇女也很难当上公务人员，1931年只有10位华人妇女是公务员，1947年华人女公务员为16人，只占华人就业妇女的0.002%，这是由华人在殖民地的从属地位所决定的。

三、两地妇女社会参与比较

从妇女社会参与来看，中国妇女社会参与和政治动员程度要高于新马华人妇女。中国自清末以来，妇女解放呼声日益高涨，辛亥革命后，先进妇女努力争取参政权更付诸行动，五四运动以及后来的历次革命和民族危机使中国妇女参与社会活动达到一个又一个新高潮，政治动员的范围也从精英妇女扩大到下层劳动妇女。

① 《十九年度广州市学校教职员男女人数统计》，《广州教育月报》，1932年，第61页。

② 福建省政府秘书处编：《福建省工作报告》，1934年，第24页。

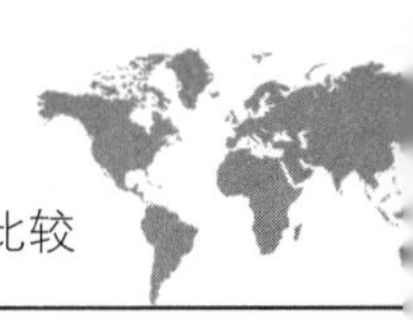

闽粤地区是近代中国开化最早的地区之一，妇女解放运动也走在全国的前列，先是康梁的不缠足运动始于广东，辛亥革命时期广东妇女投入革命，在胡汉民的支持下有10位妇女当选为省议会议员。[①] 但这一时期妇女政治动员对象主要是精英妇女，到20世纪20年代以后，下层劳动妇女亦被动员。第一次国内革命战争时期，广东成为全国的政治中心，国共合作进一步推动了妇女运动的发展，在何香凝等国民党员和邓颖超等共产党员的领导下，广东妇女建立了广东妇女解放协会（1925年）等组织，妇女组织数量位居全国之冠。除精英妇女积极参与社会活动和妇女解放运动外，妇女运动还深入到女工和农民中。1925年国民党中央妇女部办妇女劳工夜校，共产党人在顺德大良办缫丝女工夜校，彭湃在海陆丰开展农民运动，农会会员中妇女约占半数。1930年海南成立了中国第一个工农红军琼崖第二独立师女子军特务连（红色娘子军）。[②] 广东妇女解放协会也在全省建立了大约27个县级分会，积极推进婚姻改革、提高女子教育和争取妇女的继承权和参政权。1927年大革命失败后，广东妇女运动有所沉寂，但妇女政治动员的传统一直在延续，并在民族危亡中表现出来。

相比之下，新马华人妇女运动起步晚，华人妇女社会参与程度较低，政治动员程度更低。辛亥革命期间和1928年“济南惨案”时，只有少数华人妇女被动员参与筹赈活动，直到1937年日本全面侵华后华人妇女才开始较大规模的政治动员过程，并借助抗日救亡运动的推动，妇女解放运动有所深入（详见第四章）。概而言之，与闽粤妇女相比，新马华人妇女社会参与起步晚、范围小、程度低、方式和缓。

四、两地婚姻家庭比较

就婚姻模式而言，民国时期中国的城市和农村有所不同，城市居民受工业化和进步观念影响，自主婚姻增多、离婚增多。如20世纪30年代金陵女子文理学院所做的一个调查表明，在92名已婚青年中，完全由本人做主和本人做主、父母同意的共59人，占64.1%；在100名已订婚者中，有69人自己做主，占

① 这是中国第一次有妇女成为议会议员，但由于《临时约法》未承认妇女参政权，广东省1912年9月正式公布省议员选举法时，将妇女排挤出去。参见中华全国妇女联合会：《中国妇女运动史》，北京：春秋出版社，1989年，第58页。

② 有关大革命时期广东妇女的活动，参见欧英钦《我党领导下的第一支革命妇女武装——琼崖工农红军女子特务连》，杨绍练、元邦建：《广东第一个女共产党员——高恬波》，谭竹山：《我在大革命时期参加妇女运动的回忆》，吴淑珍：《第一次国内革命战争时期广东的妇女运动》等，载《广东文史资料》（第三十四辑），1982年；克里斯蒂娜·吉尔马丁：《民国革命时期的性别、政治文化和妇女动员》，载李小江等主编：《性别与中国》，北京：生活·读书·新知三联书店，1994年。

69%，完全由父母包办的分别只有2.17%和2%。[①] 自主婚姻的增多是青年男女斗争的结果。1934年厦门有一位17岁少女由父母做主许配给一官宦子弟为妻，结婚之日少女逃婚，之后发表谈话说："我不愿意嫁他，因为他的教育和知识都不如我。如果他能证明他在智育上的条件和我相等，我可以与他结白首之盟。"[②] 这是受过教育的女子"对父母之命，媒妁之言"这一传统婚姻模式的挑战。此外，离婚也是对传统婚姻模式的挑战，传统婚姻要求妇女从一而终，妻子没有离婚的权利。《中华民国民法》规定离婚和结婚一样自由，妇女也有提出离婚的权利，于是城市家庭离婚现象增多，而且女方主动提出离婚的占多数。1930年广州有140件离婚案，女方主动要求离婚的占77.1%，北平62件离婚案，女方提出者占66.1%。[③] 离婚的原因主要是虐待、遗弃、行为不轨、通奸纳妾等。[④] 离婚是社会变迁的标志之一，也反映了女性在婚姻中的能动性。

中国农村还是传统婚姻模式，以闽粤农村为例，婚姻仍完全是"父母之命，媒妁之言"，离婚极少，1929—1933年对华南乡村人口婚姻状况的调查，男性人口中只有0.1%的人离婚，女性人口离婚率为0。[⑤] 陈礼颂在潮州的实地调查证明了这一点，他说农村离婚极少，而且女子方面视离婚为终身奇辱，解除婚约也被视为禁忌，因为"退头婚"的女子是无人愿娶的。因此潮州农村没有离婚现象，即使丈夫对妻子不满，尽可以纳妾，如果妻子犯了奸淫，丈夫可以处死她，或逼她自杀，"绝对用不着闹离婚"[⑥]。林耀华1934年调查的福建义序情况也是如此，"夫妇离婚，几无所闻。夫之弃妻，间或有之"[⑦]。即使是较为开化的侨乡地区，家长仍完全控制婚姻、丧事等大事。陈达在福建侨乡看到有一位15岁小学刚毕业的女孩，由父亲做主许配给40多岁的有钱华侨，女孩虽不愿意，但因父母之命不可抗，"一桩婚事，就依着计划成功了"[⑧]。

民国时期中国婚姻模式处于从传统向现代的变革中，城市变革的速度要快于农村，但即使在城市，婚姻模式也是新旧杂陈，自主婚姻与父母包办并存，一夫一妻制与一夫多妻制并存。据对20世纪30年代广州蓄妾问题的调查，珠江以北

---

① 《成都妇女社会活动调查》，载金陵女子文理学院社会学系编：《社会调查集刊》（下集），1939年，第28－29页。

② 陈达：《南洋华侨与闽粤社会》，上海：商务印书馆，1936年，第158－159页。

③ 郭箴一：《中国妇女问题》，上海：商务印书馆，1935年，第70、75页。

④ 依据上海、成都、广州、北平四大城市诉讼离婚原因统计。参见陈蕴茜、叶青：《论民国时期城市婚姻的变迁》，《近代史研究》1998年第6期，第212页。

⑤ 乔启明：《中国农村社会经济学》，上海：商务印书馆，1947年，第66页。

⑥ 陈礼颂：《1949年前潮州宗族村落社区的研究》，上海：上海古籍出版社，1995年，第88页。

⑦ 林耀华：《义序的宗族研究》，北京：生活·读书·新知三联书店，2000年，第97页。

⑧ 陈达：《南洋侨乡与闽粤社会》，上海：商务印书馆，1938年，第136页。

地区每十家就有妾一名，珠江以南地区2 300家有妾1 070人，另对78位学生家庭的调查，有妾的占二分之一。[①] 新马华人婚姻模式像中国一样处于变革中，正如本书第五章指出的，华人婚姻模式也是自主婚姻与父母包办并存，一夫一妻制与一夫多妻制并存，离婚现象也存在。从实际情况看，新马华人婚姻自主程度要低于中国大城市，离婚数量也低于中国大城市，但要高于闽粤农村地区，显示其婚姻变革的程度快于闽粤农村但慢于中国的大城市。

就家庭模式而言，民国时期中国城乡也有很大差别，闽粤农村基本是扩大家庭和主干家庭，核心家庭很少，城市大都是主干家庭和核心家庭，扩大家庭很少。1939年金陵女子文理学院对成都市192户家庭进行调查，核心家庭最多，占49.5%，其次是主干家庭，占29.7%，扩大家庭仅占16.7%，情况不详的占4.1%。[②] 天津市家庭模式也与之类似，在被调查的289个家庭中，核心家庭占51.9%，主干家庭占29.4%，扩大家庭仅占12.8%，情况不详的占5.9%，[③] 也就是说，城市地区核心家庭占一半左右。闽粤农村仍以扩大家庭为主，据郑振满对闽东连江县结婚于20世纪20—40年代的老年妇女的调查，她们的夫家属扩大家庭的占82%（包括主干家庭、扩大家庭）。[④] 在侨乡地区，这种大家庭更有特色，据陈达的调查，一般是丈夫和儿子在国外挣钱，妻子和媳妇留在家庭。有一典型的扩大家庭，男家长和三个妾及其子女在暹罗，女家长和一妾在家乡，与两子两媳及女儿和孙子、孙女同住。还有一家除出嫁者外，共18人共居，家长是父亲，与四个儿媳妇及其孙子、孙女同住，三个儿子在新加坡谋生（一子亡）。所以陈达认为，侨乡地区“①习惯上的大家庭制度，大体是通行的，除夫妇及其儿女以外，家庭里尚有他人同居，如伯叔、儿媳及孙等。②大家庭内各人非特同居，且维持共同的经济生活，因此华侨汇款回家，不仅供给妻室或儿女的生活费和教育费，并且供给家庭内其他人的生活费或教育费”[⑤]。相比之下，新马华人社会以核心家庭和单身家庭为多，主干家庭和扩大家庭较少。

大部分学者都认为新马华人妇女在家庭中的地位要高于中国，[⑥] 笔者也同意

---

① 李钊华：《由中国男多于女所发生的失婚问题及影响的假设》，载中国社会学社编：《中国人口问题》，上海：世界书局，1932年，第255－256页；陈蕴茜、叶青：《论民国时期城市婚姻的变迁》，《近代史研究》1998年第6期，第217页。

② 《成都妇女社会活动调查》，载金陵女子文理学院社会学系编：《社会调查集刊》（下集），1939年，第13页。

③ 转引自潘允康：《家庭社会学》，重庆：重庆出版社，1986年，第125页。

④ 郑振满：《近百年闽东沿海的婚姻、家庭与生育率——连江县浦口镇官岭村调查报告》，载李中清、郭松义、定宜庄编：《婚姻家庭与人口行为》，北京：北京大学出版社，2000年，第69页。

⑤ 陈达：《南洋华侨与闽粤社会》，上海：商务印书馆，1938年，第126－130页。

⑥ 如弗里德曼、陈达、Ann E. Wee、崔贵强等人都持此看法。

这一说法，但要强调指出，比较时要注意区分城乡和地域，华人妇女在家庭中的地位较高，其实只是高于闽粤农村妇女，与中国城市妇女类似。这首先表现在妻子在核心家庭的地位上，因为移民，新马华人核心家庭较多，而扩大家庭较少，一般来说，核心家庭增多导致家庭内的权力结构有所变化，夫妇与子女成为家庭的中心，妻子在家庭中的决策权增多，有助于更平等的两性关系的建构。其次表现在女子继承权上，在殖民地继承法保护下，华人妇女有财产继承权，而在闽粤农村地区，女子没有继承权，即使在侨乡地区，“女则绝无分受遗产之权”[①]。尽管民国政府在1931年颁布的《中华民国民法》规定女子有财产继承权。[②] 再次表现在妾的地位上，华人社会中妾的地位较高，有些妾出身与发妻不相上下，且受过教育，又有财产继承权，因此妾在家庭中与发妻地位几乎相同；但闽粤农村妾的地位极低，据林耀华调查，在福建义序，妾的来源有三：婢女、从良妓女和贫家女子，在家中地位极低，一切受正妻指挥，等其生了儿子后，“情形稍佳”[③]。最后表现在媳妇的地位上，华人社会媳妇地位较高，与婆婆发生冲突时，可以搬回娘家居住，或要求丈夫与大家庭分居，而闽粤农村中婆婆对于媳妇还有较大的控制权。

五、两地妇女生育健康比较

民国时期中国医疗卫生条件较差，尤其是农村地区和城市贫民区，婴儿死亡率和产妇死亡率都较高，据侯杨方对多个地区婴儿死亡率调查的分析，认为20世纪上半叶中国婴儿死亡率为170‰—200‰。[④] 相比之下，新马华人婴儿死亡率要低得多。20世纪初的1909年，海峡殖民地华人婴儿每千人死亡人数为291人，1919年下降到246人，1929年为166人，到1934年每千人死亡率为154人，虽然远远高于欧洲人，但低于海峡殖民地平均婴儿死亡率，也比中国本土婴儿死亡率要低得多（参见表6-2）。此外，华人产妇死亡率也较低，1937年新加坡华人产妇死亡率为4.56‰，马来联邦为4.8‰，即使是较为落后的吉打州，华人产妇

---

① 陈达：《南洋华侨与闽粤社会》，上海：商务印书馆，1938年，第143页。

② 1930年底民国立法院通过《中华民国民法》继承编正式承认女子继承权，该法律规定，遗产继承不以宗祧继承为前提。不分遗产者是男是女，遗产继承人除直系血亲，卑亲属、父母、兄弟、姊妹外，对于死者的遗产，配偶亦有权继承。妻子与子女所得一样，如果没有以上亲属，配偶可承继全部遗产。参见谢振民编：《中华民国立法史》，北京：中国政法大学出版社，2001年，第788-792页。

③ 林耀华：《义序的宗族研究》，北京：生活·读书·新知三联书店，2000年，第138页。

④ 侯杨方：《中国人口史》（第六卷），上海：复旦大学出版社，2001年，第399页。

死亡率也仅为6.7‰。[①] 中国产妇死亡率没有统计，从婴儿死亡率来看，中国产妇估计要比新马华人产妇死亡率高，因为产妇的死亡通常伴随着婴儿的死亡。婴儿和产妇死亡率是检验一个国家社会、经济、文化、医疗卫生水平的重要指标，从这个角度看，新马社会的总体发展要较中国先进。

表6-2　海峡殖民地婴儿死亡率（1909—1934年）（每千人）

（单位：‰）

年份		1909年	1914年	1919年	1924年	1929年	1934年
地区	新加坡	309	256	236	203	188	165
	槟榔屿	231	228	177	158	150	165
	马六甲	230	364	260	252	247	203
种族	欧洲人	58	57	43	15	29	25
	欧亚人	309	164	167	170	134	123
	华人	291	237	246	184	166	154
	马来人	248	271	204	217	228	235
	印度人	273	256	241		154	145
总死亡率		264	250	212	195	182	172

资料来源：JARMAN R L. Annual reports of the straits settlements（1855－1941）. London：Archive Editions Limited，1998.

通过教育、就业、社会参与、婚姻家庭和生育健康五个指标对20世纪20—30年代新马华人妇女和中国妇女的比较表明，华人女子基础教育水平高于中国农村和部分城市地区，经济参与活动，尤其是工业和商业的参与度高于闽粤妇女，社会参与则落后于闽粤妇女。在婚姻家庭方面，华人社会变革程度低于中国大城市，但要高于闽粤农村地区，华人妇女在家庭中的地位也高于闽粤农村妇女。在生育健康方面，华人婴儿死亡率和产妇死亡率都远远低于中国城市和农村。综合来看，新马华人妇女地位要高于闽粤妇女。

---

① MANDERSON L. Sickness and the state：health and illness in colonial Malaya（1870－1940）. New York：Cambridge University Press，1996：p. 220.

第三节　移民社会特征与妇女地位变迁的诠释

新马华人妇女绝大部分迁移自闽粤地区，从她们个人因迁移而带来的地位流动看，变化并不明显，正如本书第三章所指出的，除了因丈夫或父亲向上流动而带动妇女向上流动外，妇女很难通过个人的能力向上流动。在国内是教师或大学、中学毕业生者，到新马后大多以教师为业，保持了中层地位，在国内是农民、工人、女佣者，到新马仍操上述职业，只有极少数妇女从下层上升到中层。但当我们从较长时段，从代际妇女、从妇女整体的变化中就可以看到流动带来的地位变迁的轨迹。迁移异域的结果，是华人妇女在教育、就业、社会参与、婚姻家庭和生育健康等方面与闽粤农村妇女相比发生了很大变化，而且总的趋势是她们的状况好于闽粤农村妇女，在某种程度上也好于中国城市妇女。

为什么新马华人妇女比闽粤妇女变化大，为什么华人妇女的地位普遍高于闽粤妇女？这是移民的结果，也是不同社会环境作用的结果。

新马华人社会与闽粤社会有很大不同，颜清湟认为，与中国社会相比，19 世纪新马华侨华人社会的特征是：第一，它是一个移民社会，有一个不固定的人口特征；第二，它是一个从属社会，从属英国的殖民统治，没有统治阶级；第三，它是一个城镇社会，因为不能拥有土地，没有形成庞大的农民阶级。[①] 笔者认为上述三点基本概括了 19 世纪新马华人社会的特征，但有一个很大的缺陷，就是忽视了性别比例不平衡问题，这其实也是华人社会的一个重要特征。

到 20 世纪上半叶，新马华人社会这些特征仍然延续下来，但有所变化，主要有四个特征。第一个特征，华人社会还是移民社会，但华人人口不再是“不固定”的，而是趋于“固定”，因为随着妇女的大量移民，华人移民倾向于在当地定居，形成稳定的华人社会。但他们仍自认是中国人，认同中国。第二个特征，华人社会仍是从属社会，华人对殖民地政治没有发言权，但随着华人民族主义崛起，华人对英国殖民统治也形成挑战。第三个特征，华人社会仍是城镇社会，但 19 世纪末以来橡胶业的发展使部分华人居住在农村，成为没有土地的农业工人。第四个特征，即性别比例不平衡，20 世纪 20—30 年代以来随着中国妇女的大量移民和自然繁衍，华人社会性别不平衡现象大大缓解，但仍然存在。

移民、从属、城市化和性别比例不平衡是新马华人社会不同于闽粤社会的四大特性，华人妇女生存状况和地位变迁与这四大特性息息相关，本书已用大量篇

---

① ［澳］颜清湟著，粟明鲜译：《新马华人社会史》，北京：中国华侨出版公司，1991 年，第131 页。

幅论述了华人妇女对社会、经济、婚姻家庭和性别关系变化的影响。其实妇女与社会的关系是双向互动的关系，华人妇女的生存状况同样深受居住地社会、政治、经济等诸多因素影响。

一、移民社会

移民社会的一个鲜明特点，就是移民脱离了原来的大部分社会关系，重新组合成新的社会关系。[①] 中国人在移民海外的过程中，将中国传统性别观念带到新的居住地，比如男尊女卑、男外女内、三从四德等，所以父权仍居华人社会统治地位。但同时，在移民社会，原来闽粤社会对妇女的束缚有所弱化，比如宗族势力在华南农村十分强大，妇女深受家族的束缚，潮州“妇人不能入宗祠”[②]，福建义序宗祠禁妇人投祠，“投祠原非美事，况妇人乎？妇人出嫁从夫，夫死从子，有夫有子，而妇人出头，成何体统？今后若非夫亡子幼，并夫与男出外者，借泼闯投，无论理之是非，其夫与男必加重罚”[③]。也就是说，如果丈夫与儿子在，妇女无论遇到什么事，都无权要求进入宗祠解决，对宗族事务和家庭事务没有任何发言权。但到迁移地后，闽粤社会极为强大的宗族势力在海外有所减弱，[④] 新马华人多向法庭或华民护卫司署而较少向宗亲会馆投诉婚姻家庭问题，所以尽管华人妇女在宗亲会馆仍没有发言权，但她们可以向法庭和华民护卫司署控告丈夫虐待或不付赡养费（参见第五章），这在闽粤宗族社会是妇女想也不敢想的事。同时移民也使核心家庭增多，族权和父权统治弱化，华人妇女在家庭中的地位有所改变，尽管变化缓慢。移民还使华人妇女进入劳动力市场，使她们成为经济自立的人，单身妇女（如自梳女、寡妇以及丈夫在中国的妇女）比在国内还要独立，她们建立斋堂和咕哩房，过着完全自主的生活。

迁移还使得中国传统中的一些陋习轻而易举地被废弃，比如缠足和溺女。缠足在中国直到二十世纪二三十年代还屡禁不止，[⑤] 根本原因在于近代中国分为观念和生活方式不同的两个世界，传统男子要求的婚配对象是缠足女子，开明男子的婚配对象是女学生（不缠足女子），因此农村女子因婚嫁压力努力缠足。[⑥] 中

---

① 李长莉：《晚清上海社会的变迁：生活与伦理的近代化》，天津：天津人民出版社，2002 年，第 26 页。

② 陈礼颂：《1949 年前潮州宗族村落社区的研究》，上海：上海古籍出版社，1995 年，第 60 页。

③ 林耀华：《义序的宗族研究》，北京：生活·读书·新知三联书店，2000 年，第 201 页。

④ 宗亲会馆在早期新马华人社会中起重要作用，但 20 世纪后势力减弱。

⑤ 参见杨兴梅：《南京国民政府禁止妇女缠足的努力及其成效》，《历史研究》1998 年第 3 期。

⑥ 参见杨兴梅：《观念与社会：女子小脚的美丑与近代中国的两个世界》，《近代史研究》2000 年第 4 期。

国妇女初到新马时也缠足，19 世纪末林文庆还在反对缠足。[①] 广东“放足”的努力最有成效，在 20 世纪 20 年代已经没有缠足现象，但 20 年代福建妇女“初到南洋者，类皆缠足，而天足者甚少……”[②]，说明 20 年代福建妇女缠足习俗仍未断绝。但移民到新地方后，异域经历使华人各阶层男子不再认同小脚之美，而视之为“丑”，所以华人妇女不再缠足，已缠足者也开始“放足”，很快缠足现象在华人社会就消失了，正如陈嘉庚指出：“现下南洋女华侨，四五十岁内无缠足之人，此种风俗系由华侨社会及报纸宣传发生效力，自动解除不良之陋习，非殖民地政府肯提醒干预。”[③]

再比如溺杀女婴，在近代中国是普遍现象，[④] 闽粤亦然。据 1930 年广东政府所派巡查员黄遵庚报告，云浮县“溺女之风，甲于全省，凡妇女年登三十岁以上，不论贫富，几乎无人不曾行此种举动。该县人口概数，约有三十余万，每年人口生殖，总额约在一万以上，女婴占其半数，而女婴为其父母溺毙者，约占十分之二，准此计算，则云浮之女婴，每年受此恶风枉死者，在一千以上”[⑤]。福建义序溺女之风也极盛行，20 世纪 30 年代有所减少，“间有一二行者，亦不敢声张，恐招非议”。但在福建山区，溺女风俗“尤盛行，无所忌惮”[⑥]。而在潮州樟林的一个调查表明，因溺女，20 世纪 30 年代初 1—6 岁年龄组中，男多于女，男孩有 1 816 人，女孩为 1 761 人。[⑦] 中国溺女陋习盛行的主要原因是贫困、人口过剩、重男轻女和厚嫁之俗。当中国人移民新马后，生活水平普遍高于闽粤农村，不存在人口过剩问题，又因为性别比例不平衡，女子“物以稀为贵”，溺女之俗遂绝。

一般认为，“人口迁移与社会流动有一定的联系，通常人口迁移对改善迁移者的社会经济地位，有较大促进作用”[⑧]。确实，对新马华人妇女来说，迁移不仅提高了她们的经济参与能力，而且变化的社会结构和习俗有助于她们生存状况的改善。

---

① 参见［新］李元瑾：《林文庆的思想：中西文化的汇流与矛盾》，新加坡：新加坡亚洲研究学会，1990 年，第 71 页。

② 宋蕴璞：《南洋英属海峡殖民地志略》，北京：蕴兴商行，1928 年，第 71 页。

③ 陈嘉庚：《南侨回忆录》，长沙：岳麓书社，1998 年，第 165 – 166 页。

④ 参见徐永志：《近代溺女之风盛行探析》，《近代史研究》1992 年第 5 期。

⑤ 《广东省政府公报》，1930 年 10 月 31 日。

⑥ 林耀华：《义序的宗族研究》，北京：生活·读书·新知三联书店，2000 年，第 121 页。

⑦ 陈国梁、庐明：《樟林乡村人口状况》，《社会学研究》1935 年第 1 卷第 2 期，第 4 页。

⑧ 段成荣：《人口迁移研究：原理与方法》，重庆：重庆出版社，1998 年，第 41 页。

二、城镇社会

新马华人城市化程度高，是工商社会。20 世纪 20 年代以前，新马经济发展一直保持较好势头，30 年代受经济危机的影响，经济发展放缓，但与闽粤农村地区相比，经济环境要好得多，华人的生活水平也高于闽粤农村地区，这与其职业和城镇居住环境很有关系，1931 年人口普查表明有 65.4% 的华人居住在城镇，而居住在城镇的马来人和印度人分别为 15.9% 和 14.8%，1947 年居住在城镇的华人有 68.3%，马来人和印度人分别为 17.4% 和 11.4%。[①]

城镇和乡村生活的最大差异主要体现在两个方面，一是空间聚居和集中程度不同，二是社会生活不同。城镇有比较完备的交通、学校、工厂、通信和媒介体系，对人们的生存状况和生活方式有很大影响。

一个影响是华人生活水平高于闽粤农村地区，尽管新马华人中贫困人口也很多，但相对于赤贫的闽粤农村，华人的生活相对要好些，这也是闽粤民众热衷于移民海外的主要原因。在闽粤农村地区，因为生活贫困，溺杀女婴现象屡禁不止，婴儿死亡率很高，出卖女孩当妹仔或童养媳也是普遍现象。贫困加上性别歧视，女孩自然不被善待。新加坡一位出生于福建的商人王声邦回忆家乡生活时说："在我们村里有一个习惯很流行。男孩子喝粥，女孩子只能挨饿，只有在春天庆贺新年时，我们才能吃米饭。其他 364 天里，由于重男轻女的文化偏见，男孩能够喝两顿粥，早饭时还能吃些红薯，女孩则只能喝没有一粒米的稀粥汤。"[②]但在新马，由于生活相对好些，女孩子只能喝不见一粒米的稀粥汤的现象就很少见，溺女已然绝迹，送女儿当妹仔或童养媳的现象虽然仍有，但比闽粤地区少得多。[③]

另一个影响是新马华人的职业选择和对现代观念的接受。华人主要从事商业、金融业、橡胶业、矿业、手工业、制造业、服务业等行业，他们大都是商人、店主、工匠、小贩、工人、矿工、佣人和教师等，对华人妇女而言，她们的职业也从农民扩大到工人、女佣、女招待、教师和职员等，这些职业不仅提升了她们经济自立的能力，而且加强了她们的现代性。因为这些职业"都要和不同的

---

① SMITH T E. Population growth in Malaya：an analysis of recent trends. London：Royal Institute of International Affairs，1952：p. 6.

② 王声邦口述历史访谈文稿，新加坡口述历史档案馆，编号 A000155/19。

③ 1934 年 6 月马来亚注册妹仔共 2 749 人，其中出生于马来亚的有 892 人，出生于中国（包括香港）的有 1 493 人，出生地不详者 279 人，还有 85 人出生于非马来亚和中国的地方。Report of Commission. Mui Tsai in Hong Kong and Malaya. London：H. M. Stationery office，1937.

人广泛接触交往，这种交往可以提供很多新知识的学习机会，可以听到不同的观点，也需要有表达意见的能力和推断能力。这种经验也许能促进人的现代化，反复地熏陶人们去接受新经验，了解不同的意见和取得较深刻的知识，所有这些都有助于发展一个人的现代性”①。

城镇生活还影响华人教育水平，其基础教育水平要高于中国和闽粤地区，华人女孩受教育的比例也比闽粤地区高。但高等教育的缺乏使华人精英妇女少于中国，加之移民妇女大都是文盲，知识分子精英更少，这使得华人妇女运动落后于中国，而且大部分妇女对参与社会活动也不积极，因此给当时人的印象是“马华妇女一向是被目为沉默的、落伍的，因为她们对于社会上的种种活动，一向是抱着不闻不问的态度”②。这种局面直到20世纪30年代末开展抗日救亡运动才有所改观。

三、殖民地社会

新马是英国殖民地，华人社会居于从属地位。英国人是统治者，他们制定法律和法规，维持当地的政治与经济秩序；马来人是原住民，享有一定政治和经济特权；华人是外来移民，他们遵守殖民地法律，致力于发家致富。公允地说，在英国殖民政府统治下，新马基本上是一个有法可依、治安良好的殖民地，尽管也有偷盗、抢劫、诱拐、强奸、杀人等案件发生。当时人对英国管理殖民地有较高评价：“在南洋无论怎样小的地方，怎样不兴盛的市府，它的路政必定很发达的，警察必定是很得力的，居民必定是很能安居乐业的，在这一点上，我们不能不佩服英国人的经营地方的精神。”③ 相对于民国时期闽粤地方军阀混战、吏治不靖、土匪横行以及后来日本入侵的状况，20世纪30年代新马华人尽管面临经济困难，但总的来说尚能安居乐业，华人妇女深受其惠。

殖民地的法律为提高华人妇女在婚姻家庭中的地位奠定了基础。殖民地政府对华人婚姻习俗不加干涉，一夫多妻制婚姻仍然存在，但殖民地立法会制定了一些符合英国习惯而异于中国传统的法律，华人也必须遵守，对提高华人妇女地位有所助益，如殖民地的《继承法》规定女儿有平等继承财产的权利，规定妻与妾有同等的继承权，这不仅使女子有了继承权，而且也提高了妾的地位。《刑法》规定丈夫必须赡养合法妻子，这在一定程度上保护了妇女的利益。而殖民地

① 英格尔斯：《人的现代化——心理·思想·态度·行为》，成都：四川人民出版社，1985年，第150页。

② 水源：《赶制棉衣运动》，《星洲日报》，1937年10月31日。

③ 梁绍文：《南洋旅行漫记》，上海：中华书局，1924年，第138页。

法庭也能够切实执行这些法律，做出维护妇女的判决。反观中国，虽然民国政府1931年制定的《民法》也规定了女子继承权，但当时国内最大的问题不是无法可依，而是有法不依，所以当时中国女子继承财产的权利更似画饼，在农村尤其如此。

华人妇女生育健康水平的提高与殖民地政府有很大关系。20世纪初，殖民地政府极少重视当地妇幼健康问题。而后英国本土开始关注儿童与帝国政治和经济的关系，1902—1908年通过的一系列法律涉及助产士培训、婴儿健康和儿童体检。同时，殖民地也需要大量劳动力。英属马来亚一直是通过大量移民来满足劳动力需求，但苦力死亡率极高，于是殖民地政府也开始关注儿童和妇女健康以增加劳动力。要降低死亡率，培训助产士是第一步，20世纪10年代开始培训助产士，20世纪30年代已步入正轨（参见第三章），助产士的增加有效地减少了母婴死亡率，如1922年新加坡婴儿死亡率为24.9%，1932年下降到18%。[①] 1940年霹雳州政府年报也指出，由于接生妇增加，婴儿死亡率大大下降。[②] 此外，殖民地政府卫生部还建立婴儿福利中心（海峡殖民地和马来联邦建于20年代，马来属邦建于30年代），安排女检查员访问产妇，儿童到福利中心接受检查，据估计，截至1940年，大约有850 000名妇女接受家庭访问或到儿童福利中心接受检查，至少有30 000名妇女在医院生产。[③] 这些措施对于提高妇女生育健康水平大有帮助。

殖民地政府还关注华人弱势群体，即被拐卖的妇女和妹仔，并设立保良局保护妇女。妹仔是流行于闽粤地区的一种婢女制度，她们因家贫，自幼被父母卖与人家，名为养女，实为婢女，她们要洗衣、做饭、打扫卫生、照看小孩，雇主不向她付工钱，但为她提供食宿和衣服，长大后为她提供一份嫁妆嫁人。这一制度也被中国移民带到南洋。妹仔的生活十分悲惨，她们经常受主人的虐待，甚至遭到男主人的强奸。[④] 新加坡华人妇女林秋美的经历十分典型，她出生于中国汕头地区，8岁时被人贩子拐到新加坡，以250元的价钱卖与一华人富裕人家当妹仔。男主人好色，为了躲避他，林秋美从不在一个地方睡两夜，女主人也多次毒

---

① 《当地婴儿死亡率去岁已锐减》，《南洋商报》，1933年6月5日。

② 《霹雳接生妇增加，婴儿死亡率已减少》，《槟城新报》，1940年8月10日。

③ MANDERSON L. Sickness and the state: health and illness in colonial Malaya (1870 – 1940). New York: Cambridge University Press, 1996: p. 222.

④ 1933年英国成立一个委员会，专门调查香港和马来亚的妹仔状况，委员会指出："她们60%以上是文盲，经常挨打、挨骂……许多人身上仍留着受虐待的痕迹，虐待也以其他形式出现，如过度劳作和过度惩罚。"还有妹仔被主人或主人之子强奸。Report of Commission. Mui Tsai in Hong Kong and Malaya. London: H. M. Stationery office, 1937: p. 232.

打她。[①]

在英国人尤其是道德改革主义者看来，妹仔制度是一种丑恶的奴隶制，在他们的压力下，殖民地当局着手解决妹仔问题。1932 年 5 月海峡殖民地通过《妹仔条例》（*Mui Tsai Ordinance*），1932 年马来联邦通过该条例，马来属邦在 1933—1935 年通过该条例。条例规定：

（1）《妹仔条例》生效后任何人不得再收养妹仔，已有妹仔在该条例生效后 6 个月内注册；

（2）华民护卫司有权拒绝注册某些妹仔，也有权取消已注册的妹仔；

（3）雇主不得让妹仔负担过重或虐待妹仔，雇主要向妹仔支付工资，10 岁以下妹仔每月至少 1 元，10—15 岁妹仔的月工资至少 2 元，15 岁以上的妹仔月工资至少 3 元；

（4）华民护卫司有权帮助受虐待的妹仔；

（5）没有华民护卫司的事先批准，雇主不能将妹仔转卖他人；

（6）虐待妹仔的主人将受到罚款或监禁的处罚。[②]

截至 1933 年底，马来亚注册妹仔共 3 004 人，其中海峡殖民地最多，有 1 479人，马来联邦 1 238 人，马来属邦 287 人。到 1936 年 6 月 30 日再注册时，妹仔只剩下 2 109 人。有 617 名妹仔因结婚或满 18 岁而离开雇主家。[③]《妹仔条例》对妹仔改变生存状况大有益处。女副护卫司定期到注册妹仔家进行家访，告诉妹仔在受到虐待或想离开雇主家时如何向护卫司报告，主人们不敢再虐待妹仔，[④] 林秋美的女主人对她态度大变，让林秋美呼其为“妈”。[⑤] 但林秋美最终还是逃出雇主家，到护卫司署寻求保护，被送到保良局，到教会学校读书，从而摆脱了妹仔的命运。最终，海峡殖民地政府于 1937 年废除了妹仔制度，从而使这一罪恶现象在马来亚绝迹。

---

① LIM J. Sold for silver. London：Collins，1958：pp. 43 – 44.

② Report of Commission. Mui Tsai in Hong Kong and Malaya. London：H. M. Stationery office，1937：pp. 202 – 203.

③ Report of Commission. Mui Tsai in Hong Kong and Malaya. London：H. M. Stationery office，1937：p. 68.

④ 有一闽籍主妇王氏，虐待养女，被判有罪，罚款 50 元，妹仔被送到保良局，王氏要向保良局交抚养费。参见《星洲日报》，1934 年 10 月 2 日。

⑤ LIM J. Sold for silver. London：Collins，1958：p. 50.

图6－2　槟城保良局

图片来源：KEONG N K J & KHOO K S. The Penang Po Leung Kuk：Chinese women，prostitution and a welfare organization. Kuala Lumpur：Malaysian Branch of the Royal Asiatic Society，2004.

反观中国，废婢的呼声一直很高，但始终未能贯彻。中国蓄婢盛行，稍有资产的家庭十之八九都蓄养妹仔，据厦门公安局1933年7月的调查，厦门蓄养妹仔者共有1 696家，妹仔2 580人（其中成年妹仔854人，未成年者1 726人）。[①]当时报刊上经常有婢女不堪虐待逃亡或被虐致死的报道。1930年南京国民政府决定查禁蓄婢，理由是“查蓄婢女恶习，早经悬为厉禁。无如近年各省，灾荒迭告，以致贩卖人口之事，视为故常。尤以女孩为甚，买之者大都蓄为婢女。俾作奴隶，贱视虐待，不若鸡禽，违背人道……”，南京政府向各省政府发函要求查

① 厦门市档案馆编：《近代厦门社会掠影》，厦门：厦门大学出版社，2000年，第98页。

禁蓄婢。[①] 但从实际情况看，这项法规从未认真实行过，尽管各省也一再下文[②]，但蓄婢一直持续到1949年，虐待婢女仍时有所闻。

当然，殖民政府对妇女的保护是有限的。政府关心的是当地经济发展和统治秩序稳定，因妓女、妹仔和拐卖妇女问题对秩序稳定构成威胁，就受到政府的特别关注。除此之外，政府在立法时不会专门考虑妇女的权益，有时也就损害了妇女利益，如在制定《小贩条例》时，就对妇女小贩限制良多（参见第三章），当小贩是华人妇女谋生的主要方式之一，政府不仅不鼓励，反而设置了诸多障碍。又如许多贫穷华人妇女无以为生，只能靠最不需技术和本钱的洗衣谋生，她们出外向人家接收衣服，包接、包收、包送，收费较洗衣店便宜，工部局认为这是违法行为，要求她们注册领照，但这些妇女家无隔宿之粮，根本没钱领照，当时记者也为这些洗衣妇鸣不平，说“一旦该律严行之后，此业妇女大受影响”，“贫家妇女又绝一生路”。[③] 又如女招待问题，政府因为担心影响禁娼和社会稳定，就简单粗暴地加以限制和禁止，根本不考虑女子职业发展和女招待的权益。可见，殖民政府仅关心经济发展和社会秩序，并不关心华人妇女面临的困难和问题。

四、性别比例失衡

性别比例不平衡一直对新马华人社会产生很大影响。传统性别观念决定了早期中国移民都是青年男子，因为男人要承担养家的责任，女人要承担照顾公婆、孩子和家庭的责任，于是男人出洋的目的是挣一大笔钱荣归故里，而不是定居海外，他们把妻子留在故乡，只有少数人因事业有成在国外奠定基础后，有能力接妻儿出国团聚，因此早期华人社会女性极少。由于缺乏华人妇女，早期中国移民不得不与马来妇女结婚，形成“峇峇”社会和“峇峇”家庭。由于缺少妇女，华人社会黄赌毒和拐卖妇女现象盛行。即使到20世纪妇女移民增多，新马华人

---

① 具体规定如下：“一、凡蓄婢女，一律率同婢女到警察机关登记，将该婢女原来姓名年庚、出处体格亲属及卖价详为记载，并发给登记证，以资证明。二、凡蓄婢女隐匿不赴登记者，一经发觉，从重科罚。三、凡蓄婢女，未领登记证，准房主或邻里报告，否则同科。四、凡户籍调查，须详为查记婢女之来历，及一切生少状况。五、婢女登记后，达到相当年龄，应准其自由择配，不得出卖，如遭虐待或出卖，应准随时报告登记机关，登记机关应随时派员查案。六、婢女出配时，应向登记机关报告，并准撤销登记证。七、婢女在未出配前，应使其有受教育及职业之机会。八、婢女登记之后，应恢复原来姓名，不得与主人同姓。九、婢女未到法定年龄，不得使任笨重劳动工作。十、各地政府，应设贫女教养机关，并宜鼓励慈善团体，广为设立，以便收养，而杜贩卖。十一、未蓄婢女者，自通令之日起，一律不准蓄养，倘经察觉，按贩卖人口待，从重科罚。”《广东省政府公报》1930年第113期。

② 1932年广东省政府又发《禁止蓄婢办法》，详见《广东省政府公报》，1933年第212期。

③ 《洗衣妇亦须领照，贫家妇女又绝一生路，无照者将遭受处罚》，《星洲日报》，1936年5月11日。

的性别比例仍不平衡，由此引起一系列问题，妓院虽被禁止，但私娼盛行，拐卖妇女的犯罪也一直在持续。华人妇女成为绝对的弱势人群，她们不仅在人数上居于弱势地位，在力量上也居于弱势地位。同时，由于缺少妇女，华人社会对女孩较为重视，不像中国农村经常发生溺死女婴的现象，但重男轻女的观念根深蒂固，虽不溺杀女婴，但遗弃女婴时有所闻。[①]

总之，作为一个移民社会，新马华人社会与中国有千丝万缕的联系，进而形成一种互动关系。近代中国的政治、观念、生活方式变革都影响到华人社会，而海外华人亦通过侨汇、探亲、回乡等影响了闽粤社会。从社会性别视角观之，华人妇女教育提高、职业拓展和观念变革既受益于殖民地经济和西方观念，也受益于中国，20 世纪 30 年代华人妇女新兴职业如理发女、舞女、女招待、女店员都是先兴起于上海、广州和香港等地，然后传到南洋。在经济利益的驱动下，男性商人雇佣女性以广招徕，女性也借此增加经济自立的机会。此外，中国精英的妇女解放思想通过知识分子传到南洋，影响到性别观念变革。同时，华人社会变革的社会性别观念和婚姻家庭模式又通过归侨传到闽粤侨乡，于是，中国城市、华人社会、闽粤地区成为互相影响的三角。如果说近代中国分为新旧两个世界，基本上大城市代表“新”，农村代表“旧”，那么华人社会则处于新旧之间，[②] 中国大城市新观念向华人社会和中国农村地区辐射，华人社会新观念也向闽粤农村辐射，而农村地区旧观念也在城市和华人社会有强大影响，但随着时代进步，后者的影响日益缩小，新观念渐渐成为主流话语，20 世纪 30 年代新马华人社会就处于新旧交替而日益趋新的时代。

---

① 《星洲日报》曾报道一弃女婴事件：《可怜天下父母心，犹重生男不生女》（1934 年 10 月 9 日）。
② 这只是大体而言，因为城市中也不乏旧观念，农村个别人也有新思想，华人更是新旧交杂。

结　语

20世纪30年代新马华人社会在经济、政治和社会诸方面都发生了剧烈变动，而移民政策的改变、女性移民的增加，导致华人人口构成和华人社会诸多方面的变化。经济危机迫使更多妇女进入职业领域，而女子教育的发展则为妇女职业拓展提供了更大的空间。抗日救亡运动为华人妇女大规模参与社会提供了契机，同时，由女子教育、职业、社会参与引起的新观念也影响到华人的婚姻家庭模式，出现变革的潜流，这一切汇集到一起，最终导致20世纪30年代新马华人社会性别关系和观念的变化。

如果与20世纪初相比，我们更能清楚看到30年代社会性别变化的轨迹。20世纪初华人社会还是传统社会，女子几乎没有接受教育的机会，不参与社会活动，婚姻由父母包办，男女社交不公开，男尊女卑、男主外女主内、三从四德是居统治地位的社会性别观念。1909年1月9日新加坡《叻报》文章《女学新章》集中体现了对女子的行为规范，该文指出："一、男女生不准交友；二、禁蓄前刘海发；三、禁自由结婚；四、男生所开诸会，不许女生参列，女生开会，亦不许男生出入；五、女学堂以三从四德为本；六、女学生课程当注重家庭教育；七、国家政事不必豫闻，女学生不许登坛演说。"这篇文章反映的虽是对中国男女学生的约束，但当时华人社会对这类约束是十分赞同的。到20世纪30年代，对女子的规范与20世纪初相比有很大改变，男女社交较为公开，自由恋爱、自主婚姻已经出现，尽管不是很普遍，"男女生不准交友""禁自由结婚"已被打破，女子学校也不再以"三从四德"为本，而是以自立自强为本。在抗日救亡运动中，华人妇女关心中国时事，登台演戏、演讲，筹赈救国，"国家政事不必豫闻，女学生不许登坛演说"已成历史陈迹。30年代大部分华人认可女子教育，少数人甚至认可女子接受中学或更高层次的教育。当经济条件许可时，家长会送女儿上学，这是对"女子无才便是德"这一传统性别观念的突破。女子职业被部分人认可，这是对"男主外女主内"的突破。女子参与社会活动也被部分人认可，尤其是在抗日救亡运动中，绝大部分人都支持鼓励妇女的抗日救亡活动。在婚姻家庭生活中，父母之命，媒妁之言受到挑战，自主婚姻、核心家庭成为越来越多人的追求，夫妻关系也出现平等的趋势。这一过程交互影响，其变化过程如下图所示：

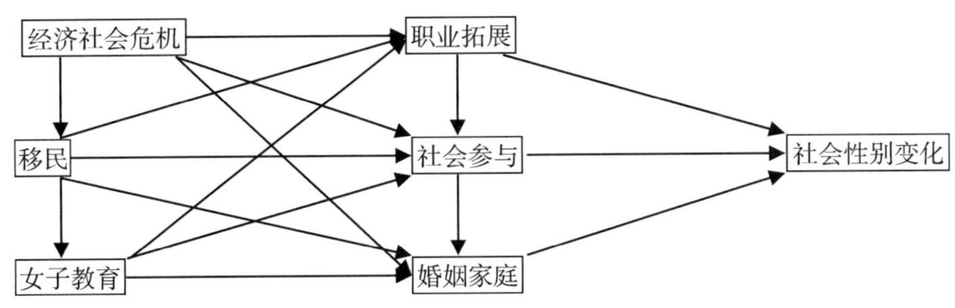

图片来源：笔者制。

20 世纪 30 年代新马华人妇女社会性别关系在新马华人妇女史上处于何种地位？在华人社会性别关系变化上处于何种地位？笔者认为要评价这一问题，须将其置于长时段历史背景下考察。如果从较长时段历史中审视新马华人社会性别变化的历史，可将其分为三个时期，第一时期为萌动时期，起于 19 世纪末 20 世纪初，止于二十世纪五六十年代，这一时期的特点是传统社会性别受到挑战，人们提出男女平等的要求，但男女不平等的鸿沟仍然很深；第二时期为发展时期，起于二十世纪六七十年代，迄今仍在发展，这一时期的特点是新的社会性别关系被建构，实施男女平等的措施，男女不平等的距离缩小，但仍未达到两性的平等；第三时期为确立期，时间尚不能确定，这一时期真正确立了社会性别平等模式，真正实现了男女平等。

如果以这一分期考察 20 世纪 30 年代新马华人社会性别关系变化的历史地位，可以说这一时期华人社会性别变化处于萌动时期。其特点是男性在提倡提高妇女地位和改变传统社会性别观念中占主导地位，妇女也发挥了一定的能动性。华人社会最先提倡女子教育的是宋旺相、林文庆等开明知识分子，陈嘉庚、胡文虎等侨领为女子教育提供经济支持，男性知识分子则在舆论宣传、破除旧社会性别观念上发挥积极的作用，是他们最先将中国妇女解放思想介绍到新马，在报章上宣传女权运动，并向陈腐观念挑战。二十世纪二三十年代随着女子受教育程度的提高和中国南来知识女性的增多，华人妇女不再是被动的承受者，她们也加入到妇女解放宣传和行动中，在女子教育、职业拓展、妇女运动、抗日救亡运动和改变传统婚姻家庭模式等方面做出自己的努力，在改变社会性别关系中日益发挥积极作用。

华人男性之所以在改变传统社会性别关系中起主导作用，是由于他们在经济、教育、权力资源、社会声望上占优势地位，掌握了话语权，而女性在各方面仍处于绝对劣势地位，大部分女性在经济上不独立，在家庭中居于附属地位，没有男性侨领那样的社会声望和权力资源，因此男性的态度和行为对这一时期妇女地位和变革社会性别观念的影响要大于女性。华人社会大部分人（也包括部分女性），是在既有男权社会框架下建构新的社会性别，主要从维护男权利益的角度出发，提倡改变妇女的低下地位。如提倡女子教育以培养贤妻良母；提倡女子职业，有的为了弥补家庭经济困难，有的是为谋利，或因女工工资低廉，可降低生产成本，或以女招待、理发女、舞女做招徕，兴隆生意，但同时也有更多人认同女子的职责在家庭，相夫教子才是妇女的天职，甚至一些知识女性也持此观点；对于妇女的社会参与，一些人反对妇女抛头露面，讥之为“三星婆”，但在抗日救亡运动中，在救亡图存的旗号下，大部分人认同女子参与抗日救亡运动是为了更好地筹赈，因为女子在卖花、演剧等宣传活动中发挥了重要作用。还有一些人提倡核心家庭和婚姻自主，但父母包办婚姻仍占主导，家庭中的父子关系和夫妻关系也远远谈不上平等。

华人社会少部分人（包括多数女性和少数男性）从女性自身的利益出发提倡妇女解放，同样是提倡女子教育，这些人的出发点和目的更注重培养女性的独立人格和自立精神，培养对国家、社会有用的人，而不是将女性仅局限为“贤妻良母”。沈兹九就指出：“所谓贤妻良母，完全是建筑在治家育儿的狭义基础上的，到了现在，当然我们绝不会认为母不该良，妻不该贤。相反地我们的主张为母得更良，为妻得更贤。现代贤妻良母的定义，不仅是相夫育子，而是该自己直接为民族国家出力。”① 同样是提倡女子职业，他们主要是从妇女解放、经济独立、男女平等的崇高目的出发，反对将妇女当作廉价或以色相招徕的工具。女性极力提倡妇女参与社会，鼓励妇女参与抗日救亡是出于双重目的，一是救国，二是救己，也就是在救国的同时进行妇女解放运动，而不仅仅是卖花筹赈。女性提倡核心家庭和自主婚姻更多是为了将妇女从封建家庭的压迫中解放出来。

虽然建构新社会性别观念的出发点和目的不尽相同，但有些结果是相同的，部分妇女能接受教育、谋求经济自立、参与社会事务、掌握婚姻自主权，这些都有助于在一定程度上提高妇女地位。但我们更要看到，出发点和目的不同导致的最终结果会有很大差别，不利于建构真正平等的社会性别。如果将女子教育仅定位在培养贤妻良母上，就导致对男女教育要求的不同，男生要多学英语、簿记等实用课程，以利挣钱养家，女生要多学家政课程，以利持家，而且对女子教育期望会低于男性，家长认为女孩子读几年书就够了，不必接受更高一级教育，当经济困难时，首先牺牲的是女孩受教育的权利，这使得华人女子的入学率和教育水平都低于男子。女子职业拓展也面临同样的问题，如果认为妇女的职责是家庭，她们的经济收入只能是家庭收入的补充，是次要的，她们理所当然接受较男子更

① 沈兹九：《关于妇女的天职问题》，《星洲日报》，1940 年 7 月 31 日、8 月 4 日。

低的劳动报酬，理所当然处于低技术和低职位领域，当失业严重时，妇女又理所当然被要求回家。尤其是涉及家庭内部的性别关系，涉及家长的权威时，大部分男性同样为了自身利益，维护传统社会性别赋予他们在家庭中的绝对权力，在这一点上，侨领、商人、知识分子和一般工人没多大区别。即使是有些主张妇女解放的男性，在家中的行为也难摆脱“大男子主义”。这种思想与行为脱节的现象在传统社会新旧冲突中普遍存在。

二十世纪五六十年代以后，新加坡和马来西亚获得独立，社会性别的建构进入第二时期，也就是发展时期。这一时期随着经济发展、妇女受教育水平的提高、社会参与面的扩大，华人妇女在建构平等的社会性别中起主导作用。在新加坡妇女的积极努力下，新加坡政府 1961 年颁布《妇女宪章》，废除一夫多妻制，妇女受教育程度大大提高，职业进一步拓展，还积极参与政治活动。但是，妇女尽管在建构新社会性别中起主导作用，也确实缩小了男女不平等的鸿沟，但迄今为止，妇女与男子并没有达到真正的平等，妇女在教育、职业、社会参与上仍处于次等地位。

从社会性别发展的历史看，任何仅从男性或女性为出发点建构社会性别的努力都不可能建构出真正平等的社会性别关系，只有从“人”的利益，也就是两性的共同利益出发，男女两性携手合作，才能建构平等的、有利于两性发展的社会性别模式。

参考文献

一、政府公报、档案、史料汇编、纪念特刊、年鉴

1. 中文类

［1］南京民国政府：《外交部公报》（民国）。

［2］广东省政府：《广东省政府公报》（民国）。

［3］陈翰笙主编：《华工出国史料汇编》（第五辑），北京：中华书局，1984年。

［4］中国第一历史档案馆编：《清代中国与东南亚各国关系档案史料汇编》（第一册），北京：国际文化出版公司，1998年。

［5］广东省档案馆等编：《华侨与侨务史料汇编》，广州：广东人民出版社，1991年。

［6］广州市地方志编纂委员会办公室、广州海关志编纂委员会编译：《近代广州口岸经济社会概况——粤海关报告汇集》，广州：暨南大学出版社，1996年。

［7］福建省档案馆编：《福建华侨档案史料》，北京：档案出版社，1990年。

［8］华人问题研究会：《马来亚华人问题资料》，北京：联合书店，1950年。

［9］［新］许云樵主编，蔡史君编修：《新马华人抗日史料（1937—1945年）》，新加坡：文史出版私人有限公司，1984年。

［10］《马六甲明星慈善社十周年纪念刊》，1933年。

［11］《星洲日报周年纪念刊》，新加坡：星洲日报有限公司，1930年。

［12］《星洲日报二周年纪念特刊》，新加坡：星洲日报社，1931年。

［13］《星加坡南洋女子中学校刊》，新加坡：南洋女子中学，1935年。

［14］《新加坡公立南洋女子中学校校刊》，新加坡：南洋女子中学，1948年。

［15］《新加坡南洋女子中学五十周年纪念特刊》，新加坡：南洋女子中学，1966年。

［16］《南洋八十：承先启后》，新加坡：南洋女子中学，1997年。

［17］《星洲静方女学校筹款建校及概况特刊》，新加坡：静方女学校，1938 年。

［18］坤成百年校史编委会：《坤成百年校史汇编》（1908—2008 年），吉隆坡：坤成中小学暨幼儿园，2010 年。

［19］《中华中学创校八十周年纪念特刊（1911—1991）》，新加坡：中华中学，1991 年。

［20］《福建女学校三十周年纪念特刊》，新加坡：福建女学校，1950 年。

［21］实业部劳动年鉴编辑委员会编：《民国二十一年中国劳动年鉴》，台北：文海出版社，1933 年。

［22］荷属华侨学务总会编辑委员会编：《荷印华侨教育年鉴》，1928 年。

［23］傅无闷编：《南洋年鉴》，新加坡：南洋商报社，1939 年。

［24］《南洋年鉴》，新加坡：南洋报社有限公司，1951 年。

［25］教育部中国教育年鉴编审委员会编：《第一次中国教育年鉴》，上海：开明书店，1934 年。

［26］上海申报年鉴社编：《申报年鉴》，上海，1935 年。

2. 英文类

［1］Annual report on the social and economic progress of the people of the Federated Malay States, London：H. M. S. O, 1932 – 1939.

［2］Annual report of the Chinese protectorate. Co. 275.

［3］Colonial Office. Higher education in Malaya：report of the commission appointed by the secretary of state for the colonies. London：H. M. S. O, 1939.

［4］CHUA S C. Report on the census of population 1957. Singapore：Printed by Govt. printer, 1964.

［5］JARMAN R L. Annual reports of the straits settlements（1855 – 1941）. London：Archive Editions Limited, 1998.

［6］NATHAN J E. The census of British Malaya. London, 1922.

［7］Official reports on education in the straits settlements and the Federated Malay States（1870 – 1939）. Singapore, 1980.

［8］Secretary of state for the colonies. London, 1939.

［9］SMITH T E. Population growth in Malaya：a survey of recent trends. London：Royal Institute of International Affairs, 1952.

［10］VLIELAND C A. British Malaya：a report on the 1931 census and certain problems of vital statistics. London：Crown Agents for the colonies, 1932.

［11］WOODS W W. Mui Tsai in Hong Kong and Malaya. London：H. M. S. O, 1937.

二、口述历史、回忆录

[1] 陈梅口述访谈文稿，新加坡口述历史档案馆，编号 A001014/08。

[2] 陈亚宋口述访谈文稿，新加坡口述历史档案馆，编号 A000467/05。

[3] 邓世坤口述访谈文稿，新加坡口述历史档案馆，编号 A000192/09。

[4] 郭开定口述访谈文稿，新加坡口述历史档案馆，编号 A000238/09。

[5] 黄光明口述访谈文稿，新加坡口述历史档案馆，编号 A000038/06。

[6] 梁燕玉口述访谈文稿，新加坡口述历史档案馆，编号 A000505/08。

[7] 刘卿施口述访谈文稿，新加坡口述历史档案馆，编号 A000837/02。

[8] 王声邦口述访谈文稿，新加坡口述历史档案馆，编号 A000155/19。

[9] 吴庄卿口述访谈文稿，新加坡口述历史档案馆，编号 A000384/07。

[10] 赵丽娥口述访谈文稿，新加坡口述历史档案馆，编号 A000398/07。

[11] 钟主惠口述访谈文稿，新加坡口述历史档案馆，编号 A001217/09。

[12] 周子敬口述访谈文稿，新加坡口述历史档案馆，编号 A000045/24。

[13] 曾启东口述访谈文稿，新加坡口述历史档案馆，编号 A000198/05。

[14] 郑镜鸿口述访谈文稿，新加坡口述历史档案馆，编号 A000061/13。

[15] 胡金钟口述访谈文稿，新加坡口述历史档案馆，编号 A000060/06。

[16] 黄合葵口述访谈记录，记录人屈宁、高丽。

[17] 黄爱群口述访谈记录，记录人屈宁、高丽。

[18] 南方晚报社编：《我是一个职业女子》，新加坡：南方晚报社，1952 年。

[19] 廖冰：《奔向延安　奔向革命》，载《中华文史资料文库·华侨华人编》（第 19 辑），北京：中国文史出版社，1996 年。

[20] 潘珠英：《我在马来亚参加抗日活动的回忆》，载《中华文史资料文库·华侨华人编》（第 19 辑），北京：中国文史出版社，1996 年。

[21] 陈璧君：《我的母亲》，载张江裁编：《汪精卫先生复国行实录》，北京：中华民国史料编刊会，1943 年。

[22] 陈嘉庚：《南侨回忆录》，长沙：岳麓书社，1998 年。

[23] [新] 李光耀：《李光耀回忆录：风雨独立路 1923—1965 年》，北京：外文出版社，1998 年。

[24] [新] 李光耀：《李光耀回忆录：经济腾飞路 1965—2000 年》，北京：外文出版社，2001 年。

[25] 姚楠：《星云椰雨集》，新加坡：新闻与出版有限公司，1984 年。

[26] 吴继岳:《六十年海外见闻录》，香港：南粤出版社，1983 年。

[27] 中国人民政治协商会议全国委员会文史资料研究委员会:《回忆陈嘉庚：纪念陈嘉庚先生诞辰一百一十周年》，北京：文史资料出版社，1984 年。

[28] 广东省政协文史资料研究委员会编:《华侨沧桑录》，广州：广东人民出版社，1984 年。

[29] LIM J. Sold for silver. London：Collins，1958.

三、著作

1. 中文著作

[1] [英] 巴素著，郭湘章译:《东南亚之华侨》，台北：正中书局，1974 年。

[2] [美] 鲍晓兰主编:《西方女性主义研究评介》，北京：生活·读书·新知三联书店，1995 年。

[3] 别必亮:《承传与创新：近代华人教育研究》，石家庄：河北教育出版社，2001 年。

[4] 蔡一平、王政、杜芳琴主编:《赋历史研究以性别》，未刊本，1999 年。

[5] [新] 崔贵强:《新加坡华人——从开埠到建国》，新加坡：新加坡教育出版私营有限公司，1994 年。

[6] 陈柏年:《铁蹄下之新加坡》，中国经济研究会，1926 年。

[7] 陈慈玉:《近代中国的机械缫丝工业（1860—1945 年）》，台北："中央研究院"近代史研究所，1989 年。

[8] 陈达:《南洋华人与闽粤社会》，上海：商务印书馆，1938 年。

[9] [新] 陈国贲、张齐娥:《出路——新加坡华裔企业家的成长》，北京：中国社会科学出版社，1996 年。

[10] 陈翰笙著，冯峰译:《解放前的地主与农民——华南农村危机研究》，北京：中国社会科学出版社，1984 年。

[11] 陈礼颂:《1949 年前潮州宗族村落社区的研究》，上海：上海古籍出版社，1995 年。

[12] 杜芳琴:《社会性别的历史文化寻踪》，天津：天津社会科学院出版社，1998 年。

[13] 段成荣:《人口迁移研究：原理与方法》，重庆：重庆出版社，1998 年。

[14] [英] 弗里德曼著，郭振羽、罗伊菲译:《新加坡华人的家庭与婚姻》，台北：正中书局，1985 年。

［15］福建省政府秘书处编：《福建省工作报告》，台北：文海出版社，1934 年。

［16］［新］关楚璞主编：《星洲十年》，台北：文海出版社，1977 年。

［17］侯杨方：《中国人口史》（第六卷），上海：复旦大学出版社，2001 年。

［18］郭箴一：《中国妇女问题》，上海：商务印书馆，1935 年。

［19］郭梁：《东南亚华侨华人经济简史》，北京：经济科学出版社，1998 年。

［20］胡愈之：《胡愈之文集》，北京：生活・读书・新知三联书店，1996 年。

［21］华人志编辑委员会编：《华人志—马来亚》，台北，1958 年。

［22］黄昆章：《澳大利亚华侨华人史》，广州：广东高等教育出版社，1998 年。

［23］黄麟书：《考察南洋华人教育意见书》，广州：广东省教育厅，1935 年。

［24］黄强：《马来鸿雪录》，上海：商务印书馆，1928 年。

［25］黄宗智、尤陈俊主编：《从诉讼档案出发：中国的法律、社会与文化》，北京：法律出版社，2011 年。

［26］黄滋生、何思兵：《菲律宾华人史》，广州：广东高等教育出版社，1987 年。

［27］［日］可儿弘明著，孙国群、赵宗颇等译：《“猪花”——被贩卖海外的妇女》，郑州：河南人民出版社，1990 年。

［28］［新］柯木林主编：《新华历史人物列传》，新加坡：新加坡教育出版私营有限公司，1995 年。

［29］［美］令狐萍：《金山谣——美国华裔妇女史》，北京：社会科学出版社，1999 年。

［30］李安山：《非洲华侨华人史》，北京：中国华侨出版社，2000 年。

［31］李长莉：《晚清上海社会的变迁：生活与伦理的近代化》，天津：天津人民出版社，2002 年。

［32］李锐华：《马来亚华侨》，台北：自由中国出版社，1954 年。

［33］李小江等编：《主流与边缘》，北京：生活・读书・新知三联书店，1999 年。

［34］李小江主编：《让女人自己说话——文化寻踪》，北京：生活・读书・新知三联书店，2003 年。

［35］李中清、郭松义、定宜庄编：《婚姻家庭与人口行为》，北京：北京大学出版社，2000 年。

［36］李银河主编：《妇女：最漫长的革命——当代西方女权主义理论精选》，北京：生活 · 读书 · 新知三联书店，1998 年。

［37］李亦园：《一个移植的市镇——马来亚华人市镇生活的调查研究》，台北：正中书局，1985 年。

［38］［新］李元瑾：《林文庆的思想——中西文化的汇流与矛盾》，新加坡：新加坡亚洲研究学会，1990 年。

［39］梁绍文：《南洋旅行漫记》，上海：中华书局，1924 年。

［40］［新］林孝胜等：《石叻古迹》，新加坡：南洋学会，1975 年。

［41］［新］林孝胜编：《潘家村史》，新加坡：新加坡亚洲研究学会，1991 年。

［42］林耀华：《义序的宗族研究》，北京：生活 · 读书 · 新知三联书店，2000 年。

［43］林远辉、张应龙：《新加坡马来西亚华侨史》，广州：广东高等教育出版社，1991 年。

［44］刘薰宇：《南洋游记》，上海：开明书店，1930 年。

［45］罗晃潮：《日本华人史》，广州：广东高等教育出版社，1994 年。

［46］罗志田：《权势转移：近代中国的思想、社会与学术》，武汉：湖北人民出版社，1999 年。

［47］马宁：《南洋风雨》，桂林：椰风出版社，1943 年。

［48］马建钊等主编：《华南婚姻制度与妇女地位》，南宁：广西民族出版社，1994 年。

［49］钱鹤编：《南洋华侨学校之调查与统计》，上海：暨南大学南洋文化部，1930 年。

［50］乔启明：《中国农村社会经济学》，上海：商务印书馆，1947 年。

［51］［马］丘思东：《马来西亚的沙泵锡矿工业》，吉隆坡：南洋印务有限公司，1984 年。

［52］日本企划院：《华人之研究》，台北：“中华学术院”南洋研究所，1986 年。

［53］［新］宋旺相著，叶书德译：《新加坡华人百年史》，新加坡：新加坡中华总商会，1993 年。

［54］宋蕴璞：《南洋英属海峡殖民地志略》，北京：蕴兴商行，1928 年。

［55］宋哲美主编：《星华人物志》（第一集），香港：东南亚研究所，

1969 年。

［56］［美］苏耀昌著，陈春声译：《华南丝区：地方历史的变迁与世界体系理论》，郑州：中州古籍出版社，1987 年。

［57］孙邦正：《六十年来的中国教育》，台北：正中书局，1967 年。

［58］谭兢嫦、信春鹰：《英汉妇女与法律词汇释义》，北京：中国对外翻译出版公司，1995 年。

［59］王政、杜芳琴主编：《社会性别研究选译》，北京：生活·读书·新知三联书店，1998 年。

［60］［新］魏维贤、德瑞等：《新加坡一百五十年来的教育》，新加坡：新加坡师资训练学院，1972 年。

［61］［英］W. G. 赫夫著，牛磊等译：《新加坡的经济增长》，北京：中国经济出版社，1997 年。

［62］厦门市志编纂委员会、厦门海关志编委会：《近代厦门社会经济概况》，厦门：鹭江出版社，1990 年。

［63］厦门市档案馆编：《近代厦门社会掠影》，厦门：厦门大学出版社，2000 年。

［64］编辑委员会：《新加坡历史图片集》，星洲日报与文化部联合，1981 年。

［65］谢振民编：《中华民国立法史》，北京：中国政法大学出版社，2001 年。

［66］［马］徐威雄、张集强、陈亚才等编，陈耀宗译：《移山图鉴：雪隆华族历史图片集》，吉隆坡：华社研究中心，2012 年。

［67］［澳］颜清湟著，粟明鲜等译：《新马华人社会史》，北京：中国华侨出版公司，1991 年。

［68］［澳］颜清湟著，李恩涵译：《星马华人与辛亥革命》，台北：联经出版事业公司，1982 年。

［69］［澳］颜清湟：《海外华人史研究》，新加坡：新加坡亚洲研究学会，1992 年。

［70］［澳］杨进发著，李发沉译：《陈嘉庚：华人传奇人物》，新加坡：新加坡亚洲文化研究会，1990 年。

［71］［新］杨松年、王慷鼎合编：《东南亚华人文学与文化》，新加坡：新加坡亚洲研究学会，1995 年。

［72］杨建成主编：《南洋华人抗日救国运动始末》，台北：文史哲出版社，1983 年。

［73］杨建成主编：《英属马来亚华人》，台北：文史哲出版社，1983 年。

［74］云愉民：《新加坡琼侨概况》，海口：海南书局，1931 年。

［75］章伯峰、庄建平主编：《抗日战争》卷 7《侵华日军暴行日志》，成都：四川大学出版社，1997 年。

［76］郑杭生主编：《社会学概论新修》，北京：中国人民大学出版社，2000 年。

［77］郑建庐：《南洋三月记》，上海：中华书局，1935 年。

［78］［马］郑良树：《马来西亚华文教育发展史》（第一、二册），吉隆坡：马来西亚华校教师会总会，1998 年。

［79］［马］郑良树、魏维贤编：《马来西亚·新加坡华文中学特刊提要（附校史）》，吉隆坡：马来亚大学中文系，1975 年。

［80］中华全国妇女联合会：《中国妇女运动史》，北京：春秋出版社，1989 年。

［81］周聿峨：《东南亚华文教育》，广州：暨南大学出版社，1996 年。

［82］朱国宏：《中国的海外移民——一项国际迁移的历史研究》，上海：复旦大学出版社，1994 年。

2. 英文著作

［1］ARRIFFIN J. Women and development in Malaysia. Petaling Jaya：Pelanduk Publication，1992.

［2］BARLOW C. The natural rubber industry：its development，technology and economy in Malaysia. Kuala Lumpur：Oxford University Press，1978.

［3］BLYTHE W L. Methods and conditions of employment of Chinese labour in the Federated Malay States. Kuala Lumpur：Federated Malay States Government Press，1938.

［4］GAW K. Superior servants：the legendary Cantonese amahs of the Far East. Singapore：Oxford University Press，1988.

［5］HO I C. The Cantonese domestic amahs：a study of a small occupational group of Chinese women. The Department of Social Studies，University of Malaya，Singapore，1958.

［6］HO T M. Phoenix rising：pioneering Chinese women of Malaysia. Ipoh：Perak Academy，2015.

［7］JACKSON R. N. Immigrant labour and the development of Malaya（1785 – 1920）. Kuala Lumpur：Government Press，1961.

［8］KAYE B. Upper Nankin streets Singapore：a sociological study of Chinese households living in a densely populated area. Singapore: University of Malaya Press, 1960.

［9］ KHOR N. Chinese women: their Malaysian journey. Petaling Jaya: MPH Pub. , 2010.

［10］ KEONG N K J, KHOO K S. The Penang Po Leung Kuk: Chinese women, prostitution and a welfare organization. Kuala Lumpur: Malaysian Branch of the Royal Asiatic Society, 2004.

［11］ LAI A E. Peasants, proletarians and prostitutes: a preliminary investigation into the work of Chinese women in Colonial Malaya. Singapore: Institute of Southeast Asian Studies, 1986.

［12］ LIU G. Singapore: a pictorial history 1819 – 2000. Singapore: National Heritage Board and Editions Didier Miller, 1999.

［13］ LEE K H, TAN C B. The Chinese in Malaysia. New York: Oxford University Press, 1999.

［14］ LEE P P. Chinese society in 19th century Singapore. Kuala Lumpur: Oxford University Press, 1978.

［15］ MANDERSON L. Sickness and the state: health and illness in Colonial Malaya（1870 – 1940）. New York: Cambridge University Press, 1996.

［16］ MANDERSON L. Women's work and women' roles: economics and everyday live in Indonesia, Malaysia and Singapore. Canberra: The Australian National University, 1983.

［17］ PURCELL V. The Chinese in Malaya. Kuala Lumpur: Oxford University Press, 1967.

［18］ SONG O S. One hundred years of the Chinese in Singapore. Singapore: Oxford University Press, 1984.

［19］ SMITH T E. Population growth in Malaya: an analysis of recent trends. London: Royal Institute of International Affairs, 1952.

［20］ TANG C H. The Cantonese women building laborers: a study of a group of San-Sui women in the building trade. University of Singapore, 1960.

［21］ VAUGHAN J D. The manners and customs of the Chinese. Kuala Lumpur: Oxford University Press, 1977.

［22］ WARD B E. Women in the new Asia. Paris: UNESCO, 1963.

［23］ WARREN J F. Ah Ku and Karayuki – san: prostitution in Singapore（1870 – 1940）. Singapore: Oxford University Press, 1993.

［24］ WARREN J F. At the edge of southeast Asian history. Quezon City：New Day Publishers，1987.

［25］ WARREN J F. Rickshaw coolie：a people's history of Singapore（1880 – 1940）. Singapore：Oxford University Press，1986.

［26］ WOLF W，WITKE R. Women in Chinese society. Stanford，California：Stanford University Press，1975.

［27］ WONG A K，LEONG W K. Singapore women：three decades of change. Singapore：Times Academic Press，1993.

四、主要论文

1. 中文类

［1］陈爱梅：《被遗忘的工作女性——经济大萧条时期的马来亚客家琉琅女》，《华侨华人历史研究》2015 年第 2 期。

［2］陈破浪：《土产低底后的华侨出路》，载《星洲日报二周年纪念特刊》，新加坡：星洲日报社，1931 年。

［3］陈子实：《马来半岛华侨文化教育概观》，载《星洲日报二周年纪念刊》，新加坡：星洲日报社，1931 年。

［4］陈遹曾、黎思复、邬思时：《自梳女与不落家》，载广东省政协文史资料研究委员会编：《广东风情录》，广州：广东人民出版社，1987 年。

［5］陈丽仁：《二十世纪初期新加坡华文教育的发展》，新加坡国立大学荣誉学士学位论文。

［6］陈国梁、庐明：《樟林乡村人口状况》，《社会学研究》1935 年第 1 卷第 2 期。

［7］陈蕴茜、叶青：《论民国时期城市婚姻的变迁》，《近代史研究》1998 年第 6 期。

［8］陈印陶、方地：《广东省顺德县女性人口国际迁移的原因及其特征》，《南方人口》1987 年第 2 期。

［9］陈印陶、张蓉：《广东省台山、顺德两县女性人口国际迁移比较研究》，《中国人口科学》1989 年第 4 期。

［10］崔贵强：《战前的新加坡华人家庭》，（新加坡）《源》第 19 期。

［11］顾成：《南洋华侨女界之粉果筹赈记闻》，《南洋研究》1930 年第 2 卷第 1 期。

［12］范若兰：《近代新马华人妇女概说》，《华侨华人历史研究》1996 年第

1 期。

［13］范若兰：《近代中国女性人口国际迁移》，《海交史研究》2002 年第 1 期。

［14］范若兰：《新马华侨华人妇女史研究述评》，《华侨华人历史研究》2001 年第 2 期。

［15］范若兰：《允许与严禁：闽粤地方对妇女出洋的反应（1860—1949 年）》，《华侨华人历史研究》2002 年第 3 期。

［16］胡亚丽：《海峡殖民地婚姻立法考察（1867—1941 年）》，《南洋问题研究》2013 年第 3 期。

［17］黄文贵：《星华妇女与救亡运动（1937—1941）》：新加坡：南洋大学荣誉学士学位论文，1971 年。

［18］［美］杰达 · 勒纳著，蔡一平译：《妇女史的挑战》，《世界历史研究动态》1991 年第 4 期。

［19］李朴生：《南洋的妇女工作》，《华侨先锋》1943 年第 5 卷第 9 期。

［20］李词庸：《南洋保良局制度与华侨妇女》，《女子月刊》1936 年第 10 期。

［21］［新］李元瑾：《新加坡海峡华人知识分子的女权与女学思想》，载杨松年、王慷鼎合编：《东南亚华人文学与文化》，新加坡：新加坡亚洲研究学会，1995 年。

［22］廖宝和：《论新妇女教育》，载《福建女学校三十周年纪念特刊》，1950 年。

［23］廖慧敏：《战前时期新马华文报章妇女副刊研究（1937—1942）》，新加坡国立大学荣誉学士学位论文，1995 年。

［24］林丽君：《从〈槟城新报〉看战前新马华人妇女生活》，新加坡国立大学荣誉学士学位论文，2001 年。

［25］林少芬：《二十世纪初期新加坡华人妇女问题》，新加坡国立大学荣誉学士学位论文，1982 年。

［26］林世明：《马六甲的华侨教育》，《马六甲明星慈善社十周年纪念刊》，1933 年。

［27］刘韵仙：《华侨女子教育不发达之原因》，《星洲日报周年纪念刊》，新加坡：星洲日报有限公司，1930 年。

［28］刘韵仙：《最近星洲华侨教育界几个问题》，载《星洲日报二周年纪念刊》，新加坡：星洲日报社，1931 年。

［29］刘犖夫：《华侨妇女生活》，《华侨半月刊》1936 年第 92 期。

［30］刘玉玲：《教育家刘韵仙与新加坡女子教育研究》，新加坡国立大学荣誉学士学位论文，2002年。

［31］罗晃潮：《“猪花”浅论》，《暨南学报》1986年第4期。

［32］梅梅：《南洋华侨教育概观》，载《星洲日报二周年纪念刊》，新加坡：星洲日报社，1931年。

［33］秦云凤：《19、20世纪到马来亚的中国女性移民》，《民族译丛》1988年第1期。

［34］丘秋声：《华侨的女子教育》，《新宇宙半月刊》1935年第11号。

［35］杉木：《马华妇运的动态》，《广东妇女》1941年第9、10期。

［36］叙华：《槟榔屿华侨社会生活片面观》，载《马六甲明星慈善社十周年纪念刊》，1933年。

［37］苏鸿宾：《海峡殖民地离婚律例之修改》，《南洋情报》1933年第1卷第7期。

［38］徐钧尧：《两次世界大战期间的马来亚华人经济》，载梁初鸿、郑民编：《华侨华人史研究集》（二），北京：海洋出版社，1989年。

［39］徐永志：《近代溺女之风盛行探析》，《近代史研究》1992年第5期。

［40］王政：《“女性意识”“社会性别意识”辨异》，《妇女研究论丛》1997年第1期。

［41］魏振华：《南洋华侨妇女之现状及今后应有之觉悟》，《侨务月报》1934年第6期。

［42］吴佩瑾：《建设或建构：以新加坡“红头巾”为例探讨女性与国家的关系》，台湾清华大学硕士学位论文，2010年。

［43］杨兴梅：《南京国民政府禁止妇女缠足的努力及其成效》，《历史研究》1998年第3期。

［44］杨兴梅：《观念与社会：女子小脚的美丑与近代中国的两个世界》，《近代史研究》2000年第4期。

［45］叶汉明：《华南家族文化与自梳风习》，载李小江等主编：《主流与边缘》，北京：生活·读书·新知三联书店，1999年。

［46］叶汉明：《权力的次文化资源：自梳女与姊妹群体》，载马建钊等主编：《华南婚姻制度与妇女地位》，南宁：广西民族出版社，1994年。

［47］叶绍纯：《从几种统计数字上来观察南洋华侨的苦况（三）》，《南洋情报》1933年第1卷第5期。

［48］叶绍纯：《星洲当局之废娼与取缔女招待问题》，《南洋情报》1933年第2卷第6期。

[49] 郑良树：《新马华社早期的女子教育》，《马来西亚华人研究学刊》1997 年第 1 期。

[50] 张礼千：《1921 年新加坡人口统计表》，《南洋学报》1941 年第 2 卷第 2 辑。

[51] 周廷珍：《南洋英荷属华侨教育实况》，《教育杂志》1931 年第 23 卷第 5 号。

[52] 周葆儒：《南洋见闻》，《新亚细亚》1933 年第 6 卷第 2 期。

[53] 招观海：《天南游记》，《海外月刊》1935 年第 31 期。

[54] 中国驻槟榔屿领事馆：《槟城及威省登记华人接生妇调查》，（南京民国政府）《外交部公报》1935 年第 8 卷第 7 号。

[55] 中国驻槟榔屿领事馆：《槟城华侨女子职业之概况》，（南京民国政府）《外交部公报》1936 年第 9 卷第 3 号。

[56] 中国驻槟榔屿领事馆：《槟城及槟属商工农各业近况之调查》，（南京国民政府）《外交部公报》1934 年第 7 卷第 10 号。

[57] 中国驻新加坡总领事馆：《海峡殖民地之略历及近二十年来之政治经济统计简表》，（南京民国政府）《外交部公报》1933 年第 7 卷第 12 号。

[58] 中国驻槟榔屿领事馆：《海峡殖民地华工入境之情况》，（南京国民政府）《外交部公报》1934 年第 7 卷第 7 期。

[59] 中国驻新加坡总领事馆：《我国侨民近年南来之人数及登岸时之情形》，（南京国民政府）《外交部公报》1929 年第 2 卷第 7 期。

[60]《马来亚三州府华校教员生活状况之调查》，《侨务月报》1936 年第 3 卷第 5、6 号。

[61]《马来亚四州府华校教员之调查》，《侨务月报》1936 年第 3 卷第 7、8 号。

[62]《严厉取缔女招待》，《南洋情报》1933 年第 2 卷第 6 期。

2. 英文类

[1] LIM J H. Chinese female immigration into the straits settlement（1860 - 1901）.（新加坡）《南洋学报》1967 年总第 22 期。

[2] LIM S Y. Women in Singapore politics（1945 - 1970）. National University of Singapore, B. A. paper, 1984.

[3] QUAH S K. Divorce among the Chinese in Singapore（1819 - 1960）. National University of Singapore, B. A. paper, Unpublish, 1989.

[4] TOPLEY M. Chinese women's vegetarian houses in Singapore. Journal of the Malayan branch of the royal Asiatic society. 1954（27）.

[5] WONG S K. Women for trade：Chinese prostitution in the late nineteenth century Penang，（新加坡）《南洋学报》1998 年总第 53 卷。

五、主要报纸杂志

1. 中国出版
[1]《海外侨讯汇刊》（民国）
[2]《南洋学报》（民国）
[3]《南洋华人杂志》（民国）
[4]《华侨半月刊》（民国）
[5]《南洋情报》（民国）
[6]《侨务月报》（民国）
[7]《南洋研究》（民国）
[8]《侨务月刊》（民国）
[9]《华侨先锋》（民国）
[10]《教育杂志》（民国）
[11]《新宇宙半月刊》（民国）
[12]《海外月刊》（民国）
[13]《华侨华人历史研究》
2. 新马出版
[1]《星洲日报》（20 世纪 30—40 年代）
[2]《南洋商报》（20 世纪 30 年代）
[3]《南侨日报》（20 世纪 40 年代）
[4]《总汇新报》（20 世纪 30 年代）
[5]《新国民日报》（20 世纪 30 年代）
[6]《益群日报》（20 世纪 30 年代）
[7]《星中日报》（20 世纪 30 年代）
[8]《叻报》（1929—1932 年）
[9]《槟城新报》（20 世纪 30 年代）

初版后记

当我完成本书的最后修改时，正是2003年的五一劳动节，此时广州已进入潮热的春季，灿烂的阳光当头照着，让人丝毫不觉得这是春季，只感到炎热的夏天已经来临。我站在窗前，望着中山大学校园内一片红霞般的凤凰木、冠盖如巨伞的榕树和树叶墨绿的芒果树，不禁想起北方的春天，想起行走在我的母校西北大学时那春风拂面的感觉，想起看到花草长出娇嫩绿叶时的欣喜。

我从事妇女研究已有十多年，说起来，还是在西北大学读中东史研究生时的一个偶然机会接触到妇女研究，身为女性，我一下就对妇女研究产生了浓厚兴趣，结合我的专业，我研究伊斯兰教与穆斯林妇女，研究阿拉伯妇女运动，从中得到很多启发。1994年我到中山大学东南亚研究所工作，研究领域随之转到东南亚社会和妇女。我在妇女研究领域耕耘了十多年，为这一领域奉献了我的努力，同时，我也从妇女研究中获得力量和人生依托，她使我更深切地认识到男女的地位和处境不平等，认识到妇女独立、自尊和自强的重要性，使我能从女性和社会性别的角度分析和解决问题，使我的人生观念和自信自尊得以重塑和升华。

对妇女研究的兴趣召唤我选择“二战”前新马华人妇女作为博士论文选题，尽管这是一个学术积累和资料积累都十分薄弱的领域，我还是希望通过扎扎实实的研究，能切实推进新马华人社会和华人妇女研究，本书就是在博士论文的基础上修改完成的。现在这本书能问世，我要感谢很多帮助过我的师长，首先要感谢业师余定邦教授。多年前我初到东南亚研究所工作时，就得到他多方指导，自师从他攻读博士学位以来，他更为我的学业和论文修改耗费了很多心血。在业师严谨学风的影响下，我的治学、思维和表述能力都有所提高，这将成为我今后做人和治学的基础和动力。

我还要表达对妇女学研究界学者的感谢，天津师范大学杜芳琴教授和美国加利福尼亚州立大学长滩分校历史系鲍晓兰教授长期从事妇女史研究，她们惠赐大作，关心我的论文写作，并提供机会让我参加妇女史研讨会和课题研究，还为我指点社会性别研究中的“迷津”。本书能以“社会性别”切入新马华人社会和妇女研究，很大程度上要归功于她们的指导。

在收集材料的过程中，我得到很多人的帮助。我特别感谢我的好友、香港中文大学统计学系宋心远博士，她利用在香港中文大学攻读博士学位和从事博士后研究的机会，按照我提供的书目为我借了大量内地找不到的书籍，没有她的无私帮助，本书将逊色很多。我还要感谢新加坡东南亚研究院赖雅英博士惠赠大作，新加坡国立大学中文系黄贤强博士和陈丽园博士为我复印多篇论文和人口普查资料，广东省妇女干部学校的屈宁和高丽老师允许我使用尚未发表的新加坡女归侨口述录音，中山大学人类学系刘昭瑞教授、龚佩华教授、高教所张建奇博士提供相关书籍，香港大学博士张振江代为复印报纸。

我还要感谢厦门大学南洋研究院的李国梁教授、暨南大学华侨华人研究所的周聿峨教授、中山大学东南亚研究所的袁丁教授和汪新生教授，他们参加了我的论文答辩，并提出宝贵意见，对我进一步修改本书颇有启发。

东南亚研究所众位老师给了我各种帮助。潘一宁博士、黄云静博士、喻常森博士关心我的学业，并提供不少帮助。资料室的林明点、张勇平和徐丽辉老师为我查阅资料提供许多方便。在此，我一并向他们表示衷心的感谢。

在寻访资料的过程中，我还得到新加坡国立大学图书馆、新加坡国家图书馆、新加坡口述历史档案馆、新加坡东南亚研究院图书馆、中国国家图书馆、上海图书馆、香港大学图书馆、香港中文大学图书馆、广东中山图书馆、厦门大学南洋研究院、中山大学图书馆、中山大学历史系近代中国研究中心工作人员的热情接待和帮助，在此，也向这些不知名的工作人员表示衷心的感谢。

本书能够出版，我要特别感谢中国侨史学会资助出版经费，感谢华侨华人研究所所长林晓东女士将本书列入“侨史研究丛书”，感谢《华侨华人历史研究》主编张秀明女士，她为本书出版花费了不少精力，还要感谢中国华侨出版社编辑的认真负责。

最后，我还要感谢我的家人，我的先生，中山大学教育学院孟庆顺教授利用到香港大学做访问学者的机会，为我借阅和复印有关资料，并承担许多家务，使我能顺利完成博士论文的写作和修改。小儿孟卓尔身体健康、学习自觉，省去我很多麻烦，使我能专心于研究。

这本书，是我多年从事妇女研究的一个总结，是向师长们献上的一份薄礼，也是向同仁同道捧出的一块引玉之砖，敬请方家批评指正。

范若兰
2003 年 5 月于中山大学
2005 年 5 月再记于中山大学

后 记

本书是在《移民、性别与华人社会：马来亚华人妇女研究（1929—1941）》的基础上修订而成，该书是我的博士论文，写作于2000—2002年，修改后于2005年付梓。书虽出版，但一直觉得有诸多遗憾，一是该书中所引华人妇女的资料还不够丰富，尤其是新加坡之外的妇女资料比较单薄；二是许多殖民地档案没有看到，尤其是华民护卫司署报告。

十多年过去了，这期间我转而研究东南亚伊斯兰教、东南亚女性与政治，但对新马华人妇女研究也仍持续关注。在今天，有关新马华人妇女的资料较之过去更容易搜集，尤其是新加坡国立大学中文图书馆和新加坡国家图书馆将“二战”前的报纸、校刊、会馆纪念特刊等扫描上传，这些数据库为我们远程查阅资料提供了极大方便，只要下功夫查找，华人妇女资料不再是零星的，而是海量涌现。适逢其他研究工作告一段落，我决定修订这本书以再版。修订版没有改变原书的基本框架和观点，主要是增加新资料，改正谬误，修改部分表述和分析，调整部分段落结构，增加更多图片，以使本书内容更加丰满。

本书能够修订再版，纳入“世界华侨华人研究文库”，特别感谢暨南大学华侨华人研究院提供经费，暨南大学出版社鼎力出版，感谢编辑们的认真负责。

范若兰

2018年中秋于中山大学珠海校区